# 中觀勝義諦

果煜法師◎著

# 目錄

# 開場白

首先很歡喜、也很珍惜此番與諸位共同研習《中觀論頌》的因緣。各位之中有些是熟面孔，跟隨我聽經聞法已經有一段時間了，對我的講經方式應該是比較能適應的。但也不盡其然，因爲大部分的講經方式，都是平鋪直敘的，故較好理會。而中觀的講法都是用「立、破」的方式——先立再破，有的人被破來破去，還不知其所以然。所以對於「立、破」的研習方式，各位還要慢慢適應。尤其，各位之中也有些是生面孔，也許看過我的文章、聽過我的MP3，但在適應上可能比熟面孔還要辛苦一點。

何以之前已講過《中觀論頌》，並已出書了。今得再重講？

## 一、次第重整

其實，這次講的跟上次講的，不會一樣啦！甚至，就是一樣也得重聽啊！因爲不是聽一次就能完全聽懂的。更何況上次講《中觀》到現在，差不多已經二十年了，二十年後再講，當會有不同的。

事實上，沒有特別的原因我大概也不會重講。各位知道我講經的習慣，一部經講過後就放下了，很少再重講的。這部為什麼會重講呢？第一是因為次第重整。我最初講《中觀》時，是按著原來的次第講的——即第一講〈觀因緣品〉、第二講〈觀去來品〉，順著原來的次第一品一品往下講。講完之後在整理文字稿時，卻對原來講的章節次第不太認同。為什麼不太認同？第一講〈觀因緣品〉，因為這是總論，即無可厚非。然後第二品為〈觀去來品〉，有去時去、去法去、去者去，很多人聽了老半天就去而不來了——因為聽不下去，當就不來了。

雖傳統上說法的次第是依照「苦集滅道」的順序而編的，可是這種次第我覺得不見得跟現代人的思想習性能相應。我覺得最好像數學一樣：先從一維的點線講起、再講二維的面、再講三維的體，越來越複雜。或者像化學一樣，先講原子、再講分子、後講化合物，這次第對現代人來講應該是比較適應的。所以，後來在整理文字稿時，就用我的次第重新整理：第一〈觀因緣品〉、第二〈觀因果品〉因為這都屬於總論，第三是〈觀六情品〉等。然而當時卻非以此次第而開講的。

所以為了順這整理過的次第，才有這次重講《中觀》的因緣。

## 二、有人再三請法

其次，在我講過《中觀》後一、二十年來，不管是北、是南，甚至國內、國外，很多人都希望我重講，因為大家都知道《中觀》的見地對我們學佛、修行是非常重要的。可是在國內、外，講《中觀》的人卻非常少。所以不斷有人祈請我重講，因此我就隨順眾緣，再講一次。

## 三、感謝我與《中觀》的因緣

第三，感謝我與《中觀》的因緣。各位知道我之所以出家是因爲受《中觀》思想的啓發。我這種人就像世間人講的非常鐵齒，是不太容易接受別人的說法，故感性的信願法門、慈悲法門，要我死心塌地的學佛就已不太容易，更何況是一生相許的出家，更是不可能。

只有《中觀》單刀直入、鞭辟入裡的見地，讓我覺得無可挑剔，所以才促成我出家的因緣，也發願以這一生來弘揚《中觀》思想。故這麼多年對我的講經說法，很多人都說：「你是萬變不離其『中』！」哪個中呢？《中觀》的中，因爲講來講去、核心思想就是《中觀》而已。雖然我也講過《攝大乘論》、《大乘起信論》、《楞嚴經》等，但核心還是《中觀》思想。所以，《中觀》思想既接引我出家，也成就我一切講經說法的因緣。

最後我的講經說法，到目前爲止，自己覺得能說的、想說的、該說的，都已說得差不多了，所以我很快就會畫下休止符的。但在最後的說法裡，仍願以講《中觀》作爲最後的省思與回顧。所以，這次的講經說法對很多人而言，乃會感歎「夕陽無限好，只是近黃昏」，因爲這次說完之後，我大概不會再作開示或講經了。

### 特勝一、性相圓融，理事無礙

或有人問：「《中觀》思想到底有什麼特勝，值得你如此終身相許、生死與共？」《中觀》思想當然有很多特勝，因爲時間的關係，我主要講兩點：

第一是性相圓融、理事無礙。很多人學佛學了很久，還是對「性、相」兩門不太清楚。所謂「相」，即是指現象，一切的存在只是現象。相既存在、也會有變化的。比如我、你、花、草，其相乃不一樣而有區隔的，所以相本質上就有「局限性」。第二有「變化性」，今天的你跟昨天的你不會一樣，今天的花跟明天的花也不會完全一樣。故相本質上就是離不開局限性跟變化性。

但聰明人卻能在相的變化中看到更有不變的原理，這不變的原理我們就稱之爲「性」。如大家最熟悉的就是「無常性」，雖一切現象都會變化，但無論怎麼變，無常性是不會變的。故性的話，即當有普遍性——不管任何相必都是無常性的。其次，亦當是「永恆性」，即過去是無常性、現在是無常性、未來也必是無常的，這性是永恆不變的。

所以稱爲「性」者，即當有普遍性跟永恆性，而相者，唯局限跟變化，所以性不是相，相不是性。兩者是截然不同。

然從另個角度看，若無「相的存在與變化」，何以凸顯出「性的昭然不動」。比如無常性，需在一切相的變化中才能凸顯出無常性的特質，所以如果離開相的變化，就沒辦法凸顯出性的超然存在、法爾如是。反過來講，亦唯有無常性才能促成萬相的存在與變化。因此從這角度來看，卻是：性不離相、相不離性。

因此，既性不是相，相不是性；也性不離相、相不離性。

很多人雖學佛，猶容易落一邊，講到諸法平等時，就以爲一切皆平等矣！但平等的乃是性，而諸法的相還是有差別的，不要以性平等就忘了相的差別，或執著於差別相就忘了平等性。

故世間法說一個老師，既要「有教無類」，這是就平等性說的。但也得「因材施教」，這是就差別相說的。不要因爲平等性，所以每個人都教一樣的，這反而沒辦法適應不同眾生的需要。反過來，若一直看到差別相，這個好教、那個不好教，那又失去了普遍性。所以要兼具普遍性跟差別相，亦即是「性跟相」本來就是圓融的。

用無常的性相來說，還是比較簡單。更進一步就《中觀》思想來看，一切相的存在與變化，其不變的原理就是「緣起性空」。因爲相是眾緣和合才存在的，也是從眾緣和合才有相的變化。進一步探究，眾緣和合當下一定是無自性的，以無自性故空。反之，因爲諸法是無自性的，所以才能隨緣起變化。這看來，性跟相是既差別又相容的。差別者，性不是相、相不是性；相容者，性不離相、相不離性。這是講到性相本是圓融的。

一個學《中觀》者，一定能把性跟相釐清楚。因爲緣起，就有相的存在與變化。但能緣起者，乃爲「無自性」爾！最後說到一切世間法也不過是諸相的變化而已，所以也不過是「眾緣所生法」的細部分解而已！

其次再講理事無礙。對我們來講，眞理就在現象當下，前提是我們覺不覺悟而已。不覺悟的人就在現象裡迷失，在現象裡增長無明邪見。但是透過理智的思考或善知識的接引，即能在現象當下見到眞理的存在。眞理是什麼？就是緣起性空也。所以眞正的佛法不必用「聖言量」才能夠引論、才能夠肯定。像佛說《阿彌陀經》，有沒有西方極樂世界？有沒有阿彌陀佛？我既不能說有，也不能說沒有，因爲那在我經驗之外。但「眾緣所生法」的道理，我們是絕對可相信、絕對可遵從的，因爲在日常生活中，從早到晚、待人接物，總是離不開這個大原則，所以我們用「現量」和「比量」就能肯定。「現量」就是我們所看到的種種現象；「比量」則再進一步去思惟推究，都能肯定「眾緣所生法，我說即是空」的理則。也因為有空，才能有一切現象的存在與變化。

這用現量和比量就能肯定的佛法，對我而言比用聖言量更具說服力，因為我是學科學出身的。尤其，用現量和比量即能了解的佛法，更方便運用在實際生活當中，因為我們就是活在因緣法的當下。從因緣法去看這個世界，既讓我們眼界更開拓，也讓我們心量更廣大。這樣的說法，相信對現代的知識份子而言，應該是更相應的。很多人想學佛但不得其門而入，因為很多的說法都太感性了、太神話了。

而《中觀》思想絕對沒有任何感性和神話，甚至不斷地用「立」、「破」的方式，逼你去思考，逼你去抉擇。很多人不習慣，因為還是比較喜歡聽既感性、又神話的故事。但是這些表面看起來頂枯燥無味，實際上卻能鞭辟入裡，一下子就震醒你的心靈，或不知不覺地改變了整個世界。《中觀》的特勝是什麼？這是第一點：性相圓融、理事無礙。

## 特勝二、大小兼暢，不即不離

第二則是大小兼暢，不即不離。大小即所謂的大、小乘，以《中觀》思想都能把大小乘的教義講得透徹圓滿。在闡述「兼暢」之前，我得先定義「大小乘」。到現在為止，我對大小乘的定義已跟經論或歷代祖師的說法有很大的差別。

通謂：聲聞、緣覺就是小乘，甚至包括辟支佛都是小乘；但我不認爲聲聞、緣覺、辟支佛就是小乘。又通謂：發菩提心、發大悲心，願度眾生者，即是大乘；但我也不認爲這就是大乘。

**非聲聞、緣覺、辟支佛，即是小乘。**

首先講云何非聲聞，即是小乘？因「聲聞」最原始的定義乃是：從聽佛音聲而入道者，也就是說聞佛說法而入道者，都稱爲聲聞。佛陀的弟子都是聲聞乘，這毫無異議。那菩薩行者算不算聲聞？其實，菩薩行者也是從聽經聞法，也得透過聞思修才起步、晉升的，所以菩薩行者哪個不是聲聞呢？

故如果說聲聞者就是小乘，那我也得說：菩薩行者也必是小乘——因爲都是從修學佛法而入道者，其不是無師自覺也。

其次，云何辟支佛亦非小乘？從歷史上看，只有一位辟支佛，乃釋迦牟尼佛，因爲釋迦牟尼佛才是道道地地的無師自覺，所以他就是最典型的辟支佛。但釋迦牟尼佛沒有不講經說法、沒有不弘法度眾呀！

爲何說辟支佛即是小乘，辟支佛必不度眾生呢？從歷史上看，根本沒有這回事呀！

所以我申明：非聲聞、緣覺、辟支佛者，就是小乘。

**非發菩提心、具大悲心、願度衆生者，即是大乘。**

下面再說：也非發菩提心，具大悲心，願度眾生者，即是大乘。我們知道發「菩提心」就是發了求覺悟之心，其實發心求覺跟已經覺悟，還是有太大的距離，而不是發心就覺悟了。其次，就算覺悟，每個人所覺悟的，也有層次的差別，如中國禪宗說有小悟、大悟、徹悟的區別；於經論上，亦分等覺、妙覺、究竟覺等不同的層次。故既非發心，即已覺悟；甚至已覺悟者，還要看覺到什麼層次。所以不可能發菩提心，就已是大乘的層次。

也有人講具慈悲心，才是大乘。但是慈悲與其他宗教所講的博愛，有什麼差別呢？當然你可以講出很多點。但是在外道看來，卻沒有很大的區隔，如印度梵天外道就是修「慈悲喜捨」四無量心的，他們也修慈悲，那他們是大乘嗎？你當然說他們不是大乘！為什麼不是大乘呢？因缺少了什麼特質！故非慈悲，即是大乘也。

下面再說發願度眾生，講白一點，發願度眾生的心是很容易起的，因為大家都「好為人師」，不度眾生才奇怪哩，尤其度眾生時，還可名利雙收，所以誰不想度眾生呢？問題是：你憑什麼去度眾生呢？如果沒有本事，也只是泥菩薩過河，自身難保。

所以只發願度眾生，實沒什麼了不起。眞有本事，這才了得。如果沒有本事，到最後卻只落於自溺溺人，哪裡能度眾生呢？因此以發願度眾生者，即是大乘，那才是笑話一堆！

**於是乎，云何為小乘呢？雖悟緣起，亦證空性；卻落於「消極無為」者，才是小乘。**

下面我們再看：什麼是小乘？我的定義是：雖悟緣起，亦證空性，卻落於「消極無為」者，才是小乘。緣起法是佛教最重要的法門，不管是狹隘地只講十二因緣：無明、行、識等，或廣義如《中觀》講的「眾因緣生法」。總之，一切佛弟子都離不開緣起思想。所以小乘當然既悟得緣起，也證得空性。因為唯有如此，才能到彼岸而解脫生死，未證得空性者是不能解脫生死的。

所以既悟得緣起，也證得空性；卻落於消極無為者，才是小乘。於世間中，很多人對生命既肯定其實有，更因此對生命有很大的衝勁。如果跟他講一切法空，他就像洩氣的皮球再提不起勁了。以此而落於消極無爲，用《中觀》的思想來看，乃是偏「無爲」的那邊，這跟人天乘偏「積極有爲」剛好是強烈的對照。

所以，雖是聲聞弟子者，未必皆會落於「消極無爲」。這原因很簡單，因爲眾生根器不同，所以不能說聲聞者，就是小乘。同理，辟支佛也不一定會落於消極無爲。因爲無師自覺與落於消極無爲，本沒有必然的關係。釋迦牟尼佛是無師自覺者，而祂也用一生的時間，往返於恆河南北，說法度眾，所以不能說：辟支佛就會落於消極無爲。

從歷史上看，佛陀的大弟子，如舍利弗、目犍連、阿難、富樓那等，不管從《阿含經》，或從《律典》來看他們的一生，都沒有可落於消極無爲的嫌疑。各位知道佛陀蓋精舍是誰監工的？是舍利弗監工的！竹園精舍、祇園精舍都是舍利弗監工蓋的。阿難不用講；而富樓那還發願到邊地去弘法利生。甚至一般人認爲最典型的小乘——迦葉尊者，也不是小乘。因爲他既苦行第一，且很不近人情，所以眾便誹謗說：他是最典型的小乘。

但事實上，釋迦牟尼佛涅槃後，很多阿羅漢都爭先恐後跟著入涅槃去了，卻唯有迦葉尊者留下來號召五百羅漢，結集法藏。所以佛法能留傳到今天，迦葉尊者的貢獻其實非常大，而大家卻一再說：迦葉尊者即是最典型的小乘，這實在是非常不合理的。

所以當時佛陀的大弟子，卻沒有一個是落於消極無爲的。我們用世間法去推想也知道：釋迦是佛，爲什麼他的大弟子都是小乘呢？不可能的，必定是「同類相聚」，哪有「異類而偏狹路相逢」的呢？

尤其這不單是一生一世的因緣，而是生生世世的因緣，所以沒有理由說佛陀座下，每一個都是小乘的。只因爲他們是聲聞者，就必是小乘嗎？那菩薩座下哪一個不是聲聞者呢？

所以不能因爲得聽經聞法，才能入道，就說聲聞者，必是小乘。菩薩也是聲聞者，云何就非小乘呢？

這眞是含血噴人，非常冤枉。用我的定義：落於消極無爲者，才是小乘。

**於是乎，以何而爲「大乘」？既悟緣起，亦證空性；更能契入「中道不二」者，才是大乘。**

定義完小乘之後，再來定義大乘就更簡單了。大乘當也要悟緣起，不悟緣起者，根本不夠資格稱爲大乘，也證得空性，很多經典都說：菩薩當知空而不證空。爲什麼呢？因怕證了空，就不度眾生了嗎？事實上，眞懂空的人既不會墮於頑空，也不會落於消極無爲。如龍樹菩薩的《中觀論頌》，明明講的是「空觀」論頌，但標題卻是《中觀論頌》。因爲眞正的空，就是中；空觀即是中觀，中觀即是總相觀也。

故我以前說過這題目：〈從空觀、《中觀》到總相觀〉，因爲《中觀》常破這、破那，破到最後好像沒有一個能苟存的。故當時乃用了一個比喻：譬如有人想上台，眾人就把他拉下來，拉到最後竟怎樣呢？不懂得的人以爲都死光了；但其實被拉下去之後，大家反皆平起平坐，彼此互相尊重。所以，《中觀》從一破再破而反得到全體，故曰：從空觀、《中觀》到總相觀。故眞瞭解空理者，是不會落於消極無爲的。

所以菩薩既要知空，也得證空；因爲若未證得空性，就沒有度眾生的本錢。就像泥菩薩過河一樣，自身難保。證得空性才能出淤泥而不染，否則很容易被世間的共業所牽連，云何能「百花叢裡過，片葉不沾身」呢？因此菩薩一定要證得空性，證得空性才能入菩薩地、就菩薩位。

但只證得空性還不夠，還要契入「中道不二」法門才是大乘。這對照於人天乘、小乘就很清楚，人天乘基本上是肯定世間有而積極有爲的。至於小乘就落於消極無爲，這以《中觀》來看乃各偏一邊。故要超越有無的對立跟矛盾，而證得中道不二法門者，這才能稱爲大乘。

不二者，既不積極、也不消極。很多人雖斷定消極是錯的，卻以爲積極就是對的，其實積極也是偏一邊也。不二者，又如《維摩詰經》講的「既不盡有爲，也不入無爲」。更重要的是下面這句話「生死不離涅槃，世間即出世間也」。

剛才於性相圓融時，其實就已講到這點，生死是什麼？生死只是相的流轉！因爲不常不斷，故必從這相轉到那相，不斷流轉下去。可是在生死流轉的當下，就是無自性、無我性。故眞了悟者，於現象當下就是眞理，於生死當下就是涅槃。既不需要離開生死，以求涅槃；也不需要別於世間法，才能出世間。

因此，對世間諸法，即可不即不離、不出不入。第一是「不即」世間，雖在世間法中，卻能像蓮花出淤泥而不染，世間法不會去染著它，這是不即。第二是「不離」——佛法常說：菩薩在五明中學，眞正的菩薩不只已發願度眾生，而且要法門無量誓願學，包括一切世間法。當時的印度只是把世間、出世間法歸納爲五明，現在當然就更多了。

總之，眞正的菩薩必證得中道不二，這才能不即不離，既不即生死、也不離涅槃。既非出世，也非入世。超越有無、常斷、一異、動靜等。

用這樣的定義去看一般人所謂的大乘，其實是偏有求，偏有爲的。很多人都想成佛，當然是有佛可成才想成佛；發願度眾生亦然，爲有眾生可度才發願度眾生。所以有佛可成、有眾生可度、有淨土可往生，其實都是偏有的。

但偏有不是菩薩道的特質，而是人天乘的特質，請不要搞錯。故以偏有所求、偏有所爲者，來充當大乘，我認爲根本就是掛羊頭賣狗肉，這哪裡是大乘呢？眞正的大乘是不落兩邊的！故發願度眾生者，即非大乘，因爲已落入有邊了。當然也非不度眾生，否則又落入無的那邊。不落有無、不偏兩端，這才是大乘的中道不二法門。

一般人所講的大乘菩薩道其實都是偏向有的，包括信願、慈悲、成佛、度眾生等都一樣。偏有不稀奇，因一般凡夫都是偏有的。所以如果以偏有的特質去講菩薩道，講到最後菩薩道竟變成「山頭主義」矣！

**佛法都是講因緣果的，從理會因緣果的深度，來定五乘的等級。**

首先，作爲佛弟子基本上一定是肯定因果的，講因果是比較簡單，詳細道是因緣果。從肯定因果，而努力修善斷惡，這是人天乘的特質。爲什麼止於人天乘呢？因爲雖肯定因果，卻「執因果等爲實有」。既人是實有、這個世界是實有，周圍一切現象也都是實有的。因爲執爲實有，就必有所求、有所爲、有所得，這加起來即是人天乘的特質。

第二、雖悟緣起，亦證空性；卻落於「消極無爲」者，則是小乘。

第三、既悟緣起，亦證空性；更能契入「中道不二」者，才是大乘。

各位可看得很清楚，人天乘、小乘、大乘都是從因緣果出發，只是所悟的層次不一樣爾！故法本無差異，但為根有利鈍、習有不同而成其異也。

我認為：真正的佛法其實沒有那麼多的差異。因為都是從因緣果的基點出發，但因所悟的層次不同而成其異。有的人就只能用「實有」的觀點去看因緣果、去看周圍的現象。有些根器比較利者，乃能悟到空性、甚至證得中道不二法門，所以這是因根器不同，而非法有差異。

其次，是習有不同。有些人理論上雖了解中道不二，但他的習性就是慣於消極無為，而不想作那麼多拉雜事。有些人剛好相反，雖一知半解的但積極有為，熱心到雞婆的地步，這是習慣不同使然，而非法有差異。

故不能以發願度眾生者就是智慧高，發不發願度眾生這是每個人的習慣，而習慣是生生世世養成的，不是你想改就能改的。但是若已通得理，習性也能漸改而趨向中道不二也。

因此為根有利鈍、習有不同，所以稱為不同的乘。但根者能越修越利，習者亦能漸趨於中。到最後，乃唯有一乘，即證得中道不二而圓滿成佛也。

中國一向自稱為大乘王國，但真悟得「畢竟空」，真證得「中道不二」法門者，竟有多少呢？我認為鳳毛麟角。中國大乘八宗，將龍樹菩薩推為八宗共祖，但有幾宗真曾好好研讀《中論》呢？淨土宗會讀《中論》嗎？律宗會讀《中論》嗎？教外別傳的禪宗會讀《中論》嗎？還有法相宗會讀《中論》嗎？曾讀的已經很少，能讀通的更是鳳毛麟角。所以中國這大乘王國，能提倡的是什麼大乘，你大概就心知肚明了：其不是偏有的大乘，就是搞「山頭主義」的大乘！

所以我們消極的要了生死、斷煩惱；積極的要福慧雙修、理事無礙。你不證得「中道不二法門」絕對是沒指望的，頂多作一個掛羊頭賣狗肉的菩薩，如泥菩薩過河自身難保。

## 從《中論》到「中道」

下面再論，從《中論》到中道。「中道」當然是最後的歸宿，但我們得從《中論》入手，爲什麼呢？《中論》、「中觀」跟「中道」這是有層次的差別。書上寫的就是《中論》，乃文字般若。「中觀」是我們拿《中論》的思想來作思惟、觀照，故是觀照般若。最後才能證得者，即「中道」也。中道乃實相般若。

一般人皆謂：修學佛法要從「聞思修」入手。聞即是《中論》的文字般若，思、修即是「中觀」的觀照般若，思修後才能把我們偏一邊的慣性，慢慢轉趨爲「中道」。到最後才能證得中道不二法門。

**所以從《中論》、「中觀」到「中道」，這才是修學菩薩道的根基和關鍵。**

下面這句話是很有深義的：「而《中論》的精髓，又不外乎從當個『自了漢』作起。」有的人定義「自了漢」是指只度自己不度別人的，即是自了漢。如果只肯度自己而不度別人者，我敢跟你擔保：他絕對度不了自己。因爲佛法最終的教義，就是無我。故自私自利者，怎可能度得了自己。

那我定義的「自了漢」是什麼呢？因爲一切生死、一切無明邪見的根源就是「自性見」，所以一定要把自性見斷除了，在學佛上才有著落。以斷除「自性見」故，才稱爲「自了」，所以自了跟度不度眾生沒有任何關係。就如辟支佛跟度不度眾生，也沒有任何必然的關係。

關於什麼是「自性見」？於講《中論》的過程中，會越描越清楚。所以自性見不了，即生死不能斷，煩惱不能除。所以一定要斷除自性見，才能稱為自了漢。

其次，自性見不除也一定不能證得中道不二法門。因為有自性見者，一定會偏一邊，不是偏有、就是偏無；不是落於常、就是落於斷。故得了斷自性見，才能眞證得中道不二法門。

中國人很喜歡講圓融，以為什麼都塞進去就是圓融，但塞進去因為自性見在，如每個都跟石頭一樣硬，甚至跟玻璃一樣利，故還彼此刮來刮去，不只非圓融，亦非安平無事也。所以，不是塞進去就圓融，要把稜角磨掉、把界限消除，才能圓融。印順法師說：中國人喜歡講圓融，但若自性見不除，其云何能圓融呢？

所以整個修學《中論》的重點，就是作個「自了漢」——先把「自性見」看清楚、斷除了，再學佛、修行才會有著落的。

# 1 觀因緣品

甲一 標宗

不生亦不滅　不常亦不斷　不一亦不異　不來亦不出
能說是因緣　善滅諸戲論　我稽首禮佛　諸說中第一

甲二 顯義

乙一 總觀

丙一 觀因緣

丁一 觀四門不生

諸法不自生　亦不從他生　不共不無因　是故知無生
如諸法自性　不在於緣中　以無自性故　他性亦復無

丁二 觀四緣不生

戊一 立

因緣次第緣　緣緣增上緣　四緣生諸法　更無第五緣

戊二 破

己一 審思

果爲從緣生　爲從非緣生　是緣爲有果　是緣爲無果

## 己二　別破

### 庚一　觀四緣不成

#### 辛一　觀因緣不成

因是法生果　是法名爲緣　若是果未生　何不名非緣

果先於緣中　有無俱不可　先無爲誰緣　先有何用緣

若果非有生　亦復非無生　亦非有無生　何得言有緣

#### 辛二　觀次第緣不成

果若未生時　則不應有滅　滅法何能緣　故無次第緣

#### 辛三　觀緣緣不成

如諸佛所説　眞實微妙法　於此無緣法　云何有緣緣

#### 辛四　觀增上緣不成

諸法無自性　故無有有相　説有是事故　是事有不然

### 庚二　觀緣生不成

略廣因緣中　求果不可得　因緣中若無　云何從緣出

若謂緣無果　而從緣中出　是果何不從　非緣中而出

若果從緣生　是緣無自性　從無自性生　何得從緣生

## 丁三　觀一切不成

果不從緣生　不從非緣生　以果無有故　緣非緣亦無

## 【章節大意】

這品與〈觀因果品〉，我都將之歸為「總觀」——即闡述《中觀》思想中最根本的觀法，最重要的原則——即「緣起無自性」！

我們現在開始講第一品——〈觀因緣品〉，我的習慣是先講章節大意，然後再講偈頌。各位先看到章節大意的部分。這品和〈觀因果品〉，我將之歸為「總觀」——就是標示《中觀》思想中最根本的觀法。這最根本的觀法只有一句話：即「緣起無自性」。

〈開場白〉講到要當個「自了漢」，自怎麼了呢？要從緣起裡去了自：只有深入緣起法，才能確立諸法是沒有自性的。所以在這品的偈頌裡，有幾個最具代表性的偈頌：「如諸法自性，不在於緣中；以無自性故，他性亦復無。」和「若果從緣生，是緣無自性；從無自性生，何得從緣生？」這些各位現在懂不懂都沒關係，先把它背下來，反正以後用到的機會是非常多。

我們先解釋「自性是什麼？」剛講到「自性見」是眾生煩惱、生死的根本，很多人會說：「我連自性見是什麼都不知道，怎已變成我煩惱生死的根本！」事實上，自性見是從生下後，就不知不覺地帶著來的，而非長大之後再慢慢確認的，用佛法通用的名相，即是「無始無明」也。

「自性」即是萬法「本來具有，孤立不變」的屬性。一般人因錯覺而認爲很多存在既本來就有，且是孤立不變的。比如一般人都是從個體去看這個世界，我是一個個體，你也是一個個體，然後再從個體去看怎麼互動。不只人是個體，花草樹木亦都有不同的個體。在觀念裡：個體是不會變的。至於個體從哪裡來呢？從過去到現在都是這個樣子，本來具有、孤立不變也。

下面再舉石頭為例：

當我們看到石頭時，就覺得它有其個體，或在地上、或在草上，既相狀跟其它者不同，且是有界限的。甚至這石頭，現在看是石頭，過去大概也是石頭，未來也可能還是石頭。於是就認定它是既本來具有、且孤立不變也。

然而石頭眞有此屬性嗎？沒有！如果我們用大力去鎚，這大力當然不是用我們的拳頭，而是用鐵鎚或機器去鎚，石頭就可能碎了；或者用大火去燒，這大火當然不是五十度、一百度的溫度，而是一兩千度以上的大火去燒，這石頭就熔解了；甚至不用這麼麻煩，只要用鹽酸、硝酸等酸性、鹼性強一點的溶劑，這石頭竟很快就溶解了。由是而言，這石頭豈能孤立不變？

云何眾皆認定堅固不變的石頭，卻在很短的時間內就陣亡了呢？因為它是無自性的！所以石頭之所以能保持原貌，乃因未觸及到更有力的緣。若觸及到更有力的緣時，馬上就變形了。所以石頭是不能保有其自性的！講白的話，石頭本無自性也。

其次，石頭本就不是孤立的。如果是孤立的，那就永遠碰不到它，甚至根本看不到它。當被我們看到時，即表示它不是孤立的；當我們能用硝酸、鹽酸去溶解它時，更確認它不是孤立的。所以石頭從來就不是孤立不變的。

再來探究，石頭從哪裡來？從盤古開天以來就有這個石頭嗎？其實石頭有所謂「火成岩、水成岩、變質岩」等差異。如火成岩乃從火山爆發而形成的，水成岩則慢慢沉積而成，變質岩則經過高溫、高壓的雕塑。反正經歷不同的因緣，即形成石頭不同的屬性。

所以，是因緣決定其屬性。甚至本來是火成岩，後因碎了而沉到水裡，由慢慢沉積又變成水成岩，水成岩如經過高溫、高壓，又變成變質岩矣！所以屬性也非一成不變的，這主要是看因緣的際會。

於是乎，既從不同的因緣中來，即有不同的屬性。爾後，又不斷地接觸到更有力的緣，故其屬性又不得不變！因此，何者為其自性呢？從無自性也！

很多人不自省就認為：我是一個個體，甚至是一個獨立的個體。風一吹，身體就覺得冷；一打，就受傷了。怎麼還叫做獨立的個體呢？

因此，很多人的思想是脆弱而不堪一擊的。因為我們從來都是用「個體見」、「自性見」去看我們的生命、去看周遭的一切。事實上，生命從無自性，生命亦非孤立的個體也。

我們都是存在因緣相關的互動中，既現在如此，過去、未來也如此。所以，既不是本來即具有，也不是孤立不變的。而是從不同的因緣中來，故有不同的屬性。以後的因緣又會不斷地再變化。

這變化又分作兩種：一是一般的緣。像石頭，云何五年前是石頭，五年後還是石頭呢？因一般的緣對它的改變很有限。二是較有力的緣。像石頭，若碰到強酸、強鹼，馬上變了。

因此，變多、變少，乃決定於所接觸到的是怎樣的緣。如接觸到強而有力的緣時，即不得不作大改變。所以是緣決定其屬性，而非本有其自性。

**以上乃說明「緣起則無自性」，下面更申述「爲無自性故，能緣起」。***

**我們常講：衆緣和合而產生變化。但如果諸法有自性，它就沒辦法和合。就算「和合」，也只能「混合」而不能「化合」。**

故如諸法有自性，則就算「緣聚和合」，也不能變化示現。

這問題，我常用較現代的觀念去比喻：諸法如有自性，就只能混合而不能化合。「混合」就像拿一些鐵珠與玻璃珠，把它混一混，混了老半天，鐵珠仍是鐵珠、玻璃珠還是玻璃珠，這兩者還是各自成形。而混合後的物理性質，乃可預測，大致是介於兩者之間。至於化合，就大不一樣：如氫跟氧，經化合成水後；水的物理性質，已迥異於氫跟氧矣！

我在初中念到氫跟氧能化合成水時，覺得很不可思議。因爲氫是自燃、氧是助燃，化合成水之後竟能滅火。我那時候一直想不通，怎麼會這樣呢？實無法想像：爲何氫是氣體、氧也是氣體，化合成水之後卻變成液體。不管比重、燃點都跟原來的氫、氧完全不一樣。爲什麼能如此呢？因爲是化合，而非混合。

今學《中觀》後，方覺悟：如果氫跟氧有自性者，那就只能混合，而不能化合。因爲氫跟氧皆無自性，所以能化合成水。化合後的性質，才可超越而無法預測。

所以，因爲諸法無自性才有辦法化合。講氫跟氧化合成水，也許太遠。就講更簡單的，我們每天都要吃飯、喝水。如果飲食有自性，則只能混合而不會改變，於是吃什麼進去、就拉什麼出來，那你還要吃它嗎？

因爲飲食無自性故，才能化合成我們所需要的養分，化合成我們所需要的能量，這樣飲食才有意義。

再如我們聽經聞法，乃爲增長我們的智慧。如果眾生有自性，講等於白講，因爲他還是維持原來的樣子，你跟他講什麼都是沒有用的，甚至根本都聽不進去。因爲有自性就必定封閉；那笨的還是笨、不懂的就永遠不懂，則受教育就沒什麼意義。因爲眾生無自性，所以聽經聞法才有意義；因爲眾生無自性，所以可以修行成佛。

「眾緣所生法，我說即是空」，這句話很多人都會引用，因爲是從因緣和合所生，故當下即是空。空不是沒有了，之所以是空，乃是於存在當下也是空。因爲存在者乃依眾緣和合才存在也。於是空，在很多人看來都是偏向於消極，認爲一切都是如夢似幻，而不可保有也。

但這一句話「以有空義故，一切法得成」，就很積極了。因爲一切都是空的，所以才有這麼多變化的可能。像因爲是空，所以能受用飲食；因爲是空，所以大家能聽經聞法，以增長智慧。從這角度去看，空有非常積極的一面。

因爲一切法是空的，故只要給它更好的緣就能改善。以前有很多病被稱爲絕症，而今天因醫藥進步了，便不再是絕症。同樣有些人你覺得他很笨，怎麼教也教不來，那是你不會教，如果能對症下藥，也許很快就變好了。好的緣跟惡的緣就是差很多，我們天天吃飯長不了肉，若吃一點毒藥馬上就死翹翹！

＊編註：內文加粗部分為作者原講述講義之綱要。因部分綱要與內文有重複，故而做刪修。

緣不一樣，生命的型態即大不相同。如何掌握善緣？便是生命主要的課題。科技之所以進化，道德之所以提升，亦不外乎此而已！

一切法以緣起故，必無自性；既「無自性」，當然也就無「他性」可得了。因爲甲有甲的自性，乙有乙的自性，乙對甲來講才稱爲他性，甲對乙也稱爲他性。現既都無自性，當然也就沒有他性了。

這是整品偈頌的章節大意，重點其實只有兩句話：緣起故性空，性空故緣起。我們下面看偈頌：

【偈頌解說】

這品偈頌的講法次第有點不一樣，原來的偈頌首先是甲一標宗，其實，這不只是〈觀因緣品〉的宗旨，而是整部《中論》的宗旨。如果《中論》的宗旨一聽就懂，那下面的也就不用說了。因爲不可能一聽就懂，所以暫時略過，等一下再倒回來講。甲二顯義、丁一觀四門不生，也是等到後面再講。我們首先從丁二觀四緣不生開始講，看偈頌：

丁二　觀四緣不生

戊一　立

因緣次第緣　　緣緣增上緣　　四緣生諸法　　更無第五緣

有人常搞不清楚：爲何《中論》裡，既不斷地「立」，又不斷地「破」呢？

「立」是有人這麼說，不是龍樹菩薩說的，大部分是引用當時部派佛教的思想或外道的邪見，要把它拿出來批判的。「破」才是龍樹菩薩用他的思想去批判、析破別人所立的。故都是：先「立」，再「破」。

首先講到因緣。一切法的存在與變化，是依於因緣的，這是佛法的根本義理，所謂「眾因緣生法」。然而因與緣，在定義上有不同嗎？如果因與緣並稱的話，它是有不同的定義。大致而言，以親切的、主要的，當作因；疏遠的、次要的，稱爲緣。

如大家常用的比喻，像種子發芽故，種瓜得瓜、種豆得豆。種子是因，陽光、水分、養分等則是緣。因爲陽光、水分等，只能作爲發芽的輔助條件。發芽的主要條件是種子也。

然也有單稱爲因，如薩婆多部說六因，舍利弗毘曇說十因，瑜伽論說十因；乃將親切的、主要的，疏遠的、次要的，都稱爲因。也有單稱爲緣的，如銅鍱者說二十四緣，舍利弗毘曇說十緣，說一切有部說四緣；則把親切的、主要的，疏遠的、次要的，都稱爲緣。

當然不同的人，可有不同的歸納方法；這是沒有定論的。後來，大概是有部學者吧！把種種因緣，精鍊歸納爲四緣，而爲後代學者所通用。此四緣，即是「因緣、次第緣、緣緣、增上緣」。故曰「四緣生諸法，更無第五緣」。

## 己一　審思

果爲從緣生　爲從非緣生　是緣爲有果　是緣爲無果

於是乎，我們就來審思：一、果是從緣所生，還是從非緣所生？二、在緣中，是先有果？還是先無果？

其中「果爲從緣生？爲從非緣生？」是從果而探究因。「是緣爲有果？是緣爲無果？」則是從因而寄望果。

這四句只是把問題重新提出來而已，下面才是觀四緣不生。既因緣不能成，也次第緣、緣緣、增上緣皆不能成，這稱爲「觀四緣不生」。現先看觀因緣不成。

## 辛一　觀因緣不成

**因是法生果　是法名爲緣　若是果未生　何不名非緣**

**若因甲法而生得乙果，則甲法就稱爲乙果的因緣。當然這是指比較親切而主要的緣。**

我們接著問：在未生果之前，甲法能否稱爲「因」呢？有的人認爲還當稱爲因，否則無因怎麼生果？

事實上，因跟果是相待而成的，在未生果之前，是不許稱爲「因」的。

**就如世間的父子關係，很多人都誤以爲：先有父親，再生兒子。然而在兒子未生之前，其人何以能稱爲父親呢？**

除了父子關係之外，像剛才講的：種瓜得瓜、種豆得豆也是如此。很多人認爲瓜種子一定生瓜，豆種子一定生豆。但事實上，不見得！有時候瓜種子雖種下了，卻被鳥啄了、被水淹了、被火燒了，根本生不了什麼，只是焦芽敗種而已。

所以，最初我們認爲種子是因，爲種子比較有決定的力量。但到後來，比較有決定力量的卻是水跟火，它們讓種子焦了、敗了，而不能發芽。因此，力量大小乃是相對的，要將眾因緣匯集後，才能確認誰比較有力量？故在果未生前，即無法確認何者是主因？

**故若乙果還未生時，甲法即不得名爲緣；既不得名爲緣，是否可稱之爲「非緣」呢？**

「若是果未生，何不名非緣？」其實是不可稱之爲「非緣」的！爲什麼呢？因爲有果，才有「是緣」與「非緣」的區別。就如有了孩子，才能區別何者是父，餘者非父？若無孩子，而將不相關者稱爲「非父」，實毫無意義。

**果先於緣中　有無俱不可　先無爲誰緣　先有何用緣**

**其次，再看果與緣的關係：既緣中先有果，是不可得的！緣中先無果，也是不可能的。如說「緣中先無果」，則這緣，究竟是誰的緣？如說「緣中先有果」，那還用得著緣嗎？**

這即是問：是「因中有果」還是「因中無果」呢？一般人是比較傾向於「因中有果」。因爲，如是「因中無果」的話，還稱它爲因嗎？如果「因中無果」，其它者也是無果，爲何稱這爲因，而不稱那個爲因呢？

「先無爲誰緣」，如果因中無果的話，因與非因就沒什麼差別了。至於「先有何用緣」，如果因中就有果的話，那就不需要其它的緣了。

很多人從「種瓜得瓜，種豆得豆」的慣例，以爲瓜種中即有瓜，豆種中即有豆。然而有時候，瓜豆雖種下了，或被水淹，或被火燒，或被鳥啄、蟲吃；總之竟「種瓜不得瓜，種豆不得豆」也。所以不能說：瓜種中即有瓜，豆種中即有豆。

其次，如說：瓜種中即有瓜，豆種中即有豆。則你買了瓜種、豆種，當下就有瓜、有豆了，何必再辛苦播種、除草、施肥，才有瓜豆可收成呢？

事實上，我們仍要把種子種下去、澆水、供給營養，才慢慢有瓜、有豆，所以不能說因中即有果。反過來說：若瓜種中本無瓜，豆種中本無豆，則農夫們辛苦播種、除草施肥，究竟是爲了什麼呢？因此，既不能說因中即有果，也不能謂因中乃無果。

再說「蛋生雞」的例子：若謂「蛋本無雞」而可生雞，則土木、頑石亦本無雞，何以不生雞？相反的，若謂「蛋即有雞」，則買個蛋，就有雞可吃了。一個蛋五元，一隻雞兩佰元。誰還去買雞呢？但事實上，買蛋絕不等於買雞。所以既不能說「蛋即有雞」，也不能說「蛋本無雞」。

**結論：既不是「因中即有果」，也不是「因中本無果」。**

很多人講因果，不知不覺就落入「因中有果論」。如果因中即有果，這因即是「有自性」的。但從緣起來看，第一、要變成果，才能稱爲因，不是它本身就能稱爲因。第二、這因有多大的影響力，必待匯集眾緣後才能確定，而不是本身就具多大的影響力。第三、因加上緣，才能成果；緣不同時，果亦異也！

**若果非有生　亦復非無生　亦非有無生　何得言有緣**

如前所說：果既非「因中有果」而得生，也非「因中無果」而得生。於是，有人就「和稀泥」地說：當是因中「亦有果、亦無果」而得生。

其實，云何爲「亦有、亦無」？連說者也搞不清楚，哪可能生呢？事實上，從世間法來看，既「有」就不可能是「無」，既「無」就不可能是「有」，怎可能「亦有、亦無」呢？

綜合上所說，既「因中有果」不得生果，也「因中無果」不得生果，「因中亦有、亦無果」更不得生果。何得言「因緣」有自性，而能生果呢？

辛二　觀次第緣不成

**果若未生時　則不應有滅　滅法何能緣　故無次第緣**

接著繼續說「觀次第緣不成」。在講「觀次第緣不成」之前，首先得爲「次第緣」下定義，這「次第緣」的定義，有些曖昧。

**有說：前念的心、心所法滅時，有一種開闢引導的力量，能使後念的心、心所法繼起。**

這是說在前後念的變化，前念雖消失，可是它有一種力量能促成後念的生起。但是，這種講法其實是有問題的：

因爲若前念已滅，後念未生；則前後脫節了，就不成其緣也。如頌云「果若未生時，則前法不應已滅。因爲若已滅了，就失其作用！云何能爲後起的緣？」所以說：當無「次第緣」的自性可得！

其實，這種說法是有些強詞奪理。因爲已經把連續的過程，切割成前後兩段；而既切割後，當就沒辦法連續。如昨天是花苞，而今天花開了。然後問：花是什麼時候開？大家只能答：是昨天晚上開的。但若進一步追問其確切的時間，大家一定答不出來。因爲，「開與不開」之間根本就沒有明確的界線！

如果一定要把前面叫做「未開」，後面稱爲「已開」，那云何從未開能一下子變已開呢？這就說不過去了。

因此，不能用「間斷」來看前後的變化。而只能用「連貫」來看前後的變化：現象的變化，從過去到未來，其間皆「無間隙、無間斷」也，如長江後浪推前浪，雖澎湃洶湧、絕無間隙可得。所以「次第緣」，又名「等無間緣」，用「等無間緣」去看，就比較沒有前後切割、前後脫節的問題。

**這「等無間」便與「八不中道」中的「不常不斷」挺相應的。然猶不能說：「等無間緣」有能生果的自性。**

雖等無間緣會一直不斷變化下去，但會怎麼變？卻非等無間緣所能決定。會變是因爲有新的緣加入了，或舊的緣散失了，所以才變的。因此會怎麼變？還由眾緣決定也。

## 辛三　觀緣緣不成

如諸佛所說　眞實微妙法　於此無緣法　云何有緣緣

下面講到觀「緣緣」不成。首先講到「緣緣」的定義。「緣緣」就是常謂的「所緣緣」，乃指：心、心所的生起，必有他所緣的對象；以這對象，能爲心、心所生起之緣，所以稱之爲「緣緣」。

佛法常講六根對六塵，六根就是眼耳鼻舌身意，而去感受的對象，即是六塵之色聲香味觸法。故六塵，即是最典型的「緣緣」。

很多人都誤以爲：有眞實、客觀的塵境，能爲心所緣。其實不然。譬如眼前的花，是先客觀存在，所以能看；還是看了，才確認它的存在與相狀呢？

如曰：先客觀存在，所以能看。那未看前，它存在哪呢？未看前，是什麼相狀呢？是現在的相狀嗎？不可能，剎那變化也！所以不能以現在有，就代表原來就有。故非先客觀存在，所以能看。

如曰：看了，才確認它的存在與相狀！然若非先存在、有相狀，你如何能看呢？所以也不能說：看了，才確認有它的存在與相狀！

再者，看了，即能確認它的存在與相狀嗎？不可能！何以故？看時，已加入主觀的因素，如眼根、心識等。比如眼根，有的人遠視、有的人近視、有的人老花，其實根都不一樣。尤其觀念也不一樣。故你是看不到它原來的樣子！

有可能還原成「本來面目」嗎？不可能，因爲「緣起如幻」，乃絕無「本來面目」也！今天的科學界也承認有「測不準原理」，你再怎樣測，都是測不準的。其實不是測不準，而是本來就沒有它的基準——諸法無自性。

很多人對這個偈頌的講法很不服氣，因爲它只把結論說出來，而沒有把原因說清楚。但原因，我剛才已經講了。

總之，沒有客觀、實有的塵境，能爲心所緣。如頌云：「如諸佛所說，眞實微妙法。」一切相都是虛妄幻化的，故諸佛所說眞實微妙的法，只是「無常、無我、緣起、性空」爾！「於此無緣法，云何有緣緣？」既一切法都緣起性空，何得有客觀、實有的塵境，能爲心之所緣呢？

辛四　觀增上緣不成

**諸法無自性　故無有有相　說有是事故　是事有不然**

下面講觀「增上緣」不成。剛才講因與緣，因是比較有決定力量的；至於其它的緣，力量沒那麼大，乃作爲輔助之用者，即稱爲「增上緣」。

**如前所說：既一切法都緣起性空，何得有客觀、實有的塵境，能爲「增上緣」呢？性空，即無自性、無自體、亦無自相也。**

既主要的因素——因緣不成了，那增上緣也就不能成。爲什麼呢？一定要先有個別的存在，才能進一步討論有沒有增上的功能。現在連本身的存在都成問題，哪能更說其是否有「增上」的功能？

「諸法無自性，故無有有相。」如前面所說：既一切法都是緣起性空，哪有客觀、實有的塵境，可以作爲「增上」之緣呢？因爲無自性者，就無自體、無自相。所以說增上緣也是不得成的。

「說有是事故，是事有不然。」照印順法師的註釋，此應是：「說有是事，故是事有」者，「不然」！

「說有是事」，是指：爲有「增上緣」。「故是事有」，是指：故能生果。「不然」，無此事也。整句的意思是：因爲有增上緣故，所以有果產生，這一點是不可能的。

即非以有增上緣故，而能生果。

庚二 觀緣生不成

略廣因緣中　求果不可得　因緣中若無　云何從緣出

若謂緣無果　而從緣中出　是果何不從　非緣中而出

若果從緣生　是緣無自性　從無自性生　何得從緣生

偈頌中「略廣因緣中」，「略因緣」者，就是四緣：因緣、次第緣、緣緣、增上緣。「廣因緣」者，如薩婆多部說六因，舍利弗毘曇說十因，瑜伽論說十因；銅鍱者說二十四緣，舍利弗毘曇說十緣等。

以上於「略因緣」中，求果的自性已了不可得。同理，於「廣因緣」中，求果的自性亦了不可得。爲什麼呢？因爲在每個緣裡，都沒有「果」的自性與必然性。

「因緣中若無，云何從緣出？」既一切因緣中，都無有果的自性；云何從眾因緣和合而能生果呢？

「若謂緣無果，而從緣中出。是果何不從，非緣中而出？」若謂：眾緣中無果，而能生果。至於非緣亦無果，爲何不能生果呢？

當然，現象中的眾因緣和合而生果，是不能否認的。所以到最後只有一個結論：「若果從緣生，是緣無自性。從無自性生，何得從緣生？」

雖是從眾緣所生，但前提是：眾緣是無自性的。雖四個緣裡，都沒有「果」的成分，但加起來「果」就形成了。就像剛才講的，氫跟氧都不是水，但氫跟氧能化合成水。

如果用有自性的思考方式，會跟我當初一樣，怎麼想還是覺得不可思議！爲什麼氫跟氧化合，會變成水呢？最後只有一句話，因爲無自性，所以能化合成水。

因爲無自性，所以如夢如幻，而沒辦法預測。最後我們只能承認：諸法爲無自性，所以能和合生「果」；故曰「從無自性生」，非得從緣生！

總之，是從無自性的因緣，而生無自性的果法。

丁三　觀一切不成

果不從緣生　不從非緣生　以果無有故　緣非緣亦無

這個偈頌其實是總結上文，主要是破斥四種緣能夠生法。經過仔細的分析，其實，每一種緣都沒有決定生「果」的力量，可是加起來「果」還是示現了，最後只能確認：因爲每一種緣都是沒有自性的，所以能和合生「果」；故這和合是化合而不是混合。

總結：不管因緣，還是果法，皆是無自性也。既無自性，即無自體與自相。在緣起無邊的「梵網」中，說有「眾因緣可和合」，也只能說是「假名」吧！

丁一　觀四門不生

諸法不自生　亦不從他生　不共不無因　是故知無生

我們下面再把觀四門不生說明一下。一般人講「生」，大概不出：自生、他生、共生與無因生。

## 1.「自生」

「自生」從邏輯上來看，可說完全沒有意義。爲什麼呢？因爲有變化者，才稱爲生，自己生自己，還是原來的樣子，如何稱爲「生」？「生即不自，自即非生」。故生者，即非自——非原來的樣子。反之，若還是原來的樣子，云何謂之「生」？

其次，若自己能生自己，也可以說是「無因生」！爲什麼？不待餘因，即能生自。最後，若自即能生自，即成「無窮之過」。何以故？從自生自，是生一個、兩個、還是無窮個，卻也說不清楚。所以「自生」，必不可能。

一般人或以爲：既「種瓜得瓜，種豆得豆」，亦可說是自生也。然而非豆種即能生豆，瓜種即能生瓜。而是得播種、耕耘、施肥、除草等，才能「種瓜得瓜，種豆得豆」；且果者已不同於種子矣！故不當言：自即能生自。

其實，一般人比較不會有「自己生自己」的想法。

## 2.「他生」

其次，「他生」從現象來看，可說是大而無當。何以故？因爲若餘者都是「他」，爲什麼有些生，有些不生呢？譬如豆對瓜而言，即是「他」也；爲何不從豆生瓜呢？如果一切「他」都能生，那當石頭也可生豆，木頭也可生豆才是！但事實不然。所以非「他」而能生也。

還有既是父母，豈同路人。能將父母，也當作「他人」看待嗎？當然不能！故亦可說「生即非他，他即非生」。

相信，這應該是比較好瞭解的。

## 3.「共生」

印順法師於長文的註釋中說「共」，乃「自」加上「他」，而稱爲「共」。然「自」加上「他」，再生成「自」，這究竟有什麼意義呢？

或問：如「種瓜得瓜，種豆得豆」的比喻，當有瓜種，名其爲「自」。再播種、耕耘、施肥、除草等，得名爲「他」。於是以「自他和合」故，有瓜果、瓜種之收成。豈非「自他和合」而生自呢？

答云：如前已謂「果者已不同於種子矣！」故不當言：共而能生自。

**或問：如《中論》亦云「從衆因緣而生法」，豈非「共生」？**

**答云：如前已謂「在緣起無邊的梵網中，說有衆因緣，而可和合；也只能說是假名吧！」**

我首先問諸位「眾緣和合」中，能夠被確認的緣有幾個呢？其實是沒辦法確認的，因爲諸法在緣起中是沒有界限的，既沒有界限，云何能說有幾個緣呢？

所以「眾緣和合」，到最後只能承認都是假名，假名者因爲都是定義出來的——從不同的定義而有不同的緣，就像四緣、六緣、十緣的分類，都是定義出來的。

因爲諸法既無自性，也無自體與自相，亦無邊畔與界限，故無法計算到底有幾個緣。正如上面所說：爲何增上緣不成？因爲緣本身沒辦法單獨存在！既沒辦法單獨存在，能不能有增上的功能，更無法確認矣！

**或問：如世間以父母和合而生子女，不就是最典型的「共生」嗎？**

**答云：諸法既無自性，亦無自體與自相。個體既不可得，云何與共？**

所以「不共」，是破「自性有」的共，而非破「無自性、如幻緣起」的共。

## 4.「無因生」

**最後，若「無因」生者，何以耕耘，才有收穫？辛苦工作，才能養家？**

一般人大概不會說是「無因生」，因如是「無因生」，那我不用賺錢應該就有錢可用，不用功勤學也應該考上狀元。事實不然！

故大家這麼努力、辛苦是爲了什麼？乃要有因、要有緣才有果法的示現，沒有因、沒有緣怎麼成果呢？

所以一個正常的世間人、一個正信的佛教徒，基本上都不會犯此「無因生」的過失。

**如諸法自性　不在於緣中　以無自性故　他性亦復無**

以「自性」，即是萬法「本來具有，孤立不變」的屬性。故「自性」，當不在緣中。若在緣中，則爲緣所牽，而不能孤立不變也。

若甲法有甲的自性，乙法有乙的自性；則甲法的自性相對乙法而言，即稱爲「他性」；乙法的自性相對甲法而言，亦稱爲「他性」。如今既「自性」不可得，即「他性」亦不可得也。

下面再繼續看標宗：

甲一　標宗

**不生亦不滅　不常亦不斷　不一亦不異　不來亦不出**

**能說是因緣　善滅諸戲論　我稽首禮佛　諸說中第一**

此標宗並非只是〈觀因緣品〉的標宗，而是《中論》的標宗——貫穿《中論》的大意，要一下子瞭解標宗的意涵並不是那麼容易，所以我們安排於講完「觀四緣不生、觀四門不生」後，再回頭講標宗，或許會比較清楚。

## 不生亦不滅

佛法中所謂的生，主要有兩種定義：一是存有；一是變化。任何一種存在的現象或發生的變化都稱為生。在世間法中，乃因存在才能產生變化。比如一朵花開了。或者「因變化而存在」，如生小孩子。這「存有」或「變化」的現象，本是沒有問題的。但為一般人很容易在此產生「個體見」：認為諸法都是單獨存在的個體。

比如很多人都認為「我」是一個獨立存在的個體。如眞能獨立存在，你就不需要吃飯；否則一吃飯，就表示不是單獨存在的。故能吃飯、能和別人互動，即表示汝非單獨存在的個體也。

但很多人還常自認為：我是單獨存在的。這就是《中論》汲汲破斥的「自性見」或「個體見」。很多人雖未表明是自性見、個體見，但下意識中，卻恆而未斷也。

於人際間、於萬物間，人常以為諸法是界限分明的。如果眞界限分明，那人際間也不會有互動；天氣冷了，也不需要多加衣服。所以，這乃表示我們跟大自然是一體的，根本沒有「獨立個體」的存在。

這從因緣法來看，是很容易明白的。既諸法都是從眾緣和合而有，且因緣又依餘因緣而有；則因緣的網綿延不斷，不可能切割成獨立的個體，因此「個體見」必是莫須有的。

如我們的生命，是由身體跟心理和合而成的。而生理又有很多不同的成分，心理也有眾多不同的變化。這身心又得不斷地與外界產生互動，比如身體就是要吃飯、穿衣、睡覺；心識也要受教育、要應酬。既要跟很多人互動，也得跟很多緣和合，怎還能說是一獨立的個體呢？

因緣中又有因緣，因緣不斷地牽扯下去。到最後所有的緣，有形的或無形的，都可涵攝在一個因緣的大網裡，既沒有界限，當就沒有個體。

**以個體不存在故，曰「不生」。**

接著講「變化」。所謂的生，亦有將「過去沒有，而現在有了」稱爲生——以「前無現有」爲生。就像小孩子，本來未出世，現在出世了，所以說生小孩了。又如種子，本來未發芽，現在有芽了，所以說芽生了。

從眾緣和合來看，要先有眾緣和合，然後才得生，故非「前無」。如這小孩子，以前就沒有嗎？以前是有，只是在娘胎裡；雖現在才出世，卻非當下才有。再問：在娘胎前，又在哪呢？以佛法來說，因三世因果，他還有過去世的生命。

同樣，種子發芽，芽雖現在才有；但種子卻是從很多因緣才結成這種子的。一切萬物都是不斷在變化，絕非過去沒有，而現在才有也。

所以也爲非「前無現有」故，曰「不生」。

一般人所謂的「滅」，多是指個體的從「前有變後無」，而稱爲滅。如花本開著，今卻謝也。以前有花，後無花，而稱爲花滅。

但是，既前已論：本沒有個體，即不得滅也。其次，既不生，即不滅。第三，所有的現象都是從前到後，變化不停；絕不會是過去有，而現在卻變成沒有了——它只是變成另個樣子而已！

比如花謝了，花雖不見了，卻由此而漸結成果；把木頭燒了，木頭變成灰和二氧化碳也；冰融解了，變成水或水蒸氣。所以世間萬物，總是不斷地變下去，絕對不會變成沒有，故不會滅。

這也與下一句「不常亦不斷」有關。

## 不常亦不斷

一切因緣都是相互牽扯的，可謂「牽一髮而動全身」。故只要任何一法有變化，跟它相關的緣也會受震盪而變化，相關的緣又推動其它的緣，這變化就可以展轉不斷地延伸出去。就像把一塊石頭丟到湖面裡，所產生的漣漪會不斷延伸，以至擴散到整個湖面上。所以，這個世間在眾緣的相互激盪中，是不可能有「常」相的。

但是，無論如何變，必是相續而連貫的，就像長江後浪推前浪，後浪總是貼著前浪，既不會脫序，更不會間斷。

無論從理論去推，或就現象來看，都是無常亦無斷也。

## 不一亦不異

**在前後的變化中，當非前後是一，亦非前後是異。在相輔相成中，雖我中有你，你中有我；你我間既非一，亦非異。**

**在整體與部分間，既整體非一，亦部分非異。如人與五官、五臟等。**

這可從三方面來講。

第一、從時間來看，雖從過去、現在到未來，現象皆不斷在變化，但在前後變化中，既不能說是一，也不能說是異。云何不能說是一？因爲變化，已非原來的樣子。云何不能說是異？因爲因果是前後關連的。

第二、在所有的萬物，也都是不一亦不異，因爲都是互相影響的。你影響著我，我也影響著你。既你中有我，也我中有你。諸法之間，都是非一也非異。

第三、在整體與部分間，既整體非一，也部分非異。比如一個人是由很多不同的成分所組織成的，外有五官——眼耳鼻舌身，內有五臟——心肝脾肺腎等。這從整體看，也不是固定的，因會不斷地變化。從部分看，既相輔相成，又彼此制衡，所以既不能說一，也不能說異。

比如看電視時，得眼、耳並用，但專心聽時，視力就打折扣。以它們之間是互相影響的，故不能說異。

我在人際關係中，對不一不異有較深的體認。人本非一，但在人際間很容易形成強制的意志，就是想統一他人——希望別人聽我的。但是若他也希望我聽他的，如此為求統一反造成更大的分裂。尤其在眷屬中、夫妻間這種問題很多。

如果承認人本非一，彼此尊重、包容他人的想法，反而能和樂相處。但也非人本是異，若異，那彼此又有隔閡，而不易溝通協調也。

所以從不一亦不異，去看人際關係，既容易溝通協調，也便於安和樂利。

## 不來亦不出

**一般人也是以「個體見」去看動靜去來的變化。現既個體不可得，云何有去來呢？**

這我想到一個比喻，比如電影，當以每秒三十格的速度不斷播放時，即可看到：裡面有人在走，有車在開，有鳥在飛，有水在流。好像人、車、鳥都是單獨存在的，都可單獨去來。

但事實上，人跟車子等都只是整個影片的一部分而已，豈得單獨存在，甚至單獨去來呢？同理，一切人來人往、花開花謝，也都只是法界因緣變化中的一小部分而已，豈得單獨存在，甚至單獨去來呢？

以上即常說的「八不中道」。八不者，其實只是四對。因為生滅是一對、常斷是一對、一異是一對、去來是一對。以我的看法，用去來還不如用「動靜」貼切，因為去來都是動，而非靜也。故說不動亦不靜，還廣闊些。

四對其實是不成對的，因為本來就沒有對立。只是一般人很容易落入一邊，不是落入常、就是落入斷；不是落於一、就是落於異，因而常用對立的思考模式去看世界。

事實上，世間何止四對呢？乃成百上千對也！何以故？世人皆習慣用「二分法」去區隔萬物。然而名相雖分，緣起無限；其真是對立的嗎？比如白天跟黑夜雖不一樣，但從黑夜到白天，是突然變過去的嗎？不是突然的，而是慢慢的，故根本找不到白天跟黑夜的界限。又如大小，大不自大，因小成大；小不自小，因大成小。所以大小間，反是相輔相成哩！故世間法有很多表面看似對立的，但通過緣起法去看，唯相輔相成也。

佛法中也常有二分法，如：「福慧雙修」、「悲智雙運」、「性相無礙」、「理事圓融」等，只要懂得中道不二法門，既說不盡，說也是多餘。

然而不說，不等於明白。故只能簡約地說，唯「不即不離」爾！既不即二邊，也不離二邊也。以此謂為「中道不二」法門。

比如福慧雙修。福慧不是個別去修的，真有智慧者，在日常生活的一切言行當中，能掌握中道的大原則去待人處事，自然能增加福德。反過來說，欲成就無漏的福德，必從智慧入手也。總之，福慧最後還是回歸到不即不離、相輔相成。

很多人學了《中論》之後，常跟我說：雖已理解《中論》的大原則，但於面對世間時卻用不上。為什麼會如此？因爲對緣起相看得不深入。必看得越深入，才能越瞭解它們是不即不離、相輔相成的。這要透過很多世間的知識、學問、經驗去驗證；而不是光講不即不離，就能清楚明瞭。

故歸究只是一句話：「中道不二」。因爲「中道不二」才能不偏一邊。很多人都認定消極是錯的，就以爲積極是對的。其實，兩者都是錯的，因爲「極」就是偏一端的意思。積極乃偏有爲的一邊，消極則偏無爲的一邊，故都不是中道。

因此，能從緣起，以入「中道不二」法門，這既是佛法中最重要的法門，也是眞正的大乘不共法。因爲唯有如此，才能與人天乘、小乘形成明顯的區隔。

**能說是因緣，善滅諸戲論；**

偈頌的意思是：能夠從緣起到中道，這樣才能滅「戲論」。何謂「戲論」？表面上看似一些無關緊要、天方夜譚的閒話。其實「戲論」就是邪見、邊見等。故「戲論」是我們與生帶來的，無論知道與否，我們都受它影響。惟有把「戲論」消除、滅絕，才能成長眞正的智慧，以斷煩惱、了生死，這是消極的；積極的，才能福慧雙修、理事無礙。因此，不管是求解脫道、行菩薩道，都要從緣起、中道去滅除「戲論」。

**我稽首禮佛，諸說中第一。**

**所以不懂得「中道不二」法門者，如何成為大乘的行者呢？譬如「泥菩薩過河」唯自身難保爾，其如何能度衆生呢？**

龍樹菩薩認爲佛所說的法裡，最重要的就是中道不二法門，而要入「中道不二」法門，又必須從「緣起」入。

中國人常自認爲是泱泱大乘的佛國，但對云何爲大？卻不甚清楚！最後，乃以「能容乃大」而稱爲大乘！然「能容乃大」是什麼意思？唯魚目混珠、雞鶴同槽。以人天法而濫充爲大乘爾！

以我的看法，云何爲大？見性爲大。何謂見性？見到諸法的共通性、普遍性，這稱爲見性。從見性再進一步入「中道不二」法門，這才能成爲眞正的大乘。

故不懂「中道不二」法門者，是不夠資格稱爲大乘的行者。否則，雖想發心度衆生，最後唯自溺溺人而已！

很可惜的是，在中國歷史上，眞正深入研究《中論》的其實很少。中國有所謂大乘八宗，有幾宗在研究《中論》的？淨土宗會研究《中論》嗎？律宗會研究《中論》嗎？教外別傳的禪宗會研究《中論》嗎？所以眞正能掌握到大乘精髓者，其實沒那麼多。

這是《中論》的第一品，重點一句話：因緣起故無自性，因無自性所以能緣起。以此而入中道不二。

# 2 觀因果品

## 【前言】

在印順法師的《中觀論頌講記》中，〈因果品〉是放在蠻後面才說的，為什麼我卻把它往前挪了呢？因為〈觀因緣品〉和〈觀因果品〉在本質上是相當類似的。只是〈觀因緣品〉是總觀「因」、「緣」、「果」，乃觀得比較廣泛。而〈觀因果品〉主要在觀「因」、「果」而已，雖然比較狹隘，但是觀的比較細膩、深入，故能針對更多有關因果的偏執，去分析、破斥。所以，我把這兩品放在前面，而稱為「總論」，也當作開宗明義。

若依照《中觀論頌》的順序，講完〈觀因緣品〉之後，再講〈觀六情品〉，對各位來講可能會輕鬆一點。但因爲〈觀因果品〉跟〈觀因緣品〉是屬於「總論」，所以先講；這對某些人來講，應該會辛苦一點。就算不是很清楚，但也會多少得到一些概念。

然後，再繼續往下看〈觀六情品〉的部分，就會輕鬆多了。所以，現在如聽得不很明白，也不要氣餒，反正多聞熏習後，就能慢慢了解。

## 【章節大意】

**這品與前之〈觀因緣品〉類似，只是觀得更細膩而已！前為總觀「因緣」，現則別觀「因果」。**

一般人，雖也相信因果，但是對因果，還是有很多含糊不清，或自以為是的偏執。這在外道、在部派佛教裡都有。龍樹菩薩在此品中，把那些偏執先一一提出，然後再各個道破。

有哪些含糊不清，或自以為是的偏執呢？根據偈頌，大致整理如下：

一、是因中有果，還是因中無果？

這其實在〈觀因緣品〉裡，就已講了！

二、是因能與果，還是因不能與果？

什麼叫做「與果」、「不與果」？待講偈頌時，會更詳細說明。

三、究竟因果是同時，還是異時？

四、因變成果之後，因在？還是不在？或者說，果現報之前，果先有？還是非先有？有些人認為是先有果，然必待因緣具足後，這果才會現前。

五、所謂因果，是一因生一果？一因生多果？還是一因生無限果？一因生無限果，在本品中就稱爲「因遍果」。反之，果是從一因生？還是從多因生？還是從無限因中生？

**在此品中，將針對這些問題或偏執，先一一揭出，再各個道破。然後更以「和合性」的不可得，故果不成。果不成故，因亦不成。**

最後，說到「和合性」不可得。我們再三說是眾因緣和合，可是眾因緣到底是怎麼合的？也不是很清楚。事實上，既個體不可得，云何可和合呢？所以說：和合不可得故，果不成；果不成故，因也不成。

結論呢？似乎無結論，因爲只「破而不著」；但究竟還歸「緣起無自性」爾！

以下開始看偈頌，首先看丁一約眾緣破。

## 【偈頌解說】

丙二　觀因果

丁一　約眾緣破

戊一　有果與無果破

若眾緣和合　而有果生者　和合中已有　何須和合生

若眾緣和合　是中無果者　云何從眾緣　和合而果生

若眾緣和合　是中有果者　和合中應有　而實不可得

若眾緣和合　是中無果者　是則眾因緣　與非因緣同

從「眾緣和合而生果」，大家都這麼說；然「執因果有自性者」與「達一切法無自性者」的看法，便迥然有別。

現問「執因果有自性者」：於眾緣和合當下，即有果的自性？還是非有果的自性？

這偈頌的講法跟前面的「因中有果」、「因中無果」非常類似。只是把「因中有果」變成「眾緣和合中有果」而已，故問：眾緣和合中是有果？還是無果？

如答：於眾緣和合當下，即有果的自性。

則破曰：既和合時即有果的自性，為何得和合後，才能生果？

「和合中已有，何須和合生？」如果說眾緣中就有果的話，為何需要和合後才有果呢？這句話很多人看了會覺得困惑。

對這問題我們還是用一般人比較熟悉的「電動車」爲例而作說明。否則如老是用邏輯的方式去破，聽的時候就已是迷迷糊糊的，等到面對世間現象時，早就忘得光光的。所以我講《中論》時，寧可用更多生活中的實例去分析，這樣大家既容易清楚，也更方便應用於生活中。

如果我們將電動車所需要的零件全拿過來並堆在一起，則這個車子能不能動呢？不能動！如果「和合中已有」——如果說把所有的零件集中就有的話，那已把所有的零件都堆在一起了，爲何車子不能動呢？

而是要依照工程師設計的程序，一個接一個，按部就班地組合之後，電動車才能啓動！

**現問：既一切零件，都不能動；云何照一定的程序、架構組合後，電動車即能動呢？**

這還是要回歸這句話：是「化合」而非「混合」。如只是把全部的零件堆在一起，這是混合。而混合是沒辦法產生性能的突變。但依嚴謹次第組合過後，則是化合，化合才會產生性能的突變。所以本來不能動的零件，裝備好之後，就能啓動了。

而能化合者，乃因爲「無自性」。「無自性」故，才能化合。所以，在眾緣和合當下，有沒有果生呢？如從「有自性」的觀點去看，它是不會生果的，就如零件堆集，仍不能動也。

同理，種子、陽光、溫度、水分中，亦皆無芽！云何具足這些條件後，即有芽生呢？以加起來不是混合而是化合，所以芽才能生也。

**反之，若答：「是中無果者」。則云何從衆緣，和合而生果？**

因此，在眾緣和合當下，既不能說有果，也不能說無果。若說沒有果，那爲何經過嚴謹地裝配後，車子就能動呢？

還有，若答：「是中無果者」。眾因緣與非因緣，便無所差別矣！

## 戊二　與果不與果破

若因與果因　作因已而滅　是因有二體　一與一則滅
若因不與果　作因已而滅　因滅而果生　是果則無因

「與果」，是說因緣有力，能達果體：在果法成就前，因體能以生果的功力而影響它。「不與果」，是說因體的功力，達不到果位，不能給果以功力。

現若謂「因」是「與果因」——在果法成就前，因體能以生果的功力而影響它。待完成作用後，因才滅去。

然而既因前果後，因若先滅，其何能與？因若必與，是因，當有兩體：一體已滅，一體爲與因。

然而是因，不當有二體也。

一般人執的「因中有果」是很容易破的，爲什麼呢？若「因中有果」，蛋中就應該可以挑到雞骨頭。但事實不然，所以不可說：「因」的當下，就有「果」。

可是有的人會說：「因」的當下，雖沒有「果」，但是「因」有決定「果」的力量。比如蛋裡面有基因，故可保證能生出雞來。這就是「與果」——因有力量可以傳達到果，並決定果的性質。

如果「因」能「與果」，是「因」有二體：一與、一則滅。因為在講因果時，既從因變果；當變成果時，「因」就應該不在了。如果「因」已不在，它怎麼有力量來引導、來到達果體呢？

依此，這個「因」就應該有兩個體：一是作因已即不存在的，一是有力量能到達果體的。但一「因」是不可能有兩個體的。因此不能謂：「因」能「與果」！

反之，如果因不與果，那這個果就跟「因」沒有什麼關係。因先滅，果才生，既「因」跟「果」之間沒任何關係，為什麼說它們是因果呢？

究竟是「與果」？還是「不與果」呢？相信用種子發芽來說明會比較清楚：「種瓜得瓜、種豆得豆」，一般都認為種子可以決定它會發什麼芽、生什麼果。這在一般的因緣下，是沒有問題的。可是如碰到更大的逆緣，如水淹、火燒，這種子就可能變成焦芽敗種，而不能與果了。此種子「與果」的力量，被一個更有力的緣剋掉了。因此，眾緣和合中哪個是最有主導力量的緣，不是當下就能決定的；而是要待眾緣聚集之後、成果之後，才能回溯去問：哪個力量最大？

### 戊三　俱果不俱果破

若眾緣合時　而有果生者　生者及可生　則為一時俱
若先有果生　而後眾緣合　此即離因緣　名為無因果

**因果同時有，名「俱」；因果不同時，名「不俱」。因果二法，到底是「俱」？還是「不俱」？在**

**理智正確的觀察下，乃「俱」與「不俱」都不可能。**

**因爲：如謂在衆緣正和合時，即有果法的現起。於是能「生者」的因與所「生」的果，則爲一時俱——即已落入「因果同時」的過失中。**

因果可能同時嗎？

在因果的變化關係裡，一般人很難避免兩種模式：

在a中，就算我們把果直接頂著因，還是無法說明「因云何會變果？」：因爲太突兀而跳不過去也。

反之，在b中，因果似各自獨存，而了不相干！

a、b這兩種模式其實都不符合因果的，即使把「因」改爲「眾緣和合」也還是有問題的。這兩個思考模式，錯在哪裡呢？爲什麼我們常說「前因後果」，可是當想到因怎麼變成果，就卡住了呢？

**其實，既諸行無常，因云何能相續而仍稱爲因呢？同理，果云何亦持續而稱爲果呢？**

**將因再細割，仍是因果也。**

**所和合的衆緣，當也是剎那、剎那都在變化哩！**

事實上，諸行無常，萬法都不斷在變化。所以前面不單是「因」而已！我們都把前面稱之爲

「因」，後面都叫做「果」。但是，「因」也是相續不斷變化的；「果」也是不斷相續變化的。而非皆固定不變也！

進言之，如果把前面的「因」再切割，還是會有「因果」的隔異，因爲還是有前後的。會有如此的困惑，乃因爲若用名字，不是一，就是異，而沒辦法去描述連續的現象。可是世間的現象，既非常亦非斷也。

因與果不會同時存在，這是一種類型。如芽出現了，種子的相已經不在了。

可是另有一種「因果」，似是同時存在的，如大小的比較，大不自大，要跟小比，才稱爲大；小不自小，要跟大比，才成爲小。因此要同時存在，才能比較。但說「因果」，既不能說大的是「因」，小的是「果」；也不能說小的是「因」，大的是「果」。只能說兩者互爲因果而已。

**這樣的因果關係，看起來是同時的。如「父子」也是「互爲因果」：因生了兒子，才稱爲父親；因爲有父親，才能有兒子。這是先說「俱果與不俱果」**。

「若先有果生，而後眾緣合。」反之，若謂果先有，而後待眾緣和合時才示現；此即離因緣，而有果法在。彼果何非無因之果呢？

一般人所謂的「宿命論」，即類似「若先有果生，而後眾緣合」。命已先定了，然後待緣而呈現。也類似「因中有果論」，前因既造，後果即難免矣！

宿命論認爲人的命都已經定了，可是要等緣到了，那命象才會現出來。如果再問：「這命從哪裡來的？上帝造的嗎？」有的人會答：「不是上帝造的，而是因爲過去已造什麼因，現在就有什麼命！」若過去造因，現在就有什麼命。這就是「因中有果」論。

事實上，從因到果還要經過很多緣，不同的緣，對果也會產生不同的影響。所以，就算過去造了很多惡業，如果這一生能夠努力修善、學佛修行，猶可重罪輕受。

所以如果你的命眞被算準了，乃表示是你沒有出息啦！於世間算命者也公認：學佛的人命是算不準的。爲什麼呢？因爲已加入更多的善緣、法緣，命當不一樣矣！這是第一種宿命論。

有些科技人士也會有「物理本來就存在，但待緣去發現爾」的錯覺。物理上的定理，都是先天存在的，而隨著科學的發展，可以一條一條把它發現出來，故終有一天我們可以逼近定理的極限。對這種看法，我是不認同的，爲什麼呢？

因爲這個世間不是客觀實有的，以佛法來講是眾生的共業所呈現出來的。而眾生的共業是不斷在變化的，所以客觀實有的世界本來就是不可得。因此也不可能有固定的定理讓我們去發現，這是第一點。

且以我的看法，不只不可能趨近定理的極限，甚至越發展會以等比級數遞增，而將人類甩得遠遠的。爲什麼呢？以無自性故，能化合。

現代常常發明很多物質，新物又跟舊物再化合，如此繼續下去，變化量乃以等比級數而遞增。所以，現代雖是知識爆發，可是相對於個人來講，反比過去更無知！

過去厲害的人可以知道當世學問的一半、或四分之一，而今天我們即使再努力，也不及萬分之一哩！且拉距是越來越遠，而非越來越近哩！事實上，這個世界本來就是緣起無盡、示現幻化的。所以不可能趨近定理的極限。

## 戊四 變果不變果破

若因變爲果　因即至於果　是則前生因　生已而復生
云何因滅失　而能生於果

這「變果、不變果」主要是針對某些外道講的。因爲他們認爲因變果時，因還在。舉個大家較熟悉的例子：如上帝創造萬物。宇宙最初只有上帝，故由上帝來創造萬物。上帝創造萬物之後，上帝還在不在呢？以基督教的說法：當然在，在才要信上帝，如果不在還有什麼好信的呢？

上帝創造萬物之後，上帝還在；即「因」變成「果」之後，「因」還在。現且反問：如說最初只有上帝，上帝是怎麼創造萬物的呢？祂拿什麼去創造呢？如拿身體的一部分來創造，或切手、或斷腳。即已非原來的上帝矣！

其次，姑且承認，上帝創造萬物之後，上帝還在，且跟原來的一模一樣。那爲何不再創造萬物呢？如創造、再創造，就有無窮之過。

當然他們不可能接受這種講法。但是這麼說來，第二個上帝乃與第一個不同。可是，他們又不能接受前後有異，一個創造萬物、一個不創造萬物，這是互相矛盾的。可是爲什麼會有那麼多人相信祂呢？因爲，那是情感的需要，而非理智的選擇。

**「因即至於果」，是謂：因變爲果時，因體也存在而不失。**

「是則前生因，生已而復生」：若因體也存在而不失；則其生果、不生果？

若答：生果。則生已復生，乃成「無窮」之過。

若答：不生果。則何以前生，後不生呢？

「云何因滅失，而能生於果？」或者轉計為：因滅失了，因不變為果而有果生。這也不成，若因滅於前，果生於後，則因的力量既已滅失了，怎麼還能生於果呢？

## 戊五 在果與有果破

**又若因在果　云何因生果　若因遍有果　更生何等果**

**因見不見果　是二俱不生**

「在果」是說因變為果時，因還保留在果中。

如果「因」變成「果」時，「因」還在「果」中，這就等於「果中具一切前因」。如以此為「因」，再變成「果」的話；那又有前面的「因」，這「因」就會越加越多，而變成無窮因。比如就算我們相信「基因」的說法，父母生兒女之後，他們的基因還在小孩子身上嗎？以現在的講法，是一半。父親的一半，母親的一半，而不會是父、母親的基因全保留在小孩子身上。

事實上，有關「基因」的講法我也不認同，為什麼呢？因為基因也是會變的。因為會變，所以才會有進化論（或說演化論）的說法。如果基因不變，當然就不用奢言進化了。

就佛法而言，諸行無常，不可能有不變的基因。所以，「因」變成「果」時，「因」不可能全部保留在「果」中。否則，即有無窮之過。

「又若因在果，云何因生果？」如「因」變成果時，「因」還保留在「果」中，則這「因」到底有沒有變化？這「因」到底有沒有作用？若還沒有變化，就不成爲「因果」了。這是講「在果、不在果」。

**「遍有果」，是說每一因中一切果法都有。這就是說：因中具一切果。**

下面是講「遍果、不遍果」。如果一法就能變成一切果，那我什麼也不用做，只要等著別人變現出來就得了。他賺錢，我享受。這可能嗎？

若因中具有一切果，則哪有是果、不是果的差別呢？因爲一切都是它的果。也不用等到特定的時間，或需要特別的緣，才能變現出「果」來。因此一般人是不會講「因遍在一切果中」。

但有些人從理論上去推演，卻會有這樣的錯覺。因爲既一切法都是相關互動的，彼此交涉的，你中有我，我中有你。所以我是一切法的因，你也是一切法的因。這種講法似乎沒有錯，但是卻忽略了因緣的影響其實是有輕重、大小的差別。因是比較有影響力的，緣則影響力較小。

緣既有輕重、親疏的差別，故不能只泛泛地說「一因生萬法，一果從無限因中生」！這在實際上是無法兌現的。如各人吃，各人飽；而非一人吃，眾人飽也。

**再問：若因「遍有果」；則在因中，當見果？或不見果？**

**如謂：因中就有果法可見；則果既已可見了，就不應再生。**

**反之，謂：因中不見果。則何以謂：因能「遍有果」呢？**

丁二 約因果破

戊一 合不合門破

己一 別破相合

若言過去因　而於過去果　未來現在果　是則終不合

若言未來因　而於未來果　現在過去果　是則終不合

若言現在因　而於現在果　未來過去果　是則終不合

這裡是把「因」分作過去因、現在因、未來因。「果」分作過去果、現在果、未來果，然後看它們合不合。

如「因」與「果」是不同時的：過去與未來、未來與現在，那當然是不可能合的。

但若兩個是同時的，如：過去因與過去果、現在因與現在果、未來因與未來果，就可以合嗎？也不一定！爲什麼呢？三天前是過去，五年前也是過去，未必過去即是同時也。同理，未來十年、未來五年都是未來，未來也不見得就能合。

所以逼到最後，只能以現在對現在合。但是因果皆現在者，又要怎麼合呢？若因果是同時的，還稱爲「因、果」嗎？

事實上，從「因」變成「果」本是一段相續的變化過程，不可說在哪一個刹那就變成「果」了。

時間本來是連續的，如把過去、未來截斷，而只剩下現在，即既不能動，也談不上因果。

既然如此，爲何還產生這個問題呢？這是因爲很多人都把「假名」固定化了，以爲「因」就是單相的「因」，「果」也是單一的「果」。事實上，「因」本身也有相續不斷的變化過程。「果」也是如此。把很多變化加起來，相待稱爲前因後果；或者從果再去論因，而稱爲因果。所以，從時間的過去、現在、未來要「合」而生果，便是不可能的。

### 己二　總破合不合

**若不和合者　因何能生果　若有和合者　因何能生果**

如果「因」是「因」，「果」是「果」，而不相合者，「因」如何能生「果」呢？因爲一定要是連續的關係，才能稱爲因果。如果兩個各自分開，那就不成因果了。

**反之，若謂「因與果合，而能生果。」則既已有果了，何必再從因生果呢？**

## 戊二　空不空門破

### 己一　因中果空不空

**若因空無果　因何能生果　若因不空果　因何能生果**

**這「空」，既不是無自性的「空」，更不是「眞空妙有」的空，而是指「絕無」的意思。若因中絕**

無果，因當不能生果。

同理「不空」，是指「實有」的意思。反之，若因中實有果，因也不能生果。既已有了，則何能再生？

若「因」是實有的，「因」也不能生果。爲什麼呢？實有者，就不能變化；既不能變，「因」當然就不能夠變爲果。

### 己二　果體空不空

果不空不生　果不空不滅　以果不空故　不生亦不滅
果空故不生　果空故不滅　以果是空故　不生亦不滅

同上之所說，此處的「空」，是指「絕無」的意思。「不空」，是指「實有」的意思。

若謂果是實有的，既實有則不生，既實有亦不滅，故曰「不生亦不滅」。

以生爲「前無今有」。若實有者，當前有今亦有，而非「前無今有」。故實有者，必不生。

以滅爲「前有今無」。若實有者，當前有今亦有，而非「前有今無」。故實有者，必不滅。

反之，若謂果是絕無的，既絕無則不生，既絕無亦不滅，故曰「不生亦不滅」。

以生爲「前無今有」。若絕無者，當前無今亦無，而非「前無今有」。故絕無者，必不生。

以滅爲「前有今無」。若絕無者，當前無今亦無，而非「前有今無」。故絕無者，必不滅。

反過來講，「果」也是一樣。如果「果」空的話，既什麼都沒有，當不生也不滅。如果「果」不空，是實有的，實有的話即過去如此、現在如此、未來也如此。是實有者，也應不生亦不滅。

因爲一般人認爲的「生、滅」是以「前無今有」爲生、「前有今無」爲滅。如果是實有的，應該是前有今也有；故不生亦不滅。

如果是實無的話，即前無今也無。所以也必「不生和不滅」。

戊三　是一是異門破

因果是一者　是事終不然　因果若異者　是事亦不然

若因果是一　生及所生一　若因果是異　因則同非因

這偈頌同樣也是論因果是一還是異？當然不能夠講「一」，因爲如果是「一」，表示沒有差別；既沒有差別，就不能稱爲因果！

也不能說因果是「異」，說「異」就表示二者之間是沒有關係的，既無關係，云何能稱爲因果呢？其次，「因」與「非因」間也就沒有差別了。

## 丁三　約果體破

若果定有性　因為何所生　若果定無性　因為何所生
因不生果者　則無有因相　若無有因相　誰能有是果

這裡主要是說「果定有性」的問題。剛才說，如果是先有果，然後再待緣而現，這是宿命論，前已斥是不可能的。第二種，以為定理是固定的、有限的，故我們可以趨近它，這也是不可得的。

第三種是先預設所期待的果，然後再去撮合所需要的因緣，一般人都是這麼去努力的。如想蓋一間房子，先畫好藍圖、然後備料、施工等，去撮合所需要的因緣，最後終能完工。然而，就算如此也不能說「果定有性」。

為什麼果非定有性呢？因為撮合所需要因緣的過程，是化合，而非混合。如果是混合的話，要發明創造，應該是很容易的。因為用「內插法」或「外延法」即可確認所需要的材料或因緣。

但事實上，很多時候想要的成果、功能卻湊不出來。為什麼呢？因為那是無自性的化合。故往往得於盲目中摸索，試了又試，試這不成，再試那個。運氣好，很快就湊合成了；運氣不好，可能一輩子還在門外。

所以在實驗室裡工作的人，不免會有很重的挫折感，因為失敗的經驗總比成功的經驗多得太多了。為什麼如此呢？我還是一句話：那是無自性的化合。

也有時候，欲湊合甲湊不成，卻於無意間，創造了乙。真是「有心栽花花不發，無心插柳柳成蔭」。聽說X光就是於無意間被發現而廣加應用的。這就是因爲「無自性的化合」乃「不可思議的如幻示現」也。

其次，就算被湊合出來，有些微細的因緣還在左右果的相狀。所以科技的產品，似家家能出，卻又功能、巧妙各個有別。如各家手機的功能也不盡相同；甚至飲食，也各有偏方！於大街小巷都有炒麵，但是每家炒來的也不一樣。

在世間法上，我們雖不免要去預設所期待的果，再去撮合所需要的因緣。可是，還是要從「無自性」的前提去看這些因緣果的變化，而不能說因果有定性也。

若果有定性？則因便失其作用矣！

丁四　約和合破

若從眾因緣　而有和合法　和合自不生　云何能生果

是故果不從　緣合不合生　若無有果者　何處有合法

「和合自不生，云何能生果？」這是說「和合性」本身已不能成了，更何況能從和合中去生果。爲何「和合性」本身已不能成了呢？這在前的「諸法不共生」中已說明過了！現再複習如下：「在緣起無邊的梵網中，說有衆因緣而可和合；也只能說是假名吧！」

既緣起無邊，則任何現象都無法切割成「單獨存在的個體」。於是乎，既「單獨存在的個體」都不

**可得，哪能更去和合成果呢？**

最後，我們再講「破和合」。常謂「眾因緣和合」，言下之意好像我們可以把很多個別的因緣，都湊在一起而讓它們去和合。事實上，很多因緣的距離根本是很遙遠的。比如我們眼睛所看到的月球，這是怎麼和合的？

它在那邊、我在這裡，是我過去，還是它過來呢？都不是！月亮，我見到時，其他人也見得到。到底是跟幾個人和合呢？其實是沒有定性的，到最後我們只能說：個體本來就是不可得的。

我們習慣用「個體」的思想方式，去看眾因緣和合。其實，仔細去思考：眾因緣間其實是沒有界線的。既沒有界線，即個體不可得也。於是說和合，也只能說是「假名」而已，而不是眞有不同的個體可和合。

尤其在佛法裡有一種講法——「法法不相及」，這有點像「不來亦不去」。這是說：兩個法是不可能碰在一起的。你會反駁說：「我現在去抓滑鼠，還是抓的到呢！」

爲什麼不會碰在一起？過去希臘有古哲曰：「舉足復入，已非前水。」當我們在河邊把腳從河水抽出來後，再把腳放回河中時，不只已不是原來的水，甚至也已經不是原來的腳。

所以，當我動手要去抓滑鼠時，於抓到時卻已經不是原來的手了。甚至，講話之前的我跟講話之後的我，也不會是同一個「我」。如果都是同一個「我」，那你殺人、放火都沒有罪。爲什麼呢？因爲前既無罪，後也無罪，還是同一個嘛！

其實，很多人對因緣的觀察，是沒辦法這麼細的。雖動一個念頭，就已經不是原來的「我」：既不能說「異」、也不能說「一」，因爲已經變了。

所以爲何「法法不相及」呢？因爲當拉近時，就已經不是原來的法了。既法法都不能相及，那眾因緣又怎麼去和合呢？

當然是不能和合的，到最後只能承認乃是一連串變化的過程而已。從整體因緣的變化中，而示現有個別的差異、個別的變化。所以，從這個角度來看，說和合也可以，說不和合也可以。因爲沒有單獨的個體可讓它們去和合。

今天因爲時間的關係，這一品就只能講到這裡爲止。雖然很多人仍聽得迷迷糊糊的。但因爲這是總論，如看一本書先看序文，若一下子就把序文全部看懂，則這本書大概也就不用看了。

我們看書的習慣大概是先看序文，有些不懂，再去看正文。然後又回頭看序文，而不可能一下子就把序文全看懂。

所以總論的部分，各位非全懂是正常的，且不必氣餒。以後再講〈觀六情品〉、〈觀五陰品〉等，從單一的元素去觀，就會比較清楚。較清楚後再回頭看總論，也才會更清楚。

# 3 觀六情品

從這品後，我都將之歸為「別觀」——即別觀世間、出世間諸相法。包括作者、造業、修道、解脫等。在別觀世間、出世間諸相法中，首先為別觀世間的「六情」。

【章節大意】

前面講的〈觀因緣品〉、〈觀因果品〉，這兩品是屬於序文的總論，故講得比較廣泛而非說得細膩，或許有些人雖看而不能深入瞭解，這是正常的。而從這品開始，我便將之歸爲「別觀」——針對不同的事相而作詳細的觀察與分析，因範圍比較窄、講的也較短，故對初學者而言會比較容易理解。

尤其講解的方式會和總論不同，講總論時免不了用邏輯的方式推論而有「立、破」，可是邏輯的方式對很多人來講，總聽得恍恍惚惚，甚至聽過不久就還給它了。而講「別觀」時，我希望能舉更多生活化的例子，這對各位來說會更爲貼切。因此從這品之後會講得慢一點，各位可放心聽。

在「別觀」中，首先要講的是〈六情品〉。六情就是所謂的六根：眼、耳、鼻、舌、身、意。一般人認爲眼睛即能看、耳朵即能聽、鼻子即能嗅、意根即能思惟、了別，故稱之爲六根。根，即像樹根一樣，能對著境界而汲取印象。

一般都是講六根對六塵，爲何在此卻稱之爲「六情」呢？如果是根對塵的話，只是了別的作用。可是一般的眾生在了別的當下，很容易起情緒的反應，首先判定這境界是好是壞。其實境界無好壞，而是順我意者、還是逆我意者。若順我意者，就起歡喜和貪心；逆我意者，即起厭惡和瞋怨。因爲都免不了有情識的作用，所以就將六根別稱爲「六情」。

以眼根爲例，眼根能對色塵產生了別。故在根、塵的對照中，即把眼根當作能取、把色塵當作所取。同樣耳根是能聽、聲塵是所聽。因此在觀念上，即將根、塵區分爲「能取與所取」，六根是能取、六塵是所取。

甚至，很多人都認定六根有「能取的自性」，簡單講：有眼即能看、有耳即能聽。眼根就是有能見的自性、耳根就是有能聽的自性。一般人大概都是這麼想的，甚至學佛者也如此。

**然而若眼有能見的自性，則必一切時、一切處，當皆能見才是。其實卻不然！既閉眼時不見，也昏暗時不見，更心不在焉時不見；甚至瞎了、死時、睡著、昏迷，雖皆有眼卻不可見。**

**所以眼根，只是顯現見相的衆緣之一，如唯識學所謂「九緣生眼識」。故非有眼，即能見也。（明緣、空緣、根緣、境緣、作意緣、根本依緣——即阿賴耶識、染淨依緣——即末那識、分別依緣——即第六識、種子緣。）**

但是如果我們仔細去觀察、分析，單有眼睛是不能看的！

如果眼睛就有能見的自性，應該在一切時、一切處都能夠見。但是，當眼睛閉上時就不見物相了。如果光線非常暗，也見不到種種的物相。有些人或許認爲還可以見到黑暗相；但見光明相和見黑暗相，仍有很大的不同。或者因被門、牆擋住而看不到裡面或外面。此外，如果心不在焉，則視而不見。

甚至當我們很專精在思惟時、或專心在聽聲塵時，眼前的境相其實都看不在眼內的。當我們睡著、昏迷時，雖有眼卻不能看。甚至說人死後，眼睛雖還在，但已不起看的作用。

這就是說：在很多不同緣時，雖有眼卻看不見。事實上，眼根只是能顯現色塵的種種條件之一爾，如唯識學所講要具足九緣才能產生眼識。九緣者：第一要有光明；第二是空緣，即物相不能被遮住；第三是根緣，也就是眼根要正常；第四是境緣，要有所見的色塵；第五是作意緣，就是心要作意，而非心不在焉。然後再有心識的緣：第八識、第七識、第六識等。必具足九緣，才能產生眼識。

可是爲什麼一般人都認定：只要有眼根就能看呢？因爲在一般的狀況下，其它的八緣都是存在的，故只要再加上最後的緣，即眼根的緣，我們就能看了。

用個現代人最熟悉的比喻：電燈，是否開關一按，即能亮呢？通常是如此。然而若停電了、管路故障了、燈泡壞了，則雖按開關，仍不亮。所以按開關，只是眾緣之一爾，非按開關即能亮也。

但在一般的狀況中——即供電、線路、燈泡都正常，則電燈開關一按即能亮。所以就容易形成錯覺：只要開關一按，電燈就會亮。事實上，必前面的條件都具足了，才能切開關即會亮。同樣，在九緣生眼識中，因在大部分的情況下，其它的八緣都是具足的，所以也會錯以爲眼睛睜開即能見也。

這樣的分析結果，對大部分人而言應都是可以接受的。但爲什麼還會錯覺爲有眼即能見的觀念呢？因爲觀察不夠仔細、因爲分析不夠嚴謹爾！

有些人會說：「單有眼睛，是不能見的！」這我可以接受，因爲眼睛只是能夠見的條件之一。能見更重要的是因背後有一「見者」，是「見者」在見，「見者」利用眼睛去見，而不是眼睛就能見。

這「見者」對很多人來說，就是指「有我」才能見。但這個「我」到底是什麼？一般人卻說不清楚。

事實上，離開六根、五陰之外，哪還有什麼可獨稱爲「我」的呢？在六根之外，有沒有一個能獨立稱爲「我」的？這問題我們會在〈本住品〉時，再作詳細的說明跟解碼。

所以這一章主要講兩個重點：

第一、六根沒有能取的自性。雖主要在講眼根，眼根沒有能見的自性。至於其它的五根亦然。

第二、更進一步的破內在也沒有一個「我」，或可稱爲「見者」的。但這部分乃必等到〈觀本住品〉時，才能作更詳細的解析。

下面看偈頌：

## 【偈頌解說】

乙二　別觀世間

丙一　觀六情

丁一　立

眼耳及鼻舌　身意等六情　此眼等六情　行色等六塵

丁一的「立」，不是龍樹菩薩這麼說的，而是一般人都這麼認爲。不只世間人這麼說，外道也這麼說，連很多不了義的佛教論師都這麼說：六根有「能取六塵的自性」，即眼根有能取色塵的自性、耳根有能取聲塵的自性。

外人這麼「立」，下面才是龍樹菩薩的「破」法：

丁二　破

戊一　廣觀眼根不成

己一　觀見不成

是眼則不能　自見其己體　若不能自見　云何見餘物

火喻則不能　成於眼見法　去未去去時　已總答是事

見若未見時　則不名爲見　而言見能見　是事則不然

破的重點，其實就只有這句話：「是眼則不能，自見其己體」。論主的意思是：若是「性」，即當具普遍性與永恆性。故如「眼根就有能見的自性」，那麼眼根就應該於一切時、一切處都能見，這才能說眼有能見的自性。

但事實上，很多時候眼根是不能見的，譬如昏迷、閉眼等時，眼根是不能見的，至少是不能見外物的。

如果說眼根即有能見的自性，則它見不到外物時，也一定得見到自己，這才能證明其有「能見的自性」。但事實上，眼睛是見不到自己的。

「若不能自見，云何見餘物？」眼既見不到自己，那就表示眼無能見的自性。既眼無能見的自性，當然也就不能見其餘的物了。

可是很多人聽了還是不服氣。因爲在現實中，對很多人來說眼睛還是可以見的——我現在還是見得到你、見得到外在的世界。這是爲什麼呢？因爲其它的八種緣都具足了，所以再加眼根的緣即能見也。就像其它的條件都正常，所以開關一按電燈就亮。因此我們能夠看到種種萬象，這跟「云何見餘物？」是不會衝突的。

有人就會說，眼睛雖見不到自己，但猶能見外物；這就像火一樣，火雖燒不了自己，但還可燒其餘物品。

「火喻則不能，成於眼見法。」論主龍樹菩薩說：用火的比喻，其實是講不通的。因爲這於〈觀去來品〉中，「去未去去時，已總答是事！」〈觀去來品〉雖是《中論》的第二品，但我們講課時，已先把這品跳過。所以於「去未去去時」中，如何能「已總答是事」？在此仍不能明了。

故我也只好把〈觀然可然品〉的精義，先往前挪而來作解釋，大家便可清楚：

一般人認爲：火可燒柴，可燒很多物品。但火，不是柴在燒、就是瓦斯在燒、紙在燒，才有所謂的「火」。故離開正在燃燒的物質外，其實是找不到一個單獨存在的火。用化學的講法：因爲物質起了急速的氧化作用，才被稱爲火。故從無單獨存在的火也。既無單獨存在的火，云何能說就像火一樣，雖燒不了自己，卻還可燃燒其餘物品。

雖中國人常講薪盡火相傳，其實薪盡火就滅了，哪還有火可相傳呢？這是因爲很多人已把火單獨化了，才會有這種誤解。事實上，應該趁薪還未燒盡之前，就趕快再燒其他物品，才能保持火勢也。

因此若用火來比喻，以證明眼根有能見的自性，到後來反而會變成眼根是不能單獨存在的。因此用火來作比喻：「是眼雖不能，自見其己體，卻能見餘物。」便是無稽之談。

「見若未見時，則不名爲見；而言見能見，是事則不然。」以眼睛有時能見、有時不能見；而非一切時、一切處都能見。如此反能證明：眼有能取色塵的自性——這是不可得的。故不能說眼有「能取、能見」的自性。

所以《中觀》的思想是非常貼近現實的經驗，而非一定要拿佛說的、聖人說的才能算數。就像科學一樣，誰說的才是最正確的呢？只要越能拿出實驗證明者，就是最正確的。

學佛也是一樣，要從更多現實的經驗中去觀察、分析，就可以得到「六根」沒有能取的自性。這是第一個階段的破法！

## 己二 觀見可見見者不成

見不能有見　非見亦不見　若已破於見　則爲破見者
離見不離見　見者不可得　以無見者故　何有見可見

「見不能有見，非見亦不見；」雖有眼根，卻不能有「能見的自性」。反過來說，沒有眼根，當然也是不得見。

「若已破於見，則爲破見者。」意指：有些人雖接受眼根不能見，但猶認爲在背後有一個能操控的「見者」，或者有個「我」在操控。故論主再破之曰：「若已破於見，則爲破見者」。爲什麼呢？如方才所說：我們除了六根、五陰之外，哪還有一個獨立自主、永恆不變的「見者」呢？

或姑且承認有這個獨立自主、永恆不變的「見者」，則他爲什麼有時候見、有時候不見呢？既是永恆不變，就不應該有見、不見，聞、不聞的差別。若有時見、有時不見，這就代表他不是永恆不變、也不是獨立自主的。因此「見者」是不可得的，當然「我」也就不可得了。

我們也可以用前面的破法來講：如果說有「見者」，則應該一切時、一切處都能見，才能稱爲「見者」。故「見者」在不能見外物時，當要能見到他自己，才能稱爲「見者」。但事實上：在見不到外物時，也見不到其自己。這就否定了有「見者」的可能。

因此「則爲破見者」，第一是破「見性」不可得。第二是破背後的「見者」也是不可得的。

「離見不離見，見者不可得；」不管是離見、還是不離見，都是「見者」不可得的。

這「離見、不離見」可從兩方面來作解釋：

第一、離所見相，當即「見者」不可得。因爲既無所見，云何名「見者」呢？不離所見相，「見者」也不可得。爲什麼呢？因爲見相是眾緣和合的，必具足九種緣才能見。當謂何爲「見者」呢？

第二、離開眼根、不離開眼根，也都是「見者」不可得。眼根既是九緣之一，離開眼根，當不能見，故不得謂「見者」；不離開眼根，也未必能見，因其它緣未必具足。

就算眼睛正在看的當下，也不能說眼根即「見者」。正如把開關按下、電燈能亮；卻不能說因按下開關，就能讓電燈亮——因爲其它條件都具足了，所以按了才能亮。

**「以無見者故，何有見可見？」：於是結論乃——既無見者，也就沒有能見的根與所見的塵了。**但對很多人來講，其還可以見到種種的色塵。這是生活中無可避免的經驗；但至少我們要回歸到根本的觀念：因眾緣和合才能見，而非有眼根就能見。

**或問：若無所見的塵相，則我們六根見到的又是什麼呢？**

**答云：見到衆緣和合的識相。**

這點非常重要。因爲很多人都以爲：看到的是客觀存在的外界。事實上，就算有客觀存在的外界，我們也是看不到的；因爲在看時，即已加入我們心識的作用。故每個人看到的，其實是不一樣的。

由此再進一步去推論：客觀實有的外界，其實也是不存在的。因為都是共業所呈現出來的，而非客觀實存的。這部分我們將在〈觀五陰品〉時，再作詳細的解析。

這也就說，如果用「九緣生眼識」的原則，再回頭看：九緣中有一個是「境緣」，就是所看到的塵相。這境緣再加上其它的八緣，怎可能還是原來的「境緣」呢？本無客觀存在的外界，更加了八種緣，當然就變成「眼識」了。

尤其是加上第六識、第七識、第八識、種子識，當然不可能還是純粹的物相。所以事實上，見所呈現出來的是「識相」而不是「境相」，但一般人還是把「識相」當成「境相」、當成客觀存在的世界。這觀念已經誤導太久了，所以反無人認為它是錯的。

這是本品的重點，下面是附帶的論述：

## 己三　觀見可見所起之果不成

見可見無故　識等四法無　四取等諸緣　云何當得有

在佛法上或說是「從根塵和合而生識」，或說「從根塵和合而生觸，緣觸有受，緣受有愛。」如十二因緣裡講的「六入、觸、受、愛、取、有」等。

現既先破根的自性，也再破塵的自性。既根塵的自性都不可得，於是由之和合而生的「識、觸、受、愛」等四法，皆了不可得矣！了不可得：不是說都沒有了，而是說都非眞存、實有的。

甚至再把觸受愛取的取，再分成四取：欲取、見取、戒禁取、我語取，也都跟著了不可得矣！以這些名相的解釋，不是今天講解的重點，故點到為止。各位如有興趣，可再去詳加查閱。

### 戊二 例觀五根不成

耳鼻舌身意　聲及聞者等　當知如是義　皆同於上說

前面的偈頌主要是用眼根為例而作的分析而得的結論。同理，耳、鼻、舌、身、意用同樣的方式去分析，也必得到同樣的結論。結論是能取的自性皆不可得。

故整個〈觀六情品〉的重點，主要是兩句話：第一、能取的自性不可得；第二、「我者」或「見者」也是不可得的。

## 【附論】

《楞嚴經》的講法和《中論》似有些不同。一般認為瞎子因眼根壞掉而不能見，但在《楞嚴經》中卻認為瞎子猶可見，見到的是黑暗相也。好！姑且說瞎子能見到黑暗相，那人睡著、昏迷時，又見到什麼呢？似很難說曾見到什麼！

但如果我們用《中論》的講法——九緣生眼識。瞎子的眼根既和常人有異，故所見到的相必不一樣。瞎子非不能見，只是所見相與常人有異。這從因緣法來說正相應也。就像有光明緣時，見到的是光明相；無光明緣時，見到的是黑暗相一樣。

再說到睡著、昏迷時，爲因緣不一樣，故所見相不同，而非不見。至於所見是什麼相，那是相的問題，而非理則的問題。

在《楞嚴經》中，於「七番破處」後有「十番顯見」。其實，「十番顯見」主要是爲「顯性」爾！且要顯的是「心性」，而非「見性」——「見性」還只是用來作比喻而已！至於「心性」是什麼？我再三說道：心以「能了別」爲性。

故說「見性」不動、不失，還免不了有瑕疵。但若是顯「心性」，以「心性」的範圍必比「見性」更廣，故無瑕疵也。

既講到這裡，有人就會再問：「心既以『能了別』爲性，那麼於昏迷、睡著時，心又是『能了別』到什麼相呢？」

答云：「能了別到什麼相？那是相的問題而不是性的理則！」

**再問：既「性」不離「相」，無「相」云何能凸顯「性」呢？**

**答云：如「無常性」，本既具普遍性與永恆性。故物雖似常住而不變動，也不離「無常性」也。**

前已說過：性雖是永恆不變的，但不可能單獨存在；故一定要從相的存在、變化中，才能凸顯出來。

譬如一般人都可接受無常性，既稱爲性，即具普遍性與永恆性。可是有很多物質，在短時間內是看不到它的變化，但我們還是肯定它是無常性的。

故心性，既稱爲性，即具普遍性與永恆性。而不必再追問顯相、不顯相的差別。

其次，我們要知道：既說「心性」是普遍性、永恆性，即不是我有我的心性、你有你的心性。如果說我有我的、你有你的，這就變成差別相了。故這人於死時、睡著、昏迷中，似未顯相，但那時的其餘眾生，卻非不顯相也。

所以《楞嚴經》的觀點和《中論》的觀點，說到最後也沒什麼衝突。以所見相是眾因緣生法，故緣（根緣）不一樣見相即不同也，但性是不會變的。

於眾因緣生法的當下，其「無自性」是不會變的，其「能了別的心性」是不會變的。只是在《中論》裡，並未刻意去彰顯心性的存在！而在《楞嚴經》裡則再補充彰顯而已！

# 4 觀五陰品

## 【章節大意】

我見、我愛、我慢為煩惱、生死的根本。故佛於《阿含經》中乃以：一、無常故無我；二、五陰和合成有情眾生故無我；而來破除眾生的我見。

在《雜阿含經》裡首先講的是〈五陰相應品〉。爲什麼先講五陰呢？我曾去揣摩：釋迦牟尼佛在菩提樹下到底悟到了什麼？結論很明確：祂悟到的只有兩個字，就是「無我」。

當時在印度很多人都期求解脫，所以去找尋各式各樣的方法。但是一般而言，都離不開「我見」的前提，結果再怎麼努力，也不可能達成眞正的解脫。有的自以爲解脫了，其實只是一廂情願的想法而已。而釋迦牟尼佛以其善根智慧，終參出來求解脫最究竟的原理——「無我」才能解脫。所以在《雜阿含經》裡，首先開示的就是「無我」的道理。

因爲有「我見」、「我愛」、「我慢」，故成爲生死的根本。故要得到解脫一定得先破除我見，消除我愛、我慢。詳細講有四種，歸結主要在「我見」爾！

但如何破除「我見」呢？主要用兩種方式：

第一、因「無常」。一般人總認爲有一個不變的我。但既周遭所看到一切現象都是無常的，外在是無常的，我們身心的變化也是無常的。所以在無常性中根本不可能有一個不變的我。這是「以無常故無我」。

第二、再進一步去分析一般人所謂的我到底是什麼？分析到最後，其實不出五陰而已。一般人初分爲身心，身即色陰；在佛法中把心分得比較詳細，而有「受、想、行、識」四陰。從五陰和合而成眾生的生命體。既是和合的，就表示它不是獨立不變、可孤立自存的。

若離開五陰，即無我的生命體。且五陰的元素也不是固定不變的。既和合的元素都是變動不拘，所和合出來的生命體當更是無常變幻的。因此從五陰和合中，更顯現出「無我」的本質。

因此《雜阿含經》首先講〈五陰相應品〉，就是要從無常跟五陰和合，來破除眾生的「我見」。我見破除後，才能出生死、得解脫。

且又說「**觀色如聚沫，觀受如水泡，觀想如陽燄，觀行如芭蕉，觀識如幻事。**」以此更表明「**五陰，也是虛妄不實的**」。

**「色如聚沫」**：聚沫大家都很清楚，水流得很急時會產生一些泡沫。這些泡沫本質上就是幻起幻滅的。色身似此，故也是幻起幻滅的。

**「受如水泡」**：一個個的水泡倏爾形成了，過一段時間後又莫名其妙地消失了。我們的受陰亦然，無常變幻，來去無蹤。

**「想如陽燄」**：陽燄就是夏天非常熱時，因空氣浮動，故看到的形象都搖搖晃晃地不太眞實。就眾生而言，想陰常只是性格的反應而已，絕非眞實。

**「行如芭蕉」**：行是意志的抉擇，很多人都認爲：我可以抉擇要作什麼、或不作什麼。事實上，仔細去分析抉擇的過程，必發現是種種的因緣而形成我們的抉擇，譬如兒時的記憶、所受的教育、周圍人的意見、各種資訊的報導，甚至可追溯到上輩子的業。故「行」爲什麼像芭蕉呢？芭蕉表面上像一棵樹，但仔細去分析，乃一層層的皮包覆而形成芭蕉也。這一層層的皮，即似從種種的因緣而形成我們的抉擇。

**「識如幻事」**：九緣產生眼識，不同的緣所產生的景象也就不一樣。故現所見景，亦如夢如幻爾！所以，佛用：「觀色如聚沫，觀受如水泡，觀想如陽燄，觀行如芭蕉，觀識如幻事。」其實也已經清楚表明：五陰本身也是虛幻不實的。

可是有些人或未聽聞開示、或未經嚴謹的分析，就很容易以爲五陰是眞實存在的。如我們雖學佛很久了，還是會錯認爲外界是客觀實有的。這種根深蒂固的執著，是因爲慣性的力量非常大。

所以論主龍樹菩薩又得對這些迷惑再加以喝斥、析破。析破的方式，是用因果去分析：沒有色果就沒有色因、沒有色因就沒有色果。這樣的分析方式對很多人來說，是沒辦法把「以外界爲實有」的觀念打破。

尤其有些人追究到外界，會說：外界的桌子、椅子雖不實在，因它們是由很多基本的粒子所組成的，但基本的粒子卻是實有、存在的。

這種講法從過去到現在都有，過去印度是稱「極微論」、希臘是名「原子論」，現在又有很多更新的講法。有些人不講極微而講能量，認爲宇宙最初就是存在能量的。極微與能量的執著，雖在〈五陰品〉裡未作深入的解析，但我會在【附論】裡再作補充說明。

## 【偈頌解說】

丙二　觀五陰

丁一　觀陰性空

戊一　觀色陰空

己一　因果相離破

若離於色因　色則不可得　若當離於色　色因不可得

離色因有色　是色則無因　無因而有法　是事則不然

若離色有因　則是無果因　若言無果因　則無有是處

「若離於色因，色則不可得；若當離於色，色因不可得。」這是用色因跟色果來作分析的。我們上次已經說過，因果是相待而存在的。雖表面上看是從因到果，先有前因再有後果，可是也得等到果形成之後，才能去論究它是什麼因。這就像前已再三說到的比喻：一般人都認為先有父親再有兒子，但在兒子未出生之前，這人竟是誰的父親？就無法論了。故要有兒子，才有人叫其為父親。所以實際上，是從果裡再去論因的。

色因與色果也是一樣，表面上似先有色因，才有色果；但實際上卻是待色果形成後，才能去論究色因。

如織紗成布，本來是一條一條的紗線，經過編織之後，便已變成布了。然後才可去論究：紗是布的因，布是紗所成的果。相信這點大家都沒問題。

「若離於色因，色則不可得；」故如離開紗，當然不成布；若離開色因，當不成色果。「離色因有色，是色則無因；無因而有法，是事則不然。」如果說離開了紗而仍有布，這布就成為「無因生」了。沒有因而能有果，這是不可能的。

「若當離於色，色因不可得。」但反過來，如果離開已經織成的布，即不能說紗是布的因。為什麼呢？因為如果只有紗，它不一定要織成布。這紗也可以將之撚作繩子，撚作繩子就變成繩的因，而非布的因。故只有紗時，不能講它是誰的因。

「若離色有因，則是無果因；若言無果因，則無有是處。」如果離開已織成的布，就不能說紗是誰的因。如果離開色果而有色因，這就成為「無果之因」，而無果之因，也是不可能的。

以上的講法，一般人是可以接受的。可是他還會固執說：就算非布因，我認為還是有紗的，且這紗，將來要織成布或撚成繩子都行。

所以只是用果來破因、用因來破果，很多人還是執著紗是實有、存在的。這問題我們待【附論】再解說。

## 己二　有因無因破

若已有色者　則不用色因　若無有色者　亦不用色因
無因而有色　是事終不然　是故有智者　不應分別色

其次，這裡用「絕對有」或「絕對無」來析破。如果色果是絕對有，就不需要從色因而有。因為既本來就有，何需要從因再到果呢？所以說「若已有色者，則不用色因」。

「若無有色者，亦不用色因。」如果絕對沒有色果，那當就更不用色因。

「無因而有色，是事終不然」：同理，若絕對無色因，那當然就無色果了。反過來說，如果色因是「絕對有」的，它也不會變成果！何以故？既「絕對有」，則不能變化，云何能變成果呢？

「是故有智者，不應分別色。」所以一個有智慧的人，都不應從「實有」或「絕無」的觀點，來論究「色因」與「色果」。

事實上，一般人對物質現象比較不會當作是絕對的。因為很明顯：紗是紡出來的，布也是織出來的，云何爲絕對呢？

己三 因果相似不相似破

若果似於因 是事則不然 果若不似因 是事亦不然

第三是用「相似」與「不相似」破。但「相似」與「不相似」卻沒有一個明顯的界線。所以印順法師說：「相似」就是同樣的，「不相似」就是不同的。即「一」與「異」也。

「若果似於因，是事則不然」：如果說「色果與色因是相同的」這是不合理的。爲什麼呢？紗是一條一條的線，而布已織成平面了。布可以拿來作衣服，而紗不能。所以不能說：布跟紗是完全一樣的。「果若不似因，是事亦不然。」反過來說它們乃相異，也是不合理的。爲什麼呢？因爲黑色的紗織出來的一定是黑布，而不會變成白布。因此不能說全然相異。

論主破色因的部分只到這裡，但我覺得還是沒辦法把一般人對於「實有紗」的執著破除。

戊二 觀餘陰空

受陰及想陰 行陰識陰等 其餘一切法 皆同於色陰

所以已破除了色陰，餘「受、想、行、識」便同理可證！必皆得到同樣的結論也。

其實，一般人對於受、想、行、識，比較不會認為那是真實存在的。因為「受、想、行、識」是屬於個人的心相，我想的你不知道、你想的我不知道，你的感受跟我的感受都不一樣。以不一樣故，不能確認其實有也。

至於色法的話，就都認為客觀實有。為什麼呢？因為我看見者，你也看見；今天見者、明天又見，所以就容易把它當作客觀實有的。

## 丁二　讚歎性空

若人有問者　離空而欲答　是則不成答　俱同於彼疑

若人有難問　離空說其過　是不成難問　俱同於彼疑

這偈頌是在讚歎性空，已經不屬〈觀五陰品〉的範圍，可以放在《中論》的任何品裡。跟八不中道一樣，都屬於總標，而非別說。

「若人有問者，離空而欲答；是則不成答，俱同於彼疑。」如果有人來提問題，答者卻離開「空義」而去回答他，這樣的回答是不可能圓滿的。因為還會落入對方的困境中。

為什麼還會落入對方的困境中呢？因為一般人的回答方式大概不出兩種：一種是順、一種是逆。比如你說常，我也說常，這是順；或者你說常，我說無常，便是逆。然不管是順、是逆，卻都不免偏一邊，故不可能圓滿。

「若人有難問，離空說其過，是不成難問，俱同於彼疑。」同樣若想刁難別人，卻離「空義」而提不同的意見去貶損他，必不成刁難，因為也必將落入對方的困境中。原因也是還偏一邊。

而「空義」者，即是不即不離的中道不二法門，當然這個大原則不難理會，但要用到淋漓盡致，則不是那麼容易的。

以上〈觀五陰品〉乃只講到這個地方。然剛才講只是分析色因與色果，對一般人而言是無法完全破除對色陰實有的執著，故很多人還覺得外在的世界是客觀存在的。雖我們在講〈觀六情品〉時，即已謂：我們所看到的是「識相」而不是「境相」。故所見外境，並非客觀存在的。

然而對於印度人說的極微論、希臘人說的原子論，甚至是現代物理學所實驗出的微粒子、能量說等，猶有狐疑。故於附論中得進一步為作解析與破除。

## 【附論一】：極微不成

很多人認為色果雖不實、無自性，但色因卻不妨為實有、自性者。這色因並不是可目見的紗，因為大家都知道：紗是由棉花紡成的。

云何為色因？很多人認為物質雖都是合成的，但經過一再地分析，到最後一定有最終、最小的單位，此即為色因。

一切物質都是從這最小的單位去組合成更大的物體。這最小的單位，或稱為極微、或稱為原子，於現代物理學中，則稱之為粒子（particle）。這最小的單位，既是色因，也是宇宙的元初。

它們間雖合來合去，以形成不同的物相，甚至變現出萬紫千紅的世界來，但它們本身是不會變的，它們是自性、實有的。

我們就反問：你所認定的極微，到底是單純的一種屬性爾？還是包含多種屬性呢？

若回答：只有單一屬性。

若只有一種屬性，則再怎麼聚集，也只有量的增加而不會有質的變化。就像堆沙，把沙堆來堆去，就算能「聚沙成塔」；也只有小塔跟大塔的區別，而不可能堆出萬紫千紅的世界來。

第二種若答：不是單一屬性而是多種屬性。就像現代的化學，分析到最後乃有一百多種元素。多種屬性的話，就算可以合，也只能混合而不能化合。何以故？若能化合，即非實有、自性者也。

如果只能混合，則再怎麼混都不可能混成如今這麼複雜的世界來。因為就像氫跟氧，如果只是混合，則其性質應介於兩者之間，而不可能有太大的變化。

最後只能接受，是多種元素而且是可以化合的。如氫跟氧經化合後才會變成水。

然若可以化合，即表示它非實有、自性的。這就否定了最初的定義。

這樣就證明最小單位是不可得的。不管是單一屬性或多種屬性，皆不可得也。

## 【附論二】：極微粒子是兒孫，非祖元

有人會說：古代印度人的極微論，或希臘人的原子論，皆只是用思惟的方式去想像而已，故較不可

信。而現代的物理學所確認的「極微粒子」，是可用很精密的儀器加以實驗證明，故是確有其事的。

那我要告訴你：既是用儀器才能證明，即表示這是人造的結果，而不是它的本來面目。因爲這結果乃來自：第一、先有理論作基礎；第二、假借適合的儀器。故經儀器觀測，即得所預設的結果，而觀測不到其它的現象。

這就像我們戴著一副藍色的眼鏡，當所看到的世界都變成藍色的景象。所以這不是眞證明它本來如此，而是被人創造出來的景象而已！

因此若用不同的理論、不同的儀器，即有不同的結果。故這種探索、指確的過程必無止盡也。

簡言之，每次的實驗結果，皆是「眾因緣生法」也。而因緣不同時，必結果相異也。

所以我最後總批這些實驗的結果是很好笑的：這是兒子、孫子，但我們卻都把它認定爲老祖宗、宇宙第一因。云何是兒子、孫子呢？因爲都是人造的結果。尤其越精密的機器，能看到的世界即越狹隘。何以故？被重重預設也！反而我們的肉眼，才能看到更寬廣、更複雜的視界。

我不能否定科學所造化出來的現象，但因觀念不同，故解碼有異。我們解碼到最後，還是這句話「眾因緣生法」。可是他們就不會這麼講，因爲如果這麼講就很沒趣了。因認定這就是最小單位、宇宙的元初，這樣追究起來才有動力。否則像我們，就算看這些實驗結果也都興趣缺缺，更哪肯去實驗、證明呢？

## 【附論三】：能量不守恆

現代有些人，不管極微與粒子，乾脆說：這宇宙最初乃只是能量，而能量的轉換，卻依循著「能量不滅」定律或稱爲「能量守恆」定律。故能量其爲元初與第一因。

第一、能量不可能單獨存在。很多人說：宇宙最初就是一句話——能量不滅定律，或說是能量守恆，或說是質能不滅。事實上，很多人對於「能量」的觀念是錯誤的。我就曾看到一本書，上面說：因宇宙到處充滿能量，故只要坐著觀想，就可以把能量吸收進來。人又不像植物有葉綠素或太陽能板，哪可能把能量直接吸收進來呢？

這宇宙到處充滿能量，其實是一種非常錯誤的觀念。爲什麼呢？因爲能量是不可能單獨存在的。在科學上講的能量，都有其介體。如動能、位能、熱能、電能等，都有物體的依據，才能測定其相對的能量值。譬如動能，一定有質體在動，才有動能；或說位能，因物體相對位置的改變，才能把位能釋放出來；或熱能，有物質才有溫度和熱能。

故不可能有單獨存在的能量，更何況說：這宇宙到處充滿能量。

第二、能量不滅定律，主要是就能量轉換的結果而言。如位能轉換成動能，或動能轉換成電能、電能轉換成動能等，很多能量之間是可以互相轉換的。但是，能量不會自己轉換，故一定要有一些特殊的機制才能轉換。

比如在物理學上稱爲「自由落體」是從上空掉下來變成加速度；這是因爲有地心引力的關係，才有辦法把位能變成動能。又如水力發電機，能把動能轉換成電能，水從很高的地方沖下來，先從位能變成動能。沖下來的速度很快，由之驅動發電機的葉片，才能把動能變成電能。又如汽車的引擎，能把汽油的熱能轉換成動能。

總之，不管怎麼轉換，都要有特殊的機制才能轉換，而非能量即可自由轉換。

第三、很多人都說能量守恆，其實我告訴各位：能量哪曾守恆呢？因爲動能不可能百分之百全轉換成電能，在轉換的過程中，一定有些漏失掉。如自由落體落到最後，卻不是加速而是等速——因爲地心引力已被空氣阻力抵銷掉了。所以拿一根羽毛從上空丟下來，只飄飄、晃晃地滑下來，而非加速下墜也。汽車引擎的熱效率頂多百分之六、七十，剩下的能量哪裡去了也不得而知。

所以「能量的轉換」，到最後只能論其效益，而非守恆也。

最後，能量的轉換沒有絕對值而只有相對值。比如位能，一個物體單單放著，有多少位能呢？沒有絕對的位能。只有在位置變化時，才有辦法把相對的位能釋放出來。如水力發電機，若水的落差越大，釋放出來的位能即越多也。

何以能量沒有絕對值，而只有相對值呢？因能量是不可能單獨存在的。

所以說，這宇宙最初乃只有能量，是絕不可能的。同理，能量守恆定律也只是個參考座標，由之去算「轉換的效益」有多少而已！但這些卻都變成現代人的自性見。

甚至有人說：宇宙之初是波動。波動也跟能量一樣，是不可能單獨存在的。故哪可能是元初呢？

# 5 觀六種品

【章節大意】

「六種」者，又稱為六界或六大——即地、水、火、風、空、識也。其中地、水、火、風，很明顯是屬於物質的元素，識屬於心、心所的元素。物質的元素，在〈觀五陰品〉中已作分析與破斥，尤其是對「執色法實有」而作分析與破斥。其次，心、心所的元素，也在〈觀六情品〉中作分析與破斥。然而還有不少人對「空」，有蠻多的執著與誤會。

「六種」，又稱爲六界或六大——即地、水、火、風、空、識，這是在佛教後期才有的講法。在《阿含經》比較偏重「觀五陰皆空」，就是觀色、受、想、行、識皆空也。其中色法只佔一陰，心法部分的受、想、行、識，卻佔了四陰。因爲佛教的修行法門，基本上還是較注重對心法的觀照跟修正。

後來，再把色法分析成地、水、火、風，應該是仿照當時印度的習慣而加以借用。而「六種」中，空是既不屬色法、也不屬於心法，就是一般人所謂的空間、或虛空。這可能是受到外道五大——地水火風空說法的影響。後來，佛教再加上「識」，而稱爲六大。然心識卻只佔其一爾！

在六大中的地、水、火、風乃屬於色法，也就是物質現象，這在〈觀五陰品〉中已對「色陰」作了分析與破斥，所以已把一般人對物質實有的執著，作了析破跟掃除。

其次，對於心法的執著——根與識，這在〈觀六情品〉也已說過了。根非能取者。如眼根只是「九緣生眼識」中的一緣，因爲其它的緣在大部分狀況都是處於具足的狀態中，故只要再加上眼根的緣就能看。故大家就誤以爲只要有眼根，就能見。用此來破除對「能見、能取」的執著。於是乎，於六大中，還得再分析與破除者，唯有空也。

很多人對於虛空的「空」，會有一些誤會與執著，認爲空就是「什麼都沒有」。然若眞是「什麼都沒有」的話，則我們也不可能認識它，至少我們還知道有虛空的存在，才能爲虛空立名。譬如有袋，才能爲之貼封條、貼標籤。如果空是「一切都沒有」的話，則我們就不會有虛空的概念，也不會有虛空的名相。所以虛空，不是什麼都沒有。

「空」既不是什麼都沒有，它到底是以什麼形相、特質而能被我們所認識呢？「空」其實是「以無礙性爲相」。

比如現在於你我之間就因爲有「空」，所以你看得到我、我看得到你，中間沒有任何障礙也。我們也可以看到很遠的山，看到高空的日月，也因中間沒有任何障礙。或如我們手能夠舉、腳能夠走，也因這空間沒有任何障礙。故沒有任何障礙，才顯現出「無礙性的相」。

甚至云何能有高速運動的物體？像汽車、高鐵、飛機，都能非常快速前進，也因爲中間沒有任何障礙。所以，要從「無礙性」才能顯現虛空的存在。且也因爲有「色法」作對比，才能凸顯出「無礙性」也。

比如我看得到你，你即是對比的色法；飛機可以飛，輪船可以航，也因對照色法才能顯現出無礙性。當然還要有人去知覺、認識。因此，雖「以無礙性爲相」，這「無礙相」還是緣起法，以緣起法故，其相必經常在改變也。

比如在室內，開了門就見到室外的景象，因爲開門就變成無礙性了。反之，若關了門，立刻變成有礙，而見不到室外也。在你我之間因無阻隔，故你看得到我，我看得到你，這是無礙。然等一下，有人把屏風往這邊一搬，就看不到而變成有礙了。

尤其像汽車、高鐵、飛機等快速移動的物體，既本「無礙」者，可於剎那間變成有礙；也可於剎那間，將有礙變成「無礙」。

簡單講，從無礙性所顯現出來的「相」，乃是「緣起相」，會隨著不同的因緣而顯現不同的「相」。以「空相」不是固定不動的，故謂「虛空不動」、「虛空無爲」，便跟緣起全不相應。

有人會說：虛空以無礙性爲「相」，是指它的「相、用」。「相、用」雖隨緣變化，但它背後的「本體」則是不動、無爲的。這是很多人的執迷：認爲「用」是隨緣示現，而「體」則永恆不變。

事實上，一般人所謂的「體」，還是從「相、用」去認識的。比如各位看到我，而覺得我有一個身體。乃因看到我的一部分、聽到我講話、觀我在動作，而認爲有一個體。當然所看到的「相」，乃只是一部分：因見前、即不見後；看到外面、而看不到裡面。

既然一定要從這些「相」，才能確認有「體」；於是乎，如果「相」變了，「體」能不變嗎？所以我常說：「體」乃總相爾！因手、腳、軀幹，眼、耳、鼻、舌，這些加起來就是人的身體。鼻子塌了，這是別相變了，別相變了總相乃不能不變——雖沒有變那麼多，但還是變了。故鼻子雖塌，還認得出是張三、李四。

所以不可說「相、用」雖變而「體」不變。如果有個不動的「本體」，反跟我們的生活完全不相應。

結論：一般人乃從「無礙性」才能覺知「虛空」的存在。而「無礙性」者，又得依托色法的感受與變化，才能對照出來也。

是以「虛空」，既非自性、實有，非不動、無爲；也非絕對的烏有。因爲若是絕對的烏有，則我們便無法得知其存在，也不用爲之立名也。

這是此品主要的意思。下面再看偈頌：

## 【偈頌解說】

丙三　觀六種

丁一　明正觀

戊一　廣破空種

己一　非所知性

庚一　非有

辛一　以能責所破

空相未有時　則無虛空法　若先有虛空　即爲是無相

是無相之法　一切處無有

「空相未有時，則無虛空法。」云何是「空相」？乃以無礙性爲相。一般人是因爲顯現了無礙性，才能認識到虛空的存在。故如未能顯現無礙性時，我們即見不到虛空的存在，見不到虛空的相貌。

「若先有虛空，即爲是無相；」有人說：是先有虛空，然後再透過無礙性的緣，而把它顯現出來。如果是先有虛空，則這虛空一定是純粹「無相」的。

「是無相之法，一切處無有。」如果虛空是純粹的無相，則我們就沒辦法認識它了。不知其存在，不得其相貌；故曰：一切處無有。

### 辛二　以不住破

於無相法中　相則無所相　有相無相中　相則無所住
離有相無相　餘處亦不住

我把這科判改成「以不住破」，故跟印順法師的講義有點不太一樣。因爲用「不住」，會比較清楚一點。

一般人對於法的認識大概不出兩種：一稱爲「有相」、一稱爲「無相」。現且問：虛空是「有相」還是「無相」呢？

「於無相法中，相則無所相；」如果答：虛空是「無相」的。則既是純粹的「無相」，云何能認識它的存在？

**若以爲是「有相法」，然而此相，竟還是變化不停的。是變化不停的，即是「無所住」也。既「無所住」者，又何以稱之爲「自性、實有」呢？**

「有相無相中，相則無所住。」如果答：虛空是「有相」的。虛空是從「無礙性」才顯現其相也。然從無礙性而顯現的相，卻得經常隨著色法的遷移而變化其相。有時有礙，卻變成無礙；有時無礙，卻變成有礙。所以相是不住的（非安定不動的）。如開門時，本有礙即變成無礙；關門時，本無礙者卻變成有礙。車子未來之前是無礙的；車子一來擋住了就變成有礙。故相是無所住的。

反之，如說它是「無相」，那也是無所住的。

有人會說：既是「無相法」，即住於「無相」也！

答云：既是「無相法」，就不可能住矣！因爲「有相」，才有「住」與「不住」的差別。若「無相」，則無所形容矣！譬如有物，才能說其或動、或靜，譬如有女，才能論其或美、或醜。若無物者，云何謂其動靜、美醜呢？所以既是「無相」，即不得住也。

因此，既「有相」是不住的，「無相」也是不住的。

「離有相無相，餘處亦不住。」既「有相」不能住，亦「無相」不能住，且離「有相」、「無相」外，也沒有第三種住的可能。所以結論呢？它是不住的。

爲什麼要「以不住破」呢？因爲實有的法，才能夠住；不住的話，就反證明它不是實有的。因爲《中觀》主要在破自性見、破實有見，故「以不住」來破自性、破實有。

辛三　以體相破

相法無有故　可相法亦無　可相法無故　相法亦復無、

是故今無相　亦無有可相　離相可相已　更亦無有物

辛三我也把科判改作「以體相破」。印順法師原來的科判是以「能所」作區隔，可是很多人對「能所的區隔」反而較陌生。

云何是「可相法」？這用一般人較習慣的用語，即是「體」也——因爲有「體」，所以能夠示現

「相」、能夠覺知「相」，故稱爲「可相」。

前面既說：虛空是以無礙性爲相，且這相還是變動不拘的。但有人會說：「相用」在變化，這我們可以接受。可是它背後的「法體」卻是常住不變、自性實有的。

然而「體」只是總「相」而已。「相」既是變動不拘的，「體」即不可能不變動。因此，「相」變「體」即跟著變，「體」變「相」也跟著變。都不是自性實有的。

「相法無有故，可相法亦無。」偈頌中「無」不是絕無，而是無自性、非實有的意思。我們在研習《中觀》時，要把握到：外人所立的「有」大概都是指「實有」；所立的「無」大都是指「絕無」。

如果是論主所顯的正義：「有」就不會是「實有」，而是有現象、有假名；「無」也不會是「絕無」，而是「無自性」。既然「相法」是隨緣變動，而無自性的，所以「可相法」亦無有自性。反之，因爲「體」是變動不拘的，所以「相法」也必跟著變動不拘。因此不管是「體」、還是「相」，都不是實有，都無自性。

「是故今無相，亦無有可相；離相可相已，更亦無有物。」此「無」不是完全沒有，而是因緣起，故非實有、無自性。

很多人習慣用「體、相、用」來說明諸法。事實上，「用」也是「相」的一部分。因此，離「體」、離「相」也就無「用」可得了。

庚二　非無

若使無有有　云何當有無

由前得知虛空是非實有的，於是有人就以爲：既非有，即是「無」，就變成什麼都沒有了。事實上，「有」跟「無」還是相待的。故既非實有，亦即非絕無。

故表「無自性」只是爲破一般人對「自性」的執著，而不是變成什麼都沒有。因爲以無礙性而產生的虛空「相」還是存在的，不只存在而且跟我們的生活是息息相關的。既息息相關，哪還能說它是純粹的「無」、絕對的「無」呢？

前面所講：乃是從虛空「相」的有無，到「體」的有無，到最後是「自性」的有無。既非自性有、也非自性無。

己二　非能知性

有無既已無　知有無者誰

「有無既已無，知有無者誰？」這有點像「根」與「塵」的關係。前面是「所認識」的「體、相、用」等，後面再問：這能認識者，究竟是誰？

「能」、「所」本來就是相待而有的：既有「能」才有「所」；也有「所」才有「能」。現既觀待的

「所」是無自性的，那「能」觀待者也必是無自性的。

「有無既已無」，指我們看到的對象是無自性的。「知有無者誰？」不是說有一個誰，而是說那「能」觀者，當也是無我、無自性的。現既「有無」的法都不可得，那「能知有無」者亦就不可得矣！不可得不是沒有，而是無自性、非實有。

戊二　結例餘五

是故知虛空　非有亦非無　非相非可相　餘五同虛空

觀虛空主要在掌握一個重點，就是虛空乃「以無礙性」為相。純粹的「無」我們是沒辦法認識它的，我們是透過無礙性而認識虛空的存在，而這無礙性其實又是緣起、變化的。「相」是緣起變化的，「體」當也跟著緣起變化。以此去看虛空，就不會有問題。

這〈觀六種品〉乃是以虛空為例而作的分析。如果對其它的地、水、火、風、識也作分析，必也會得到相同的結論——就是緣起無自性、如幻示現爾！

丁二　結呵

淺智見諸法　若有若無相　是則不能見　滅見安隱法

這個結論與《中觀》的總結——「八不中道」其實是一樣的。我們知道《中觀》的特色是：不管怎麼講，就是不能偏一邊。但是，一般凡夫所看到的世間諸法，一定是偏一邊的：或落有相、落無相，或落於常、斷，或落於一、異等。

「是則不能見，滅見安隱法。」如果落一邊的話，必不能理解，甚至不能體驗：必須「滅見」，才能證得寂靜涅槃。因爲有「見」，即落於相對；既相對，云何能眞正得到身心的安穩與最後的寂滅呢？

## 【附論】

下面所講的【附論】跟〈觀六種品〉不是很有關係，我只是拿出來供各位參考。

其實，就現代人所瞭解的虛空，乃非只是「無礙性」而已。大致而言，有兩種主要的因素，在影響著虛空的性質與相貌：

一、大氣層的層次與變化，我們所看到的虛空，卻不是什麼都沒有，至少還有大氣的存在，且關係著我們每天的呼吸。

二、地心引力的束縛與脫離。虛空之中因有地心引力，所以物體放開，它就掉下來了。且不同的位置所感受到地心引力的束縛與脫離，也是不一樣的。

下面有些資料可供參考，其實我不是這方面的專家。故如詳細追問，我也是不太清楚的。

大氣層的垂直結構，大致可分爲：對流層、平流層、中間層、游離層及外氣層，分述如下：

## 對流層

最接近地面的大氣層，乃稱爲「對流層」，平均高度約十公里。更精確地說，「對流層」的高度，乃隨緯度而變化：故在赤道最高，約爲十五公里；在極地最低，約爲八公里。

顧名思義，對流層是對流最旺盛的區域，也是天氣現象發生的地方。我們每天所聽的氣象報告，有關陰晴的變化、氣壓的變化、風雨的變化，都發生在對流層裡。

大氣中的水氣，約有百分之八十是存在對流層中，因此也是蒸發、雲、雨等最經常出現的區域。對流層的溫度，隨高度而降低，平均而言每上升一百公尺，溫度下降約零點六度。

對流層大概是一般人最熟悉的，因爲除非坐飛機，不然一般人的生活領域，都是在對流層裡，颱風、暴雨，也都發生在對流層裡。

## 平流層

含有臭氧，具有吸收紫外線，使地表免於受陽光中強烈紫外線的侵襲，故能保護地球上所有生物的生存。各位多少也聽過，以前因爲有臭氧層保護，所以紫外線照射不會那麼強烈；而現在，因臭氧層破洞，所以造成氣候非常不穩定。

平流層也是大氣層裡上熱下冷的一層。上熱，是因爲其頂部吸收了來自太陽的紫外線而被加熱。故在這一層，氣溫會因高度而上升。

目前大型飛機爲了避免對流層的氣流不穩定，大致都飛到一萬五千公尺以上，也就是在平流層裡。

這樣會有以下的好處：第一、能見度比較高，第二、受力穩定，第三、噪音污染小，第四、安全係數高。

但有時候對流層高度突然會升高到十幾公里，飛機就會受到一些亂流，而產生不穩定的現象。

## 中間層

此層主要成份有臭氧、氧、二氧化碳、氮的氧化物，這些都是由光化學作用所引起的產物，故又稱爲光化層。位置大概於離地面五十到八十公里的高度。

在這一層內，氣溫會像對流層一樣，隨高度上升而下降。這層的動力特徵是大氣的潮汐，它是由低層的大氣向熱成層底部傳播的動量所帶領。

由於它是位處於飛機所能飛越的最高高度及太空船的最低高度之間，也就是飛機頂多飛到平流層，而不會飛到中間層；而太空船又飛到比中間層更高的位置，這一層只能以一些副軌道的火箭進入。結果，這是人類認知最少的一層大氣。故常被科學家嘲笑作「忽視層」。對人類來講，這反而是較不熟悉的一層。

## 游離層

游離層又稱爲增溫層、電離層、熱成層，空氣極稀薄，而離子特別多。溫度相當高，且溫度乃隨高度升高而加熱。

這層最高約離地表八百公里左右。在這一層之內，紫外線的輻射引致電離的現象出現。電離層具有反射無線電波的能力，它被用於傳播無線電訊號。

## 外氣層

外太空的起點，因爲離地表非常遠，所以只有一些非常輕的氣體：像氫及氦。本層溫度很高，空氣粒子運動很快，又離地心較遠，地球引力作用小，所以這一層的大氣質點，經常散逸至星際空間，故名爲散逸層。這常是人造衛星、太空站、火箭等的運行空間。

也就是說，對一般人而言虛空似什麼都沒有，或只有空氣。但對專家而言，不同層次的虛空，既相貌不一樣、作用也不一樣。有的虛空適合航行飛機，有些虛空適合航行太空船。

我的意思是：因緣起，故相不同，而無純粹的虛空。虛空中至少有大氣的存在，也有地心引力。所以我們接著要講地心引力的束縛跟脫離。

## 地心引力的束縛與脫離

所有被投上天空的物體，都會被地球的重力吸回地面，因此物體的上升速度會逐漸減慢。到了某些高度就不會再上升，停了一瞬間後開始向下掉落，最後以開始上升的速度撞上地面。此即稱爲「被地心引力所束縛」也。乃表示這物體沒辦法脫離地心引力的束縛。

除非上升速度非常快，快到能夠克服地心引力的束縛。以萬有引力是和距離的平方成反比，故高度越高，地心引力就越弱。到最後速度所產生的向心力如能跟地心引力平衡，則這物體既不會掉下來，也不會上升，而會繞著地球轉，此即爲「環繞速度」或者稱爲「第一宇宙速度」，這速度約每秒爲七．九公里。

如希望它繼續上升，以至於脫離地球引力的範圍。這能達到脫離地球引力的最小速度，就稱爲「脫離速度」或「第二宇宙速度」。大致而言，地球的脫離速度每秒爲十一．二三公里，月球每秒爲二．四公里。

各位看有第一宇宙速度、有第二宇宙速度，其實也有第三宇宙速度、第四宇宙速度。第三是要脫離太陽系的速度。

以上所說，乃屬較高層次的太空科學，似乎離我們升斗小民還遠一點。然而「對流層」中的大氣變化，就影響著我們每天生活的作息。因爲一切陰晴、風雨、霜雪、冰雹的起落，皆由之而有也。

當狂風、暴雨、冰雹時，誰還能說它只是「無礙性」而已！或是「虛空不動」、「虛空無爲」等囈語呢？

簡單講，透過不同的緣起，所產生大氣層的相就不一樣。虛空不離緣起，非純粹無也。

# 6 觀本住品

## 【前言】

首先，把前面已講的再作歸納。前面所講的包括兩個單元：第一單元為〈觀因緣品〉與〈觀因果品〉，我把它歸為「總論」。總論即是彰顯《中觀》的主旨大意。第二單元是〈觀六情品〉、〈觀五陰品〉以及〈觀六種品〉，這是佛法常講的蘊處界三種分析方法，是對世間質地而作的分析，故比較單純些，而把它歸為第二單元。如化學一般，先分析元素後，再匯成分子、物質等……越匯越複雜。

今次所講的〈觀本住品〉，則屬第三個單元。這單元乃包括〈觀作作者品〉、〈觀染染者品〉和〈觀然可然品〉，都在探討同一個主題：觀生命的本體。一般人都認爲其生命內有一個不變的主體，然透過《中觀》的分析、破除後，才肯定這個主體其實是不存在的。

## 【章節大意】

首先講何謂「本住」？「本」是本來就具有，「住」是前後不變動。既本來就具有、又前後不變動，即稱爲「本住」。這主要是指在我們的生命裡，有些人認定有一個本來就具有，且前後不變動的主體，即一般人稱爲的「靈魂」，或外道所說的「神我」。

我們當然承認這身體有生老病死的變化，心識也有受想行識的變化，一切都是無常的。

可是有些人猶認定：內在當有個不變者。因爲既在六根之上當有一個「統一者」，也在時間過去、現在、未來的變化中當有一個「連貫者」。因爲如果沒有一個更內在的「統一者」，則六根各成其用。比如一個杯子，眼睛看到的是色白，手摸到覺得它很堅硬。可是眼睛看到的跟手摸的，就彼此分家而無法形成「白杯子」的形相。故在六根之上還有一個更內在的「統一者」，才能把眼睛看到的白跟手觸摸得到的堅，統一而形成杯子的概念。

同樣，在生命前後的變化中，也要有一個「連貫者」才得連貫，故過去所學的現在還記得，過去所作的現在能受報，否則前後分際就不成因果了。

一般人總是要在異中求同，六根是異，故在六根裡一定要有個更內在的「統一者」；時間也一樣，在過去、現在、未來的三際裡，也要有個「連貫者」。這「統一者」或「連貫者」，稱呼什麼其實不是最重要的，一般人或稱它爲「靈魂」。但「靈魂」究竟是什麼也搞不清楚，但總覺得應該有一個統一的主體吧！外道則明確說是「神我」。

然而若先有「靈魂」或「神我」的存在，才產生我們的身體跟感官。那未有感官時，我們云何能去認識它呢？未有感官前，應該是沒辦法去認識它的。

假如你說：「我現在能認識它，就是因爲過去已有故！現在所認識的，即代表過去也有。」

其實現在有的跟過去有的，不能一概而論，我們都知道因爲無常變化，現在有的不等於過去即有；過去有的也不保證現在還有。故這種推論是沒有道理的。

有人說：先有靈魂，後有六根與我們身心的存在。

究竟什麼時候才會有六根的出現、存在呢？

答云：大概是投胎的關係，才開始有這身體與六根的存在。

既把「靈魂」定義爲「不變者」，即過去、現在、未來都不會改變。但是，既「不變」，爲何又去投胎呢？去投胎就表示已「變」了！

一般人的想法是很含糊的：已去投胎了，還認爲它是「不變」者。其實，既投胎，即已「變」了；反過來說，乃因「變」了才去投胎的。

故如堅持它是「不變」者，即不應該有不投胎跟投胎的差別。

或答：待起無明後才開始有「六根」的。

破曰：既是「前後不變動」者，則云何會有「起無明」與「不無明」的差別呢？

第三個矛盾是，很多人認爲：我是內在不變的，然後再透過六根以認識外界的存在。當六根接觸六塵後，更可以有苦樂等不同的感受。

然就算有六根的覺知與種種苦樂的感受，但這些變化跟「前後不動者」又有什麼關係呢？既是「前後不動者」，即不會感覺到這些變化。或者說，若知道塵相、苦樂的變化，就表示它已非「前後不動者」也。

這也就是一般人思想的矛盾：想在變動中，立一個「不變不動者」來作主，或當靠山。然後再從這不動者，示現出所有的變化現象。然而就算有個「不變不動」者存在，你跟它也是鴻溝分界，根本扯不上關係。因為你在變，而它是不變的，變跟不變之間根本就是鴻溝分界，有界就無法觸及到它，甚至無法知覺到它的存在。於是找等於白找，立也無庸立。

其實，這也似一般人常錯以為的「體用關係」：體是永恆不變，用乃隨緣示現。然而體既永恆不變，云何又能隨緣示用呢？或者既能隨緣示用，云何體又能永恆不變呢？

事實上，要隨緣才能產生「作用」，而隨緣即與其它的緣互動，既互動就非變不可。因「體」是總相故，「相用」若變的話，「體」是不可能不變的。

再者，這也是一般外道信徒所無法避免的矛盾：既希望神是全知萬能，又期待神能永恆不變。然而既全知萬能，就不可能永恆不變！或者既永恆不變，就不可能對外界的變化產生知覺、反應，故這絕對只是無知無能爾！

以上，只是就「前後不變動」者而作的立破。

其次，在六根之上，若有「和合統一」者，則眼根除了有見的功能外，也應該有聞的功能、有觸的作用。總之，六根要能互用，才能稱為統一。但事實不然。故無統一者也。

有人會說：「因爲外是有分別的，而內才是統一的。這有什麼不對呢？」

其實，這還不出「體、用」的思考模式！外是變化分別的、而內是統一不變的。

現再問：「你內外間，竟以什麼爲界？」

「內外以什麼爲界？」這就講不清楚了。多數人雖覺得應該有內外，但就是找不到界線。甚至如眞有界線，這兩個也就搭不上關係了。

故不是先有「本住」再有六根的，也不是在六根的當下還有「本住」。因爲既緣起，則性空，一切皆是隨緣變化的。

有人問：「中國佛教常講『隨緣不變、不變隨緣』，這可能嗎？」

答：「性」是普遍性、永恆性，故從性不變，去看一切相法的「隨緣變化」，就沒有問題了。但是「性」，卻非我有我的性，你有你的性。這就是「自性」乃不可得也。以上是大意，下面再看偈頌解說。

【偈頌解說】

乙三　觀能作
丙一　觀本住
丁一　別破
戊一　離法無人破
己一　敘外計

眼耳等諸根　苦樂等諸法　誰有如是事　是則名本住
若無有本住　誰有眼等法　以是故當知　先已有本住

於科判的「敘外計」，乃是說：外道或凡夫眾生都這麼認為。我們的六根——眼、耳、鼻、舌、身、意，為何能感受到六塵的存在？甚至因感受到六塵的存在，而有苦、樂、憂、喜、捨等不同的覺受？這是因為在我們身心之內，有一個如如不動的「本住」，先存在也。「若無有本住，誰有眼等法；以是故當知，先已有本住。」如果沒有本住的話，那我們的六根就沒辦法去感知外界的存在，也沒辦法有種種苦、樂、憂、喜、捨的覺受。所以從上的分析，當先存有「本住」也。

事實上，我覺得不只因六根能夠感知外界的存在，且於六根中，需有「和合統一」的功能。如剛才所講，眼睛所看到是色塵的白，手所摸到是觸塵的堅硬，然後再把「堅白」合成杯子的觀念。

所以若沒有「本住」的話，就沒辦法在六根中呈現出「和合統一」的功能。也沒辦法在過去、現在、未來的變化中，能呈現出「前後一貫」的特質來。基於以上理由，很多人都認爲：當先有「本住」的存在。

## 己二　破妄執

若離眼等根　及苦樂等法　先有本住者　以何而可知

若離眼耳等　而有本住者　亦應離本住　而有眼耳等

以法知有人　以人知有法　離法何有人　離人何有法

「若離眼等根，及苦樂等法，先有本住者，以何而可知？」這是第一種破法。如果你說：在六根以及苦樂等法之前即先有「本住」的話，未有六根前，云何能覺知「本住」的存在呢？若不能覺知，又如何確認其存在呢？

有人會說：「因爲現在可以感知到的，即爲本來就有的緣故！」但是，現在有者不等於過去即有。爲諸行無常故，不能以現在的有，就推論過去也一定有。這是第一、無法得知它的存在。

第二、「若離眼耳等，而有本住者；亦應離本住，而有眼耳等。」如果說在身心之外別有「本住」，那表示身心跟「本住」是可以分開的。如此，亦是離開「本住」別有身心。

可是一般人又不能接受離開「本住」別有身心的存在。就因爲相信身心變化之中，別有一個不變者，才立「本住」的。哪可能接受：離開「本住」，別有獨存的身心呢？

**「以法知有人，以人知有法」：人者，體也。法者，相用也。既爲有體，才有相用；也爲從相用，才肯定有體也。**

**「離法何有人，離人何有法」：所以離開了相用的示現，相用的變化，哪裡去安立有個不變的本體呢？**

這就是我們再三說到的「體用關係」。其實我們是從「相用」去肯定有「體」的，然後再從「體」裡去看「相用」的變化。故不可能離「相用」之外，還有一個不變的本體。

就一般人而言，常謂：以有體故，能呈現種種相用。然就認識而言，反而是從種種的相用中，去標示其體的。故體者，總相用也。

於是乎，既身心的相用隨緣示現、隨緣變化，體豈能不跟著變化呢？

### 己三　顯正義

一切眼等根　實無有本住　眼耳等諸根　異相而分別

**結論呢？在六根當中，乃無有「本住」。至於云何會有「六根的覺知」和「苦樂的感受」呢？乃爲「衆緣生法」的不同，故顯現其差別相爾！**

所以龍樹菩薩直接說：在六根當下，是沒有「本住」的。眼耳等諸根皆是隨著不同的因緣，而顯現對應的差別相，這稱爲「異相而分別」。

然如僅用「異相而分別」而作解釋的話，是不足以回應原來的問題。因爲它未解釋，爲什麼可以有「和合統一」的功能？

戊二　即法無人破

己一　敘轉救

**若眼等諸根　無有本住者　眼等一一根　云何能知塵**

所以，外人會再問：「若眼等諸根，無有本住者；眼等一一根，云何能知塵？」我覺得這問題的重點不在「若沒有本住的話，六根怎能知塵？」而是：眼耳等諸異根，云何能互動、協調？

前再三說到，建立「本住」的目的，是爲確定它能統一協調，而非各得其用爾！

故以「異相而分別」作回答，就《中論》而言還是偏於異，偏於異即未回答到問題的核心。外人就是爲確認統一協調的關係，才建立「本住」的；故用「異」回答，乃答非所問也。

## 己二　破邪執

見者即聞者　聞者即受者　如是等諸根　則應有本住
若見聞各異　受者亦各異　見時亦應聞　如是則神多
眼耳等諸根　苦樂等諸法　所從生諸大　彼大亦無神

你對於用「異相而分別」的回答不滿意，故仍堅持要用「一」的模式，則我問你：如果是「一」的話，就應該能「六根齊用」，眼根也應該有聞、嗅、觸的功能，耳根也應該有見、嗅、觸的功能。「如是等諸根，則應有本住。」若能六根齊用，才可以說有「本住」在統一協調。但事實上，六根不可能等用，因爲眼根還只能看，耳根也只能聽，所以不成「本住」矣！

其次，若如此則有很多「本住」、「神我」、「靈魂」矣！而這更不是一般人所能接受的。「若見聞各異，受者亦各異；見時亦應聞，如是則神多。」有人一聽說六根不能齊用，所以他就改說：那先不要講統一，而說「別異」好了。「異」是指六根各有「本住」——眼耳鼻舌身意各有「本住」。若六根各有「本住」，則應於看的同時，也能夠聽。如此的「本住」就很多了。

事實上，一般人不可能接受六根各有「本住」的想法。因爲六根若各有「本住」，那豈不是要在六個「本住」之上，再另立個統一協調者？這樣的話，就永遠沒完沒了矣！

所以從「異」裡來建立「本住」，既不合《中論》的主旨，也不合外道建立「本住」的原意。

「見時亦應聞」，照偈頌的意思是：「見」的時候即不應該還能「聞」。即「見」的時候只能

「見」，「聞」的時候只能「聞」。印順法師在解釋時，也說一個時間中，當只能有一種作用。

但是，從生活經驗來反省，我們不認爲同個時間內，只有一根能作用。比如各位現在可以一面看、一面聽。尤其看電視時，不就是既看也聽嗎？

可是，我們也知道，在很專心看時，聽力就會打折扣。這表示六根雖可同時啓「用」，但還是會互相影響的。所以並非六根各有「本住」也。

「眼耳等諸根，苦樂等諸法，所從生諸大，彼大亦無神。」意思是：我們是從「諸大」中和合而有眼耳諸根、苦樂諸法；既「諸大」裡是沒有神，故所生的眼耳等諸根、苦樂等諸法，也應該是沒有神（本住）的。

我個人覺得這論證有點畫蛇添足。因爲會產生如下的問題：

第一、若說「諸大」產生六根，「彼大亦無神」故所生也應該是無神的；那外道也可以反駁：彼大亦無佛——「諸大」裡也沒有佛，你們憑什麼想修行成佛？

第二、「從諸大裡產生苦樂」的說法，很容易落入唯物論。因爲很多人都把「諸大」定義爲四大或五大，地水火風，再加上空，都是屬於色法，而落入「唯物論」中。眞正的佛法是不應落入「唯物論」的。

第三、若說「先有諸大，然後再產生六根及苦樂諸法。」我們也可以反問：如果先有「諸大」，後有六根，那憑何而可知？

這段論證，不只沒有解決問題，反而更製造了一些問題。所以被評為「畫蛇添足」也。

己三 顯正義

若眼耳等根　苦樂等諸法　無有本住者　眼等亦應無

最後結論是：當沒有「本住」的。於是，既無本住，「眼等亦應無」。此「無」不是斷滅、頑空的無，而是「無自性」的無。因為沒有「本住」，所以六根及苦樂等法，亦當「如夢如幻」，而非那麼眞實存在的。

丁二 結呵

眼等無本住　今後亦復無　以三世無故　無有無分別

前面用「先有本住」而作的分析，已經完成無「本住」的結論。然後再用「今有本住」、「後有本住」去分析，結論也必都一樣：三世皆無「本住」也。所以就不必再「信口雌黃」或「道聽塗說」，而謂有「本住」者，其乃如何如何。

## 【附論】

「附論」這是我個人的看法。

我們雖把〈觀本住品〉研討過了，能夠確定是沒有「本住」的。可是依舊未解決最初的問題：爲何在六根之中，似有統一協調的功能？及爲何在前後的變化中，似有個連貫者？

事實上，以緣起法來看，諸法本來就是相關互動的。因爲「緣」都是互相交涉的：你中有我的緣、我中有你的緣。所以這方變動，一定會影響到其它的變動，而毋需再去找第三個來促成它的變動。

當然各自變動的比例不一樣，有的比例很高，有的比例很低。就緣起法而言，一法變全法跟著變，只是變多、變少，而不能不變。所以不需要再去找一個統一協調者。

其次，在緣起中，諸法既有相關互動的關係，也有彼此制衡、相剋的關係。比如看到杯子時，眼睛看到的是白，手摸到的是堅，而能合成杯子的整體概念，這是統一協調。而我們專心看時，耳朵就沒那麼靈敏，其它的感官也會遲鈍些，這是彼此制衡、相剋。這跟有沒有「本住」不相關，也跟有沒有「上帝」沒關係。

下面再舉「生態學中食物鏈」的例子作說明：有草食性動物、有肉食性動物，還有一些草木、果實等植物。在食物鏈裡，彼此吃來吃去，可是仍會達成一種平衡。爲什麼會達成平衡？是誰在操控呢？

沒有誰在操控，而是它們既能相生又能相剋。譬如老虎吃兔子，但是兔子絕對不會絕種。因爲兔子被吃到稀少時，老虎也因食物來源不足，繁殖不起來而數量變少，故兔子又多了。所以牠們永遠會在動態之中保持平衡的關係，這跟有沒有誰在操控沒有關係！

既生態學中的食物鏈，乃是自然法則，而非有誰在控制。同理，在身心、六根之中，也有相互協調、相互制衡的關係，這也是法爾如是的。所以不需要建立「本住」，即有統一協調的功能。

緣起法另一個特質就是「不常也不斷」，從過去到現在、到未來，就像長江後浪推前浪一樣，中間不會有間斷的。所以雖形態不斷在變，可是在變中仍能維持相當的穩定性。

當然這穩定性如碰到強而有力的緣時，就會產生較大的變化；若未碰到強而有力的緣時，便在穩定中有小的變化，而繼續往下延伸。這「不常、不斷」也是法爾如是的，故不需要再去找第三者爲它作連貫。

因此，外人要建立「本住」的原由，其實透過緣起法，便皆可達成他們所要的功能——連貫及協調。

所以結論是：沒有「本住」。而沒有「本住」者，其實就是「無我」也，「無我」但業報不失。因爲在前後的變化中，還是有「因緣果報」的原則在。

# 7 觀作作者品

## 【章節大意】

在佛法中，有兩種理論，似互相牴觸，而令很多人困惑不已：

第一、因果業報。如所謂「善有善報，惡有惡報；不是不報，時候未到。」故若報的時候未到，則所造的業因必將是「百千萬劫亦不亡」。其次，若報的時候到已，受報時也必「絲毫不爽」，甚至說是「定業難轉」也！

第二、眾生本來「無我」，四大本非有，五蘊唯性空。在生死的流轉中，本無我也！

於是，很多人都會疑惑：既無我，則誰曾作業？誰在受報？誰去流轉呢？

其實，若有個「真實、不變」的我，這反而不能造業、不能受報！何以故？不變，即不能造業；不變，也不能受報。所以一般人都錯以為「有我，才能造業」，其實卻是「無我，才能造業」。同理，也必「無我，才能受報」。

「作者」即是「作業的人」或「造業的人」。而「作」是「所作的業」。所以是觀造業的人及所造的業。

在這品當中，主要是處理「定作者」及「定業」。但是有「定作者」就不能造「定業」，沒有「定作者」也不能造「定業」。基本的觀點倒是蠻簡單的。

但我覺得對很多人來講，主要的問題不在於有沒有「定作者」或有沒有「定業」。而是有兩種理論，似乎互相牴觸，而令很多人困惑不已：第一、因果業報；第二、無我。

第一、大家都知道，佛法最重要的理論是建立在「因果業報」的基礎上。關於因果業報，我們常聽到這句話：「善有善報，惡有惡報；不是不報，時候未到。」意思是：不管造善業或惡業，遲早會報的；不是不報，時候未到而已。因此造了業，若報的時候未到，則所造的業因，必將是「百千萬劫必不亡」——不管過了多久，其業因是不會消失散滅的。

有時候雖造了惡業，但因爲善業造的多，甚至禪定業還較多。故往生時，可能先上禪定天；然後等禪定天的福報享完了，才墮三惡道。因此，從造惡因到墮三惡道的時間應該非常長。但過去所造業因既還未受報，故絕不會消失的，而稱爲「百千萬劫必不亡」。

其次，若報的時候已到，受報時也必「絲毫不爽」。不管造的是善因或惡因，成報時「因」與「果」之間必「恰恰對應、絲毫不爽」。甚至還說「定業難轉」，一定會受某種報的。前面所講的，乃都偏向因果實有、有業有報。

第二、眾生本來「無我」。因爲四大非我、五蘊本空，故佛法再三強調眾生本是「無我」的。

但是對很多人來講，這兩個理論似互相矛盾，爲什麼呢？因爲很多人認爲「有我」才能造業、也「有我」才能受報。故一旦說是無我，他們就傻了：爲何「無我」還能造業？爲何「無我」還能受報呢？甚至若眞「無我」，在三界中輪迴流轉的到底又是誰呢？很多人想到這關鍵點就卡住了。

但事實上，如果內在有個不變的我，他反而不能造業、不能受報。爲什麼呢？因爲「變」，才能造業啊！如果有個眞實不變者，反而一切都動彈不得。故不變就不能造業，不變就不能受報。這是《中論》一貫的宗旨。

所以反而當「無我」才能造業和受報。

其次，這「無我」的「無」，當不是絕無的無。如果是絕無的話，便不可能造業、也不可能受報的。在佛法中所講的「無」，絕對不是斷滅的無，而是「無自性」、「非實有」、「不孤立」、也「非永恆不變」的，這是「遮詮」而非「表詮」。「遮詮」是把我們執著的「自性、實有、孤立、不變」都否定掉。然否定後，卻非頑空。

譬如說我「不快樂」，只是否定了「快樂」的覺受，而非說我很「痛苦」。故「不快樂」可能是平平淡淡的，既非快樂、也不痛苦。

因此謂「痛苦」或「快樂」即是「表詮」，肯定句。而「不痛苦」或「不快樂」則是「遮詮」，否定句也。故佛法中常用的「無」，多是「遮詮」而非「表詮」。如《心經》中一連串的「無」乃是「遮詮」爾！

有人或許還會疑惑：既「無我」爲何還能造業呢？

我們五蘊的生命體，若遇到外緣就會產生變化。因爲內與外之間，本是沒有界限的。故碰到新的緣，必產生變化。當然變化有分兩種程度：一種是小變化、一種是大變化。若是大的變化，必對未來有比較大的影響，這就稱爲造業。當然小變化累積多了，也有類似大變化的效果。

至於會變成什麼樣子？這是因果的關係，而不是我們的意志所能主宰的。譬如烈火碰上了乾柴就燒起來了。這是因果的原則，乃法爾如是，跟烈火的意志抉擇沒有關係。

當然，我們五蘊和合的生命體遠比烈火複雜多了，所以可能的變化就不可勝數。但基本上，還是因、緣、果之間的關係爾，而不是我們有意志能抉擇也。

事實上，在因陀羅網（立體交錯、不斷向四方延伸）的緣起中，乃時時都會碰上他緣的。然而在他緣中，還有「親疏、強弱」的差別。若疏遠而乏力的緣，雖碰上了，以變化量極微故，視爲「未成報」。如種子，未將之種到土裡，雖在瓶裡三年五載，外表看起來仍是種子。

相反地，如碰上親近、強有力的緣時，以變化量較顯著故，稱爲「成報」、「受報」。如種子將之種到土裡，已發芽了。

因此前所謂「不是不報，時候未到」，乃是指未碰上親近、強有力的緣也。於是雖曰「百千萬劫必不亡」，卻也不是完全不變。依《中論》的觀點，必定是「不常不斷」爾！只是因變化量極微故，視爲「未成報」。

這點就可以解釋：爲何雖在娑婆世界造了惡業，但往生極樂世界後可以不受報。必惡因加上惡緣才會得惡報，因爲在極樂世界沒有惡緣，所以這惡因過了很久都不得受報。就會像種子太久未發芽，也會敗壞掉，以後就是再種入土中，也不會發芽的。

如果對這樣的原則已清楚了，再回頭看：「時候」云何能到呢？卻不是定數！而是因碰上親近、強有力的緣了，以變化比較顯著，故說是「時候已到」。

其實未必等春天，種子才能發芽。如果我們給予同樣的濕度、溫度，很多種子也能在秋冬發芽。所以不是時候的問題，而是條件具足了就能受報。

**還有成報時，果報與業因，眞能「絲毫不爽」嗎？**

**這「絲毫不爽」，頗有「因中有果論」的嫌疑。**

事實上，從因到果，已加進太多的緣了，所以決不會「因中，即有果也」。比如把種子埋入土裡，就算發芽了，但所發的芽，也不會完全一樣。

**最後，何以謂爲「定業難轉」呢？有些業因很重，故在一般的緣裡，對果的改變量很有限，故說是「難轉」。然而若對上更有力的緣時，其也不得不轉。故是「難轉」，而非絕不能轉也。**

如所謂的「絕症」，如碰上非常高明的醫師，或用更先進的療法時，卻還非「絕症」也。

這也就說，用因緣果報的大原則，很多疑惑都可以解釋得非常清楚。但是要能深入、通達，才能了然於心。

我覺得這一品中大都在「定有作者」及能否造「定業」裡打轉。其實一般人思考的癥結並不在這裡。我們看下面的偈頌解說。

## 【偈頌解說】

丙二　觀作作者

丁一　正破

戊一　遮戲論

己一　實有實無門

庚一　標章

決定有作者　不作決定業　決定無作者　不作無定業

然在以下的「釋成」，乃只就「決定有作者」和「決定業」而作破除。因為「決定無作者」和「無定業」，就眾生而言，乃無此病也。

「決定有作者」意思是：先存在一個稱為「作者」的，就是一般人說的「實有作者」，或用《中觀》的術語，即是「有自性的作者」。

若「決定有作者」，便「不作決定業」。為什麼呢？既作者是「實有的」，便不能改變。不能改變，就不能造任何業——不管是決定業或無定業。

其實，「決定有作者」用一般人的說法，應該是：若存在個眞實不變的我，其實反而不能造任何業——決定業或無定業。

反過來說，若絕對無作者或絕無五蘊和合的生命體，那當然也不能造任何業——包括定業或無定業。

業。相信大家對這都應該蠻確認的。

總之，「絕對的實有」則不能有任何的變化，「絕對的無」也不能有任何的變化，所以都不能造業。

但在下面的偈頌，則偏向從「決定有作者」跟「有決定業」去作破除。因爲對一般眾生而言，比較不會有「決定無作者」的執著。而是都偏向認定：有個我在造業，甚至還認爲所造的業，都是「因中有果」的定業。

庚二　釋成

決定業無作　是業無作者　定作者無作　作者亦無業
若定有作者　亦定有作業　作者及作業　即墮於無因
若墮於無因　則無因無果　無作無作者　無所用作法
若無作等法　則無有罪福　罪福等無故　罪福報亦無
若無罪福報　亦無大涅槃　諸可有所作　皆空無有果

**如謂有「決定業」——業是自性實有的，則既自性實有，必不能待作而有。以待作而有者，即非自性實有也。**

「決定業無作，是業無作者；定作者無作，作者亦無業。」這偈頌主要在解釋：若是「決定業」當然就不用「作者」。因爲既「自性、實有」者，就不必待作而有；如果得待作而有，就不是實有、自性的。

反之，如說有一「作者」是固定、自性實有的。於是既「自性實有」者，即不能造任何業。於是雖稱之爲「作者」，其實卻不能造任何的業。

「若定有作者，亦定有作業；作者及作業，即墮於無因。」故如說有「定作者」及「決定業」，則此「作者」和「定業」必墮於無因。

因爲不作，而有「定作者」，這作者即是「無因」。若不作，而有「決定業」，這定業也是「無因」而有的。

「若墮於無因，則無因無果；」若墮於無因的話，就沒有因果了。「無作無作者，無所用作法。」既無能作的我，也無所作的業，更無作業時所用的工具等。

「若無作等法，則無有罪福；罪福等無故，罪福報亦無。」若作不得，則從作而有的罪福、果報等亦不可得矣！

「若無罪福報，亦無大涅槃；諸可有所作，皆空無有果。」若沒有罪福的果報，也就沒有修行的果報——證得大涅槃。因爲大涅槃也是不離因果的。故如破壞了因果，那一切世間、出世間法便都不可得了。

偈頌雖是蠻長的，但依我們來解釋，其實不用那麼複雜。若墮於無因，則破壞了世間、出世間公認的法則。這法則第一是因果，第二是罪福。

因為一般人的癥結乃在：一、既無我，誰來造業？沒有學佛的人都單純地認定「有我，才能造業」。然學了佛之後，卻反迷惑：若承認無我，那又是誰去造業呢？二、已造的業，是否必得定報？上已解釋過：五蘊的生命體加上新的緣，就是造業。尤其這緣若是強有力者，必會產生較大的變化。較大的變化，更稱為造業。

然所造的業卻非定報。因為不是因中就有果，要因加上緣才有果。所以若緣不同，果自成差異也。

己二　亦有亦無門

作者定不定　不能作二業　有無相違故　一處則無二

下面再看「亦有亦無門」，大致是延伸前面所講的。有人說：未作業前，不決定有作者；若造作業了，就決定有作者。未感果時，決定有作業；感了果後，就不決定有作業——意思是：未感果之前，其業因是存在的。這存在，就很容易變成常見，固定不變的。但受了報後，就以為已斷滅了。

在還未作業前不決定有「作者」。既不決定有「作者」，那由誰去造業的呢？若造了業之後就決定有「作者」，則這「作者」還能不能再造其餘的業？既是「決定有」就不能再造新的業了，但事實上，他還是會繼續造新的業！所以只要一落入「決定」，便就僵住而動彈不得矣！

還有，「未感果時，決定有作業；感了果後，為什麼就不決定有作業」呢？其實受了報之後乃變成未來的因。如種子結成「果」後，「果」中又有新種子。所以受報之後是不會斷滅的。

故很多人的觀念其實都是錯的，很容易錯認爲：未報之前是常，已報之後是斷。這是一般人思想的通病，常以兩端——實有與絕無，去看待諸事相。若「實有」講不過去，便立即換成「絕無」。反之，若「絕無」撐不下去，便斷然換成「實有」。總是在這兩端間換來換去，但無論怎麼換都不對。

因既「實有」就必「實有」到底，而不可以中途換成「絕無」。同理，若「絕無」亦必「絕無」到底，而不可以中途換成「實有」。

而《中觀》所謂的「有」，是以眾因緣和合故，現象宛然。山河大地是現象，我們身心的存在也是現象，種種境界都是現象。所以「有」者是有「現象」。所謂的「無」即是無自性、不實有。故《中觀》所謂的「有」即是「無」也。爲什麼呢？因緣和合而有者，即是無自性。也是因無自性故眾緣和合才能產生變化。

而世間凡夫外道所謂的「有」即非無；「無」即非有。故曰「有無相違故」、「一處則無二」：同一處者，不能亦有亦無。

己三　一有一無門

有不能作無　　無不能作有　　若有作作者　　其過如先說

或說：有作者而不作定業，無作者而有定業。然而既名爲作者，何以不作諸業？或既無作者，又何來定業？

如果說有作者也有定業，就會像前面所講的，必墮於「無因生」的過失中。

己四 此一彼三門

作者不作定　亦不作不定　及定不定業　其過先已說
作者定不定　亦定亦不定　不能作於業　其過先已說

這依印順法師的講法，乃有九種形式：

決定作者不作決定業。
決定作者不作不決定業。
決定作者不作亦決定亦不決定業。
不決定作者不作決定業。
不決定作者不作不決定業。
不決定作者不作亦決定亦不決定業。
亦決定亦不決定作者不作決定業。

**亦決定亦不決定作者不作不決定業。**

**亦決定亦不決定作者不作亦決定亦不決定業。**

說了半天，洋洋灑灑，頗有「不知民間疾苦」的感覺，因爲一般人的癥結，根本不在這裡呀！一般人的問題，其實只在「無我」怎麼去造業？

「有我」是不能造業的，這大家慢慢能接受。因爲既是個不變的我，云何能作一切呢？而「無我」卻不是什麼都沒有，在不斷流轉變化中，舊的緣會不斷搭上新的緣，這即是造業。故跟「意志抉擇」是沒什麼關係的。

## 戊二　示正見

**因業有作者　因作者有業　成業義如是　更無有餘事**

故正義乃：「因作者有業」、「因業有作者」，以此而建立「作者」與「業」的緣起關係。

但是這樣還是不能消除很多人心中的疑惑：何以本無「作者」與「業」，卻能於一時間，變成有「作者」與「業」。

其實以《中觀》的講法，不是一時間內，變成有作者與業。因爲這五蘊和合的生命體，從過去到現在，本來就是不斷在流轉變化，不是本來沒有現在才有。「業」也不是現在才造業，我們一向就在造業中，只是又造新的業而已。

有情的生命體，本來就在眾緣流轉中，故隨時隨地都會黏上新的緣。爲什麼用「黏上」呢？這不是你要不要去攀緣的問題，而是自然就黏上了，且黏上之後，想擺脫也擺脫不了。於黏上新的緣後，不只當下的「體相」會有某些改變，也會對未來產生一些影響。從業因而產生可能的業果，這就是造業。所以「業」不是從本來沒有業，現變成有業，它是從過去到現在，都不斷在流轉變化中。

至於「作者」呢？也是「非一、非異」，因爲本來就已造了很多業，現在再造新的業，既不能說是同一個作者，也不能說是另個作者。不能說是「一」，如果是一就不能再造新的業；也不能說是「異」，因爲它們有前後連續的關係。

「業」乃如後浪推前浪，而「作者」也是非孤立、非不變，無自由意志也。一般人總以爲「有我」才能造業，且造業後，我還是我。造業後當然不能講已非我了，但也不能講還是原來的我。故只能說「既非一、也非異」。

很多人以爲，不只是「有我」，甚至是我用「自由意志」去造業的。其實，人哪有「自由意志」呢？我們什麼時候要生，是你能決定的嗎？我們什麼時候會死，也是你能決定的嗎？小事情或許覺得可以決定這、決定那，當碰到大事時，卻什麼也不能決定了，因爲大事者，皆是共業也。此正如俗語說的「人在江湖，身不由己」。

例如，我碰過一位年輕的法官，略寒暄過後他即向我訴苦：因爲他心裡正在猶豫著，再過幾天就要出庭去判一個罪犯死刑。因這個罪犯從任何判例來看都是死刑，沒有其它的可能性。但他一直很徬徨：

我眞的可以判他死刑嗎？我眞有這麼大的權力，能決定他的生死嗎？這會不會犯殺生罪呢？

最後還反問我：「你個人對於廢除死刑的看法如何？」我說：「我個人對廢除死刑的看法，根本不干此事！因爲要不要廢除死刑是國家法律體制的問題。不是我能單獨決定，也不是你能單獨決定的。

「所以我們現在不談廢不廢除死刑，但是在國家未廢除死刑之前，你也只能依法行事。所以不是你判他死刑，而是他當受的報而已。如果你現在不判他死刑，二審、三審還是判他死刑，這豈不浪費社會的資源？

「一般人都認爲是法官在判決，其實法官也只是依法行事而已。如果你不照判例，表面上很像可以。可是若檢察官不服，二審、三審還是免不了一死。」他聽完之後，心裡才寬鬆一點。

丁二　類破

**如破作作者　受受者亦爾　及一切諸法　亦應如是破**

破什麼？云何破？這主要是說：如果作者是自性、實有的，就不能作業。同理，如果受者是自性、實有的，也不能受報。甚至一切法如果是自性實有的，便不能和合、以產生變化。

一般人都以爲：自性實有者才有用。事實上，自性實有者反不能有任何作用。就像上次說的，外道的教徒都期許上帝既全知萬能、又永恆不變。但永恆不變就不可能全知萬能；全知萬能就不可能永恆不變。

所以必無我，才能造業；必無我，才能受報。相信，大家至此當能比較清楚了。最後我們再說附論。

## 【附論】

很多人說到「作業與受報」，常都說是「自作自受」——自造的業，自己去受。然從《中觀》的觀點來看，是不可能「自作自受」的。爲什麼呢？前已講到「四不生」中，第一就是不自生。不自生，則既不能自作，也不能自受。

如說殺人，沒有別人的話，怎可能去殺人？沒有仇恨的情結，也不可能去殺人。總之，因碰到新的緣而產生大的反應，這才稱爲造業。反之，單個封閉的自己，即不能造業。受報也是一樣，要碰到強而有力的緣時，才可能受報，自己一個人哪可能受報？

所以「自作自受」，雖對世間人來講是可以接受的，表示我們要對所作所爲負責。但嚴格來講，這不是究竟義，因爲這就把「緣的因素」給疏忽掉了，故這種說法是不究竟的。

# 8 觀染染者品

【章節大意】

這品和上品的〈觀作作者品〉，本是相類似的主題。然在破法中，除了沿用〈觀作作者品〉的「實有實無門破」外，此品又加上「前後門破」、「俱時門破」及「非合非不合破」也。詳細於偈頌解說中，即得明瞭。

我們繼續看〈觀染染者品〉。事實上，這品跟〈觀作作者品〉，甚至跟上次講的〈觀本住品〉，主題都差不多——主要在「觀我不可得」。

但是這品比之〈觀作作者品〉，在破法上又豐盛一些。因爲上一品〈觀作作者品〉的破法就只在「定作者」跟「定業」間繞來繞去而已！而這品裡又再加上「前後門破」、「俱時門破」及「非合非不合破」，用不同的方式去看同樣的問題。這待詳細看偈頌就可明瞭。下面我們就直接看偈頌。

## 【偈頌解說】

丙三　觀染與染者

丁一　正觀染染者不成

戊一　別異不成

己一　前後門破

若離於染法　先自有染者　因是染欲者　應生於染法

若無有染者　云何當有染　若有若無染　染者亦如是

對於第一個偈頌，印順法師的解釋是：本頌的意義不顯，各家的解說不同。但依我看來，應是有「掉句」的關係。爲什麼呢？因爲這裡共講了四個問題：第一、若先有染者；第二、若先無染者；第三、若先有染法；第四、若先無染法。

因此第一個偈頌，「若離於染法，先自有染者；因是染欲者，應生於染法。」即是第一的「若先有染者」。這是外人所立的，也就是論主所要破斥的邪見。這跟前品所說「先自有作者」是一樣的。在還未有「染法」之前，即有一個「染者」。因爲有了這個「染欲者」，所以才有種種「染法」的產生。如先有瞋心者，然後才有殺人、放火的事情發生。

至於論主怎麼去破斥的部分，雖是掉句了，但要去破斥，其實並不困難。若還未有「染法」，怎麼可以稱爲「染者」呢？如離於「染法」就自有「染者」，這「染者」就變成「無因生」也。這從〈觀作作者品〉看下來就可確認，故「先自有染者」不成。

第二、若先「無有染者」，云何能應染法之染呢？故先「無有染者」亦不成。

譬如既先無人，云何能以言語激怒，使之殺人、放火呢？

再來是先有「染法」跟先無「染法」也都不能立。因若先有「染法」再有「染者」，這表示「染法」可單獨存在。既可單獨存在，那怎麼可稱之爲「染者」呢？

若「先無染法」云何受染而成爲「染者」呢？

所以，若「先自有染法」或「先無染法」，也都不能成立。

故這兩個偈頌乃是謂：先有先無「染者」既不成，先有先無「染法」也不成。

### 己二　俱時門破

染者及染法　　俱成則不然　　染者染法俱　　則無有相待

外人想：把「染者」跟「染法」視爲一前一後，既是有問題的，所以再申辯曰：我不說一個在前、一個在後，乃是兩個同時的，「染者」跟「染法」是同時存在的。

比如大小、長短都必同時存在才能比較。所以「染者」與「染法」也一樣是相待存在的。

表面上看，似有相待的。因爲既如大小、長短等乃同時而有，怎能說「無有相待」呢？

因爲若「染者」與「染法」能同時各自存在，則「染法」自爲「染法」，「染者」自爲「染者」，就破壞了它們間的「交互關係」。其實，因受「染法」之染，才能稱爲「染者」；反之，也是因爲有「染者」，才能受「染法」。

所以它們本是黏在一起的，不能各自分離而同時存在。如果各自存在，「染者」不受染，即不成爲「染者」。「染法」無受者，也就不成爲「染法」了。

## 戊二　和合不成

**染者染法一　一法云何合　染者染法異　異法云何合**
**若一有合者　離伴應有合　若異有合者　離伴亦應合**

於是外人再補充曰：我所謂的「同時俱成」不是各自存在，而是緊密和合的，所以無上述之過失！

於是論主再反問：你們所謂的緊密和合，到底是以「一」合？還是以「異」合呢？

如果回答：是以「一」合。則「一」法，怎麼合呢？

就如同刀不會割自己，指頭也不能指自己。如「一」就能合的話，豈必有伴才能合。所以，「一」是不能夠合的。

反過來答：是以「異」合。如果「異」都還能夠合，則既可跟這個合，也可跟另個合。如此「是件」跟「非件」，就沒有差別了。

如說「異」猶能夠合，則合來合去，還是「異」也。因爲若合來合去，彼此的自性還是存在、個體還是存在。這就只能混合而不能化合，不能化合的話，兩者之間也未有交互關係也。故諸法若是實有、自性的話，就只能混合而不能化合。既無有交互關係，即無法成立各有「染者」跟「染法」也。

## 戊三　異合不成

**若異而有合　染染者何事　是二相先異　然後說合相**
**若染及染者　先各成異相　既已成異相　云何而言合**
**異相無有成　是故汝欲合　合相竟無成　而復說異相**
**異相不成故　合相則不成　於何異相中　而欲說合相**

**上頌者，乃總破「一異的和合」不成。以一般人還多持著「別異和合」的見解，所以此頌再特加破斥，更指出他們思想上的困惑與矛盾。**

在科判的「戊二」就申明：「一」既不能合，「異」也不能夠合。但世間人中，謂「一」能夠合的到底是少數，而大部分人則傾向於「異」才能夠合。所以科判的「戊三」再進一步去解釋：云何「異」也不能夠合？

**若說兩者是先異，再和合。則當仔細思惟：這可能建立「染者與染法」的「交互關係」嗎？因爲既認定：兩者先各成異相（性），則既已成異相（性），就不可能再和合；尤其不可能成就「化合」的變化關係。**

因爲一般人都傾向於「異」才能夠合。所以這邊再仔細思惟：事實上，如先認定兩者先各成「異相」，以我的看法最好是說成「異性」，因爲相乃公認是可以改變的，性才不可改變。

《中觀》再三強調要破「諸法有自性」，而非破諸法有異相，諸法本來就是有不同相的。因此諸法如果先各有其性，各有其性就不能變，不能變就不能再和合，尤其不能夠再化合。

所以我們的講法，性跟相要分得非常清楚，可是在傳統上卻常把性講成相、把相講成性。必不變的，才稱爲性；若相，必流轉變化也。

所以如認爲：兩者是先成「異性」，既已成「異性」，就不可能再和合了，尤其不能化合。

因爲持有「自性見」者都以不同的個體來看待諸法。尤其認爲不同的個體，都有其不同的「自性」，我有我的性，你有你的性。

但又看世間諸現象，乃會發覺：世間的諸法都不是孤立的，都會互相影響而產生變化。如此，才覺悟到：孤立的個體乃不可得，故得爲之再「和合」。

可是在和合時，又不放棄本乃錯誤的前提：諸法是有個體、是有自性的。這前提不改，雖想再和合，卻已不可能了。

「合」不成故，又說是「異」；「異」不成故，又欲爲「合」。永遠在兩端裡面打轉，眞是勞而無功、顧此失彼。事實上，癥結只在「個體見」與「自性見」爾！

## 丁二 類破一切法不成

**如是染染者　非合不合成　諸法亦如是　非合不合成**

結論呢？不管是「染者」與「染法」，甚至其它一切法，都是非合、非不合。可是只有結成「非合非不合」，似也未解釋得很清楚，所以我們下面再加解釋：

云何非合？世間人都認爲：有兩物，才能夠合。但在《中觀》思想的緣起中，諸法本是沒有界線、沒有個體的。既無兩物，即不能合矣！

再回到以前所講的：「諸法不自生、不他生」，這一般人都比較容易了解。但說到「不共生」？很多人就迷惑，佛法裡不是再三說到，諸法是從眾因緣和合而生的，而眾因緣和合不就是「共生」嗎？

以世間人所講的「共生」，是從很多「別異的個體」中，共和合而稱爲「共生」。而《中觀》講的「諸法因緣和合」中的諸法，本無界線而只是假名，所以雖說是諸法因緣和合，而不會落入共生的瑕疵中。這解釋的是「非合」。

其次，爲什麼又非不合呢？因爲於緣起中，諸法本來就是相關互動的！所以乃時時、處處，非不合也。所以只要透過緣起的法則，即可圓滿理會諸法間的統一性、相關性、甚至前後相續性，而不需要再找第三者來爲之和合也。

既是相關互動的也就沒有所謂的不合了。所以為什麼非不合呢？自性不成故、本無界限故、相關互動故。

說到最後，主要的問題是什麼呢？乃個體見、自性見爾！故如能把個體見與自性見都消除了，便一切都可隨緣變化矣！

因此，很多人對《中觀》到底為什麼得一直破來破去不太清楚。講白了，乃是為破個體見、自性見爾！

一般人對「自性見」的名相，還可能比較陌生一點。但是如用「個體見」的話，就會比較熟悉。一般人習慣把一切物都當作「單獨存在的個體」。事實上，一切法是不斷相關互動、交互變化而沒有界線的。所以既無「個體」，更無「自性」。

以上，這品的大意乃先講：先有染者不成，繼之說先有染法亦不成，然後再破「同時」不成。為什麼「同時」不成呢？因為沒有交互關係。

然後再破，非一非異。一即不能合，異也不能合。皆因自性不成故。

**【附論】**

最後我再補充一點，雖前在偈頌中，已破「諸法異相」。而我認為：如果只是謂「諸法異相」，還可勉強接受。因為你的長相跟我的長相就是不一樣。當然嚴格講，也不能說是異相，而是「非一非異」。

譬如在一棵樹裡隨便找兩片葉子，則可說它們是「一」，還是「異」呢？其實，不能講是「一」，因為仔細看還多少有些差「異」；但也不能說是「異」，因為既都是葉子，外相必差不多。所以相講到最後，也是「非一非異」。

諸法在因緣流轉中而呈現出不同的相來。這乃法爾如是！故可接受。但至少不要講成諸法各有異體，異體就是有不同的個體。也不可講成諸法各有其自性，有自性就不能變。不能變就不能「眾因緣和合」也。

# 9 觀然可然品第九

## 【前言】

此〈觀然可然品〉主題還是與〈觀本住品〉、〈觀作作者品〉、〈觀染染者品〉類同，都是在觀「我」。一般人都認為內在有個不變的我，既能作、也能受。但觀到最後，竟沒有這不變的我。故結論都是「無我」，但這一品卻是用「比喻」來析破的。

## 【章節大意】

這「然」大概是古字，今天再加上一個火字邊，變成燃燒的「燃」。其實，就古字來看，這「然」字下面本來就已經有四點火了，後來可能是被假借了，如偶然、突然的「然」都跟火沒有關係。所以跟火有關的，又給它再補一個火，而變成燃燒的「燃」。故「然」即是一般人所謂的火。

其次，「可然」就是可以燃燒的物質。但如依偈頌來看，「可然」其實還有兩種意思：第一、是指雖還未燃燒，但應可以燃燒的，如木頭；第二、是指「正在燃燒的」物質。很多偈頌的「離可然有然」、「離然有可然」等，即是指正在燃燒的物質。我們看偈頌時，會比較清楚。

首先講「火」，謂有「地、水、火、風」四種元素。故大部分人對「火」都很熟悉，甚至連小孩子都喜歡玩火。然雖熟悉，卻還難免會有錯覺。譬如既稱爲四種元素——四種最基本的單位，當可單獨存在。然後再和合其它元素，以形成更複雜的相用。但事實上，「火」是不可能單獨存在的。

就像世間人，如果說「把火拿來！」你能拿什麼過來呢？拿一支正在燃燒的蠟燭過來、拿一根正在燃燒的木片過來，甚至就只拿「火柴盒」、「打火機」過去。如果那個人說：「我不要打火機，也不要這些有的、沒的物品，我只要火！單一的『火』而已！」

餘人會有什麼反應呢？或瞪眼、垂手，無可奈何！或乾脆罵曰「你大概頭殼壞了！」因爲火一定是跟燃燒的物質連在一起的。故離開燃燒的物質，就沒有火了。甚至說離開了可能燃燒的物質，哪可能單獨把火帶過來呢？

一般人雖經常講「火」，也經常在觀念上把「火」單獨化，可是在現象上，火是不可能單獨存在的。如用現代人的術語，「火」是指燃燒的現象，故一定要有可燃物，且這可燃物還必須正在燃燒著，才能稱爲「火」。甚至不只是正在燃燒，且還得有「發光發熱」的現象，才稱爲「火」也。

如果我們再用化學的觀念來看「火」。所謂的燃燒現象，是指快速劇烈的氧化作用。很多物質都會氧化的，像鐵放在空氣中，時間久了會慢慢生「鏽」；銅放在空氣中，久了也會氧化而變成「銅綠」。

故生鏽、變成銅綠都是氧化作用。但因氧化的速度不夠快，所以我們不說那是燃燒現象。

甚至我們每天吃的食物，經胃腸吸收之後變成精微，這精微其實也要經過氧化作用，才能變成身體所需要的能量。但因氧化的速度較緩慢，不會有發光發熱的現象，所以不稱之爲「燃燒」也。

一般來講，在氧化的過程中，溫度大概都會升高一些。因爲以化學來講，氧化時會釋放出能量。故如果溫度提高到某個臨界點——這在物理學上，稱爲「燃點」。只要溫度超過燃點以上，氧化的速度會變得非常快，而變得快時就會附帶有發光發熱的現象。這一般人就稱之爲「燃燒」，甚至單以「火」而稱之也。

很多物質其實都可以氧化的，但有的物質燃點較高，有的物質燃點較低。何以一般人都認爲銅、鐵等金屬不可燃燒，因爲它們的燃點都很高。至於燃點比較低的，即可以拿來引火、可以拿來燃燒。

關於「火」，我覺得過去人跟現代人的觀念還不一樣。過去人大致是偏向「引火」，而非「點火」。因爲過去要把火，直接點起來卻不是那麼容易。所以每一家都必須保留火種，然後待要用火時，再把火從這邊引到那邊。能引火的，當然也要選燃點比較低的。

而目前的科技卻偏向於「點火」，直接將火點起來。爲什麼呢？已找到燃點更低的物質。燃點低，最常用者就是氣態中的瓦斯。目前在家裡煮菜大概都是用瓦斯，因瓦斯燃點很低，打火機一打就燒起來了。液態中的汽油，燃點也是很低，故用作引擎的能源。還有固體中燃點最低的，大概就是磷，所以被塗於火柴棒，前面黑黑的頭就是塗上了磷。故一擦，溫度就超過它的燃點，而可以把火點燃。

所以，這兩種火是不一樣的：引火的火，是從這邊引到那邊去；而點火的火，是從無中生有，可直接把火點起來。在〈觀然可然品〉中所講的「火」，大部分是「引火」，而非「點火」。因為在那個時代，直接點火實在是很困難；但在我們這個時代，點火就太容易了。

然不管是引火、還是點火，總而言之，所謂「火」者、「燃」者，都是「眾因緣生法」。眾因緣中，主要有三種因素：第一、要有可燃物，即可以燃燒的物質；第二、要有足夠的氧氣；第三、溫度要達到燃點以上。如果這三個條件具足了，在沒有火的地方都可以變成有火。

所以，「然可然」講到目前，結論還是一樣：「眾因緣生法」。這似只是舊調重唱，並無新意！但我個人在研習《中論》的過程中，卻因為〈然可然品〉而得到較大的體悟。為什麼呢？下面我會細講。但最重要的是：火只有現象，而無個體。

我常說：世間人都是用「個體見」去看世界的。事實上，這也很難避免。因為我們明明看到都是有體的：人有身體，樹也有包括枝幹的體，桌、椅亦各有其體。這麥克風也有體，不只有體，還可以秤其重量。

所以從世間法看，大部分物質都有其體。桌子因有體，所以可把桌子搬過來、搬過去。人因有體，所以可以走來、走去。因此，用一般人所見、一般人的思想觀念，要破除「個體見」其實是很困難的。但是在「火」裡卻可以明確認定：它只有發光發熱的現象，而無個體。因為沒有個體，所以只能隨著可燃物而移來、移去。火竟無個體！就可以打破我們一向對於「個體」的執著。

從火竟無自體再去推演才發覺：萬物其實也都是沒有自體的。譬如，剛才講的「地、水、火、風」，「風」也沒有自體呀！風很強時，甚至可以把房子吹倒。可是待風吹進屋子裡後，你再把門窗關緊，看這風之體云何在？風沒有了。因爲有壓力差，才有風，待門窗全部關緊後，壓力慢慢均平了；無壓力差，風就不見了。以風是無自體的，才會不見了。

或說至少「水」是有體的。水有什麼體呢？液體。但如果溫度升高，水就慢慢蒸發，甚至不到一百度，都會慢慢被蒸發掉的。蒸發到最後，水的體也不見了。氣體的部分我們且不管，至少液體的水不見了，這表示它乃無其體。

現代較科學的講法，不說是「液體」而說是「液態」。「態」者，表示只是暫時的現象！現象會變。而如果有體，即應過去有體、現在有體、未來也有體，但事實不然。故水，乃無自體。

那「地」就有體嗎？「地」就是所謂的固體，就以木頭爲例吧。我們認爲木頭有體，硬梆梆的體。可是待它燃燒完之後竟變成灰，原來的體也不見了。所以，當是原來就無體的。

一般人認爲最硬的就是石頭。其實石頭也沒多硬，大理石如用硝酸、鹽酸浸泡，就很快溶解了。你說它有多硬呢？金屬也是一樣！所以最初雖認定它們都有體，而且是很硬的體。但若碰到剋星，這體就很快消失了。

以上，我個人對《中觀》的理會，最初就是從「火無自體」入門的。然後再推論，萬法也都是沒有自體的。如果有自體，應該過去、現在、未來皆有體。這「體」既可單獨存在、也應常住不變。但事實上，在所有因緣的變化裡，卻發覺這個體是不實在的、不能單獨存在的、也是非常住不變的。因此到最後，結論乃：萬物是「相有體空」爾！

「性空」，這大家都知道，爲「緣起故，自性空」。事實上，緣起不只是性空，且體也是空的。相還是存在的，你看得到我、我看得到你，這都是相。相乃是於變化過程中所示現出來的。像水，或變成液相、或變成氣相，結冰了又變成固相。

因此，到最後我們只能說：萬物其實都只是「相」，「相」在流轉變化爾。因為加上新的緣，就不得不流轉變化。然後人再從不同的相裡，建立不同的「假名」。

總之，最後得到的結論，就是「相有、體空、名假」。不只是火，一切萬物皆如此也。

以上「然可然」，表面上是就火跟可燃物而作的分析，其實這只是個比喻：因為很多人都把生命稱為「有火」，火是代表「有我」。故跟生命有關的相用，就稱為「五蘊」。所以「然可然」是比喻「我跟五蘊」的關係。既在五蘊的變化中，找不到一個不變的我；也於離五蘊之中，找不到一個不變的我。因此，結論也是一樣：我是「相有體空」。

這也就說，雖無我卻非什麼都無。至少生命的現象還是存在、變化的。如連這個都沒有，那我們今天云何能聽經聞法？云何能修行證果呢？現象雖有、現象雖變化，但無自性、也無自體。這是「然可然」的重點。

章節大意大致如此，不會有很大的困難，我們接下來看偈頌。

## 【偈頌解說】

丙四　觀然可然

丁一　廣破喻說

戊一 一異門

己一 總破一異

若然是可然　作作者則一　若然異可然　離可然有然

**這是總破「然與可然」的一與異。即既說一，是錯的；說異，也是錯的。何以故？**

「若然是可然」，如果然跟可然是一樣的，則「作」跟「作者」則一。為什麼呢？因為在「然可然」裡，「然」是能燒的火，「可然」是所燒的材，這兩者應有差別的。

「作作者則一」：「作者」是能作的人；「作」是所作的法，或所作的業。能作的跟所作的云何是一？在世間法上，都認為「能作者」跟「所作法」當是有差別的。所以，不能說「然」跟「可然」是一。

火跟被燒的柴云何有差別呢？雖因為有能燒的柴，才能有火，可是「火」似有共通性，故很多現象都可以稱為「火」，而非只有柴燃燒，才能稱之為「火」，故柴跟火是有差別的。故「然」跟「可然」的相待，也可說是：「柴等，是差別相；而火者，似共通性也。」

於是乎「離可然無然、離然無可然」，也可說是「離性無相、離相無性」之意。共通性與差別相，既不能說是「一」，也不能說是「異」。

「若然異可然」如果說火跟柴是異；既異，兩者就可分開。但離開正在燃燒的柴，火就滅了，哪裡還有火呢？

雖俗話說「薪盡火相傳」，薪雖盡了，火還得再相傳；其實薪若眞的盡了，火就熄了，哪可能再相傳呢？故應該在薪未盡之前，就要把火傳出去。

「薪盡火相傳」常指世代交替。所以眞交接，要在還未過世前就要交接，非等死後再交接，那問題會很多的。世間法很明確，不可能有單獨存在的火。

### 己二　別破各異

#### 庚一　破不相因

##### 辛一　破異可然之然

如是常應然　不因可然生　則無然火功　亦名無作火
然不待可然　則不從緣生　火若常然者　人功則應空

上面雖「總破一異」。但於世間中說兩者是「一」的其實是比較少；說兩者是「異」的乃比較多。所以，下面再「別破各異」。

在破斥裡又分成兩項：一爲「不相因」破；一則「不相及」破。

首先看「不相因」破。在「不相因」裡，又分作兩項目：一是「破異可然之然」；二是「破異然之可然」。

如果「然與可然」爲異，則先就然而言，便有以下的過失：

「破異可然之然」是講：如果離開燃燒的木柴能有單獨的火存在，這就有以下的問題：

第一、「如是常應然」：如果不需要燃燒的物質就能有火的存在，那這火便不會因燃燒的物質燒盡而使火熄了。故此火應該可以一直維持下去。我們也可以把這句子改成「如是應常然」。

第二、「不因可然生」：如果離卻燃燒的物質就可有火的存在。那世界上任何地方都可能有火——可能到處起火，也可能到處有火災。

且這火是沒辦法控制的。因爲要控制，便得從燃燒的物質與燃點去控制。如這兩者都不受控制，那火或點不起來，或不可熄滅。

第三、「則無然火功」：火既能單獨存在，那世間上能夠點火、燃燒的物質就失卻作用，而無任何功德。

於前所說，要將火燃燒起來必須具足三個因素：一是可燃物、二有充足的氧氣、三是溫度必須達燃點以上。要具足這三個條件，火才燒得起來。故如火能離開被燒的物質而單獨存在，那這三者便失卻作用矣！

故曰「則無然火功」，這未必是說人沒有功，而是這三種因素也都沒有功了。但事實，卻非如此。

第四、「亦名無作火」：如果火可單獨存在，這火反不能燒任何物質。這聽來似很奇怪，其實不然。如因為燃燒物質才有火，故這火也才能燃燒其它的物質。反之，如火能單獨存在，便不能燒其它的物質了。以此而稱為「無作火」。

如果火能夠離開可然而單獨存在，這火就不是從眾緣所生；既不從眾緣所生，此火就應該可繼續燒下去。

「人功則應空」：如果火能單獨存在，即不需要人去點火，甚至再加、不加柴都無所謂。甚至到最後，人不只不能去起火，也不能滅火。因為我們怎麼滅火呢？由所燃燒的物質去控制。如果它能單獨存在，就不能控制矣！

這也就說，若有單獨存在的火，這火就可一直燒下去，永不能撲滅。但從另外的觀點來看，這火雖一直存在，卻不能燒其它的物質。這兩者聽起來，卻互相牴觸。因事實上，離開可然物本來就不可能有單獨存在的火。

辛二　破異然之可然

若汝謂然時　名為可然者　爾時但有薪　何物然可然

前面是講「然不待可然」所產生的問題；此是破「異然之可然」，是破離開火，猶有被燃燒的物質。

如果「然與可然」爲異，其次就「可然」而言，便有以下的過失：

很多人認爲：火跟柴是可以分開的。最初只是柴，後來把火點起後才名爲「可然」；故未點燃之前，然跟可然是可以爲異的。

論主的看法是：就算承認先有柴薪，可單獨存在，但是這些柴薪又怎麼能燒起來呢？「何物然可然」，若無其它的火去點燃，這柴薪是永燒不起來的啊！所以離卻然即無可然也。如果沒有火去引燃，則柴薪哪能自燒起來，而得名爲「可然」呢？

我剛才講，過去人的觀念大致是偏向「引火」的思惟方式，一定要把火引過來，這木柴才會燒起來。過去因爲科技不發達，不容易直接點火。所以，如果不引火，柴薪便絕對不可能變成「可然」的！

其實《中觀》最重要的結論就是破「自性見」。很多人雖未很明確地申明「諸法有自性」，但習性裡「自性見」卻都是存在的。

如果柴薪是有自性的，過去是柴薪，現在也應該是柴薪，不可能變成「可然」也；如果過去是柴薪，現在卻變成「可然」，即代表它是無自性的。

結論是：「離卻然，亦無可然也」。故離開然有可然，既是錯的；離開可然有然，也是錯的。至於它有幾種過失，當然較厲害的，可以再多舉幾樣，但最重要的，就是然與可然「非異」也。

庚二 破不相及

若異則不至　不至則不燒　不燒則不滅　不滅則常住
然與可然異　而能至可然　如此至彼人　彼人至此人
若謂然可然　二俱相離者　如是然則能　至於彼可然

在「然與可然」爲異中，前已以「不相因」破，此再以「不相及」破。爲什麼呢？很多人辯曰「我說的相異」卻不是你前說的那樣。

**「若異則不至，不至則不燒」：若謂「然與可然」是相異的、可各自獨存、有各自界限。以此，則當無交集。**

**以無交集故，你不來，我不去，則不能燒也。**

現在還是破「兩者是相異的」。如果兩者相異，各自存在。「若異則不至」：如果兩個都是自性實有的，即一般人所謂的「異」，既異，就不能和合。每個各住本位，「異則不至」不至就不能夠燒也。

不能夠燒者，即不能滅也。當然這有兩種不滅：一是因燒不起來，當然就不用滅了，此是指柴；一是謂火不會因柴燒完而滅，此是指火。不滅即常住，常住的話，火還是火，一直燒下去；薪還是薪，永燒不起來。

「然與可然異，而能至可然，如此至彼人，彼人至此人。」這個偈頌不是龍樹菩薩的意思，而是其他人、外道重新作解釋：

我說的「異」不是不能至，而是「能至」。就像兩個人，我跟你雖不一樣，甚至如男、女的差別。雖兩個人本來是分開的，但不管是我過去還是你過來。（不管是男過去，還是女過來）總之，是可以碰面的。這是外人重新解釋：雖「異」還是可「至」的。

**「若謂然可然，二俱相離者；如是然則能，至於彼可然。」**於是論主再斥曰：**你仔細想想，「然與可然」眞能自有別體、各自別離，且分離後，還能你來、我往嗎？**

論主前已說到「離然無可然，離可然無然」。本無單獨存在的火。你怎麼可說：兩者本是分開的，後再往來而合在一起。

火怎麼可能跟可燃物分開呢？所以謂：先分離，後相至。根本就是癡人說夢話，全不可能也。

前面講到這裡，從世間的現象來看，大致是沒有問題的。尤其用「引火」的觀念去看，更不會有什麼問題。因爲「引火」絕對得帶著柴而把火拿過去，而不可能有單獨火的存在。以上是「破不相及」跟「破不相因」。

戊二　因待門

己一　破成已之待

若因可然然　因然有可然　先定有何法　而有然可然

若因可然然　則然成復成　是爲可然中　則爲無有然

**在衆生中，以「然與可然」爲同一者、爲離異者，其實還是少數也。大部分的觀點都是兩者相待而**

**成：既因可然，有然；也因然，有可然。兩者相待而有也。**

下面再看「因待門」。「若因可然然，因然有可然；先定有何法？而有然可然。」其實這種破法，已超乎「然、可然」的範圍。很多人講到因緣法時，常曰：兩者相待而成。就像前也說，大不是自己大，因爲有小才成爲大；小不會自己小，因爲跟大比才成爲小。所以，然與可然一定是相待而成的！既因可然有然，也因然有可然。那「先定有何法？」而有然與可然呢？就像謂因大而小、因小有大。那我問你，大小兩個是哪一個先確認的呢？總要先有一個才能有第二個！但當先有哪個呢？

很多人認爲：「然」跟「可然」中，應該是「可然」先存在的。像先有木柴，再有火。如果「可然」先存在而未點然，它怎麼可稱爲「可然」呢？雖有木頭，未必拿去燒也。如果執意謂：可然是先存在的，那應當先有然，然後才有可然。有火正燃燒著柴薪，柴薪才可謂「可然」。

然後再因爲有可然，而成就然。這「然」就有「成已復成」的過失！有前後兩個然了。反之，若謂先有「可然」物，卻不許前先有「然」，於是乎，這「可然」物終究還只是柴薪爾！絕不可能變成「然」的。

總而言之，這兩個都是本來沒有的。故不管說先有哪一個？都不可能。於是乎，當講到「相待存在」時，到底是怎麼相待的，因從未去仔細考慮過，若被逼問時，就容易變成雞跟蛋一樣，到底先有雞？還是先有蛋？永沒辦法收場。

在〈觀然可然品〉裡，論主一直強調「離然無可然」，就是離開火即沒有能夠燃燒的物質。我覺得這比較是屬於「引火」的觀念，而非「點火」的觀念。因過去要點火，是辛苦而困難的：譬如鑽木取火。各位有沒有鑽木取火的經驗？鑽到最後，火是起了，卻不是柴火起了而是心火起了，因爲再怎麼鑽也鑽不出火來。我們小時候不會鑽木取火，但玩過燧石，雖用力一擦火花即現，但一現就沒有了。很難想像火花能把紙張燒起來、把樹葉燒起來。所以過去世人的家中都留有「火種」，以方便引火也。

而現在，我們都可方便找到燃點很低的物質。如固體中的白磷、液體中的汽油，還有氣體的瓦斯。這些都因爲燃點很低，所以都能很快地點火。而今拜科技之賜，要從無火中點火，卻很方便矣！如小時候的「火柴盒」，當今的「打火機」或「瓦斯爐」等，皆能快速點火！於是乎，點火的觀念就跟引火的形相大不同矣！

還有，第三種火是自燃的火。其實，不只人類能從無火中起火，大自然也能從無火中起火。譬如被閃電擊中就可能發火。所以，有些森林火災就因爲被閃電打到而爆發的。又如白磷的自燃點只有三十四度，故溫度只要稍微熱一點便會自燃；在夏天的溫度就常超過三十四度。所以，夏天聽說墳墓附近常有很多磷火。

何以一般的磷都要泡在水中？第一、溫度不會升高到三十四度；第二、就算升高到三十四度，也沒有足夠的氧氣，所以不會自燃。在世間中，除了閃電、白磷之外，垃圾也會自燃。因爲垃圾會分解出甲烷、瓦斯之類。還有沼澤也會自燃。所以「自燃」的現象又不同於「點火」矣！

所以未必得先有「然」然後有「可然」；也未必得先有「火」然後才能燃燒其它的物質。但能從無火中起火，唯更印證了「諸法眾緣生」、「火乃無自性」的鐵則而已！

還有，世間的火，稱呼也很奇怪：火柴點的，叫做火；瓦斯點的，也叫做火；有時發生火災，一口氣連燒幾十間房子的，也稱作火；森林大火時，一燒就是幾百公頃、上千公頃的，都叫做火。故雖同名爲「火」，其來源、相狀、威力，所差何止百千倍呢？

於是以「相多名一」故，知「火」只是假名。以「相有體空」故，更確認「火」只是假名爾！假名，非無中生有，而是名不符實也。

我個人從火的思惟中，更能理解到「相有、體空」，還有諸法是「假名、無自性」的。從此再看餘品，就能勢如破竹、一了百了也。

## 己二　破待已而成

若法因待成　是法還成待　今則無因待　亦無所成法
若法有待成　未成云何待　若成已有待　成已何用待

很多人學了緣起法，雖都會跟著說「諸法相待成」。然而諸法，到底是如何相待的？他們卻還未深思過哩！云何深思？是待已而成，還是成已再待？

若謂是「待已而成」！則既未成，拿什麼去相待呢？

譬如大小是相待而成的、長短也是相待而成的。那我請問：「是先有大小，才來比較？還是先比較，才有大小？」

如果答：當先比較，才有大小。那先比較，你拿什麼去比較呢？未成的法，即不能比較也。「若法因待成，是法還成待。」如謂二法是相待而成，那在未成之前，拿什麼去相待呢？

「今則無因待，亦無所成法」在未成之前，就沒辦法相待了；既沒辦法相待，就沒有因相待而成就之法。

「若法有待成，未成云何待？」這偈頌大致跟前面所講的類同。如果需相待而成，那還未成前，拿什麼去相待呢？

反過來若答：已經成者，再去相待。既已經成了，又何必再相待呢？如說，先有大小，再來比較。既先有大小，就不用再比較才有大小。

很多人雖一直講是「相待而有」，其實云何能相待卻不清楚。這也就是云何從沒大小卻一下子變成有大小，這是什麼回事呢？

「緣起如幻」，我們不能用自性、實有的觀念，去認為有就是實有、無就是絕無。在現象上，是經常不斷變幻的。故火，不必從引火，再相傳成火；也可以從無火中，自燃而變成有火。同理，雖未比較前乃無大小，於比較之後卻有大小，這也是「緣起如幻」也。

所以，眾生若從「實有」或「絕無」的觀念來論究法的眞實義，眞是拆東牆、補西壁，永不得完工也。

戊三　因不因門

因可然無然　不因亦無然　因然無可然　不因無可然

其實，這是於上的分析後，所作之結論：

「因可然無然」，就算有可燃物，不去點燃它，究竟還是無火也。

下面的「因不因門」是結論。我以前再三說到：於結論所講的「有」就不是「實有」；所稱的「無」也必不是「絕無」。故結論所稱的「無」只能說是「無自性」的「無」。

「因可然無然」，就算有燃燒的物質，也不能夠成立有火的自性，火還是緣起如幻的。甚至如白磷，因溫度已達「燃點」以上，又非存放在水中，有充足的氧氣可供應，而能自燃者。雖有火的現象，而無火的自體，無火的自性也。

「不因亦無然」，不因可然，即無火也。若沒有可燃燒的物質，便絕對不會有火的存在。

「因然無可然」，同理，就算因然而使柴薪等被燃燒，而得名為「可然」，這可然還是無自性、非實有的。

「不因無可然」，如果不因然就沒有可然。其實前已說到：這是偏向引火的觀念。以今天來看，不因然似可以有「可然」的。如果達到燃點以上，就可以從無火而變成有火。

但反過來講，任何物質在未燃燒之前都不能稱作「可然」。為什麼呢？如柴薪未必只是拿來燒火，也可以拿來蓋房子，有很多其它用途。所以，一定是因為燒起來了，才能稱為「可然」。

戊四　內外門

然不餘處來　然處亦無然　可然亦如是　餘如去來說

「然不餘處來，然處亦無然，可然亦如是。」這偈頌的講法就不是很特別。因爲火不從餘處來，在正燒的地方也沒有火的自性。甚至以自燃的火來講，自燃的火當不是從其它地方來的，自燃處本來也沒有火。但爲什麼能從無火而變成有火呢？這只能說是「緣起無自性，如幻示現爾」！

或問：若是引火的火，即從餘處來？

答云：本無獨存的火，云何從餘處來？

「餘如去來說」，已燒的時候不再燒；未燒的時候不成燒；正燒的時候雖有燒的現象，也沒有燒的自體，沒有火的自體。

戊五　五求門

若可然無然　離可然無然　然亦無可然　然中無可然

下面再看「五求門」。「若可然無然，離可然無然，然亦無可然，然中無可然。」看起來好像差不多。但是，如參考印順法師所講的《成佛之道》，我跟五蘊的關係，大致有「不即」、「不離」、「不相屬」、「不相在」：我不即五蘊、我不離五蘊、我跟五蘊是不相屬、我跟五蘊是不相在。

首先，「若可然無然」，即是說「即可然無然」，在可然中無然，在五蘊中乃是無我的。「離可然無然」，離開五蘊中也沒有我。

再下的「然亦無可然」，表面上看不是很清楚，但若參照我跟五蘊的關係，於不即、不離後，乃不相屬。我不是附屬於五蘊裡，也不是五蘊附屬於我。附屬就像部下附屬於長官，如果說附屬，表示兩個是可單獨存在的，所以不能是附屬。

然後「不相在」是說：既我不在五蘊中，也五蘊不在我中。小的含在大的中曰「相在」：就像三義道場，在苗栗縣中也。

第四句的「然中無可然」，是講我中無五蘊，那當然也必五蘊中無我。所以，印順法師認為應再補上「可然中無然」，這樣「五求」之意才完備。

其實，第三句的「然亦無可然」也不完備，得加上「可然亦無然」。他為何就不補呢？如果要補，「五求門」就變成「六求門」矣！其實，我們只要回歸到最原始的不即、不離、不相屬、不相在就可以了。

丁二　結顯性空

以然可然法　說受受者法　及以說瓶衣　一切等諸法

若人說有我　諸法各異相　當知如是人　不得佛法味

「結顯性空」是論主最後的結論。以上雖以「然可然」爲喻，其實兼論「受與受者」、「作與作者」，以及瓶衣等一切法。結論都一樣，乃「緣起無自性」、「如幻示現爾」。

「若人說有我，諸法各異相；」有些人雖也學佛了，還是說諸法有我，在我們身心之內有一個不變的我、有一個可孤立的我，有一個能主宰的我。雖然學佛，還是說內在有個不變的我。「當知如是人，不得佛法味」這樣的人雖學佛了，其實卻未嚐到眞正的佛法味。因此，當不能解脫。

其次，「諸法各異相」者，很多人都是從「不同的個體」去看待這個世界，你有你的個體、我有我的個體；花是花、草是草。如果以爲諸法不只是客觀存在，且諸法還各有其體，「當知如是人，不得佛法味」爲什麼呢？因爲了解緣起後，就沒有個體；而不能深入了解緣起者，即不得佛法味也。

事實上，「相」本來就是流轉變化的，所以若說「諸法各異相」問題還比較少。但如說成「諸法各異體」、「諸法各異性」問題才大。爲什麼呢？有自性、有個體，即不能和合變化矣！

**【附論】**

最後，我再補充前面所破「相待」的觀念，「然」跟「可然」是相待的，既破「待已而成」，也破「成已而待」。這種破法，其實適用一切相待之法。

接下來，再補充：「然」跟「可然」，其實是可以比喻「性、相」兩門。「然」是比喻「性」，「可然」是比喻「相」；既離「性」無「相」，也離「相」無「性」。

# 10 觀苦品

【章節大意】

前四品：〈觀本住品〉、〈觀作作者品〉、〈觀染染者品〉、〈觀然可然品〉，大致是以觀「能造作的主體」，結論唯「無我」也。故集為科判乙三的「觀能作」。此下五品，包括〈觀苦品〉、〈觀業品〉、〈觀行品〉、〈觀合品〉、〈觀十二因緣品〉，則為觀從妄我所作的業苦等，故集為科判乙四的「觀所作」。

在講〈觀苦品〉之前，我們先把前面已講的作一個簡單的複習。這複習不是講內容，而是講科判。首先是講〈觀因緣品〉跟〈觀因果品〉，這我稱之爲「總觀」，總觀的部分在科判上稱爲「乙一」。

然後講〈觀六情品〉、〈觀五陰品〉、〈觀六種品〉，主要是講「蘊處界」，這部分我稱爲「觀世間」，在科判上稱爲「乙二」。

然後是〈觀本住品〉、〈觀作作者品〉、〈觀染染者品〉和〈觀然可然者品〉，這四品大致是觀「能作的主體」。一般人都認爲「能作的主體」即是「我」也，而我們觀到最後，結論很明確是「無我」爾。此在科判上稱爲「乙三」。

從〈觀苦品〉以下，即是第四個主題「觀所作」，在科判上稱爲「乙四」。故「觀所作」乃包括〈觀苦品〉、〈觀業品〉、〈觀行品〉、〈觀合品〉與〈觀十二因緣品〉共五品。

因此現在即從「觀所作」的第一品〈觀苦品〉往下續講。

「苦」，各位不要以爲只是痛苦的苦而已！在佛教裡所講的「苦」是泛指一切「惑、業、苦」的「苦」。簡單講，從迷惑無明而造業，因造業所感受的報，即都稱爲「苦」。因此，不只是生活上的不如意才稱爲「苦」，在人間享樂也是「苦」！甚至在天上享天福也是「苦」——因爲三界都是「苦」啊！

佛法常說「苦」有三種苦：苦苦、壞苦、行苦。在人間享樂時雖無苦苦，還是有壞苦跟行苦。甚至在天上享福，也一樣有壞苦跟行苦。因爲樂會享盡，享盡後就會變成苦。所以這「苦」是指廣義的從造業而感果，即都是苦也。所以講到最後乃三界皆苦呀！

接著續問「苦」從那裡來？由此，再進一步去分析一般人所以爲的：自作、他作、共作、無因作。結果很明確是，觀苦自作、觀苦他作、觀苦共作、觀苦無因作皆不成。這就跟前面所講的「四不生」——自不生、他不生、不共生、不無因生類同。

**「作」與「生」意思頗相近。依我看來，「生」的涵義範圍較廣，因可包括有情的生與無情的生。**

**而「作」的涵義範圍較窄，因偏於有情衆生之所作也。**

但是，觀「四不生」涵蓋的範圍猶比觀「四不作」廣泛。爲什麼呢？因爲講「生」可包括有情的生與無情的生，而講「作」的話大部分是指有情眾生所作。何以「作」字邊有個人？即表示是人作的，至少是有情眾生作的。

但是，從〈觀苦品〉的偈頌來看，在己一破自作下，再分爲：庚一破法自作與庚二破人自作。同理，於己二破他作下，亦再分爲：庚一破法他作與庚二破人他作。

如此，雖觀「四不生」涵蓋範圍較廣；但如就破法而言，反而是觀「四不作」較爲完備。詳細內容待【偈頌解說】時，再分述之。

各位察覺到書中偈頌的順序跟印順法師原編的不同。此乃因我已把「若人自作苦，離苦何有人；而謂於彼人，而能自作苦。」這偈頌的位置往前挪了。

因爲我注意到印順法師的科判，本寫到：觀自作不成、觀他作不成、觀共作不成、觀無因作不成。故破的話，應該也是依序破自作、破他作、破共作、破無因作。

結果印順法師在文中第一是破自他作，然後是破共作、破無因作。爲什麼把自他合在一起呢？主要是偈頌是先講自又講他，再破自他，而沒辦法把前面的全部歸在自裡。

於是我就把第三偈破自的部分往前挪，而變成前面都是破自，後面才是破他，這樣在整個結構上會比原來的更單純。於是我們的破法，就變成很明確：先破自作，再破他作、共作、無因作。

但一般人講到苦時，大多說「受苦」，很少人講「作苦」。因爲先作業，然後再受報，受報時才稱爲「受苦」。事實上，不管是「受」還是「作」其實都一樣。因爲既「作」，乃「非自作、非他作、非共作、非無因作」。「受」也是「非自受、非他受、非共受、非無因受」。

首先講云何「苦非自受」？雖然造了業，它不會自己變成果報的，而是要碰到強而有力的外緣時才會受報，所以說「苦」不是「自受」的。

云何也不能說是「他受」？因爲從造因一直到受報，因果是相續不斷的，既相續不斷，就不能說是「他」。

有人認爲：自己造的業因，再加外緣故成報，所以應是內外和合的「共受」也。然講「共」的話，一定得先有獨立的個體，才能稱爲「共」也。

但在緣起法的世界裡，諸法是沒有界線的。既沒有界線，就沒有個體。既沒有個體，就不能稱爲「共」矣！這我們在解釋「不共生」時，已講過了。

最後當然不是「無因受」！因爲若「無因」的話，就破壞世間一切因果業報的法則。

大致來講，〈觀苦品〉跟前面的差不多，所以我們就簡單看過去。

## 【偈頌解說】

乙四　觀所作

丙一　觀苦

丁一　正觀內苦非四作

戊一　總遮

自作及他作　共作無因作　如是說諸苦　於果則不然

總遮是開宗明義的意思。說「苦」是自作、他作、共作、無因作，都是不合道理的。「於果則不然」，既跟因果的法則不相應，也跟現實所觀察的不符合。這是結論，將結論擺在前面，就變成「開宗明義」也。

戊二　別破

己一　破自作

庚一　破法自作

苦若自作者　則不從緣生　因有此陰故　而有彼陰生

這「自」是指「五蘊」也。從「前的五蘊」而有「後的五蘊」繼續生起；似爲自生自。

**但前已說過：生即不自，自即不生。生者，是指有前後的變化，故云何變化後，還稱爲「自」呢？故曰：生即不自。同理，自即不生。**

下面開始別破。別破就是先破自作、再破他作、共作、無因作。

首先破「自作」，於破「自作」中又分爲：一是破法自作，一是破人自作。

前面說到破「自生」時，已經講到「生則不自，自則不生」。自己生自己是沒道理的，因爲「生」就是有變化。既有變化，怎還會是「自」呢？「自作」也是一樣，就是有變化才稱爲「作」，既有變化就不可能還是自己了。

而這變化必從緣而產生。「苦若自作者，則不從緣生」如果說自己即能作，那就跟外緣沒有關係。如跟外緣不和合，就不可能產生變化。因此說苦是自作者，便沒什麼道理。

「因有此陰故，而有彼陰生。」爲什麼有些人會認爲是「自作」的呢？因爲從前的五陰到後的五陰，本是相續的。但相續者，乃既不能說是「異」，也不能說是「一」。說「一」就變成「自作」，說「異」就變成「他作」。

因爲有「前、後」，就表示有變化；既有變化，即不能仍稱爲「自」也。

這詳細的論證，需等到〈觀時品〉後才會更清楚。現簡單講，非有單獨存在的時間，其實是對照物相的變動才有時間的變化。

所以既有時間的變化，即表示已非「一」矣！

有人說：「自作」者很簡單呀！就像現在我一個人坐在這邊打妄想，這就是「自作」啊！尤其若打的是所謂「獨頭意識」的妄想，更是自作的！

什麼是獨頭意識呢？我們的妄想分作兩種：一稱爲五俱意識，譬如因眼睛看到某人，故連帶想起跟他有關的記憶。或者因聽到而連想的，都稱爲「五俱意識」，即跟五根有連帶關係的意識。另一種乃跟五根沒關係，而是單獨打的妄想，即稱爲「獨頭意識」。故「獨頭意識」即近於「自作」也！

其實，既在造新業即非「自」矣！因爲既打了妄想表示你已經變了。已經變了哪還是「自己」呢？

以上是破法自作。

庚二　破人自作

若人自作苦　離苦何有人　而謂於彼人　而能自作苦

「若人自作苦」如果說：我能作「苦」，這就表示：我跟「苦」是可分開的。「離苦何有人」，但事實上，離開「苦」了也就沒有人了。因爲「苦」是業果，而這存在的生命也都是業果。故離開了苦果也就沒有單存的人。

所以說，既苦外無人，就不必更奢言其能自作苦否？

我剛才已經講到，這句「若人自作苦，離苦何有人」，本來不是在這裡的，是我把它往前挪了。因爲前是破「法自作」、此是破「人自作」；將兩個加起來，即都是破「自作」，然後下面才是破「他作」。

己二 破他作

庚一 破法他作

若謂此五陰　異彼五陰者　如是則應言　從他而作苦

若從「前的五陰」而有「後的五陰」繼續生起；且「前五陰」與「後五陰」是絕然相異。如此才可說是「從他而作苦」。

但事實上，「前五陰」與「後五陰」雖不能說完全類同，也不至於絕然隔異。在因果的相承與變化中，總不出「非一非異」的大原則。因此不得言「從他而作苦」。

剛剛已經說過，從過去的生命體到現在的生命體，當然是有前後的變化，然就前後的五陰，既不能說是「一」，也不能說是「異」。

如果說是「一」就落於「自作」；如果說是「異」就變成「他作」。事實上，既非「自作」，也非「他作」。這是破法他作。

庚二 破人他作

辛一 離苦無人破

若苦他人作　而與此人者　若當離於苦　何有此人受

苦若彼人作　持與此人者　離苦何有人　而能授於此

其次是「破人他作」，這是說有另外的人作苦，然後再把苦推給我。如此就應該是我、他人、還有苦，三者是可分開的。

但事實上，既離苦就沒有我，也離苦就沒有他。因爲苦即是業果。無論「我」還是「他」，都是業所呈現的果。故離開業果，就沒獨存的「我」，也沒單存的「他」。

所以「破他作」跟「破自作」有些類似——只要把「離苦何有人」的「人」改作「我與他」即可，而變成「離苦何有他」與「離苦何有我」。

既離苦，就沒有我與他，云何能他作、我受呢？

### 辛二　待自無他破

自作若不成　云何彼作苦　若彼人作苦　即亦名自作

第二種的破法也跟「自作苦」有關。如果一個人能自作苦，也才能成立他作苦。爲什麼呢？如甲能自己作苦，於是甲對乙來講，就稱爲「他作苦」。

現既甲不能自作苦，「自作」不成者，即「他作」亦不成矣！

### 己三　破共作

苦不名自作　法不自作法　彼無有自體　何有彼作苦
若彼此苦成　應有共作苦

這裡的「苦不名自作，法不自作法」還是屬破自作的部分。「法不自作法」者，就像我們常說的，刀不自割，指不自觸，自己不能作自己的！所以非「自作」。

然後「彼無有自體，何有彼作苦？」這是指「他作」不成，主要是因爲無自體——在緣起的法界裡，都是相關互動而無界線的，本無單獨的法可存在。於是，既沒有「他」能單獨存在，更甭問能「作」苦否。

接著「若彼此苦成，應有共作苦。」若「自作」成、「他作」亦成，才可以「共作」。現既「自作」不成、「他作」亦不成，當然「共作」亦不能成也。

## 己四　破無因作

**此彼尚無作　何況無因作**

「無因作」其實不需要破，因爲大家都清楚那是不可能的。若「無因作」成，即壞一切世間、出世間法矣！

## 丁二　例觀外法非四作

**非但說於苦　四種義不成　一切外萬物　四義亦不成**

不只是「苦」，乃「非自作、非他作、非共作、非無因作」，一切萬物都是如此，既「非自作、非他作」，亦「非共作、非無因作」。這跟前面所講的「不自生、不他生、不共生、不無因生」實類同爾！

只是從這去看〈觀苦品〉，好像沒什麼意思。所以我們下面再作一些補充。

## 【附論一】

以上雖論四作不成，但是為什麼很多佛書還都偏講「自作自受」呢？

這個說法當然不是最究竟的，但是對很多初學佛者還是有「方便之效」——就是要從「肯定因果」的大原則裡去斷惡修善。自作善就有善報，自作惡就有惡報，表示我們要對自己的行為負責。

其實，我們已講得很清楚：「自作」善，還要有善緣，才有善報；可是如根本不作善，就絕對沒有善報。雖「自作」惡，也還要有惡緣，才有惡報；但在娑婆世界裡惡緣太多，想免還免不了，所以最好還是不作惡因。

以要對我們的行為負責，故雖不是最究竟，可是還蠻實用的，所以還是廣為流傳。

在佛教上偏向說「自作」的還是比較多。其他宗教、民間信仰，雖未直言為「他作」或「無因作」，但本質上，還近於「他作」或「無因作」也。

下面我們舉了三個例子：第一是謂神能賜福降禍；第二是怨老天無眼；第三是算生辰八字。

## 一、神能賜福降禍

信神者都認爲：神能賜福或降禍予人。

那我們再問：「神要對哪些人賜福？對哪些人降禍？」

信者答曰：「神既對信神者賜福，也對修善者賜福；既對不信神者降禍，也對造惡者降禍。」

其實，既因信不信神，或修不修善，而有賜福、降禍之異；則禍福已非純然「他作」，而是互動的！既非純然「他作」，則上帝已非造物主矣！

信者或答云：「神能隨意或賜福、或降禍！」

隨意，即「無因生」。既無因生，則信不信、拜不拜，都無績效矣！那你還信祂、拜祂嗎？

事實上，外道也不希望變成這個樣子。反正他們常在兩端中打轉，有時偏向「他作」，有時又有點像「無因作」。總是合不攏。

## 二、老天無眼

很多人於身心不順遂或遭逢困厄時，常感歎「老天無眼」！意思是：像我這等好人——曾作很多好事的人，不應當身心不順，或遭逢困厄。

於是乎在嘆「老天無眼」時，即寓有「無因生」的嫌疑！我這麼苦是沒有原因的，沒有原因而受苦，就只能說是「老天無眼」。

## 三、論生辰八字

民間很多人謂苦，純因「生辰八字」而有。因不同的生辰八字，就有不同的命。於是乎，我們要問：「是因有這種業，才生於這時辰？還是生於這時辰，就必有這種命？」

如因有這種業，才生於這時辰，那只要改變業，時辰就不重要了。於是，多修福德、智慧，命即改矣！

如因生於這時辰，就必有這種命！則以後選個大吉大利的時辰，再爲兒孫們剖腹生產吧！於是乎，不管環保與否，不管修善與否，未來的人必絕對是好命，而不會歹命。你相信嗎？當然不相信。所以不可能只因爲時間的關係，就決定了我們的命！

前些時，我對算命有點好奇，就去看了一些有關的書籍。中國人算命大致是用天干、地支來配五行的，天干共十，配五行很好配，如甲乙木、丙丁火等。至於地支配五行，便眾說紛紜矣！因地支共十二，云何配五呢？

有謂多出的二支，都配於土。然而在土裡，又有的說：通集中在一起而爲土。也有的說：春夏秋冬各配一個土。既配法不同，算法也不一樣。看得我暈頭轉向的，最後都不信！

而所謂五行者，以《中觀》的觀點來看，乃爲「各有所偏」才能相生、相剋。於是乎，若向於「中道不二」者即漸免矣！就如有些人個性比較極端，敢愛敢恨，他的生命既常高潮迭起，也常顛沛流離，所以才需要算命！若能趨向於中道不二，就不會有那麼極端的相生、相剋！

記得我還在台大晨曦社學佛，對中道不二法門不清楚時，即有人問我：「我和男朋友的生辰八字是相剋的，如果跟他結婚而將他剋死，算不算殺生罪？」當時我回答：「相剋，以我的看法卻不是時辰相剋，而是個性相剋。因爲不同的時辰即代表不同的業，而不同的業者即有不同的個性。生辰八字是不能改的，但個性是可以改的。所以要結婚，就得慢慢去改你們的個性！」

是以算命，不如改命。若該來的遲早會來，不該來的永得不到，則命算得再準有什麼用呢？改命，首在修道。因爲命是決定在我們的觀念裡。修道，就要修中道不二法門。

是以我從懂事以來即不曾算命，也不曾用「五行生剋」的原則去選定日時。因爲我不相信時間即可決定吉凶。還有「文公尺」上刻有很多吉凶，我也不相信差一寸就會有天淵之別。

雖然如此，我也活到現在，雖沒什麼成就，至少可安平過日、安平修道哩！

總之，順生死流者才會拿羽毛當令箭，似爲人算命，乃爲己謀利爾！

## 【附論二】

以上雖確認苦的「四作」不成，但確認皆不成就「了苦」了嗎？不見得！所以我們得再從「了苦」的觀點，來看苦的來去。

依我的看法，「苦」主要是從衝突、矛盾中來的。而衝突、矛盾又是怎麼起的？「內有所求，外不相應」，這就有矛盾。就像常謂的八苦，生老病死、愛別離苦、怨憎會苦。

何爲「愛別離苦」？內求愛不別離，但外卻不得不別離。這即是內有所求外不相應。「怨憎會苦」

也是一樣，內求怨憎不會，而外卻不得不會。故因內外有衝突、矛盾，才有苦。所以，「苦」到最後乃只有一種苦——「求不得苦」。

例如生老病死，如果心裡能坦然接受也不算苦。雖然一直不想要老，現實卻不得不老，這才會苦。若接受生老病死都是人生正常的現象，不求免，即沒有外不相應的可能，就不會苦了。

於是乎，要「了苦」不外乎：一、外能相應；二、內無所求。從「外能相應」而來了苦，多為世間人所習用。譬如天氣太熱就用冷氣，用冷氣當然是外求的！

但「外能相應」者，既難湊合且不長久。因為要眾因緣和合才有辦法成就，而眾因緣常是很難湊合的。有的雖短時間滿足了，但長時間因緣又會有變化。所以從外求，即非常辛苦且不究竟。

所以佛法的了苦之道，多以「內無所求」為心要。云何「內無所求」？能證得「中道不二」，即無所求。一定是因有內外，才有所求；若證得內外不二，即無所求。《中觀》雖未明確講怎麼去「了苦」，但從「四不作」下手，最後也必證得內外不二。能內外不二就無所求，既無所求就能了苦矣！

退而言之，雖不能完全無所求，猶能遵循著「不多求、不強求」的原則，雖有所求，但不要求取太多，項目也不要太多。一切隨緣去努力，盡人事、順天命。亦能減卻很多苦、削弱很多苦也。

這是從〈觀苦品〉講到怎麼去「了苦」，證得中道不二就無所求，若無所求即能「了苦」。

# 11 觀業品

## 【章節大意】

從造業而受報，雖是佛法最基本的理論，然而從造業到受報，往往得經很長的時間，甚至百千劫等。於是乎，未受報前，業是以何種形式而得被保存？存在哪裡？以及最後如何能現行為果報？便是很多部派學者急於去探究、闡明的。

從造業而受報，這是佛法最基本的理論，雖大家都已肯定，但從造業到受報的期間往往很長，既不是造了業當下就受報了，也不是這一生造，這一生就必受報。有的是下生才受報，有的是下生還未必受報。

如果你的下生是往生色界天、無色界天，時間就更長了。如有些人於上升色界天後，將下墮三惡道。故第二生與第三生的受報時間就非常長。

或問：云何上升色界天後，還將下墮三惡道？

答云：上升色界天後，只是受報而不造業，故還將下墮三惡道，乃是於人道中所造的業。其實，於人道時乃各道的業都有造，只是比重不同爾！故若色界的業最重者，先受報而往生色界天。三惡道業次重者，則於次生受報也。

於是乎，從造業之後到受報之前，這「業」是怎麼被保留下來的？以什麼形式被保留下來？又保留在什麼地方？以及到後來又如何能現行爲果報？都是很多部派學者急於去探究、闡明的，可是又都說得不圓滿。

其實這問題在被提出時便已錯了，哪可能有解呢？錯在哪？因爲已將「業」孤立化了！才能問它是什麼形式？存在哪的問題？

在前的〈觀然可然品〉我們已講到「火」：乃只有現象，而無個體，所以我們不可能單獨把火拿過來。以現象，還是眼可見，故可以察覺這邊有火，那邊無火，還可以比較這個火勢變大了，那個火勢近滅也。

至於「業」者，猶更抽象，已非前五根所能觸也。所以無怪乎若追究：它是什麼形式？存在哪裡的問題便眾說紛紜矣！

故部派佛教雖有很多學者都提出不同的看法，但都只是你覺得我講得不圓滿，我也覺得你所說的沒什麼了不起。

用一種現代人較能接受的比喻：「業」就像「萬有引力」。在物理學上，我們都知道：一切物體彼此之間有「萬有引力」。若物體非常多，則引力都是互相交涉的。可是這「力」存在什麼地方呢？看不到！絕對不能用任何形式去看到。但怎麼證明其有呢？因爲它們間軌跡的變化，是合乎力學的原理。所以什麼時候會有日蝕，什麼時候會有月蝕，都可以預測得蠻精準的。

因此它的形式只能在變化中顯示出來，而非能以一個單獨的形式顯示出來。就像一朵花，也非能以一個單獨的形式顯示出來。花存在樹裡，樹存在地裡。故「萬有引力」是存在什麼地方呢？當還是存在萬有裡。若把其中一個因素拿掉，引力當然還在，只是它們間的變化關係已經不一樣了。

同樣，「業」既是「眾緣所生法」，當也是保存在眾緣的互動中。眾緣簡單分作兩大類；一是內識的緣、心識的緣；一是外境的緣。在唯識學中所講的「九緣生眼識」，其中的根緣，還有第六識、第七識、第八識，都屬內在的緣。至於所緣境、空、明等，即屬於外緣。

以上第一點，「業」保存在什麼地方呢？還是保存在眾緣裡，而不能把它孤立化，硬說它在什麼地方！

其次，「業」既是「眾緣所生法」，一定會隨緣而變異。但是有的緣力量比較大，有的緣力量比較小。如未碰到強而有力的緣時，雖有變化，因變化量不夠大，甚至微乎其微。所以稱爲未「成報」、未「受報」。如果遇上強有力的緣時，以變化量較顯著故，就稱爲「受報」、或「成報」。

故在未「受報」之前，還不是不變的。故不報，卻非常也。反過來說，如果「受報」了，受報後會熏習成種子，而變成未來的因。用《中觀》的觀點來說，就是「不常也不斷」。

另外一點，「業」既造了，還有「總相」與「別相」的差別。譬如：整個人是「總相」，至於眼睛、鼻子、耳朵、嘴巴、手腳等，即是「別相」。故「別相」跟「別相」之間既不能說同，也不能說異。云何不能說同？眼睛跟鼻子的相用，當然不一樣。云何不能說異？因爲它們之間，乃互相影響也。故從無始以來所造的業，即稱爲「總相」的業。至於業中還有善業、惡業、不動業、道業的差別，即是「別相」也。修禪定的業稱爲不動業。還有修道的業又稱爲「無漏業」等差別。甚至善又分成：布施、持戒、安忍、精進等差別，當然還可列出很多不同的名目。惡有殺生、偷盜、邪淫、妄語等差別。不動業，又有四禪、八定等差別。無漏業有戒、定、慧、解脫、解脫知見等差別。

別相雖有差別，就整體而言還是「相關互動」的。於是以「相有差別」故，非一；「相關互動」故，非異。

同理，就「總相」的前後而言也是非一非異、不常不斷也。所以用《中觀》的思想去看「業」，就非常圓滿而沒有任何瑕疵。

**總之，得從：一、心境的交互緣起，業是存在衆緣當中；二、報前與報後，皆不常亦不斷；三、總相與別相間，乃不一亦不異。去看「業」的存在、相續與受報等，才不會偏差。**

再看部派有一些講法，我們就很容易看出其有什麼偏差。

第一、因中有果，定業難轉：造了什麼因就一定會有什麼果；故曰：定業難轉矣！

其實，從因到果之間，還有很多緣的變化。緣既不同，果即參差矣！故業，永遠都不可能定。如定了，哪還用修行呢？

第二、未報前是常，已報後爲斷：未報之前，百千萬劫亦不亡。然不亡者，卻非常也。受報之後不是就沒有業了，而是變成新的形式，又變成未來的因矣！

後來部派佛教中有「經部譬喻者」，乃將「業」偏說是保存於「心識」中。我們前面講過：心識跟外境是互相緣起的，故業應該是保存在心識跟外境的緣起中。若說它乃保存在心識中，則境的部分已經被漠視了，這是第一種偏端。

其次，把每次造的業熏成種子。世間人對種子的認定是：每顆、每顆不同的粒子。豆是豆的種，瓜是瓜的種，瓜種跟豆種之間，本沒有很大的關連性。故在喻爲種子的當下，即有說它們之間是彼此隔異的嫌疑。但業的別相之間，其實還是互相影響的。

還有「種子」是各別發芽、各別受報。但碰到強而有力的緣時，不會只針對一個別相而起現行。而是相關的都起現行。所以在喻爲「種子」時，就已把其中的相關性、互動性都抹殺了。

以「經部譬喻者」的「心識」大致是指第六識。但第六識是有間斷的，而沒辦法儲存業種。故後來的大乘唯識宗，乃清楚標明不是儲存在第六識裡，而是儲存在「藏識」，又稱爲「阿賴耶識」裡。

這存在「阿賴耶識」的說法，雖比「經部譬喻者」高明一點；但把它講成存在心識中，乃又犯了從境界抽離的錯誤。

至於把每次造的業，都熏習成「種子」，「種子」的比喻與「經部譬喻者」，唯大同小異爾！

**於是就唯識學的理論，便免不了以下三種困境：**

一、當然唯識學會講得比「經部譬喻者」嚴謹、仔細，但也夾了很多瑕疵，因很多的講法裡都帶有

「自性見」的嫌疑。

比如唯識裡常講種子有六義：剎那變、待眾緣，後有「引自果」也——即只能生「自類種子」。如豆生豆的種子，瓜生瓜的種子，一定是生同類的。故善種子就生善種子，惡種子就生惡種子，欲界種子生欲界種子，有漏種子生有漏種子，無漏種子才生無漏種子。以此，每一類「種子」都明顯有界，似井水不犯河水。以《中觀》來講，這就有「自生」的過失。自類相續，到底是有生？還是沒生呢？如只是相續而無變化，就不能說是生；生的話，就當有變化。

如果謂：未受報前，即是種子生種子。於是既都是種子，又無變化，豈非常見呢？若已把種子孤立化了，就一定是常見。孤立而勉強說生，便只能生「自類種子」。所以既有「自生」的過失，也有「常見」的缺陷。

二、若受報了，就是種子起「現行」。那麼在孤立的狀態中，為什麼種子會起「現行」呢？有人說：因時間到了，種子就會起「現行」。上次我們已經說到：其實不是時間的問題，而是碰上強而有力的緣，且強而有力的緣往往是來自於外境，而非來自於內識。

如已把外境的部分否定掉，就沒辦法解釋為什麼會受報。既講不清楚，而含糊帶過，就又有「無因生」的嫌疑。

若以種子生種子是「自生」，那種子起「現行」豈非變成「他生」呢？因此除有「自生」、「無因生」的缺陷外，現又有「他生」的瑕疵。

三、最困窘的就是若有漏種子生有漏，無漏種子生無漏。則我們無始以來種的都是有漏種子，即無法變成無漏矣！既把每個種子都孤立化了，以不能互相影響故，就沒辦法轉淨。

後來有人主張，眾生當有「本來清淨的種子」。然而就算承認：眾生有「本來清淨的種子」，也無法「轉染成淨」。因爲若有漏的種子還是唯生有漏爾！則清淨的種子也沒辦法把有漏轉成無漏。若如此，則學佛、修行，便失其效用矣！

但如用《中觀》的見地去看，則有漏者乃是相而非性，相一定是可隨緣變化的。故若學佛、修行，即可轉淨矣！

若無始以來即有清淨的種子也有雜染的種子，爲什麼是雜染的把清淨覆蓋掉了？而非清淨的把雜染消滅掉了？大家都聽過這種講法：清淨的本心被無明覆蓋了。爲何清淨本心這麼沒用，就被無明蓋過了呢？這個也講不清楚！

所以於唯識學裡，我覺得從開始就犯了兩種孤立的過失：

第一、本來心與境是互相緣起的，但唯識學一直強調「識有境無」，因此就把境的部分完全否定掉了。完全否定的話就無法解釋：種子何以能起現行？

第二、種子與種子間亦是孤立的，既孤立即無法改變矣。於是連學佛修行也都失去立足點了，因爲我們的有漏種子無法轉染成淨。

**這也就是從《中觀》的角度來看唯識，其實比「經部譬喻者」還偏端。從《中觀》的角度來看唯識，內還橫梗著很多的「自性見」。以此既使唯識的理論架構互相矛盾，也使研習者心力交悴，猶弄不清楚也！**

我是先學唯識再學《中觀》的，於學唯識時，竟越學問題越多，一條一條記，準備長期抗戰。後來有人帶我去看《中觀》，於《中觀》有心得後，再回頭看那些唯識的問題，竟早就不存在了。

唯識最大的問題就是把很多名相切割，切割到最後唯支離破碎爾！但《中觀》的見地則剛好相反，以諸法都是互相緣起的，則交織成廣泛無邊的因陀羅網已！

以上是「經部譬喻者」的缺失。至於「正量者的不失法說」，比之唯識學猶更偏端也。至於有那些偏端？於【偈頌解說】中，會再詳續說明，再此先告個段落。

## 【偈頌解說】

丙二　觀業

丁一　遮妄執

戊一　破一切有者的諸業說

己一　立

庚一　二業

大聖說二業　思與從思生　是業別相中　種種分別說

「大聖」當然是指佛，佛說業主要分作兩種：一是思業；二是從思所生業。「是業別相中，種種分別說」：這即是在整體業中而有不同的別相。以下再依別相，予以種種的分別解說。這會在下面才分別說。

庚二　三業

佛所說思者　所謂意業是　所從思生者　即是身口業

上所講的「思業」就是一般人所謂的「意業」。至於「從思所生業」，即是指從意業而作出的「身業」與「口業」。

這講法並沒有什麼特別，只是把「意業」稱為「思業」而已！其實後來的「思業」與「意業」是有差別的。如唯識云「思業」主要是指「末那識」，而「意業」則有第六識的意業與第七識的意業。所謂由「思心所」造業，即是指從第七識的思量，而造諸業也。

庚三　七業

辛一　初立七業

身業及口業　作與無作業　如是四事中　亦善亦不善

從用生福德　罪生亦如是　及思為七法　能了諸業相

如更詳細區分：於「身業」中又分「作業」與「無作業」。同理，於「口業」中也分「作業」與

「無作業」。「作業」與「無作業」也有稱之爲「表業」與「無表業」。

然「無作業」者，不是從不作而有業，而是潛隱在內，未顯現出來，故又稱爲「無表業」。後來的唯識學就把「無表業」稱爲「藏識」。若用電腦爲喻，已開啓的檔案是爲「表業」，未開啓的檔案則爲「無表業」。

故「表業」其實就是前五識、第六識，因已顯現出來，故稱爲「表業」。

以上業先分成四種：初於「身業」中，再分身的「作業」與「無作業」；再於「口業」中，也是分成口的「作業」跟「無作業」，這就有四種了；或於業裡，再分爲「善」跟「不善」。這樣就有六種了。

若能「從用生福德」者，則爲「善」；反之，若「從用生罪過」者，則爲「不善」。這也就說，是「善」或「不善」，除了行爲本身外，還得追溯到作者的動機、與受者的感受。

譬如拿刀殺人，就一定是惡嗎？未必，若是劊子手拿刀殺人就非惡也。施藥予人，就一定是善嗎？未必，要把病治好才叫做善。有時藥不對症，還可能殺人哩！

所以佛法認定的善與惡，並不是像很多人以爲的「唯心論」，認爲動機好就是善，不一定！如要成爲一個好醫師，卻不是醫德好就可以成爲好醫師，醫術也要行才能成爲好醫師。同理，也不是光想服務別人就可以成爲高明的建築師，其還需要很多專業的知識，甚至智慧。

故中國人曰「選賢與能」，賢的話是指動機好、道德行；能的話是指專業的技巧。故既要動機、技術都好，另外也要結果好，這加起來才是善。反過來，或動機不好、或行爲不好、或結果不好，那就是不善。

「及思爲七法，能了諸業相。」：以上六種：身業、口業、作業、無作業、善業及不善業，再加上「思」業，則爲七法。以七法而能了別業之差別相也。

以上的分法，我覺得很奇怪！因爲「善跟不善」云何未包括在「思業」裡？以「思業」中一定牽涉到作者的動機，而動機必有善與不善。而非受用時，才有善或不善的分別！

## 辛二　別立善業

**能成福業者　是十白業道　二世五欲樂　即是白業報**
**人能降伏心　利益於衆生　是名爲慈善　二世果報種**

各位看印順法師的《中觀論頌》，這兩個偈頌的位置都不在這裡，而是在「經部譬喻者」的地方。但我覺得放在「經部譬喻者」那裡，不如放在這個地方恰當。

因爲這兩個偈頌主要在解釋「善業」。前面講七法，包括善與不善。在善的部分簡單講「從用生福德」者，則稱爲「善」；從「從用生罪過」者，乃稱爲「惡」。故對於善、惡業，還沒講得很清楚。

「能成福業者，是十白業道。」：於此，再把善的部分作較詳細的說明。善業跟福業大致是類似的。「十白業道」就是我們常講的「十善」業——不殺、不盜、不邪淫、不妄言、不兩舌、不惡口、不綺語、不貪、不瞋、不癡。所以「十善」業又稱爲「十白業道」。

能夠行「十善」因就能得到「二世五欲樂」的果報。「二世」即現在世與未來世。能夠使我們於現在世及未來世，皆得五欲之樂，這即是白業所成報。因爲修善，而使我們二世都得到善報，故稱爲「福業」。

如進一步去探討其動機，動機以能「降伏其私心與惡心」爲根本。很多人都是以自己的利益爲出發點，這就是私心。以私心而損人利己，就會變成惡心。因能「降伏私心與惡心」，故所作所爲就能使眾生得到利益。這樣才稱爲慈善的心、慈善的事，故能夠得到「二世果報種」。

從上是講部派佛教對業的區分，大致先分兩種：思業及從思所生業。再來分作身、口、意三業，又再分作作業、無作業，善、不善等。都只是作細部分解而已，而未有立或破也。

## 己二　破

業住至受報　是業即爲常　若滅即無常　云何生果報

**「業住至受報，是業即爲常」：此爲論主所破的。若謂業能安住至受報時才有變異，則未受報前，何非常呢？**

其實，在前述七法中，並沒有「業住」的嫌疑。但很多人卻有此偏見，如謂「業若不受報，千萬劫不亡」。不亡，本是指「不斷」之意，但很多人卻將之錯解爲「不變異」。於是以錯解爲「不變異」故，何非落於「常見」中？

我們前面說到：其實它不是常，它還是有變化，只是變化量不夠大故，視為未成報。

**「若滅即無常，云何生果報？」反之，若謂業乃刹那滅，故非常也。然而既刹那滅矣，云何還能生果報呢？**

如果說業不是常，而是刹那、刹那在滅的，於是既滅又怎能生果報呢？

事實上，一般人認為業是刹那、刹那滅，因為滅了而不能生果報的想法，應該是極少的。以業受報後，即斷滅者，卻多有人在。像借債者的比喻：若已還債，即不再欠債矣！豈非就變成斷滅。

既諸法不常亦不斷，故業受報後，還不能斷滅也。以不斷滅故，又成未來的因矣！套用唯識的講法，乃又熏習成新的種子也！

戊二　破經部譬喻者的心相續說

己一　立

庚一　成立業果

辛一　舉喻

如芽等相續　皆從種子生　從是而生果　離種無相續
從種有相續　從相續有果　先種後有果　不斷亦不常

第二要破的是「經部譬喻者」的心相續說。「經部譬喻者」乃說業是如何存在的呢？他們就用「種子」來作譬喻，以釋業的存在及業的相續與變化。

「如芽等相續，皆從種子生」：我們知道種子種下去會發芽，發芽後更生莖、枝幹到開花、結成果也。這一路會變下去，皆從種子入土而有。

「從是而生果，離種無相續」：從種子而能生果，離開種子就沒有這些相續與變化。

「從種有相續，從相續有果；先種後有果，不斷亦不常。」：從世間的種子一直到開花結果，這樣說來大致是沒什麼問題的。

## 辛二　合法

如是從初心　心法相續生　從是而有果　離心無相續

從心有相續　從相續有果　先業後有果　不斷亦不常

「如是從初心，心法相續生」：我們造業也是如此。在心造了業之後，業即如種子，隱藏在心裡。於是以此而能相續，以此而能開花結果。先業後有果，不斷亦不常。

不知各位有沒有想到這個問題：世間的種子要開花結果，既要把它種在土裡，還得有適合的溫度、水分、營養等，才會發芽。

那將種子存於阿賴耶識中，阿賴耶識只是個瓶子而已，若未把它埋入土裡，種子怎可能從發芽而相續呢？

把種子埋入土裡，即與境結合也。而在「心相續說」裡，卻已經把境的部分給排除掉了。於是種子既未埋入土裡，即不可能發芽矣！

己二　破

若如汝分別　其過則甚多　是故汝所說　於義則不然

**若如你所說，乃有很多的過失。是故你所說，是不合乎義理的。**

**然而有何過失？卻一字未提，顯然很不負責任！若依我的看法：主要在於「孤立，則不能變異」爾！**

這「孤立」者，有：

第一、將種子孤立於心中。前面已說：業當存於眾緣當中，而眾緣乃包括心識與塵境。他雖未完全否認境的成分，但說是存在心法當中，即已造成第一種孤立矣！

第二、前於「種子」的比喻中，雖未明確說「諸種子爲異」，然「異」與「孤立」已在其中矣！豆是豆種子，瓜是瓜種子，彼此各不相干。

世間的「種子」得將之埋入土中，又得有水分、空氣、營養等助緣，才能發芽，以至於有莖、幹、花、果等的相續。

若業種子只「孤立」在心中，哪有土、水分、空氣、營養等助緣，而讓它發芽，以至於有莖、幹、花、果等相續及最後的感果呢？

於是乎，說到業種子就只能說：未感果前，是「種子生種子」。在感果時，是「種子起現行」。然而謂「種子生種子」，豈能免於「自生」的過失？謂「種子起現行」，豈能免於「他生」或「無因生」的過失。還有「染不能轉淨」等，能標示出以上的過失，才能理直氣壯地宣稱「其過則甚多，於義則不然」。否則，就成了「無的放矢」，而無法讓人心服。

如果對《中觀》的思想已貫通，要挑他的毛病也不難，用不常亦不斷，不一也不異去看，很多問題都會顯露出來。

戊三 破正量者的不失法說

己一 立

庚一 敘說

今當復更說　順業果報義　諸佛辟支佛　賢聖所稱歎

於此將更說合理順義的業報說。以合理順義故，必為諸佛、辟支佛及一切聖賢所共稱歎。

「今當復更說，順業果報義。諸佛辟支佛，賢聖所稱歎。」意思是「正量者的不失法說」比前面講的更棒；以順理合義，故必為諸佛、辟支佛及一切賢聖所共稱讚。這是什麼意思呢？欲貶先褒，欲擒故縱。

庚二 正說

辛一 標章

**不失法如券　業如負財物**

「不失法如券，業如負財物」：意思是我們造了業，就像跟別人借錢時，給對方一個借據。待哪一天有了錢，把債還了，然後才得把借條拿回來。「不失法」表示業不會遺失，未還債之前，借條是永遠存在的。

**其實，業有惡業、善業、不動業及無漏業。前以「借券」為喻者，乃偏於惡業也。若是善業者，或以「儲蓄」或「存款單」為喻吧！**

這講法其實有很大的偏端，好像造的業都是惡業。善業就像「存款單」一樣，要用時才去提領。那麼如果若用「存款單」來比喻，各位修善了，則你的存款是活期存款，還是定期存款呢？其實都不是。活期是隨時都可以領的，但造了善因卻不是想成報就能成報，因緣不具足即沒辦法成報。故也不是定期存款，時間到了一定成報，因成不成報乃決定在緣裡，而緣是沒辦法掌握的。所以既不是活期存款，也非定期存款。

再回到「借券」的比喻：若還錢了，「借券」即失效而滅矣！然業報者，乃不常不斷，而不可滅也。

**若前造惡，後修善，庶可說「有錢還債」。反之，只是不斷造惡者，哪有錢還債呢？以還不起債故，最後或被抓去痛打一頓、被抓去坐牢，或不得不作牛作馬以償債。這才稱爲「受惡報」也。**

其次，用世間法看，借錢後當要去努力賺錢，賺到錢後才有辦法去還債。所以過去造惡，日後要修善積功，才有辦法還債。

可是有些人一直在造惡，最後只能墮三惡道去。墮三惡道就像有些惡人到最後被抓去坐牢。而坐牢的時間和他所作的惡，既質不一樣，也量無法評比。尤其與受害人更沒有對應的關係。

所以用「借券」比喻「業的不失」，乃只是「掛一漏萬」而已！相應的部分乃比較少，不相應的部分卻很多。

尤其業還有不動業與無漏業，這如何能用「借券」作比喻呢？

辛二　別說

壬一　不失法

此性則無記　分別有四種　見諦所不斷　但思惟所斷

以是不失法　諸業有果報　若見諦所斷　而業至相似

則得破業等　如是之過咎

下面又是對業再作一些區分：

「此性則無記，分別有四種。」在「借券」裡，何以又說它是無記的呢？每個借條上面一定要寫得很清楚：某人向某乙借多少錢？何時還？若不還時當如何處置，一定會寫得很清楚，怎麼會變成「無記」呢？

其實，無記反是一切都記。也就是不管我們造了什麼業，善業、惡業、有漏業、無漏業，只要造了就會全部記下來。用現在的術語，曰「全都錄」。

云何必「全都錄」呢？因為如果能選擇，我們一定會選擇善的才記、惡的不記。事實上，你是沒辦法選擇什麼要記、什麼不記。一切記：不只是善業、惡業都記，你意識記得的記、不記得的也記，這才叫做「無記」。所以「無記」反而是一切記。以唯識的講法，因為「無記」所以才能「完全熏習」成種子。

所有的業又可大致分作四大類：欲界繫業、色界繫業、無色界繫業、無漏白淨業。無漏白淨業，就是能出三界的業。

「見諦所不斷」：傳統的講法是，見道證初果後，就絕對不會再墮三惡道，所以能夠斷三惡道的業。但還有七番人天生死的業還沒了。

「但思惟所斷」：這是謂業於修道時能斷。但能斷哪些業呢？證三果者，稱為「不來果」，即不來欲界。故這時，欲界的業已經斷了。可不來欲界，那去什麼地方呢？往生色界或無色界，故色界、無色界的業還沒有斷也。前既曰有「無漏白淨業」，難道這也於修道位時已斷盡嗎？當不可能也！

證阿羅漢果時，業就全斷了嗎？至少無漏白淨業是不會斷的。

所以斷或不斷要分別講，不能含含糊糊地說：「見諦所不斷，但思惟所斷」。好像「見諦」什麼都不斷，而「思惟」就一切都斷。其實不是這樣子！

「以是不失法，諸業有果報。」：因爲有此「不失法」，所以諸業有不同的果報。

其次，把「修道所斷」稱爲是「思惟所斷」，這也不合理。常謂「聞、思、修」者，即思，不等於修也。故不能把「修道」稱爲「思惟道」。因爲光「思惟」是不能證果，修才能證果。

「業至相似」，是指皆往生於天道、皆往生於人道等的業，乃相似也。反之往生天道的業與往生人道的業，即不相似也。故業至相似，即還有人天七番生死之意。

印順法師於長行中有：這可見見道以後的修道位中，還有不失法存在。甚至阿羅漢聖者，有的還招被人打死的惡果呢！

阿羅漢聖者，還招被人打死的惡果，很明顯的是指目犍連。云何神通第一的目犍連竟還被外道打死？這有不同的解碼：

第一、有人說這是他過去的業，業還是要受報的，故神通不敵業報。

第二、在《阿含經》中另有謂：目犍連以其神通知道世尊很快就要入涅槃了，所以決定比世尊先捨報。所以會被外道打死，其實是他精算的結果：與其自殺，不如就讓外道把我打死吧！

以上兩種解碼，當然是見仁見智了。

證得阿羅漢的聖者，早超乎修道位了，卻還招被人打死的惡果。這可說「業於修道位已斷了」嗎？這不是指無漏白淨業而是指惡業。如果惡業在證道時便已完全斷了，應該不會被打死的。

其實就總相而言，業乃不常不斷，皆不能斷也。然就別相而言，見道時能斷墮三惡道的業；證三果時，能斷墮欲界的業；證阿羅漢果者，能斷一切來生的業。

斷業，大部分是指斷來生受報的業，而非指當生也。故證三果者，能斷墮欲界的業。是指來生不再到欲界受生，非指今生已不在欲界也。

因此，證阿羅漢果者，能斷一切來生的業。跟當生「還招被人打死的惡果」，卻不衝突也。在《阿含經》裡也說到佛陀猶受背痛、出血等報，這也是祂過去的業，可是這些業都不會影響到解脫。

## 壬二　諸行業

一切諸行業　相似不相似　一界初受身　爾時報獨生
如是二種業　現世受果報　或言受報已　而業猶故在
若度果已滅　若死已而滅　於是中分別　有漏及無漏

一切眾生所造的業，可歸為「相似與不相似」兩種性質。

云何稱為相似呢？像我們既同樣出生在人道，即表示我們有人道的相似業。雖不能完全相同，故你、我的長相、遭遇還是不一樣，但大致都屬於人道的業，因此就稱爲相似業。

其實，相似中還可分「小相似」與「大相似」。云何小相似？雖屬天道，猶有欲界、色界、無色界之別。云何大相似？皆爲欲界天，或皆爲色界、無色界天也。

「一界初受身」：於是乎，在往生時，看種相似業最重，便以這種業而受身。如修禪定業者重，就可能往生色界天，甚至無色界天。

「爾時報獨生」：由是既在色界天受身，當以色界的相似業先成報。其餘不相似或小相似者，則待來生或更來生方得報。如果是在人道受生，人道的業就先報。

「如是二種業」：故在這兩種業裡，相似業爲「現世受果報」。不相似業者，則言相似業「受報已」，不相似業「猶故在」。

有些人專修禪定業，故來生直接上色界天或無色界天，當然命都很長。等到命終時，看剩下的業哪一種較多，如果是三惡道的業較多，就直接從天上下墜。

故業，有些當生即受報，有些是待來生才受報，有些於來生猶不受報。於來生猶不受報的業，則稱爲「來生受報已，而業猶故在」。

「若度果已滅，若死已而滅」：所以謂業滅者，還有兩種滅法：一是死已而滅；一是證果而滅。

死已而滅，其實是「滅已而死」的意思。譬如天福享盡了，天道的命即告終而下墮也。

度果而滅，如前所謂：見道時能斷墮三惡道的業。證三果時，能斷墮欲界的業；證阿羅漢果者，能斷一切來生的業。

**「於是中分別，有漏及無漏」：當然業還分有漏與無漏：有漏的能斷；無漏的則不能斷也。**

這其實跟前面一樣，只是再把業分得比較詳細。前面是分二業、三業、七業，這裡先分作四業、相似及不相似、有漏及無漏。

**或問：既不受後有，不斷的無漏業居於何所？**

**答云：無漏即無界，無界即無方所也。**

其實，這個問題我們於最初即已回答了。一般人習慣用「孤立的個體」去思惟，故會問它在什麼地方。既孤立的個體本不存在，即稱爲無界、無方所。亦即是存在整個法界裡，存在眾緣中。

辛三　結說

雖空亦不斷　雖有而不常　業果報不失　是名佛所說

其實「業如借券」的說法，乃不免有「未報前爲常，已報後爲斷」的過失。其次，將一切業，不管是善業、惡業、不動業、白淨業，都說是「債券」，即有「偏一」的過失。每張「債券」各存各的、各還各的，即有「偏異」的過失。於是「既常又斷」、「既一又異」，這怎麼可能爲佛所認可呢？

故這部分我不認爲是論主的結論，因爲一定是先破再結論，哪可能先結論再破呢？所以這是論主調侃正量部的說詞，調侃之後下面才去明確破他們的說法。

己二　破

庚一　業力無性破

辛一　顯不失之真

諸業本不生　以無定性故　諸業亦不滅　以其不生故

**業當無自性、當無定性。以無自性故，說業既本不生，亦本不滅。這從前面說到此品，好似陳腔濫調，卻與破「業如借券」的說法，沒有直接關係。**

若以「不生故不滅，不滅故不失。」對很多人而言，還是難以捉摸的。不如說「以不斷故，不失；然不斷者，亦非常也。」

「業若不受報，百千劫不亡。」不亡就是不斷的意思。然雖不斷，亦非常也。若把它當作「借券」，即有「未報之前是常」、「已報之後爲斷」的嫌疑——因爲未還之前，不只借券還在，且還是那個樣子也；若已還了債，借券當不可能留在別人手上，拿回來也不需要保存，就把它撕掉、燒毀了。所以業用「借券」作比喻，便明顯有「常跟斷」的過失。

辛二　遮不失之妄

壬一　不作破

若業有性者　是即名爲常　不作亦名業　常則不可作

若有不作業　不作而有罪　不斷於梵行　而有不淨過
是則破一切　世間語言法　作罪與作福　亦無有差別

這部分主要是講：業如果有自性，就是常；業如果有自性，不作也稱爲業。如果不作也有業的話，就破壞了世間一切的因果。

我覺得這部分的破法也跟「業如借券」的講法沒有直接的關係。故從前面看到這裡，都只是陳腔濫調的重複而已，哪可稱爲破呢？

壬二　重受破

若言業決定　而自有性者　受於果報已　而應更復受

「若言業決定，而自有性者。受於果報已，而應更復受。」這意思是：如果業有自性的話，受了果報，應該還會再受報的。

但用《中觀》的見地去看，乃剛好相反。如果業有自性的話，必不會受報。自性就是不變，受報就是會變，不能說有自性還能一變再變。故如果業眞的有自性，反而是不能受報，而非報了再報。

如前所謂：火若有自性者，即爲「無作火」——不能燒任何物，而非將一切物全燒盡也！

所以此處，以《中觀》的見地來看，卻是有缺失的。

庚二　業因不實破

若諸世間業　從於煩惱出　是煩惱非實　業當何有實
諸煩惱及業　是說身因緣　煩惱諸業空　何況於諸身

世間諸業，既從「煩惱」的因而造作的。以「煩惱」的因，本來就是虛妄不實的；則所造的業，哪可能眞實呢？

其次，再由「煩惱」和「業」的因緣，而感得「受身」的果報。既「煩惱」和「業」爲性空，則所受的身哪可能不空呢？

謂「諸世間業，從於煩惱出」，也只能限於有漏業吧！

以上對「業如借券」的破法中，眞可說是「牛頭不對馬嘴」，當批判的不批判，卻拿些「陳腔濫調」來搪塞而已！

戊四　破有我論者的作者說

己一　立

無明之所蔽　愛結之所縛　而於本作者　不異亦不一

這偈頌的意思不是很明顯，印順法師的標題是：「破有我論者的作者說」，其意思是：還是有造業的作者，也有受報的受者。

故眾生因被無明所蔽、被愛結所縛，所以去造業，也不得不受報。

## 己二 破

業不從緣生　不從非緣生　是故則無有　能起於業者
無業無作者　何有業生果　若其無有果　何有受果者

論主破曰：哪是「實有作者」呢？因爲業既不從「實有自性的緣」所生，也不從「不相關的緣」所生。於是既非自生、非他生、非共生，也非無因生，竟還有哪個是「實有的作者」呢？有沒有作者這問題，前面已經講很多了。如〈觀作作者品〉、〈觀染染者品〉，甚至〈觀本住品〉、〈觀然可然品〉，結論都一樣，不可能有一孤立、常住的作者。

所以說業，既不從緣生，也不從非緣生；也不是從自生、他生、共生來造業的。簡單講，業既是眾緣所生法，即不能說有作者。

不只造業是眾緣所生法，受報也是眾緣所生法，所以也沒有一個受報者。作跟受，其實都是在緣起緣滅中，所產生的假名而已！從上看來，這一部分對我們而言，也是沒什麼新鮮的。

## 丁二　顯正義

如世尊神通　所作變化人　如是變化人　復變作化人
如初變化人　是名爲作者　變化人所作　是則名爲業
諸煩惱及業　作者及果報　皆如幻如夢　如燄亦如響

前面都是破，現在開始顯正義。但其實這講法是有問題的。

「如世尊神通，所作變化人，如是變化人，復變作化人。」：意思是說如世尊有神通，所以能夠示現化人。然後這化人，又可以產生更次的化人。

「如初變化人，是名爲作者，變化人所作，是則名爲業。」：故初次變現的化人，即喻爲作者。更次變現的化人，即喻爲所作業。

言下之意，是「先有作者，才有作業。」然而離開了所作業，又哪來作者呢？如前於〈觀苦品〉所云「若人自作苦，離苦何有人？」因爲人本身就是苦果，故不可能離開苦果另外有人。同理，若離開了作業，又哪來作者呢？

**以上〈觀業品〉瑕疵這麼多，眞懷疑當不是龍樹菩薩原作的。**

各位有沒有注意到，前面幾品都是立的少，破的多。而這品立的多，洋洋灑灑一大堆，眞要破時，或輕描淡寫就帶過去了，或僅拿些陳腔濫調來搪塞，實在是很不負責任。

各位學《中觀》到現在，如看這一品還覺得有道理，即表示《中觀》還沒學到家。

最後我們再補充一些。

## 【附論】

雖諸法是不常不斷的，但何以世間的言語法中，甚至佛法中，卻都難免會用很多「斷、滅、出、離」等字眼，如「出三界」、「斷煩惱」、「離生死」等？

其實，「不斷」是就「總相」而言；「斷、滅、出、離」是就「別相」而言，未必有衝突也。如剛才講，業是不常、不斷的，但證初果後，即可斷三惡道的業。三惡道的業是別相，故可斷；但總相是不會斷的。

事實上，用「斷」還不是最好的形容詞，最好是謂「轉」：如「轉染成淨」或「轉識成智」。講「轉」比較不會變成斷滅的那一邊。

比如：將木頭燒成灰了。故就「木頭相」而言，爲其已不存在，故說爲「斷、滅、出、離」等；然以灰猶存故，還有二氧化碳等，謂爲「不斷」也。因此說斷，不如說「轉」明白，謂：木頭的相已轉成二氧化碳、轉成灰了。

又如將髒衣服洗乾淨了，故就「髒」而言，謂其已「斷、滅、出、離」也；然以衣服猶存故，甚至變乾淨了，謂爲「不斷」也。

故證得「不受後有」而「出三界」的聖者，圓寂後到哪裡去了？入「無界」者爾！何以「無界」？緣起法本來無界限也。

但為眾生對「無界」無法意解與體證，故大乘常稱之為「一眞法界」或「眞如心」等，然用這些名相，眾生還是很容易錯解！於是，怎麼辦呢？先方便入門，再提升究竟吧！

在原始佛教中，偏用「斷、滅、出、離」來形容，故容易錯解成焦芽敗種、灰身滅智。而大乘佛教即偏向用「轉」，轉染成淨、轉識成智，越轉功德越殊勝、越圓滿。

當然最好也說，別相其實也是不會斷的，別相也是從此轉彼，不斷地轉下去。如此至少不會把學佛、修行評為：消極、無為、斷滅。先有個基本的信願，待進了佛門再慢慢提升至究竟，這對很多眾生來講是有它的方便。

# 12 觀行品

## 【章節大意】

「行」在佛法中，既用的次數很多，涵義也不盡相同。如：一、「諸行無常」，大致是指內識、外境的種種變動；二、身口意「三行」，概指一切眾生所思、所語及所為；三、五蘊中的「行蘊」，指思心所的分別、抉擇。

「行」在佛法中用的次數既多，涵義也不盡相同。譬如：一、「諸行無常」的「行」，大致是指內識、外境的種種變動。「行」字就會意而言是指左腳右腳不斷地往前走，所以喻指種種的變動；二、「身、口、意」三業亦稱之爲「三行」，即是眾生心所思惟的，口所說的及身所作的；三、五蘊：「色、受、想、行、識」裡的「行蘊」，是指思心所的分別、抉擇，故是指意志的作用。

這三個「行」涵義雖不盡相同，卻也是相關互動的。首先因於內識、外境有種種變動，所以「思心所」就得去反應——先通過思惟、抉擇再去作反應。而思惟、抉擇者，即是「行蘊」的作用。於抉擇後的反應，就表現出「身、口、意」三行也。

但眾生因為無明的關係，雖知道內、外有種種的變動，卻還是帶著「常、樂、我、淨」的執著去看這些變動，於是從這而產生的抉擇、判斷，當也是錯的。由此再衍生的身、口、意三行，更是有問題的。所以佛於經上再三說道「諸行，皆是虛誑妄取」。

佛既如此說，大家也都認了。然而在承認當下，卻有不同的意會：

一、雖承認我們看錯了，可是在看錯當下，乃還是有「眞實的存在」，只是我們把它看錯而已！就像很多人用的比喻：把草繩看作蛇了。看作蛇雖是錯的，若看作草繩即是對的。

因為眾生無明才把草繩看作蛇。如果能從無明轉明，就能現證一個眞實、清淨的世界來，這即稱為「諸法實相」。故修行就是為把它找出來、證得到。這「諸法實相」乃是佛經上說的，所以很多人都認眞地想入得「諸法實相」。

尤其在邏輯學上又有一種講法——「眞假都是相待」才存在的。說假乃因為有眞，有眞才能判別其為假。如云何說看作蛇是假的？因看作草繩，才是眞的。有對，才有錯；佛謂眾生皆錯，即代表當下一定有另一個對的。

於是，這些人就很認眞去鑽研、參究「何者為眞」？簡單講，要把眞的找出來，才能夠安身立命，才能夠解脫成道。

由此鑽研、參究後，也會有兩種結果：

1.勞而無功：雖然非常辛苦、尋尋覓覓、苦苦切切，最後乃悽悽、慘慘、戚戚，仍找不到。其實很多人都是這樣子，以眞的找不到，故假的也放不下。假的放不下故，唯依然故我。所以學佛很久，能提升的還很有限。

2.有的人雖找到了，卻只是把石頭當金子，而「得少爲足」，甚至已變成「附佛法外道」了。仍把假的當眞，更貼上佛法的標籤，即是「附佛法外道」。所以自以爲找到者，唯迷失的更遠而已！

二、第二種人認爲，既一切都是虛妄的，則必把「一切虛妄斷盡」。但既把「一切斷盡」，那就容易落於消極無爲、灰身滅智。

就像經典上常有這比喻「爲有眚故，見空中華」。眚即是眼睛有病，因爲眼睛有病，所以看到虛空有花；事實上，虛空當是沒有花的。言下之意，如果把眼病治好了，即應該見不到一切相法。因爲空中花，空中花即代表相法。必見不到一切相法，才代表你沒病，這必落入「絕無、斷滅」的那邊。

以上兩者，一偏於實有、一落於絕無，皆未合乎「空」義。云何合乎「空」義？空，是不執兩邊也。

怎樣才能合乎中道呢？下面的部分是我補充的：

如有人常自作多情，一廂情願地以爲「某異性對他有意」。於是他或忙著回應，或對與這異性互動往來者，皆懷嫉妒、忌恨之心。忙了老半天，自己也辛苦得不得了。

然而有一天，他卻突然覺悟到：某異性非對他有意，唯自作多情爾！

問諸位「既覺悟了，當如何回應？」

1.怪她騙你？逼她愛你？她說：「我沒騙你，我什麼都沒講哩！只怪你自以爲是吧！」故怪她騙你是沒道理。逼她愛你，更不可能。

眾生無明而執「常、樂、我、淨」，覺悟後哪可能去怪誰呢？頂多怪自己不長眼睛！

2.從此一刀兩斷，不再往來？很多人都是這個樣子！

其實，眾生既是「眾緣所生法」，哪可能與眾緣一刀兩斷呢？勉強斷之，即落於消極無爲、灰身滅智。

3.平淡持心，隨緣幻作。

最後，只能「平淡持心，隨緣自不在」爾！既隨緣示現，也隨緣幻作；平淡如一，貫徹始終。平淡持心就是有也這樣子，沒有也這樣子；一切平平淡淡的隨緣作戲。雖不預設要演什麼角色，當演時也還認眞；但演過了，就不干我的事了。

最後乃既無眞可執，亦無假可離也。

其實若不把它當作眞的，就不會變成假的。所以既無眞可執，亦無假可離；這才是中道，甚至是大乘常謂的「無功用心」、「無功用行」。

就偈頌而言，卻沒講得那麼深，而只是在分辨「眞假之間」爾！

## 【偈頌解說】

丙三　觀行

丁一　破諸行有事

戊一　立

**如佛經所說　虛誑妄取相　諸行妄取故　是名爲虛誑**

在印順法師的科判裡，稱之爲「立」。立是外人所立，可是猶看不出有什麼問題。「諸行妄取故，是名爲虛誑。」這似沒什麼問題。但是，外人的見解是「作假譬喻眞」。就像前面所說的，若謂見到蛇是假的，即代表如見到草繩就是眞的。諸法還是有實相的，只是還未證到而已！

論主要破這「有實相可取」的執著。

因佛經上有這句話：「彼虛誑取法者，謂一切有爲法。最上者，謂涅槃眞法。如是諸行是妄取法，是滅壞法。」這就似乎在虛妄之外，還有涅槃眞法。

外人引佛經，就是爲替「實有不空」的執著而作辯護。意思是在一切皆空的當下，應還有「不空法」。

這「不空法」即是涅槃眞法也。現雖還未證得，但肯定其必有。

## 戊二　破

### 己一　顯教意破

虛誑妄取者　是中何所取　佛說如是事　欲以示空義
諸法有異故　知皆是無性　無性法亦無　一切法空故

於是論主得對佛經上所說的重新解碼，而曰：「所謂虛誑妄取者，乃是指若有所取，即是虛妄。而非當作蛇，才是虛誑妄取；當作草繩者，即非虛誑妄取。」

「虛誑妄取者，是中何所取？」：佛說一切都是虛誑妄取的，意思是不管怎麼取都是妄取的。

「佛說如是事，欲以示空義。」所以佛說的原意是：希望眾生能放下一切執著、取捨，才能證得涅槃眞法。而非取此、捨彼，才能證得涅槃眞法。

爲何得放下一切執著、取捨呢？因爲諸法皆無自性。

「諸法有異故，知皆是無性。」爲何說「諸法皆無自性」呢？簡單講，以無常而有前後變異者，即可肯定其無自性也。

然而也不可說：另有「無性法」的存在。簡單講，既不執實有，也不落絕無；這才合乎「空」義。

「無性法亦無，一切法空故。」：「無性法」就是第二種解碼，認爲一切都是虛無的，所以，得滅絕一切才能證得解脫。其實，一切都是虛無的，又落入絕無跟斷滅的那一邊。

其實，在佛經中有些說法，也很容易落入「絕無」的錯解。如謂「眾生爲有眚故，見空中華」。空實無華，爲眚故見；若眚不再者，即無華可見。這「眚」是比喻眾生的無明。

於是乎，若去除了無明，便當一切都無所見嗎？當不是，爲這已掉入「無性法」的泥淖中了。

所以，眞正的空法應該是第三種：不眞亦不假、平淡持心；既不執取、亦離煩惱。

## 己二　反難

諸法若無性　云何說嬰兒　乃至於老年　而有種種異

雖《中觀》的結論，就是「諸法無自性」。但「諸法無自性」只是說沒有不變的自性，而不是什麼都沒有、什麼都得滅絕！

「諸法若無性，云何說嬰兒，乃至於老年，而有種種異？」以外人錯以爲空，即是「無性法」，也即是一切烏有也！於是便反難論主曰：若一切皆空、一切皆無自性，爲何還會有從嬰兒出生、長大茁壯，以至老死等變異？

現象當然是會有的，但「自性」必不可得！

## 己三　重破

若諸法有性　云何而得異　若諸法無性　云何而有異
是法則無異　異法亦無異　如壯不作老　老亦不作老
若是法即異　乳應即是酪　離乳有何法　而能作於酪

「若諸法有性，云何而得異？」這意思是說：如果諸法是有自性的話，就不可能變異。若變異者，就不能稱爲有自性。所以，前所謂的「嬰兒乃至於老年，而有種種異」者，正證明其性空也。

「若諸法無性，云何而有異？」反過來說，如果諸法是絕無、斷滅者，也不能說它有異。

所以，既絕對的實有即不能異，絕對的虛無也不能異。但是一般人落於絕無的比較少。

「是法則無異，如壯不作老」：是法——我的解釋爲：若法是實有的，則不可能變異。如壯是實有的，則不能變老。

「異法亦無異，老亦不作老」：異法——我的解釋爲：若法是脫序的，則也不可變異。何以故？亂起亂滅，前後脫序，云何能有從前到後的變異呢？故老者，既不從他法中來，也不往他法中去。

因爲，異者即無前後相續的關係。既亂起亂滅，根本沒有次第可言；云何能說從此變彼？

「若是法即異，乳應即是酪。」：如果說「實有」之法還可變異，那乳應即是酪。我們知道從乳可以作成酪、酥，到最後變成醍醐。既會有前後的次第，又得經過一些加工，才會變成酪，而不是乳即可直接變成酪。

「離乳有何法，而能作於酪？」反之，如謂一切都是虛妄、烏有的，則離開了乳，又哪來酪呢？這就是說既「實有」不可能變酪，也「虛無」不可能變酪。

如謂一切都是虛妄、烏有的，那我們也不用再修行了，也不能來聞法了。這等於自找死路吧！

總之，既實有不能變異，烏有也不能變異；不即也不離，非有亦非無。這才合乎「空」義，才合乎「中道」！

## 己四 外人再反難

**若有不空法　則應有空法　實無不空法　何得有空法**

外人聽論主再三申張「性空」，反調侃他道：「你再三申張『性空』、擯除『不空』，在我聽來，卻反而也肯定了『不空』。

「爲什麼呢？因爲『空』與『不空』，像大小、長短，是觀待而有的。故要嘛兩者共存，否則兩者皆亡。

「所以除非你也肯定有『不空』法，才能順道成就你申張的『空』法。反之，一味地抹殺『不空』法，也等於清除了『空』法存在的空間！」

## 丁二 結呵

**大聖說空法　爲離諸見故　若復見有空　諸佛所不化**

於是論主嘆曰：「佛之所以說『空』法，就是希望眾生能放下一切執著、取捨。然而有人聽了，就忙著再去分別哪些是『空』的？哪些又是『不空』的？

「不止忙得一塌糊塗，且爭議又多，紛擾不停。相信這種人連佛也度化不了吧！」

謂「空」，就爲消除眾生對「實有、自性」的執著。故這是「遮詮」而非「表詮」。但有些人乃以

「表詮」去會意，於是又偏於另一邊。

眞是牆頭草，風吹兩邊倒。本來是爲減少他的執著，結果執著還更多，爭議也更多。眞是難以教化！

這就像當我們教人一切放下時，有人卻反道：「你就是放不下，才會如此聒噪！」或如勸人放輕鬆時，他還要我教他：「怎麼才能放輕鬆？」不管它就輕鬆了，如把「放輕鬆」當作一門功課學時，還能放輕鬆嗎？

**【附論】**

這〈觀行品〉跟前面的比較，就覺得輕鬆多了。最後我再加一點附論：

所謂「依眞立假」、「眞假相待」，也可說是因爲眾生執著於「眞」——內有不變的我，外有客觀實有的世界，佛才斥之爲「假」。

若眾生不執之爲「眞」，佛也不必斥之爲「假」，於是以「不眞不假」故，更合乎「中道不二」法門也。

# 13 觀合品

在佛法裡雖常說「眾緣和合」，然緣與緣間竟是如何和合地呢？

## 【章節大意】

佛法裡常說「眾緣和合」，尤其在《中觀》的思想裡，更強調眾因緣和合。於是聽久了，大家都覺得「和合」是很自然的、很平順的。但如果我們仔細去思惟、探究，其實並不自然。因為緣與緣之間，到底是怎麼和合的還有很多的懸疑。

在此品中，先用兩種方式去思考：是一合？還是異合？

首先，如果是「一合」的話，自己跟自己合，其實沒什麼意義；合後，也談不上有什麼變化。所以謂「一合」其實是說不過去的。

事實上，當也不會有認定「一合」者。

一般人都認爲「異法」才能合。事實上，「異法」才能合也是有問題的。

第一、諸法如果眞是「別異」的話，「異」就不能夠合。因爲異者，乃各有自性、各有個體，由是就不能夠和合。

若勉強說：只能「混合」而不能「化合」。因爲有自性者，就不能失其性而與它「化合」。故能「化合」者，必無自性。

以不能「化合」故，就不會有質、量、相、用等的突變。但於現象中，如種子發芽，即已是質、量、相、用等的突變也。

在〈觀合品〉裡，講得比較多的反而是下面的觀點：異法竟不可得也！

很多人都認爲：諸法是有異的。事實上，差異是從「比較」才有的。

講得完整一點，要相待才能「比較」，待「比較」才有差異。所以從相待、比較的因，然後才有「差別」的果。

既「差別」是同因所生——同是「相待、比較」的因所生。既同因所生，就不可能「全然爲異」。譬如「同一父母」所生的兒女，雖長相、個性有差別，也不可能「全然爲異」。

就世間相而言，再怎麼比較，卻總不出乃「大同小異」爾！

下面的部分是我補充的，世間相再怎麼比較，總不出一種結果：即「大同小異」爾，不相信嗎？

譬如「男人與女人」是同？是異？就人而言，是同；就男、女相而言，是異。以人的範疇較廣，在大的範圍裡看是同；男女相的範疇較窄，在小的細目上看是異，故爲「大同小異」也！

又如「牛與羊」，就動物而言，或者就草食性動物而言，是同；就牛、羊的外相而言，是異。以動物的範疇較廣，牛羊相的範疇較窄，故仍「大同小異」也！

再如「牛與土石」，一般人認爲牛是生物，土石是無生物，當然不同。然就色塵而言——都是眼所見的色塵，還是同也；就牛、土石相而言，當是異。故還不出「大同小異」也！

甚至一切法，就性而言，是同。何以故？皆是無常性、無我性、空性也。就相而言，是異。以性的範疇較廣，相的範疇較窄，故仍只是「大同小異」爾！

於是諸法，不只不能說「全然爲異」，根本就是「大同小異」爾！以上是就一般人的觀念而言。

下面還有個觀點，就世間相的比較，還得遵守一個原則：「同性質的才能比較」。譬如比顏色，而有青、紅、黃、綠的差別。如比長度，有的人身高，有的人矮小。但至少都要有顏色、長度才能比。比重量、比體積等皆如此。

不同性質的不得比較：譬如長度與重量比，體積與時間比，公認是無意義的比法。

於是乎，既「同性質的才能比較」，不就也得承認諸法唯「大同小異」爾！何以故？「同性質」者，即是大同：如顏色、重量等。至於青、紅、黃、綠之別，卻只是「小異」爾！

所以，各位有沒有發覺：比來比去結論都一樣，唯「大同小異」爾！

最後，再回歸到《中觀》的主旨：諸法爲何唯「大同小異」呢？於「眾緣所生法」中，眾緣必互相連結成一「廣泛無邊」的大網，這「廣泛無邊」的大網，就是大同；而諸法只是點綴其間的「差別相」爾！所以能不「大同小異」嗎？

當然，如前面所說的「因個體不可得故」、「因諸法必相關互動故」，而說「異法不可得」也是可以的，只是有點「舊調重彈、了無新意」的感覺吧！

以上是講：既一，則不能合；若異，也不能合。甚至異，也是不可得的。因爲比較才有差異，而比較又從相待而有，且同性質的才能比較。所以，諸法以「大同小異」故，說異法不可得。

所以結論：諸法非合。各位不要以爲非合，就應該是離。其實不可能離的，因爲在「廣泛無邊」的大網裡，云何能離？尤其，一切法間又都是相關互動的，更不可能離。

## 【偈頌解說】

丙四　觀合

丁一　別破

戊一　奪一以破合

見可見見者　是三各異方　如是三法異　終無有合時

染與於可染　染者亦復然　餘入餘煩惱　皆亦復如是

「見」是指眼根，「可見」是指色法、色塵。「見者」有我論者說是我，無我論者說是識。如此三法，若各有自性，又各處一方，終無有合時——終究是合不起來的。

一般人所謂的「和合」，不只得把它們湊在一起，還要彼此滲透、起變化。事實上，它們的位置都不一樣，云何把它們湊在一起呢？尤其若是自性、實有的，更不可能彼此滲透、而起變化。故曰「如是三法異，終無有合時」。

「染與於可染，染者亦復然」：同理，染者、可染之境與所現染心，亦復如是，終無有合時。

「餘入餘煩惱，皆亦復如是」：還有從根、塵、識而起的諸煩惱，亦皆如是，終無有合時。

這也就說，若三法各有自性，當不能和合；若三法各有處所，也不能和合。

戊二 無異以破合

己一 明無異

異法當有合　見等無有異　異相不成故　見等云何合
非但可見等　異相不可得　所有一切法　皆亦無異相

前面雖問：是一法能合？還是異法能合？

認爲「一法能合」者，畢竟是少數，大部分人都認爲「異法能合」，所以說「異法當有合」，這是一般人的見解。

「見等無有異」：事實上，見、可見、見者，它們是沒有異相的。

「異相不成故，見等云何合？」：一般人認爲，異才能夠合。既異相不成故，合亦不可得矣！下面才會詳細解釋，異相何以不得成？

「非但可見等，異相不可得；所有一切法，皆亦無異相。」非但「見、可見、見者」之異相，本不可得。甚至一切法的異相，也是本不可得也。既異不可得，即合不可能矣！

## 己二　成無異

### 庚一　因離中無異

異因異有異　異離異無異　若法所因出　是法不異因

若離從異異　應餘異有異　離從異無異　是故無有異

己二「成無異」，是再解釋諸法何以無異相？

爲何說：甚至一切法的異相，也是本不可得呢？

我們要知：一切法的差異相，是從「相待、比較」中才能顯現出來的；反之，若離於「相待、比較」，即無法確認其同、或異。

於是乎，既從「相待、比較」的因，才有「差異」的果。以果不異因故，「差異」的果便不可能「絕然爲異」也。

「異因異有異」：可以把第二個「異」改作「相待、比較」，就很清楚了。差別是因爲相待、比較，才有差別。

「異離異無異」：也是一樣。離開了相待、比較，就沒有差別相了。

「若法所因出，是法不異因」：既因「相待、比較」才有差別相。以此「相待、比較」是因，而「差別」是果。

既從同因所出生的果，當不可能是全然爲異。這就如「同一父母」所生的「兒女」，豈能說是「絕然爲異」呢？若「絕然爲異」，云何又稱爲一家人？

外人想：雖「同一父母」所生的「兒女」，不能說是「絕然爲異」；但如牛與馬，人與石頭，本就完全不相關，又怎不能說它們是「絕然爲異」呢？

好，如果說離開了「比較」，而另有「差別相」可得；那我就承認它們間可「絕然爲異」。但事實上，離開了「比較」，哪還有「差別相」可得呢？

「若離從異異，應餘異有異」：前的「異」字，偏指「相待和比較」；第二「異」字，則指要有共通的屬性，才能比較。

**其實，除了「比較」外，還要有用來作「比較」的屬性，如重量、體積等，才能「比較」也。**

若離開所比較的屬性，還有差別相可得，我就承認它們間可「絕然爲異」。

「離從異無異，是故無有異」：以離開了「比較」和用來作「比較」的屬性，即無「差別相」可得。故不能說任何二法是「絕然爲異」。

所以，第一要相待，第二要比較，第三要有共通的屬性，才有差別相也。從這三因來看，同的反是比較多，最後比出來的差別相竟是小異爾！

**甚至如〈然可然品〉所謂「若法有待成，未成云何待？若成已有待，成已何用待？」**

若謂「比較」才有差別，則未成相前，以何而能「比較」？若謂先有差別，再來「比較」，則既有差別了，何必再「比較」？以此，更不能說諸法「絕然爲異」也。

最後，何以不能說「諸法爲異」？因爲都是在緣起的梵網中，所示現不同的現象爾！

庚二　同異中無異

異中無異相　不異中亦無　無有異相故　則無此彼異

最後，很多人見到的異相，竟是從何而有？

「不異中無異相」，這是大家公認的。然「異中亦無異相」，爲什麼呢？如果兩個是「絕對差異」，「絕對差異」就不相觸，也就不能比較。

能比較者，至少是在同一時空，或同爲我們心識所了別，才能夠比較。如果是全然相異，則永不接觸，不接觸即無法比較他們的同異。

所以，既不異中無異相，也異中無異相。以一切法的異相永不得成故，不可說「彼此爲異」。

丁二　結破

是法不自合　異法亦不合　合者及合時　合法亦皆無

**最後，再回歸原主題：觀合。**

很多人都說「諸法和合」，然而你所謂的「和合」者，究竟是自法和合？還是異法和合呢？

若說是「自法和合」，則自云何又與自合呢？

若說是「異法和合」，則既異，即不可合矣！勉強說：只能混合，而不能化合矣！既不能化合，即不能由之而有相、用的變化。

於是乎，以「合」不得成故，合者、合時、合法，也都不可成矣！

這一品，我覺得應不會太難。下面再看附論。

## 【附論一】

**此品的結論：「是法不自合，異法亦不合」，與「法法不相及」有些類似。**

**何以「法法不相及」呢？一、諸法個體不可得故，不相及；二、諸法刹那變易故，不相及。**

在佛法中有一種觀點，跟「諸法非合、非不合」有點類似——法法不相及。一般人都認爲可相及，你來找，或我去找你，不就相及了嗎？或者現在想拿一樣物品，一伸手就抓到了，不就是相及嗎？

可是事實上，當你抓到時，它已經不是原來的樣子了。因爲諸法乃刹那、刹那都在變。甚至講白一點，諸法的個體本就不可得。既個體不可得，又刹那、刹那在變化，怎麼可能相及呢？

故過去希臘有哲人曰：「舉足復入，已非前水！」從河水中抬起腳，再踏下去時，卻已非原來的水。其實，也已非原來的腳矣！所以水與足，不復相及也。

因此，「法法不相及」的觀點跟「諸法非合」有點類似；但非合者，亦非不合。故「法法不相及」者，亦是「法法不相離」也。

因爲在緣起無邊的大網裡，諸法都只是其中一點；且這點不是固定的，而是動態的，不斷在交錯變化。所以，既不合，也不離。

【附論二】、

下面部分是我補充的，從一切法「大同小異」的結論，再回頭看人間，我們會覺得「祥和」多了。

雖然仍不免有些差異相，至少是以「大同」爲前提嘛！

人跟人之間經常爲了差異而彼此衝突、爭辯不休。其實從無限的時空來看，人跟人之間的差異其實沒有那麼大，甚至根本就是微不足道的。人與草木間、人與動物間的差異，不是更大嗎？人反而不在意，卻獨對我們周遭有些不同的意見，因耿耿於懷，故非去之而後快，眞是想不開哩！

所以不必再「黨同伐異」，不必再「對立衝突」。事實上，有差異，反而才能互補、互惠，如俗謂的「萬紫千紅總是春」。如果只有一種色彩、只有一種形式、只有一種聲音，不是太單調了嗎？

所以能從「互補、互惠」的觀點，來認同彼此間的差異，來欣賞彼此間的差異，來善用彼此間的差異，則生活既必更祥和、豐彩，生命也必更豁達、圓滿也。

當然要能「互補、互惠」，在彼此間締造「雙贏」，也是要有相當的智慧，願大家都往這方向去努力。

# 14 觀十二因緣品

【章節大意】

初看這品的偈頌，我們會很驚訝它跟歷來的結構、章法完全不同。歷來的結構、章法乃是「先立再破」，甚至「一破再破」。而這品竟只有「立」而沒有「破」，甚至「立」的部分，也只是平鋪直敘地看不出有任何特勝之處。

我們學佛以來，大都很快就接觸到「十二因緣」的說法，所以大家都認爲其乃法爾如是。事實上，「十二因緣」並不是如想像那麼單純，尤其有很多人更把「十二因緣」講成「三世兩重因果」。我覺得「三世兩重因果」的說法不只膚淺而且對修行沒什麼幫助。

尤其若把這一品的偈頌，重頭到尾好好看過，便會發覺這跟《中論》原來的處理方式完全不一樣。《中論》多是「先立再破」，甚至「一破再破」。而這品的偈頌，既無外人的「立」，亦無論主的

「破」，從頭到尾都是平鋪直敘。甚至這些敘述的內容也都非常傳統，而無特殊的見解。

尤其，從「無明、行、識」一直到「生、老死」，這樣平鋪直敘下來，就已犯了「直線式」思考的錯誤。而直線式思考即寓有「因中有果」偏見。因無明，所以有行；因行，有識；這樣一直到「生、老死」，豈非都是陷在「因中有果」的窠臼裡？一個學《中論》的人不應該犯這種錯誤。所以我很懷疑：這一品到底是不是龍樹菩薩的原著？

甚至我對佛是否直說過「十二因緣」？也有懷疑。

因爲佛的說法是應時、應機的，而不會如此刻板。故有的簡說爲「惑、業、苦」：因爲無明所以造業，因爲造業所以受苦；有的偏論於「無明、行、識」；有的進一步細剖成「從愛、取、有到生、老死」；有的則申論於「因六入而有觸、受」；有的乃單提「識與名色的相因相待」。

如果你看過《阿含經》，裡面有各式各樣的說法。因此，我懷疑是後來的論師、學者，才將上述的說法連結成「十二因緣」。於是乎，這種非常刻板、機械的論調便被固定下來，且延傳到今日。

因爲是後人整理的，所以免不了有一些瑕疵，如剛才所講「因中有果」的偏見。所以我對這些講法始終不相應，尤其對「三世兩重因果」的說法更覺得不相應。何以故？

你就算不承認「十二因緣」是佛說的，至少從「愛、取、有」到「生、老死」是佛說的，從「無明」而有「行、識」也是佛說的。佛也會犯「因中有果」的錯誤嗎？

如果我們回到《阿含經》，在《阿含經》中的十二因緣，卻是以「逆觀」方式而呈現的。云何爲「逆觀」？比如：爲什麼有老死？因爲有生。爲什麼有生？因爲有業或有「有」。爲什麼有業？因爲愛、取而造業。故是倒推上去的。

逆觀上去跟順說下來其實是不一樣的，因爲有「老死」者，一定有「生」。但有「生」，卻不一定有「老死」——因爲在人道中，有的人來不及老，就死了。至於天道的眾生，雖不會夭折，必等到天福享盡才壽終。然在壽終前，卻不需要經過老的階段。到最後突然五衰，就命終了，所以不經過老的階段。

還有，如果你相信西方極樂淨土的說法，往生之後因爲無量壽，便沒有老死。還有大修行人到最後走了，我們不說他死了，而說他是「入滅」或「圓寂」。所以，有「老死」者一定有「生」；有「生」卻不一定有「老死」。

「愛、取」一定因爲有「觸、受」——當然包括內觸、內受。然有「觸、受」未必會有「愛、取」。何以故？因爲有此境界乃平淡無奇，觸了都沒有什麼感覺，因此也不會產生貪、瞋。

我們再說「六入、觸、受」。「觸、受」一定因爲「六入」，因六根的作用才有「觸、受」；但是有「六根」者，不一定有「觸、受」。如有的人昏睡了，睡到完全無夢的狀態，這時他的六根還在，但已不起作用。入定了雖有六根，但也沒有「觸、受」。甚至有些人失憶，心不在焉、視而不見、聽而不聞，在無記的狀態中，六根也是不起作用的。所以，有六根不一定起「觸、受」；但「觸、受」一定要有六根。

這也就說，「十二因緣」在原始佛教裡卻是「逆觀」而不是順說的。「逆觀」就不會有「因中有果」的缺失。就像問人：「你父親是誰？」父親當然是唯一的。再問：「你祖父是誰？」祖父也是唯一的。

這樣逆溯上去，都是唯一的。但是順推則不然。比如問：「你的兒子是誰？」兒子可能有好幾個，而非只有一個。

從果裡去覓因，因中只有一個較有力的；但因，卻不會只生唯一的果。以在《阿含經》裡講的「十二因緣」都是「逆觀」的，而不犯「因中有果」的缺失。而現在人都偷懶而用順推的方式，因此便犯了「因中有果」的錯誤。

以上是第一，我對「十二因緣」順推的不滿。

第二個問題是，當我們追溯到「無明」時，仍不得解決問題。因眾生還是「無明」哩！

或曰：「十二因緣」既有流轉門，也有還滅門。以還滅故，能解脫生死。

答云：但在「十二因緣」中，看不出能還滅之處。尤其既落於「因中有果」的偏見中，更不可能還滅也。

〈觀十二因緣品〉的偈頌，雖也講到「流轉門」，但只有這句：「以是事滅故，是事則不生」。爲什麼「是事」會突然滅呢？卻未講清楚。似無因就可以滅。

所以，就算講了「十二因緣」，還不能處理掉生死的問題。一定要破「無明」，才能處理掉生死的問題。但云何破「無明」？卻不是於「十二因緣」中即已講清楚的。

第三、一般人講「十二因緣」時，都從「無明」、行、識，往下講，而把「無明」擺在第一位。擺在第一位，就很容易變成「第一因」，因爲「無明」，所以有「行、識」等。可是佛法是不承認有「第一因」的。因爲，諸法都是無始、無終的，何能有「第一因」呢？

第四、後人講的「無明」跟原始佛教裡講的「無明」，定義其實是不一樣的。在原始佛教所謂的「無明」，乃是對「某種狀況」的描述，亦即對理、事的不正知。因對某種事情、某種道理不了解，所以稱它爲「無明」。而不是先有「無明」，才有對理、事的不正知。

而現在有很多人卻把它講成：因爲有「無明」，才對某些事情不正知。變成先有「無明」，又把「無明」當作名詞。但我認爲「無明」當是形容詞，而非名詞。

比如說：這個人很笨。笨是因爲他對很多事情搞不清楚，所以說他笨。而不是有個東西叫做笨，因爲腦袋被「笨」灌滿了，所以才對很多事情搞不清楚。於是再問：云何腦袋會被「笨」灌滿？就更茫然矣！

所以對理事不正知，才稱爲「無明」。且無明是無始的，故不能再追問：爲什麼會有「無明」？在本品的第一個偈頌：「眾生癡所覆」，即已把「癡」當作名詞了。被愚癡所覆，好像愚癡是外來的。若再追問：這癡，又是從哪裡來？爲何本來清淨，卻被癡所覆？就永遠講不清楚了。

第五、再說「無明」，眾生當都是「無明」的，而眾生的「無明」乃不出「我見」、「自性見」也。但每個人的「我見」，其實還是有差別的。有些人雖有「我見」，猶能布施、持戒。有些人的「我見」卻是自暴自棄。而有些人的「我見」，竟是爲非作歹。

故雖都是「我見」，但於相用中，還是有很大差別的，因此不能說眾生都是同一種「無明」。其次，於學佛前、學佛中、到現在，雖不能說已滅除「無明」了，但每個階段的「無明」也非完全一樣，如跟以前一樣就白學了。

所以「無明」還是不出「非一亦非異」、「不常亦不斷」的本質，而不能把「無明」單一化，如單一化就無解了。

第六、既把「無明」排在最前面，依次有「行、識、愛、取、有、生、老死」等。那現在就已非「無明」了嗎？

尤其於「三世兩重因果」的說法中，更說「無明、行、識」是過去世，這一世是「名色、六入、愛、取、有」，下一輩子是「生、老、死」。則現在的我，更已遠離「無明」的階段嗎？

其實，在我們每個念頭起落的當下，都不離「無明」的。把「無明」講成皆由過去世而來，好像我這輩子是完全無辜的。這也就是為何我認為：三世兩重因果的講法，對修行是沒有任何意義的。

我們現在都五、六十歲了。五、六十歲在「三世兩重因果」裡是屬於哪個段階段呢？已「愛、取、有」，故接下去就是等「生、老死」嗎？所以「三世兩重因果」的講法，其實是夠胡鬧的。

「十二因緣」是拿來修行用的，而不是拿來做生理學、成長學，那是世間的學問，跟修行沒有任何關係。我們努力學佛就是為要改變「十二因緣」。如把每個階段都定義得很死，投胎的時候是「名色」，胎兒的時候是「六入」，這對修行有何意義呢？

其實每個剎那，我們的六根都在攀緣造作，所以既都是在「無明、行、識」的狀態中，也都在「六入、觸、受」與「愛、取、有」的狀態中。要能經常返觀自心，去改變我們的心態跟行為，這才與修行相應也。

第七、既每一時刻都是「無明、行、識」，也每一時刻都是「六入、觸、受」與「愛、取、有」。

於是，即將「十二因緣」從「時間的順序」轉成「空間的相待」。因爲，每一個人心中都是同時具足十二因緣，而不是哪個階段才屬於「無明、行、識」，哪個階段才屬於「觸、受」。把它當作橫的更有意義，爲什麼呢？因爲「眾因緣和合」才有一切流轉與還滅。因爲「眾因緣和合」所以一切法空。因爲一切法空，才有可能去轉「無明」、轉「行、識」，轉「生、老死」等。從這個角度去看「十二因緣」，視野才會比較寬廣，不然純粹從「三世兩重因果」講「十二因緣」，我認爲對修行沒有什麼意義。

以上是前言，以下看偈頌。

## 【偈頌解說】

丙五　觀十二因緣

丁一　流轉門

戊一　無明、行

**眾生癡所覆　爲後起三行**

眾生爲癡所覆，很容易讓人聯想到：眾生是否本來明智、清淨，後才爲癡所覆呢？若本來是清淨、明智的，後來才被癡所覆，這爲「癡所覆」就變成無因生了。所以不可把癡當作外來的。

其次，若眾生爲癡所覆，是否意味著：離癡有眾生，離眾生有癡呢？這兩個本來是分開的，後來眾生才被癡覆蓋上去。這種講法是不符合《中觀》的見地。

如前曰：離苦無人，離人無苦。故離衆生無癡，離癡也沒有衆生。所以，不能說衆生爲癡所覆。

比如罵人「笨」。非人外有「笨」，「笨」外有人。不是把「笨」強加在某人身上，所以才變「笨」，而是他本來就不怎麼高明，所以形容他很「笨」哩！

我們當知道「笨」不是外來的，故「無明」也不是外來的。如果本來是「明」，後才變成「無明」的，這就變成「有始無明」，而非「無始無明」。

還有，云何從本來非「無明」而變成「無明」？這怎麼解釋都講不清楚，所以只能承認「無明」跟衆生本來就是一體的。且這一體還不是固定的，碰到惡知識時，「無明」就更重；碰到善知識時，「無明」就淡薄一些。

所以，不能說衆生爲癡所覆。這種講法是不符合《中觀》的見地。

**行，或說有三行——身行、口行、意行。然而就「無明生三細」的說法而言，將行，定義爲身口意三行，還是太粗了。三細，即包括能、所，又稱爲見分與相分。**

下面再說明「爲後起三行」：

三行，一般人都解釋爲身、口、意三行。但我的看法卻不是這樣子。爲什麼呢？因爲若逆觀十二因緣，可說是越溯越細。生死是最粗重的，故每個人都知道有生死。從生死溯到業，從業溯到愛取，已是越來越細矣！

然後再溯到識，即阿賴耶識。一般人根本不知道有阿賴耶識，而只知道第六識而已。阿賴耶識已經很細了，由此再往上溯，豈會是比阿賴耶識粗重很多的身、口、意三行呢？所以「無明、行、識」的「行」應是「自我中心」的意思。眾生有五蘊：「色、受、想、行、識」，其中的「行」就是我們常說的「自我意志」。

我有一種說法，各位可參考。受、想、行、識可配對於唯識裡的前五識、第六識、第七識和第八識。受乃配於前五識；想則配於第六識。因爲第六識就是想來、想去。行當配於第七的末那識：因末那識乃是以我見、我慢爲中心而產生的染著。以此染著而作抉擇，故眾生的抉擇都是以自我爲中心。第八識有人說是認識的識。如果是認識的識，便跟第六識的想沒有差別。故它是指受熏習而成爲第八識的種子。故識，唯配於第八識也。

因此，「受、想、行、識」的「行」，乃跟第七識相關。同理「無明、行、識」的「行」也是當指第七識。故「行」是以「自我意志」爲中心的抉擇，而呈現有身、口、意三行。

**因此「無明」與「行」，很難說：哪個先？哪個後？**

何以故？既爲有「我見」故，而稱爲「無明」；也爲有「無明」故，而起「我見」也。就像世間相，究竟是爲：本是壞人，故作了很多壞事？還是爲已作了很多壞事，所以認定他是壞人呢？以《中觀》的思想而言，不能說哪個先哪個後，只能說是「相待而成」。

故「無明」跟「行」也是相待而成。因爲「無明」，所以起我執，也是因爲起我執，才說他「無明」。

## 戊二 識、名色

**以起是行故　隨行入六趣　以諸行因緣　識受六道身**

**以有識著故　增長於名色**

若「行」是指「末那識」，則這「識」很明確是指「第八識」，而非第六識。因有「識」故，受六道身——就是輪迴去投胎。因爲有「行」，所以熏習成第八識的種子。這第八識在生死交替時，又去投胎，所以受六道身。

爲什麼「識」不是第六識，而是第八識呢？

第一：因爲第六識是有間斷的。睡著了、無記時，第六識就不起作用了。

第二：第六識也沒辦法同時起很多念頭，頂多起一、兩個念頭；而第八識的種子則可無量無邊同時存在。所以第六識不能執持名色，第八識才能執持名色。尤其第八識，才有能力把過去所造的業，承續到下世。

因此，云何謂「行緣識」呢？

第一：以「思心所」造業故，熏習成第八識的種子。「思心所」就是「末那識」的意思。「末那識」

就是以「自我意志」爲中心而作的抉擇，故稱爲「思心所」。所以從「行」，而有「識」。

第二：「末那識」常把第八識，或者說「藏識」當作我。第八識裡，包括所執持的根身、種子等。

第三：於生死交替時，其實是「末那識」帶著「藏識」去投胎的。一般人都說：是阿賴耶識去投胎的。如《八識規矩頌》云：「去後來先作主公」，意思是在生死交替時，第八識是最後離開身體的，也是最先去投胎的。但是，我不認爲第八識有能力去投胎，因爲第八識是被動的。

如用電腦作比喻。第八識相當於電腦中硬碟裡的資料。大家都知道，硬碟裡的資料是被動的，受控於作業系統。而作業系統即相當於「末那識」。因不管我們造什麼業，都是第七識去造作的。各位是否驚訝這些名詞竟如此相似，「造業心所」跟「作業系統」不是很類似嗎？

因爲所有的檔案，都是由作業系統去管理的。所以是「末那識」帶著「藏識」去投胎的。如以管理而言，作業系統實居主控地位。但若就檔案資料而言，作業系統卻也只是硬碟中的一部分資料而已。故以檔案論，反而是阿賴耶識比較大。

傳統上都是用「倉庫」來比喻第八識，以「管理人」來比喻第七識。但我們很難想像倉庫的管理人，又是哪邊找出來的？既一切唯識所現，豈在倉庫外別有管理人？但如用電腦爲喻，反能夠把第七識與第八識的關係講得更清楚。

唯識學裡又講到：第七識是「既恆又審」。恆者，乃因爲無始以來都是相續的；審的話，代表它有思惟、抉擇的作用。第八識是「恆而不審」，第八識雖無始以來也都是相續的，但是它不能審，故居於被動的地位。「末那識」以能審故，居於主控地位。

所以，第七識跟第八識乃是互爲因果。一方面：第七識是第八識的一部分；另方面：由第七識來操控第八識裡的資料。所以「行」與「識」，也是互爲因果的。

在唯識學裡謂：於「藏識」中又有「見分」與「相分」。「末那識」則近於「藏識」中的「見分」，「見分」是作業系統；而「相分」則是那些資料、檔案。

**所以既是「行緣識」，也是「識緣行」，而不能說哪個先哪個後。**

「行緣識」是以末那識來操控第八識的檔案。「識緣行」，因爲前七識包括「末那識」，皆是從「藏識」現行而有作用的。

對很多人來講，作業系統其實是比較細的。很多人電腦用很久了，猶不知道作業系統在哪。因爲電腦買來時，作業系統都已安裝好了，所以不必再處理，即可用矣！同理，我們生下來時，也將作業系統帶過來了，故雖天天在用，卻還不知道用的是哪一套作業系統。

這是講到「行與識」，我不講一前、一後，而是講彼此都是相關互動的。

**譬如三蘆立於空地，展轉相依，而得豎立。若去其一，二亦不立；若去其二，一亦不立——展轉相依，而得豎立。識緣名色亦復如是：展轉相依而得生長。**

**以上經文既以「三蘆立於空地」而作比喻，即謂名、色、識是同時存在的，而非哪個先哪個後。**

「識」與「名」、「色」的關係，譬如三蘆。三蘆現代人很少看得到，但我們知道架槍，必三支槍同時架才架得起來，故曰「展轉相依，而得豎立」。識與名、色也是這樣，展轉相依而得共存。

云何名與色，相待相依？色者，即色身；名者，即前六識，就是我們的精神作用。身與心乃相待相依，身既影響心、心也影響身，這是不必懷疑的。

其次，云何識與名乃相待相依？藏識起現行，則爲第六識；六識熏習成種子，又入藏識中。各位如果對唯識稍加了解，就知道這是指現行與熏習。種子起現行，現行再熏習成種子。所以「識」與「名」的相依相待，也是非常明確的。

最後，云何識與色，也必相待相依？識去投胎故，胎兒才得以存活、增長，不然這個胎兒很快就會流產。出娘胎之後，識又不斷地執持色身爲我所，而使這個身體慢慢成長、茁壯直到衰老死亡。待色身亡後，「識」就沒辦法安身，而不得不離開——再去投胎也。因此，識與色之相待相依，也是很明確的。

眾生的「識」是無始以來都存在的。包括生前死後、在中陰身時都如此。「識」與「名色」也是無始來都相待相依的。

再用電腦作比喻，「識」是代表軟體，「名色」是代表硬體與操作。不會只有軟體而無硬體，不會只有資料而無儲存的硬碟。所以，「識」與「名色」必一向都是相依相待的。

很多人把「識緣名色」解釋成，只有去投胎時才稱爲「識緣名色」。事實上，我們無始以來都是「識緣名色」的，包括於中陰身時亦然。

## 戊三　六入、觸、受

**名色增長故　因而生六入　情塵識和合　以生於六觸**
**因於六觸故　即生於三受**

「名色增長故，因而生六入。」這裡我跟傳統的解釋不太一樣。所謂「名色」，又可分做「內名色」跟「外名色」。「內名色」很明確是指眾生的五蘊：色、受、想、行、識。「色」蘊，當然就是「色」；「受、想、行、識」即是「名」——乃指精神作用。

「外名色」呢？色是指山河大地的器世間，包括色、聲、香、味、觸之五塵。「名」指一切名言，包括一切的名相跟觀念。「外名色」是共業世間所示現的。

於是「內名色」與「外名色」間，乃通過「六根」的連結而能互動、關連也。因此「六入」者，也是無始以來就如此，而非限止於哪個階段！當然你可以說：然六根並不是同時起作用的，甚至有些時候還都不起作用哩！但至少不是限制於哪個階段才有作用的！

六根的作用，即是所謂的「根塵和合，以生識」。前於〈觀合品〉已謂：諸法非合、非不合。故雖假名為合，當非有自體、非有自性的合。

「根塵識和合」因為是過去的「識」——即第八識的種子，加上現在的「根、塵」，而起現行。所以，也可以說是「根、塵、識」的和合，其中的「識」是指第八識。和合後起現行，即為第六識也。

**八識起現行後，即成「觸、受、愛、取」也。故曰「從六入，而有六觸」。**

所以八識起現行後，才有「觸、受、愛、取」。「觸、受、愛、取」是屬於第六識的作用。當然也可說「觸、受」偏向前五識，「愛、取」偏向第六識。以前五識還是包括在第六識裡，故說第六識就可以了。

關於「六入」，各位應該還記得我說的比喻：按開關，燈就能夠亮，是因爲其它條件都具足了，所以開關一按燈就亮了；而不是按開關就能使燈亮。同理，也因爲其它的緣都具足了，所以眼睛一睜開就能看到色塵。如果其它條件不具足，眼睛睜開還是看不到。所以，不是根就能見，而是眾緣和合才能見。

**「因於六觸故，即生於三受」：關於受，或說有三受，或說有五受。三受者，可意、不可意、俱非；五受者，即苦、樂、憂、喜、捨。**

「六觸」乃因爲有六根，以六根而成爲六觸。關於「受」有不同的說法：或說有三受，或說有五受。

三受者：「可意、不可意、俱非。」可意，即順心者，順我喜好的，就稱爲可意；不順我喜好者，就是「不可意」。俱非，即平淡而無所謂者。也有人說是五受——即「苦、樂、憂、喜、捨」。其實，「苦、樂」偏重生理的感覺，而「憂、喜」才是心裡的感受。

有人將「觸」亦分爲三觸：即可意、不可意、俱非。若已將「觸」分爲三觸，則受便只能有三受：憂、喜、捨。何以故？「觸」是生理的反應，「受」是心理的感受。以生理的反應故，有三觸：苦、樂、捨；以心理的感受故，有三受：憂、喜、捨。

以上從「六入」而有「觸、受」，其實就是從「業種子」起現行，故受果報的意思。

前已再三說到這個觀念，爲什麼「業種子」會起現行呢？因六根觸擊到「強而有力的外緣」，則會引起較大的貪或瞋。如果是平平淡淡的捨受，就談不上受報。

這「強而有力的外緣」大部分是指「外名色」而非「內名色」。因爲「內名色」本來就經常跟我們在一起，故不會形成強有力的衝擊。

戊四　愛、取、有

以因三受故　而生於渴愛　因愛有四取　因取故有有
若取者不取　則解脫無有

「以因三受故，而生於渴愛」：三受中既有可意與不可意，云何從受而只生「渴愛」呢？

或謂：貪與瞋爲一體的兩面，故「渴愛」者即包括「瞋恚」也。

所以，有人說這「渴愛」乃包括「貪與瞋」。在佛法裡有時是講貪、瞋、癡，有時卻只謂無明與愛欲。故瞋，其實包括在愛裡，因愛不到才會瞋，故愛爲瞋之根。故講愛，就已包括瞋也。

然而三受中的「捨受」——俱非，又如何說呢？於是有人便以：可意受者，起「渴愛」念；不可意受者，起「瞋恚」念；俱非受者，起「愚癡」念。

把三受配對於貪、瞋、癡好像很穩當，然而於「渴愛」、「瞋恚」當下，難道就不是「癡」嗎？其實我們時時刻刻都在無明當中，哪有不癡的？只是「癡」的程度不一樣爾！

諸法本來就是相關互動的，故一定要割切成「一個蘿蔔對一個坑」，就免不了有種種的瑕疵！學《中觀》的人要聰明一點，諸法都是假名，而假名是隨人去定義的。因此，都有很大的彈性，不要被它坑死了。

**「因愛有四取，因取故有有」：四取，衆謂是：欲取、戒禁取、見取、我語取。**

欲取，是對五欲境界的執取；戒禁取，是妄以邪行爲清淨，故持以爲戒。印度外道常持些很奇怪的戒，以爲這才清淨、能夠升天，事實上，那跟清淨、升天根本沒有關係；見取，是執取不正確的見解；我語取，是妄取五蘊爲自我。這把「取」講得比較細了。

從愛到「取」：似乎只是從內心的雜染，到表現於外在的行爲中。故於三業中，似偏指身、口二業。但於「四取」中，其實是更著重於「意業的執取」。如見取、戒禁取和我語取者，皆屬意業也。「因取故有有」甚至意業者，還包括「末那識」的思量也。因爲第六識的意業，背後都是由末那識在掌控的。於是乎，終以「末那識的染著」，而能造業熏種。是以「有有」，第二個有即指總相的業、或別相的種子也。

這也就說，「六入、觸、受」是業種子起現行，「愛、取、有」是現行之後再熏習成種子。熏習一定要經過「末那識」的思量，才能熏習成種子。

故用唯識的講法，世間就只有兩個程序：「現行受報，再熏習成種子。」這是每個剎那都在進行的，而不會只限在哪個階段是「六入」、哪個階段是「觸、受」、哪個階段是「愛、取、有」。

**或問：何以都偏從唯識的角度，來解說「十二因緣」？**

**答云：「十二因緣」是用來修行的，唯識也是修道用的。故偏從唯識的角度來解說「十二因緣」。**

這也就說，眾生的起心動念，其實都包括著「十二因緣」，只是不同時會有不同的比重吧！修行要經常返照我們心念的起落，看現在的念頭是偏向「愛、取、有」、還是偏向「六入、觸、受」、還是偏向「無明、行、識」。既有偏重，就當迴向。

**從「行」到「不行」；從「六入、觸、受」到「內攝、內消」；從「愛、取」到「施、捨」等。**

既從返觀中察覺到「當下所偏重」者，就應該即時迴向——迴到正法的方向。大致說，如果現在是「愛、取」，因看到境界而起貪心或瞋心，就得趕快放下、或作「施捨」；如果當下是「六入、觸、受」，對外界產生攀緣心，就應該「內攝、內消」；甚至，如察覺到「自我中心」的思想很重就應該放下，而從「行」到「不行」。

各位仔細看，這跟「戒、定、慧」剛好是對應的。從「愛、取」到「施、捨」偏重於「戒」。戒者，就是在六根對境當下，能使心不起貪、瞋。故不隨貪、瞋而造業；從「六入、觸、受」到「內攝、內消」，則屬於「定」。如果心很定，六根是不會去觸及六塵而產生「受」的；至於，從「行」到「不行」很明確是屬於「慧」的部分。從正知見認定：諸法本來無我，我見是虛妄的，我愛、我慢則為造業、生死的根本。從正知見去降服末那識，而能從「行」到「不行」。

因此，當把「十二因緣」拿來對境作返觀、對境作修行。而不是拿來作生理學、成長論。那種講法我認爲對修行沒什麼意義。

「若取者不取，則解脫無有」：於是乎，取者不取——不是已生「渴愛」、「瞋恚」念了才「不取」。若以爲此爲「不取」者，乃只是「壓抑」爾，而非眞「不取」也！故「不取」者，乃不生「末那識的染著」，是以才能不造業、熏種，而解脫生死也。

## 戊五　生、老死

從有而有生　從生有老死　從老死故有　憂悲諸苦惱
如是等諸事　皆從生而有

生死有兩種：一種是分段生死；一種是變異生死。分段生死，是從生下來、長大，最後再慢慢老死。

變異生死不是指身體，而是念頭的變異。用唯識的講法：從種子起現行，於現行中再熏習成種子，即是一番生死也。

故刹那、刹那我們都在生死。如果是觀念或心態有較重大的改變，更是一番生死也。

## 戊六　小結

### 但以是因緣　而集大苦陰　是謂爲生死　諸行之根本

從以上的十二因緣，而集成五蘊的生死相續、輪迴不已。這個「集」字，似乎是指「空間的對待、和合」，而非指「時間的連綿、相續」。

其實，我前所釋之：從「無明」、「行」、「識」到「名色、六入」等，也都偏指「空間的對待」，而非「時間的相續」。爲何不用「時間的相續」呢？因爲這寓有「因中有果」的缺失。

其實，既說生死，當是指「時間的相續」，然而若唯以「前後的相續」來看因果，便難免變成「直線式」的思考，而落入「因中有果」的窠臼矣！

反之，若屬於「空間的對待、和合」，在同時間裡具足十二因緣，這既不會落入「直線式」思考，又跟「眾因緣和合」的思想是比較相應的。

以上是十二因緣的流轉門。

## 丁二　還滅門

### 無明者所造　智者所不爲　以是事滅故　是事則不生
### 但是苦陰聚　如是而正滅

上述從「無明」到「生、老死」的流轉鎖鍊，乃是從「無明」而造作的；至於智者則不然。云何不然？

**「智者所不為」：智者不取，故能從「行」到「不行」。**

**「以是事滅故，是事則不生」：前之「是事」，乃指「無明與行」的交互連結。因無明故有行，也因行故增長無明；後之「是事」，乃指「生與老死」。**

「無明」滅了，「行」就滅；「行」滅，「識」當然就跟著滅。到最後，生、死則不復有。可是這樣，未明確講：云何能滅「無明」？

**「但是苦陰聚，如是而正滅」：然而說到滅，非指一切都斷滅了。既諸法是不常亦不斷的，云何能說滅呢？**

故滅是把無明滅，最後生老死的苦也滅了。唯「苦陰聚」的別相滅爾，也就是俗謂的「斷煩惱、了生死」。至於福德、智慧、眞如、法身，則不會滅也。這部分原始佛教比較少講，至於大乘佛教就講得很明確。

以上雖謂「無明、行」能滅，但怎麼滅的？卻隻字未提，這不是很奇怪嗎？似乎「無因」即可滅矣！

當非「無因」即可滅矣！而是得從觀「諸法因緣生」，故無自性；以無自性故，兼破除我見、我所見，以此而能滅無明與行。無明與行滅，下面的一切也就跟著滅了，故曰「如是而正滅」。

以上還滅門的講法，我覺得還是偏一邊，所以在附論中再補充說明。

【附論】

雖於「十二因緣」中皆謂：眾生都是「無始無明」的。但以《中觀》的角度來看仍是偏一邊，爲什麼？以眾生若只是「無始無明」爾！「無明」便不可能破除矣！包括聽經、聞法等亦然。

因此眾生於「無始無明」當下，應還有「佛性」——覺性的存在。後來的大乘佛法才強調眾生都有「佛性」、「覺性」。且「無明」與「覺性」的關係，經我思考之後應如下之漸近線所示：

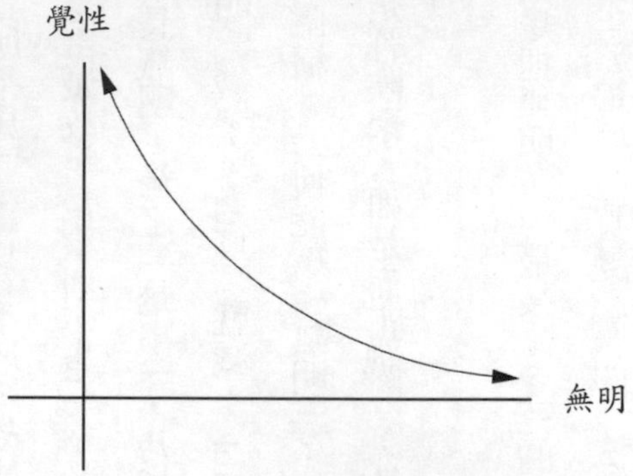


未學佛前的「無明」位置，乃偏向右端，尤其是我執很重，自私自利者，會更偏於右端；學佛後，或有些善心人士，雖還是「無明」，但已非那麼偏端矣！

學佛、修行後，應該是向中間趨近，而往「覺性」的方向去提升。於是乎，以趨近覺性、趨近中道故：

第一、能夠轉「無明」爲覺明。

第二、能轉「行」的末那識成「平等性智」。這是唯識學的名相。因爲「行」是自我中心，「行」轉之後，因證得我跟諸法沒有界限，即成「平等性智」。

第三、轉「識」——即阿賴耶識成「大圓鏡智」。

第四、轉「名」的第六識成「妙觀察智」。轉「色」身成「法身」。

第五、轉「六入」成「六神通」，眼有天眼通、耳有天耳通、足有神足通等。

第六、不只能「觸、受」，更且能「化、現」。大菩薩有神通，度眾生需用什麼境界就能示現什麼境界。所以，「觸、受」較消極，而「化、現」則更積極也。

第七、將「愛」昇華爲「慈悲」，將「取」逆向成「施、捨」。「施、捨」不只是施捨財物，還包括對我見、我愛、我慢的放下。於是乎，本來的「有漏業」，即成「無漏的福慧」矣！

最後雖「隨願入生死」，但不是「苦陰聚」。雖仍有生死的相，但不受生死的苦；而且還能弘法度生，增長福慧，故稱爲「功德會」也。

「十二因緣」很多人都是這麼講：「此有故彼有，此生故彼生。」這是流轉門；「此無故彼無，此滅故彼滅。」此是還滅門。如果，以「有、無」跟「生、滅」來講「十二因緣」，以《中觀》來看都還是偏，不是偏「有」就是偏「無」。因爲諸法不常亦不斷，所以只能去轉化、昇華。

因此，唯識學再三強調：轉末那識成平等性智；轉阿賴耶識成大圓鏡智。都是講轉化，而非斷滅。這轉化對很多人來講，還會覺得踏實一點。尤其是從有漏轉成無漏。

「轉化」之後，不只沒有苦，而且福德跟智慧更能趨向於圓滿。故這種講法才跟《中觀》是相應的。否則，我還懷疑：這品非論主的原著。

# 15 觀本際品

「本際」，乃本元邊際，亦即是萬相「啟始」之意。

## 【章節大意】

首先定義「本際」，就一般的說法即是本元邊際。這聽起來還是比較古典一點，就現代人的講法，即是「啓始」——亦即萬相世界最初開始的點。

一般人都認定萬物是有始終的，也就是既有開始，也有終結。就像人，是從生下來時開始的；而結束於斷氣、死亡時。可是也有人認爲，不是從生下來時才開始的，而是從懷孕時就開始了。因此什麼時候開始？這就牽涉到定義的問題。

又如花。一般人都認爲花有開、謝。開的時候算開始；謝的時候則結束。但花開，能確認什麼時間點初開的嗎？花不是一下子就冒出來，如天氣很冷，得待好幾天才完全開。故什麼時候才叫做開，其實也很難有個明確的定義。至於花謝，有些花是慢慢枯黃的，枯到最後才掉下來；有些花不會掉下來，直接在枝上變成乾燥花，任風吹雨打就是不會掉下來。這又怎麼算結束呢？故結束，其實也牽涉到定義。

又如上大學。從入學的第一天算開始嗎？但入學是以「新生訓練」爲準，還是以註冊爲準呢？至於什麼時候結束？是期末考結束，已經不再上課了算結束？還是拿到畢業證書才算結束呢？其實，這都牽涉到定義的問題。

若我們用佛法的「因緣觀」去看，就很難說有始終。比如小孩子生下來之前，還有前世。花開是從苞有，而苞又從枝幹而生；枝幹者，從種子長大，種子又從過去的果實而來。如此一直往上追溯，根本不可能有一個最初的點。

而且越往上追溯，乃越複雜。很多人認爲，越往上溯，會越單純；單純到最後只剩一個因，即稱此爲第一因。事實上，如用佛法的「因緣觀」去看，越往上追溯不會變成更單純，而是變成更複雜。

比如從我的生命往上追溯，是父母。我的生命是父母所生，從一而變成二。從父母再往上追溯，父親那邊有祖父母，母親那邊有外祖父母，就變四個矣！所以越往上追溯，卻是更複雜，而不會越單純。

因此，不僅找不到最初的原點；而且越往上溯，還越複雜哩！

**這一品稱爲〈本際品〉，但佛法是否定有「本際」「初始」的，也否定有「第一因」。**

於是乎，說到生死，即說是「無始生死」；說到「無明」，也必是「無始無明」，都是沒有開始的。

因此，要了解〈本際品〉不會有很大的困難，因爲都是沒有開始的。可是沒有開始，不是因時間本身是一條直線，故過去還有過去、未來還有未來，以此而謂：無始無終。這種直線的講法以《中觀》來看，其實是不夠究竟的。

以《中觀》的宗旨，根本就否定「時間是一條直線」的觀念。這問題我們會在〈觀時品〉裡講得更詳細。我在這裡先預告，時間不是一條直線，從「因緣觀」而往上追溯，其實會變得更複雜，而非一單純的直線爾！

其實，於「八不中道」裡就已明示萬相必無始、無終。何以故？一般人都把生跟滅當作始、終，既不生、不滅，就無始終了。同理，既不常、不斷，亦無始終也。

**【偈頌解說】**

乙五　觀時空變幻

丙一　觀本際

丁一　正觀生死無本際

戊一　觀教意破

大聖之所說　本際不可得　生死無有始　亦復無有終

若無有始終　中當云何有

首先看小標乙五，我把《中觀》的內容分作七大類，乙五是「觀時空變幻」。這會牽涉到比較複雜的因素，故第二品的〈觀去來品〉，因牽涉到去者、去時、去法、去處等，較複雜故，被挪到此單元。

此單元大部分都跟時間、空間的變幻有關，故稱為「觀時空變幻」，共有四品：包括〈觀本際品〉、〈觀時品〉、〈觀三相品〉，還有〈觀去來品〉。

現在先看第一品〈觀本際品〉，下面的偈頌依照印順法師的科判。於「丁一正觀生死無本際」下，首先是「觀教意破」。

「觀生死無本際」，有兩種觀法：第一是聖言量，直接從佛經上引用佛怎麼說，故我們便得接受；第二是比量，用邏輯的方式去思考、推演而得到的結論。戊一觀教意破是用聖言量的方式，來證明生死是沒有本際的。

「大聖之所說」：「大聖」很明確是指世尊釋迦牟尼佛。佛在很多經上都說：「眾生無始以來，生死本際不可得。」本際不只指最初、也指最終。既本際不可得，即是無始亦無終。

「若無有始終，中當云何有？」一般人認為有開始、有結束，所以才有「中間」，且把「中間」當作實有的。

現既無始，亦無終，那麼中間還有嗎？「相」當然還是有的，且常變化，但至少不是實有的。所謂「破」者，乃因一般人都認定：境相是實有的，且境相都有初始和終了。而現在竟是：既無「初始」，亦無「終了」。於是乎中間實有的境相，亦了不可得矣！因此，主要在破「自性和實有」。

下面的「推正理破」就是用比量去破。在《中觀》的論頌中，用聖言量破的反而比較少，用比量破的乃較多，因為用比量最佳的利器就是「緣起觀」。

戊二　推正理破

己一　總遮

是故於此中　先後共亦無

「是故於此中，先後共亦無。」這是總遮，先把結論說出來，然後下面再分析。己二別破才是分析。

上引用教理，以明「始、終、中」的不可得。下再用推理的方式，以論證「先、後、共」亦不可得！

己二　別破

若使先有生　後有老死者　不老死有生　不生有老死
若先有老死　而後有生者　是則爲無因　不生有老死
生及於老死　不得一時共　生時則有死　是二俱無因

「若使先有生，後有老死者；不老死有生，不生有老死。」若直接以生死來看有、沒有本際？如先有「生」，就是指本際爲「生」，後才有「老死」。

若此，這「生」又是從哪裡來的？若先有「生」，這就變成「生」是自己存在的，而非從「老死」

而有「生」。

假設：「先有生，後有老死」，則表示不是因爲「老死」，而就有「生」了。於是「生」與「老死」就分道揚鑣；而成不「老死」有「生」、不「生」有「老死」。但世間的現象，卻非如此。

反過來說，「若先有老死，而後有生者；是則爲無因，不生有老死。」結果亦然。不「生」就有「老死」；若不「生」就有「老死」，也非「老死」就有「生」。於是乎，「生」與「老死」都將變成「無因生」了。

我們都知道：正知見的佛法，尤其是《中觀》的宗旨，絕不可能接受「無因」還可以生。「生及於老死，不得一時共；生時則有死，是二俱無因。」若謂「生」與「老死」是同時存在的。則：

第一、一般人是不可能接受二者是可共存的。因爲若「生」就不是「老死」；既「老死」就不會是「生」。乃不可能既「生」又「老死」的。

第二、若姑且承認「生、老死是可同時存在的」，則「生」與「老死」，又都變成「無因生」矣！因爲「生」不由「老死」，「老死」也非因「生」，故都變成「無因生」也！

這也就說，若謂：「生」與「老死」是一時共存的，不只犯了「相違過」，也犯了「無因過」！其實，生命乃不斷在變化，而非只有生、老死而已！

## 己三 結責

若使初後共　是皆不然者　何故而戲論　謂有生老死

總之，不管說：先有「生」、先有「老死」或「生」與「老死」是一時共存的，都是不合情理。於是乎，說實有「生」，實有「老死」者，便是「戲論」而已——無稽之言也！從因緣觀來看，一切萬物既不斷在變化，什麼時候叫做生？什麼時候叫做死呢？乃隨時都在生，也隨時都在死。剎那、剎那、剎那，把時間切割成最短的區間，依然有生滅變化。故生死，只是定義而已！

用世間的例子作說明，比如：冰溶化成水。一般人看冰是死了，因本來有冰卻變成沒有冰。但死了，不是全沒有，而是變成水了。故水生了，本來沒有水，現在變成有水了。

我們只是抓一部分的相，而說這相什麼時候變有？那相什麼時候變無？就總相而言，乃不常不斷也。

至於別相，不管說生、說死、說生死是一時共的都可以，可以者乃都建立在「假名」上。故不同的假名，是可同時存在的。就像冰溶化到一半，既有冰也有水。或有的人在家裡是主人、到公司是主管、對兒子來講是父親、對妻子而言是丈夫，可同時建立很多假名。但有很多假名者，不等於有很多個體也。

於肯定緣起無自性中，定義不同的相用，即是「假名」也。反之，但從實有的角度去說，實有生、實有老死，則是「戲論」也。

丁二 類明一切無本際

諸所有因果　相及可相法　受及受者等　所有一切法
非但於生死　本際不可得　如是一切法　本際皆亦無

事實上，就無始終而言，不只生死是無始終的，也一切法都是無始、無終的。包括「諸所有因果」——一切因果是無始終的。「相及可相法」——能相及所相、「受及受者等」都是無始、無終的。

結論：「本際皆不可得」。

這品就講到這裡。很簡單，因爲只要從緣起觀去分析，就可以確認：諸法乃不常不斷、無始無終也。

【附論】

**或問：若生死，本無始終：云何能「了生死」呢？**

**答云：「了生死」者，卻非「斷滅」也！能覺悟到：生死本是如幻的假名，且不被它所障礙、束縛，即了生死矣！故菩薩了生死後，卻能以「千百億化身」而度衆生也。**

我們首先要確認：生死本是如幻的假名。萬物本來就必不斷變化下去。故云何爲生？一定是執著某一相爲眞，然後才能定義「它是什麼時候生」。同理，云何爲死？一定是執著某一相爲眞，然後才能定義「它是什麼時候死的」。

如果已經認定一切都是變幻不停的，就既沒有生，也沒有死了。亦可說，既隨時在生，也隨時在死。甚至可說有很多的生死同時在展現。

一般人只看到粗重的分段生死，但往裡面細觀：乃更有無窮地變異生死。生死看到最後，本是如幻的假名而已！

如理會到：生死本是如幻的假名，故能不被生死所障礙、所束縛。此即謂「了生死」也。因此，相還是會不斷變化下去，只是不再以那個爲我。不再以那個爲我，就是「不受後有」也。因此，不能用斷滅見去看「不受後有」。因此菩薩於了生死、證「不受後有」之後，卻反能夠「千百億化身」。

眾生因爲都執著有我，故都被「我」所束縛，故生命的彈性乃很有限。如覺悟到：因緣起無自性故，反能有更大的彈性，故可隨眾生的需要而千變萬化，這就是大乘所謂的「千百億化身」。所以「千百億化身」與「不受後有」其實是一體的兩面。但要能先「不受後有」才能千百億化身。

結論：生死是可以了的，但了後，反能夠「千百億化身」。同理，無始無明是可以破的，但破到最後，不是灰身滅智而是轉識成智。能轉識成智者，即變成菩薩的神通、妙用也！

我之前甚至講到一個觀念：修行也是沒有終結的。很多人以爲修行到最後，不管是成羅漢或成佛，就是終結。其實以《中觀》的思想來看，是不可能有終結的。然雖不斷變下去，但有個大方向：唯趨向於圓滿。沒有究竟的圓滿，但可不斷趨近也。

# 16 觀時品

【章節大意】

在古代的印度人，有人將時間視為「第一因」，時間不只獨自存在，而且是決定一切變化的主因。

「時間」，從小孩到大人，從凡夫到聖賢，都可感受到它的存在。它對我們而言，似乎是最熟悉的！然而若認眞去想，卻又覺得它既神秘，又陌生。

不是嗎？時間總是不斷地來，又不斷地去。從哪裡來不知道，去哪裡也不知道。既覺得它似永遠都陪伴在你身旁；但當我們想去挽留、捕捉時，它又已驀然消失無蹤！

如所謂「時來眾生熟，時去則催促；時轉如車輪，是故時爲因。」什麼時間到了，就會有怎樣的現象發生，如有人出生了、有人死亡了，這都是因爲時間的關係。這以時間有自性，且爲「第一因」者，似乎是最偏端的！

然而若比之中國的陰陽家，不只將時間視爲超然獨立；且不同的時辰，還對應著各自的吉凶禍福。於是乎，哪個時辰，能作什麼？不能作什麼？皆成定數矣！

各位翻開黃曆看，今天是什麼日子？宜不宜講經、宜不宜外出、剃頭等，每項都明示得清清楚楚。今天合不合講經呢？不知道！

因此，信者皆忙著看時間辦事：商店開張要看時間、結婚也要看時間、什麼都要看時間。不信者，則視而不見！像我某人就是不信者，每天都照自己的規劃去作功課。最後，究竟是信者優勝、還是不信者輕安呢？至少，很多信者看樣子也沒好到哪裡去，只是每天被時間綁架而已！

其次，**一般人就算不把時間當「第一因」，也把時間當作「獨自存在」、「獨自變化」的。甚至時間不只是獨立存在，且還是「等速地流」**。

因爲時間總是一天又一天地來，一分又一秒地去，所以認定時間是「獨自存在」、「獨自變化」的，甚至把時間當作「等速地流」。所以現在的一秒，等於過去的一秒，也等於未來的一秒。都把時間單位固定化了，然後再積秒成分，六十秒爲一分；積分成時，六十分爲一時；積時成日，廿四小時爲一日；積日成月，三十日爲一月；積月成年，十二個月爲一年也！

但是，我們也都察覺到：年紀大小，對時間的感受是不同的。

年紀小時，時間似乎過得較慢。拿了今年的壓歲錢，總要等很久，才能等到再拿壓歲錢。而現在，一年一年卻不經意地就過去了！現幾歲？也不敢想，因爲時間過得太快了！似年紀越大，時間就過得越快？

如古詩曰「一日不見，如三秋兮！」大家都知道，等待的時候，時間過得特別慢；等人的時候一直看錶，連五分鐘都很難挨！如果打坐，坐到腿痛而唯等引磬響，越等時間就越難挨！很焦急地等一件事，或者生病痛苦的時候，時間總是過得特別慢，相信這大家都有經驗。

相反地，於快樂的時光、定心的時刻，時間就過得特別快！快樂的時光，比如好朋友很久沒見，大家一見如故，促膝暢談，一個晚上一下子就不見了，怎麼已三更半夜了！這是快樂的時光。定心的時刻：如有些人禪坐方法用得比較好時，一枝香接一枝香地坐下去，時間也過得飛快。

若仔細分析：時間是什麼呢？時間的「間」，即是間隔也，故時間乃指「兩個物相變化間的時距」。要有兩個前後變化相，才能量出時距。這樣講，似比較抽象。

故就實際現象而言，譬如：何謂「一年」？或曰：地球繞太陽公轉一圈的時距；或曰：春夏秋冬一循環的時距。何謂「一月」？月球繞地球轉一圈的時距；或曰：月亮從缺到圓，從圓再到缺的時距。從缺到圓是初一到十五，從圓再到缺是十六到三十，這樣一圓、一缺加起來，即是「一月」。何謂「一日」？或曰：地球自轉一圈的時距；或曰：晝夜一循環的時距。

總之，年、月、日都有非常明確地變化量，且有周期、循環。於是以周期而定義「時間」。故「間」，即指「周期」也。

**然後再換算：一年有十二個月，一月有二十九天半等。**

這跟一般人以「累積」的觀念來看時間是不一樣的。非累積二十九天半，即成一個月。而是一個月的大周期裡，含有二十九天半的小周期。以上所講的年、月、日，於大自然裡都對應有很明確的周期變化。

然後再切割一日，爲十二時辰，或二十四小時；再切割一小時爲六十分等！這部分很明確是人爲的。因爲，沒有明確的變化周期可對應也。

**所以時間絕非獨立存在，更非自性實有。時間還不過是「緣起性空」爾！緣起者，既包括「物相的變化」，也包括「心念的覺知」！故沒有「物相的變化」，即量不出時間的距離；沒有「心念的覺知」，更無時間的存在矣！**

否則萬物雖變，而心念卻未覺知其變化，未覺知其變化當然就無法確認時間的存在。在《中觀論頌》裡只偏論「物相的變化」，而未探討「心念的覺知」。事實上，「心念的覺知」對我們而言，才更重要哩！

於是基於緣起的不同，我們對時間的認知便有很大的差別：有時覺得時間過得很慢；有時覺得時間過得超快；有時覺得時間是向前行——從過去而有現在，從現在而到未來；有時乃覺得時間是向後退——從未來而變成現在，從現在而變成過去；有時竟覺得時間是從現在，而向兩端延伸：一端伸向過去，一端伸向未來。

以時間的覺受，來自於「物境的變化」與「心念的覺知」。則我們可歸納：若心與境對立衝突，時間必將難挨！或我們希望時間快來，它就是不來；或我們希望境界快走，它就是不走，這時就會覺得時間過得特別慢。

若心與境協調安適，就像剛才所講，或好朋友見面，或打坐方法用得很好時，時間必定好過！若心與境，統一雙泯，時間即已消逝！如打坐方法用到完全統一，根本不覺得有時間也！

注意於因果的變化，時間乃向前行。因爲從過去的因，而變成現在的果；從現在的因，又變成未來的果。單觀於物相的去來，則時間向後退也。現在的相變爲過去，未來的相會變成現在。安於現在，尋思前後，則時間伸向兩頭！

從以上的分析，即已確認：時間的總相乃「緣起性空」爾！其次，再看時間的別相。

**衆所皆知時間的別相：有過去相、現在相和未來相。從別相再來看時間，則更顯出時相的虛妄，而非自性實有。**

何以故？若過去是自性實有者，云何過去能變成現在及未來？就《中觀》的觀念，是自性實有者就不應該變，能變的就不是自性實有。我們都知道：過去能變成現在，表示過去不是自性實有的。

同理，若未來是自性實有者，云何未來能變成現在及過去？若現在是自性實有者，云何現在會變成過去，未來會變成現在？

三相不斷變化，不管你是向前看，還是向後看，還是向兩端看，反正只要有變化，就確定時間不是自性實有的。所以從別相的遷變中，很容易判定時間是虛妄不實的。

下面單獨論：過去、現在、未來。

若過去眞已過去了，則當不能爲現在的心識所緣。於是乎，我們便不得知有過去，更不能對過去事作回憶、反省。以過去非純過去，我們才能得知有過去，更能對過去事作回憶、反省。

譬如一張照片，一棟建築物，明明就現在眼前，我們卻說：「它是五年前的照片！是五十年前的建築！」因爲目前這一張照片、這一棟建築物，使我們聯想到五年前的過去、五十年前的過去，所以說過去不離現在也。

甚至若純是第六意識的回憶，而無當前的情景，也因爲有當時熏習的藏識種子，相傳到今故，我們才能對過去事作回憶和反省。

這也就說：所謂的過去，也是另一種形式的現在。尤其不能離於當下的根識，而有對過去的回憶、反省等。因此沒有純粹的過去，沒有客觀實有的過去，這已是很明確的結論矣！

因此所謂的過去，乃是另一種形式的「現在」。就像過去所拍的照片，正現在你眼前。爲何你要說它是過去的照片，而非現在的照片呢？尤其不能離於當下的根識，而能對過去作回憶、反省。

我們想到過去時，一定是用現在的心去想的，而不可能用過去的心去想過去。因此，沒有純粹的過去、沒有客觀實有的過去，這是很明確的結論。

所以當我們的觀念、見地有重大改變後，再看過去，印象、感受已完全不同矣！有些人對過去的事情一直耿耿於懷，甚至覺得傷心欲絕，這唯表示你沒有進步，故一直停留在過去的觀念、過去的感受。其實，只要觀念一改變，印象和感受就完全不一樣。過去覺得很傷心的事，有些現在已可以接受，有些甚至覺得那對我是有幫助的。以上是就個人而言。

因此歷史也不可能有定論的，爲不同的歷史學家，即必有不同的解讀方式！不是事件不同，而是解碼不同。所以，不能離開當下的心識，而有對過去的認知、反省。這是講過去。

同理，未來也非純粹不來。若是純粹不來，則我們便不可能知道未來，也不能對當下事有所影響。但事實上，我們對未來的規劃、未來的願景，卻深深地影響著當下的情緒和行爲！云何不同的未來學家，所見到的未來，皆眾說紛紜呢？乃爲沒有純粹的未來，沒有客觀實有的未來，這也是很明確的結論！

**最後再說到「現在」，很多人以爲「現在」只是「時間軸」上的一個點，一個動態的點。然而前已說到「時間軸」乃「緣起性空」也！故「現在」就算是時間軸上的一個點，也必「緣起性空」爾！**

再其次，我們皆知：數學上點只有位置，而無長短；故所有的點加起來，是不可能累積成線的。所以「現在」至少得是個「區間」，而非點爾！

既因爲要有間隔才是時間，也因爲要有區間，才能累積。如只是點而無長短，則所有的零加起來，還是零。云何能有時間的長短呢？很多人都把「現在」當作一個點，這是錯的。

**至於這「區間」，範圍有多大呢？前已說到：時間乃不能離於「物相的變化」和「心念的覺知」而存在也！因此「現在」者，即是現在於諸根前的境相。譬如眼所見、耳所聽者，都是「現在根前」也！**

中國有詞曰「目前」，現在眼根之前者，即是「目前」。然我們非只有眼根而已，還有耳、鼻、舌、身、意等根。故除「目前」外，還有「耳前」、「鼻前」、「舌前」等。廣義言之，現在諸根之前的境相，即「現在」也！

若以此來定義「現在」，那「現在」就不是時間軸上的一個點，而是包括很廣的空間與境相。我們不只能看到太陽系，還能看到銀河系。這空間乃太寬廣也。

**然後待境相有了變化，且心念又加以覺知後，才有新的「現在」取代舊的「現在」，舊的「現在」已成過去矣！**

所以「現在」，就空間範圍而言，可以很廣；就時間範圍而言，也可以很長。爲什麼呢？因爲要看兩個念頭之間，相差多遠。譬如禪定深者，一念之間即是幾萬大劫；睡著了不作夢，一念之間即是幾個時辰！

所以要掌握一個最重要的原則，是以「心念的覺知、心念的變化」來定義「現在」的，而非以時間軸上的一個點來定義「現在」。甚至「一剎那」也是指前後兩個心念間的時距。

總之，「現在」是緣起的。每一種心念的變化都是緣起的，所以從中定義出來的「現在」更是如夢、似幻。

**以上從別相中看時間，越顯出時間乃「緣起性空」爾！**

以上是講章節大意，下面再看偈頌的部分。講章節大意時，我是先處理時間的總相，再分析時間的別相；但在偈頌裡，卻是先論別相，再結總相。

## 【偈頌解說】

丙二　觀時

丁一　觀別法之時

戊一　正破

己一　破相待時

若因過去時　有未來現在　未來及現在　應在過去時
若過去時中　無未來現在　未來現在時　云何因過去

我們都知道時間有過去、現在、未來。於是，過去、現在、未來是相待而有？還是各自存有？有些人認為是相待而有，且因為過去時而有現在、未來。

如果因過去而有現在、未來，則未來及現在應已決定於過去也。這比較近於「因中有果論」，而「因中有果論」即是「宿命論」也。

我們都知道佛法，尤其《中觀》的思想是不可能接受「因中有果」論的。

**反過來說，若謂：過去時中，無現在、未來。則未來及現在，云何必受過去的影響呢？**

若謂過去時中，無現在、未來。即近於「因中無果」論！而佛法——尤其是《中觀》的思想，當也不可能接受「因中無果」論！

## 己二 破不待時

**不因過去時　則無未來時　亦無現在時　是故無二時**

如果說：過去、現在、未來是各自存有的。不因過去，而有現在、未來；不因現在，而有過去、未來。

但這跟我們所看到的種種現象並不相應。故不能說，過去、現在、未來，是各自存有的。

## 戊二 例破

**以如是義故　則知餘二時　上中下一異　是等法皆無**

前面的論證是從過去論現在、未來；反過來以現在論過去、未來；以未來看過去、現在，結論其實都一樣。

甚至如「上、中、下」的相待，「一異」「長短」等的相待，都可用這方式去析破。

以上是從三相的變化裡去確認，時間無自性的。

## 丁二 破即法之時

**時住不可得　時去亦叵得　時若不可得　云何說時相**

很多人把時間分析到最短的單位，而稱之爲「一剎那」。故一剎那有多久呢？有人說：一彈指裡有六十剎那。一彈指以現在來算，大概是一秒鐘吧！一秒鐘裡有六十「剎那」，故一個「剎那」大概是六十分之一秒。

**「剎那」更精確的定義是：最短的一念！**

事實上，純粹用時間的單位來衡量「剎那」，其實不是最正確的。

然而這一念間，究竟有多久呢？有的人反應很快，念念不停，這「剎那」就很短了！有的人反應較慢，念念滯留，這「剎那」就較長了！有的人入定了，心念不起，這「剎那」就可能幾天，甚至幾劫！

「時住不可得」：然而不管「剎那」是短、是長，「剎那」都不可能是「住相」的。否則一個「剎那」是「住相」，所有的「剎那」累積起來，還是「住相」。則時間便不能流也！事實上，時間總是不斷在變化，所以剎那是不可能暫住的！

**有的人想：既「住相」——靜相不可得，那當然就是動相的有去、有來了！**

**然而，時者既「住相」不可得，也「去相」不可得！**

何以故？很多人都把時間當做一個「動態的點」，其實不是！因爲時間的「間」是指「間隔」之意——即兩個物相間的「時距」。因此，若無物相的變化，時間的去相也就了不可得矣！不可能有單獨時間的去來。

**於上述中已確認：時間本不能單獨存在。因此再說它有「住相」或「去相」等，就更渺不可得也！**

以上所講的，還不是很清楚，待最後的結論才講得最清楚。

## 丁三　小結

因物故有時　離物何有時　物尚無所有　何況當有時

**總之，時間是「緣起」的：既離不開「物相的變化」，而有時間的差距；也離不開「心念的覺知」，而有時間的差距！**

最後得探究：時間是怎麼存在的？因「物故有時」，不只是有物，還要有物相的變化。比如春夏秋冬、月圓月缺等變化，才能夠衡量出時間的差距。

事實上，不只是「物相有變化」，也包括「心念能覺知」，才能有時間的變化也。

於是乎，因「緣起」的不同：有時候，我們覺得時間之流是「向前的」——從過去，到現在，和未來；有時候，我們覺得時間之流是「後退的」——現在的變成過去，未來的變成現在；有時候，我們覺得時間之軸是「向兩邊延伸」——既從現在而有過去，也從現在而有未來！

於是乎，既「物相的變化」和「心念的覺知」都是緣起性空的，所映現的時間相，豈非也是緣起性空？

這偈頌的科判與印順法師所作者，略有不同！印順法師只有丁一跟丁二，而沒有丁三，而我把最後的總結，稱做丁三，而且稱為小結。

爲什麼呢？前面是講時間的別相，到最後是講時間的總相。時間的總相不應該附屬在丁二之下。

## 【附論】

最後我們再作一些補充。

如前所言：若心與境對立衝突，時間必將難捱！若心與境協調安適，時間便定好過！若心與境統一雙泯，時間即已消逝！

依此而言，雖大家都希望長命，但長命其實是苦命，反而為痛苦，才覺得時間長；故最長命者，乃是地獄道的眾生。這不是純從時間的差距去算，主要是看每個人心理的感受。

在佛法裡也講，非想非非想天的眾生，壽命有八萬四千大劫。然而他的命很長嗎？不，很短！為什麼？因為都在禪定中，故只心念一動，就幾劫過去了；根本動不了幾個念，一生就過去了。以此而言，命其實很短哩！

所以最好的，還是「無命」的寂靜涅槃！因為於涅槃中，能所雙泯、前後際斷，根本就沒有時間的存在，何命之有？

以上是從個人的覺受去看時間。

或問：時間的覺受，雖可個人不同，但「共業」的時間，我們還不能不受它制約！譬如星期一，就得上班哩！

答云：這就得看你跟「共業」的交集有多深！有些人不只星期一不上班，甚至天天都不用上班哩！

大致而言，都會區的人因為每天都要和太多人互動，就不免被共業的時間所制約；而山野人卻不必太在意共業的時間！

記得我去青海時，才發現當地人根本沒有時間的觀念。雖喜歡戴手錶，但只把錶當裝飾，故錶上的時間，每個人不同。有個人錶上的時間，竟跟我差了兩個小時！在那「日出而作，日落而息」的游牧生活裡，哪有什麼時間觀念？

所以是否被「共業」的時間所制約，要看你跟「共業」的交集有多深！而我再三說到一個觀念：既學佛、修行，即盡可能要在「共業」中提升為「不共業」。所以，我年紀大後不再講課時，絕對不要在都會區裡過活。

**有人問：如果過去不是實在的，我們為什麼要檢討過去呢？**

檢討過去不是要回到過去中，而是為了策劃未來。所以一個理性者，在檢討過去時，不會帶有任何情緒。

過去事對我們未來有幫助者，就把它留下來用；沒有幫助者，就如秋風過耳，不留痕跡。

**或問：若時間非自性實有，云何佛法裡謂有「宿命通」？**

**答云：既過去、未來，不離當下一念。現在一切通者，即通過去、未來。**

因時間的過去、現在、未來，本質上是如網相連的；在網裡，既沒有開頭，也沒有邊端。故從任何一點出發，都可延伸向過去、向未來。

所以，能通現在，就能通過去、未來。因為我沒有宿命通，故只能這樣回答。

# 17 觀三相品

【前言】

在論頌中這〈觀三相品〉原是在第七品，我把它挪到第十七。為什麼呢？因為它像老太婆的裹腳布，越扯越遠。故對剛開始研習《中觀》者來說，一定會暈頭轉向的；也因它跟「時間變幻」的主題有關，所以將之挪到乙五，並於第二學期再研讀。

但〈觀三相品〉的主旨，本沒有那麼困難。因爲三相就是「生、住、滅」。要破「生、住、滅」，其實很簡單。因爲，開宗明義的四不生：「自不生、他不生、共不生、無因亦不生」，四都不生，當然就破「生」了，因爲無「生」，即不可能有「滅」。至於要破「住」也很簡單，因爲諸行無常，即不可能「住」也。

所以在這一品裡我比較用心的，不是云何去破「生、住、滅」，而是在「生、住、滅」都不可得中，又如何去建立世間「生、住、滅」的假名。

這在現實的世界中才比較用得上。既生活在這個世界上，即不免要跟很多人溝通，所以還是需要種種的假名，要能不離勝義諦而活用世俗諦，這才能理事無礙也。

【章節大意】

「三相」者，就是說萬物皆有「生、住、滅」三相，有時候還說成有「生、住、異、滅」四相。即相似於器界有「成、住、壞、空」，說人有「生、老、病、死」一般。

在經典上，佛說：「一切有爲法，皆有生、住、滅三相。」於是乎，對於是「實有三相」還是「從觀待而有三相」？便眾說紛紜矣！

本論當不承認是「實有三相」，於是對執「實有三相」者，便得一一破之。在偈頌中先破「生」、再破「住」、再破「滅」。但我的作法是先破「住」，因爲「住」最好破。

**首先破「住」：**

既諸行無常，一切萬物都在變化當中，即不可能「住」也。故偈頌中有「所有一切法，皆是老死相；終不見有法，離老死有住」。

「老死相」，不是狹義地說人有生、老、病、死而已！就廣義而言，即是「無常相」也。既一切法，皆不離無常相，其云何能「住」？

因此破「住」，本是很容易的，故癥結乃在：云何本「不住」的法，卻能成立「住」的假名？

就像「生、住、異、滅」及「成、住、壞、空」也都是經典上說的。故云何能在無常變化中，成立「住」的假名呢？

就世間人的言語習慣來看，如「變化量不夠顯著」者，則視其爲不變，而稱爲「住」。這又分爲三種情況：

一、譬如說石頭，今天看如此模樣，明天看如此模樣；三年前看如此模樣，五年後看竟還是如此模樣。於是謂其爲「住」也！

然而石頭，眞都不變嗎？仍免不了有風化、酸化等作用也。然以其變化量細微不易察覺故，視其爲不變爾！

如果我們壽命夠長，或許能在有生之年，見到海枯石爛。命要多長呢？要住上幾劫吧！

其次，變化很慢的話，是在常態的因緣下。反之，如碰到較特殊的因緣，就可變化得很快。譬如機械作用，用鐵鎚搥啊！力氣夠大的話，石頭就碎了。或用化學的方法，加酸、加鹼把它腐蝕掉，即可很快見到石頭的變化。

二、如將時間縮得很短，則也爲其變化量細微不易察覺故，視其爲不變，而說爲「住」也！譬如今天看你，明天看你，似都不變。

然而眞都不變嗎？如短時間能不變，累積了很多的短時間，當還是不變。然而時間一長，就見到其變矣！

故時間分析到最後，有所謂一剎那。然剎那不是指時間的一個點，而是指一個區間；既是區間即有變化，剎那也不得住矣！

三、有些人的觀察力不夠敏銳，以察覺不到變化，故謂爲「不變」也！

這也就說：必觀待前後相間的變化量，才有「住」或「不住」的假名。單點的時間本不可得，更何況去分別「住」或「不住」！

因此於偈頌中有「住時亦不住」。爲「住時」本已不可得了；更何況能「住」呢？

如果把時間當成一個點而稱爲「住時」，那是沒辦法「住」或「不住」的。因爲，一定要觀待時間的前、後，才有「住」或「不住」的可能。

這點很重要。很多人把「生、住、滅」當作在同一個時間內，即有此三相，這是不可能的。因爲一定要觀待時間的前後，才有「生、住、滅」的觀待跟假名。

簡言之，萬法本來是「不住」的，因爲變化量不夠大，視爲不變故，才稱之爲「住」。

**其次說「異」：**

講「住」之後再講「異」就很簡單了。相反地，如前後相間的變化量夠大、夠顯著，則稱爲「異」也！

因此未必是「先住、後異」；而是「住中有異」——積住成異。積小變化而有大變化。

常言「生、住、異、滅」，「住」在前，「異」在後。好像是先「住」、後「異」。但其實是「住中就有異」，爲什麼呢？「住」不是不變化，是小變化，積小變化成大變化，因此是「住」中就有「異」也。

當也可能是前階段變化量小而稱之爲「住」，後階段變化量大而稱之爲「異」。故成爲「先住、後異」也。

同理：必觀待前後相間的變化量，才有「異」或「不異」的假名。單點的時間本不可得，更何況去分別「異」或「不異」！因此也可套公式曰「異時亦不異」也。

**再來破「生」：**

其實破「生」，已沒什麼新鮮的，爲前已謂「自不生、他不生、共不生、無因亦不生」也。

其次，一般人都以個體的從「無」到「有」，而稱爲「生」。比方：一個人以前沒有小孩子，現在有小孩子，孩子生下來了，個體從無到有，稱爲「生」。

但從《中觀》的思想來看，「個體」是不可得的。既屬眾緣所生法，即無孤立的「個體」。既無「個體」，更不用去討論，從「無」到「有」的可能性。

諸法既不常不斷，云何能從完全地無至全然地有呢？所以「不生」也是很明確的！

或問：既「不生」也是很明確的，云何能立「生」之假名？

答云：於前後相的變化中，以「前所無，後現有」者爲「生」。這就像於種子發芽的過程中，以前無芽，今現芽故，謂「芽」爲生。

這只能說前面沒有芽相，而非什麼都沒有。謂「芽」爲生，芽也非固定不變者。

同理：以必觀待前後相間的有無變化，才有「生」或「不生」的假名。單點的時間本不可得，更何況去分別「生」或「不生」！因此也可套公式曰「生時亦不生」也。

## 順道破「滅」：

一般人也都以個體的從「有」到「無」而稱爲「滅」。譬如人死了，就稱爲滅，爲什麼呢？因爲很多人以爲人死了，就什麼都沒有了。

現於眾緣所生法中「個體」本不可得，更何況能從「有個體」到「無個體」！就相而言，既不常不斷，必不斷再變化下去，而不可能變成完全沒有。所以「不滅」也是很明確的！

或問：既「不滅」也是很明確的，云何能立「滅」之假名？

答云：於前後相的變化中，以「前所有，後非有」者爲「滅」。這就像於種子發芽的過程中，以前有種，今無種故，謂「種」爲滅。

同理：以必觀待前後相間的有無變化，才有「滅」或「不滅」的假名。單點的時間本不可，更何況去分別「滅」或「不滅」！因此也可套公式曰「滅時亦不滅」也。

以上，我都講到一個重點，不是在一個時間裡去立「生、住、滅」，而是要從不同的時間裡，去看前後相的變化。若相的變化不大，則稱爲「住」；前面有的現在沒有了，乃稱爲「滅」；前面本來沒有的，現在卻有了，則稱為「生」。

在變化的過程中，很多相同時在變，不會只有一個相在變。如一個人有眼睛、鼻子、頭髮，什麼變？什麼不變？這要看你的觀待，而不能含糊籠統地說這個人變或不變，一定要很精準地說「現在是就什麼而言」，這「就什麼而言」即是「觀待有」、也是「眾緣生」。

**最後，再總破「三相」：**

**很多人都說「一時有生滅」或「剎那有生滅」，其實一時者，既不可得；在一時中，又未能觀待前後的變化，云何有「生滅」呢？**

**如於短時間內，察覺不到相的變化，而謂有「生滅」也是不合情理的！所以也不能說「剎那有生滅」。**

若把一時當成時間軸上的一個點，而論法的生滅是沒有意義的。因為時間一定跟物相的變化、心念的覺知有關係。故離開物相的變化、心念的覺知，而單謂「一時有生滅」，是沒有意義的。

其次，就時間而言，一定要有兩個時間點才有相的變化。所以謂「一時有生滅」是沒有意義的。

同理，論「剎那有生滅」，若把剎那壓縮成最短的區間，則剎那能有「生滅」嗎？猶不可能！何以故？因為在那麼短的時間裡，必看不到明確的變化相。因剛才說，要變化相夠大，才能稱為「生滅」。若以諸行無常而謂有生滅，但實際上看不到、觀察不得，那稱「生滅」也是沒有意義的。

同理，謂一個時間點上有「住」，也是沒有道理的。因為要觀待前後，才有「住」或「不住」的可能性。

或謂「一體而有生滅」，此講法也有問題的，爲什麼呢？從種子到發芽的過程，稱「滅」是就種子而言，謂「生」是就芽而言。

種子跟芽，既不能說同，也不能說異，而是不一、不異。故謂「一體有生滅」者，即表示已經落入「一」的那邊了。

或謂「有生必有滅」，其實，若單就「芽」而說，乃只有生，而無滅；若單就「種」而說，乃只有滅，而無生。這兩個的對象是不一樣的。

**或謂：譬如人者，有生亦有死；故謂「有生必有滅」**？

**答云：初生時與臨終時，寧是同一人嗎**？

不能說同一個人。他已造了那麼多業，怎麼還能說是同一個人呢？故既不能說同，也不能說異。

一般人很容易犯「一體有生滅」的過失，其實，必有變化才會「生滅」，有變化自然已非同一體矣！

**或謂：「生必從滅而能生」，其實，也不盡然。譬如母親生兒女，兒女雖生了，母親當還健在才是**。

或如冰溶化成水，故曰冰「滅」水「生」。其實，冰融化並非一下子就融化殆盡，而是慢慢融化。所以最初，卻是水「生」了，冰還在。冰跟水可同時存在。所以云何說冰「滅」水方「生」。

或謂：如以種滅故芽生。然而種爲何會滅呢？其實，是集合了眾緣，才會有從種到芽的變化。故單謂「種滅」或「芽生」，還是不符現實的，有太多微細的因緣已被忽略了。

如果忽略微細的因緣，則從「滅」到「生」是跳不過去的。然而就一般人的思考習慣，也不可能分析得這麼詳盡。因此謂「種滅」或「芽生」，也就只能接受它了，否則沒完沒了，一切話都不能說了！

就像有人問我：「要具足因緣，才能開悟嗎？」我說你有辦法把所有的因緣全標出來，再來評論因緣是否具足了嗎？不可能！故謂因緣具足才能開悟，也只是廢話。開悟是頓悟，而非漸成也。

**最後再論：若有生滅，即不成「住」嗎？也未必！**

譬如波斯菊的花，正盛開時，可以數十朵，甚至上百朵，同時或開或謝。故於單朵花中，或可說「有生、有滅」。這朵花昨天沒開，今天開了，所以是生；這朵花昨天沒謝，今天謝了，所以是滅。然就整株波斯菊而言，卻還差不多，正努力地開、也散漫地謝，而稱為「住」也！

**總之，「生、住、滅」是從觀待中而建立的假名。於是就不同的觀待因緣，即有不同的假名示現。故謂「實有三相」、「兼有三相」，「實無三相」、「唯有一相」等都是不對的！**

既可以說只有「生」，也可以說只有「滅」，或「有生」亦「有滅」，甚至「生住滅」一時湧現。這些都是從不同的觀待而建立的假名。

對這能清楚瞭解，《中觀》的道理跟世間的現象才有辦法完全協調。

## 【偈頌解說】

### 丙三　觀三相

丁一 破三相之妄見

戊一 觀生住滅不成

己一 總破三相

庚一 有為無為門破

若生是有爲 則應有三相 若生是無爲 何名有爲相

此〈觀三相品〉，即是破三相品，且它的破法是先總破三相，再別破三相。總破三相爲：同時有三相是不可得的。

在生、住、滅三相中，首先問：「生」是有爲法？還是無爲法？

若答：「生」是有爲法。

則既是有爲法，則應復有三相；三相復三相，如此便有「無窮」之過。

若答：「生」是無爲法。

則云何無爲法中，還能現「有爲相」呢？

因此既答有爲不對，答無爲也不對。

## 庚二　共聚離散門破

三相若聚散　不能有所相　云何於一處　一時有三相

生、住、滅三相，若同時具足，稱之爲「聚」；反之，分屬於前、中、後者，則名之爲「散」。

**現問：三相是同時而「聚」，或異時而「散」？**

**若答：是同時而「聚」。**

**則三相性質相違，云何可一時具足；既生、且住、又滅呢？**

也就是說若同時有生、住、滅三相。則既生就不是「滅」、若滅即不是「生」，因爲這兩者性質相反，云何可一時具足？

同理，如果有「生滅」就不會是「住」；住的話就不應有「生滅」。以三者互相矛盾故，不應該同時、同處，是以「聚」是不可得的。

**若答：乃異時而「散」。**

**則生時無滅，滅時無生；又失卻有爲法的原意矣！**

也就是說若答三者是分開的。則前是「生」、中是「住」、後是「滅」，這又失卻有爲法最初的定義：「一切有爲法，皆有生、住、滅三相。」

## 庚三　有窮無窮門破

若謂生住滅　更有有爲相　是即爲無窮　無即非有爲

如前所說：若謂生、住、滅三者，皆是「有爲相」。則三「有爲相」，復需另三相來確認其「有爲」：如此便有「無窮」之過。若謂：生、住、滅三者，不需另三相來確認其「有爲」。則云何認定其爲「有爲法」呢？故曰：無即非有爲！

所以總破三相，最後乃確認：實有三相是不可能的。

己二 別破三相

庚一 破生

辛一 自他門破

壬一 破生生

癸一 立

生生之所生　生於彼本生　本生之所生　還生於生生

別破三相，首先講破生，再來講破住、破滅。

**諸法有三相——生、住、滅。現首先問：這「生」從何而有？**

有人謂：這「生」又名爲「本生」，乃是從「生生」而有的。故曰：「生生」之所生，即是「本生」也！

以此而言，即「生生」是因，是母；而「本生」是果，是子。

於是這「生生」，是否也得有另個「生生」去生它呢？不必！何以故？

因爲「本生」生起的時候，還能生於「生生」！

這是外人所立的！

「本生」從何而來呢？「本生」從「生生」來的。故曰「生生之所生，生於彼本生。」我們姑且承認「本生」是從「生生」來的，但「生生」又是從哪裡來？「生生」乃從「本生」來的。

這是誰說的呢？這不是龍樹菩薩說的，而是外人即部派佛教所立的！因爲如果說「生生」，又要用另個「生生」來生的話，就有「無窮」之過。只好說：心從「本生」生「生生」。

癸二　破

若謂是生生　能生於本生　生生從本生　何能生本生

若謂是本生　能生於生生　本生從彼生　何能生生生

若生生生時　能生於本生　生生尚未有　何能生本生

若本生生時　能生於生生　本生尚未有　何能生生生

以上的說法，不是很奇怪嗎？似乎子從母生，子又能再生母。

如母是「生生」，子是「本生」：云何「本生」還能生「生生」？

反之，若母是「本生」，子是「生生」：云何「生生」還能生「本生」？

這很奇怪。母親生兒子，兒子再生母親，一般人都知道這是不可能的。如果把一個當前，一個當後，那是不可能的。

外人云：我說的「生生」與「本生」，不是一前一後，而是同時相待具有的。既因有「生生」而有「本生」：也因有「本生」而有「生生」。就如因長有短，因短有長！

於是乎，返顧前於〈觀然可然品〉所謂：「若法因待成，是法還成待？今則無因待，亦無所成法。」

若非先有長短，云何能云：因長有短，因短有長？

若謂已有長短再相待；則已有了長短，何用再相待？

若長短是因觀待而有，則是有了才觀待？還是觀待後才有呢？

若謂觀待後才有，則現在都沒有，拿什麼觀待呢？若答：是有了才觀待。則已有了，何必再觀待？

所以「生生」與「本生」，皆不得成矣！

壬二　外人轉敘

癸一　立

如燈能自照　亦能照於彼　生法亦如是　自生亦生彼

**外人拗不過，且說喻曰：如燈光，既能自照，亦能照餘物。我說的「能自生亦生彼，就如此也！」**

這裡的科判與印順法師不同。印順法師認爲這是另外一個部派所說，我的看法是外人轉敘。

外人對於「生生」生「本生」、「本生」再生「生生」不清楚，所以再講一個喻：就像燈亮能照自己，又能照它。我說的：「自生亦生彼」。就如此也！

癸二　破

子一　破其喻

燈中自無闇　住處亦無闇　破闇乃名照　無闇則無照

云何燈生時　而能破於闇　此燈初生時　不能及於闇

燈若未及闇　而能破闇者　燈在於此間　則破一切闇

若燈能自照　亦能照於彼　闇亦應自闇　亦能闇於彼

「燈中自無闇，住處亦無闇；破闇乃名照，無闇則無照。」破闇才名爲「照」。若無闇，則無照也。既燈中本無闇、住處亦無闇，所以燈不能照也。故如對象已經明了，那燈就不能再照了。

**外人曰：已光明了，不得爲「照」，這且不談！然在燈初放光明時，應可成就「照」的！**

**論主曰：云何說「燈在初放光明時，即可成就『照』」呢？**

「云何燈生時，而能破於闇；此燈初生時，不能及於闇。」剛點燈時，亮光尚不能照遠，故還不能破闇。

「燈若未及闇，而能破闇者；燈在於此間，則破一切闇。」如果你認爲燈還不及闇，就能破闇的話，那麼燈一點，當世間所有處都亮了。何以故？也當不及闇，就能破闇。

但不可能世間所有處都亮。事實上，就算有燈的光明，也只能照有限的區域而已！尤其是被牆所擋住的，更不得光明也！

「若燈能自照，亦能照於彼；闇亦應自闇，亦能闇於彼。」

你說光明能破黑闇，但黑闇也能破光明！到最後究竟是誰破誰？還不知道哩！

我對這破法不太服氣。因爲在這破法中，犯了一個錯誤，它把光明、黑闇都兩極化了。但事實上，既沒有絕對的光明，也沒有絕對的黑闇。否則這樣破來、破去，到最後且問：這燈點後，到底亮不亮？說老半天，好像未必會亮，但事實上這燈會亮，也能照亮附近的景物。

最初我於寫《中觀論頌直了》時，也認爲光明與黑闇是不能並存的，不過現在的看法已不一樣。

**一般人皆謂「光明能破黑闇」。然而若實有「黑闇」者，則被破的「黑闇」，竟躲到哪裡去呢？**

我以前就想過這問題。白天的時候，黑闇被趕到哪裡去呢？是不是有一個地方專門裝黑闇，等到半夜的時候，黑闇再出來呢？

如兩個人打架，就算乙方落敗，至少乙方還在，或者磕頭認錯，或者傷痕纍纍；就算被打死了，至少屍體還在。然而在光明照破黑闇後，黑闇何在呢？有個落敗的「黑闇」在嗎？或有個「黑闇」的屍體在嗎？都沒有！為什麼？因為本非實有黑闇也！

若把黑闇當作實體，才會有到哪裡去的問題。如黑闇本來就是虛幻的，則虛幻消失就沒有了，而不會有到哪裡去的問題，這是第一點。

**一般人也謂「光明與黑闇不能並存」。故晴天為光明，半夜為黑闇。然而若是陰天，究竟是光明還是黑闇呢？甚至晴天，就是完全地光明，半夜就是完全地黑闇嗎？也不盡然！何以故？既沒有絕對地光明，也沒有絕對地黑闇。尤其於黎明、黃昏時，是否當說是「既非光明，亦非黑闇」或「既是光明，亦是黑闇」呢？**

**故終究而言，謂「光明與黑闇不能並存」也只是把「光明與黑闇」兩極化後的自性見而已！**

光明與黑闇本來就是漸進的。各位很清楚，從半夜到黎明，從黎明到朝陽，是從黑闇慢慢光明的，而不是一下子就從黑闇變光明。

因此「光明與黑闇」也只能說：比較光明，或比較黑闇。甚至趨向於光明，或趨向於黑闇爾！譬如，大白天就是絕對的光明嗎？你在大白天裡又點一盞燈，就更光明了，故光明是沒有極限的。同理，黑闇亦然。這以數學來講，既非0，也非1。

因此偈頌中的「破闇乃名照，無闇則無照。」卻還有將「光明與黑闇」兩極化的嫌疑也。

**所以說到「此燈初生時，不能及於闇；燈若未及闇，而能破闇者，燈在於此間，則破一切闇。」似有點強詞奪理！**

**因爲點燈後，此處能變成「更光明」，這是無可置疑的。那請問：是「破闇」後才變得「更光明」，還是「不破闇」就能「更光明」呢？**

**若謂：是「破闇」後，才變得「更光明」，則何時能「破闇」？云何能「破闇」呢？**

**若謂：「不破闇」就能「更光明」，則當一切時、一切處皆光明也！**

最後只能謂：現象本來就非「全闇」，沒有開燈時，不能稱爲全闇；開燈之後，也不能稱爲全光明，因燈點後乃只是「更光明」爾！

**其實外人說到「如燈能自照，亦能照於彼」的比喻，首當破者不是：光明能否破除黑闇的癥結，而是當破「此燈從何而有？及如何去點亮它？」也！**

現在破「生」，「生」是從無到有。若說燈已經有了，還能自照亦照它。但更重要的是問：這燈竟從哪裡來？若從哪裡來都解釋不清楚，而只在自照亦照它上打轉，這以禪宗來說叫話尾，而不是參話頭。

若沒辦法解釋清楚：燈從哪裡來？及如何點亮它？最後只能接受無生，它是沒有開頭的。爲加入新緣故，相有變化爾！

子一　破其法

**此生若未生　云何能自生　若生已自生　生已何用生**

**破比喻後，再回破原所立：「生法亦如是，自生亦生彼」。**

你說能夠生自又生他，那我請問你：是「已生」了，所以能夠生自又生他？還是「未生」的話，就能夠生自又生他？

「未生」的話，當然就不用講了，連個影子也沒有，當然不可能生自又生他。

如果說「生已」之後，而能生自又生他？既「已生」了，爲什麼還要再生自呢？

若「生已」後，還能生自又生他。則生自後、又生自，豈非成「無窮」之過？所以能夠生自又生他，是絕對沒有道理的。

以上小結：謂有「生生」能生「本生」，皆不合情理！

辛二　已未門破

壬一　總遮三時生

**生非生已生　亦非未生生　生時亦不生　去來中已答**

其次，再從「三時門」破：

**謂有「生」者，竟是「未生時生」？還是「已生時生」？或是「正生時生」？**

下面是已未門破，就一般人來講，生者，乃不出：已生時生、未生時生，還有正生時生。這很明顯的，當非「已生時生」，也非「未生時生」。

**或者言：唯當是「正生時生」爾！**

**破曰：生時亦不生。何以故？未有生法，那得名為「生時」呢？**

**如〈觀時品〉所謂「因物故有時，離物何有時」。若無生相的變化，那得有「生時」呢？**

〈觀去來品〉我們到現在還沒有講，不過我覺得用〈觀時品〉去答就夠了。為什麼呢？沒有單獨存在的時間。「因物故有時，離物何有時」一般人認為時間是獨立存在的，且於獨立存在的時間中有一點為「生時」。然若無生相的變化，那得有「生時」呢？這是第一點。

第二，所謂的生，還得觀待前、後的變化，才能稱為生。如果只是一個時間的點，其實也不能謂生。所以「生時亦不生」，也是很容易理解的。

簡單講，云何「生時亦不生」？第一、生時不可得；第二、一定要觀待時間的前、後，才有生相的變化。

壬二　別破三時生

癸一　破生時生

子一　破緣合之生

若謂生時生　是事已不成　云何眾緣合　爾時而得生

若法眾緣生　即是寂滅性　是故生生時　是二俱寂滅

**因為一般人多認定是「正生時生」，故以下別破之：**

外人曰：何謂生時生？既眾緣和合而生，故「眾緣和合」時，即是「生時」也。於是姑且承認「眾緣和合」時是可以生的，而「眾緣和合」者，就是「非實有」、「性空」、「寂滅」。這樣不管「生時」、「生法」都是「寂滅性」也。

**其實是「觀待前後」才有假名的「生」，單點的時還不能謂「生」也！如觀待「種子變成芽」了，而以「前無芽，今有芽」故謂芽為生。**

**反之，單看種子時，或單看芽時，皆不成生或滅！**

以我的看法，這還不能生，就算有這個時間也不能生，因為要觀待前後才能謂生。只是就一個時間點，其實還是不能生的。如從種子變成芽，以「前無芽，今有芽」，才能說「芽為生」。

子二　約生之能生破

若言生時生　是能有所生　何得更有生　而能生是生
若謂更有生　生生則無窮　離生生有生　法皆自能生

這是另一種破法，有人講「生時生」。但如何才能稱爲「生時」呢？要有「生法」，才能確認爲「生時」。於是是否得更有「生」法乙，來確認此爲生時呢？

如果要有「生法乙」才能確認其爲「生時」，然後可「生時」生。於是這「生法乙」就得再有「生法丙」來確認其生。同理，更得有「生法丁」等，是則成無窮之過。

**若答：不需要更有「生」法乙，來生是「生」！**

**則離「生生」，即能有生。當一切法，都能自生矣！**

事實上，一切法，都能自生又生他者，既不可能，也毫無意義！

此偈頌位置，已往前移了！何以故？皆破「生時生」也！

### 癸二　破未生生

若有未生法　說言有生者　此法先已有　更復何用生

有人說：這爲什麼生呢？雖法先有了，卻得等到「因緣和合」時方能夠生。

若法已先有，爲什麼還要再生呢？很多人的觀念：謂「實有」才能生。但若從生而有，就不是「實有」了。尤其是待「眾緣和合」方能生者，更不可能是「實有」的。

辛三　有無門破

壬一　就體有無破

有法不應生　無亦不應生　有無亦不生　此義先已說

若實有法體，則不應生。何以故？實有者，當一向如此，故不能從生而有也。若實無法體，亦不應生。何以故？實無者，則一切都無！云何曰「生」？實有、實無法體者，亦不生。何以故？有無相違，云何得共？亦有、亦無，亦不生。因爲有、無本來就不能共存，云何共生？此義先已說。這種論證早很清楚，不必再瓜葛連綿了。

壬二　約相有無破

若諸法滅時　是時不應生　法若不滅者　終無有是事

法若不滅者，則成二法體也。一爲不滅之法，一爲新生之法。云何一時而有二體呢？

其次，法若不滅者，終無有是事！

這種破法，我覺得太雜，等於說要先破滅，才能破生。於是，破生者用滅破。破滅時，又用生來破，乃變成反覆論證。

「諸法滅時，就不應生；法若不滅者，終無有是事。」

諸法的生，是滅時生？還是不滅時生？

若謂滅時生，則以生滅相違故，生即不滅，滅即不生。故不得於滅時生。

其次，如果彼法不滅，就能夠生，那就變成有二法：一是不滅的彼法；一是已生的此法。如種子滅了，芽才能夠生。

其實，不在於此生或彼滅，如果說有生也可以，說必滅也可以。主要是從觀待前後而建立的假名。故從實有去看生、滅，都是不可得的。

破生，其實不難，前已講四不生：自不生、他不生、共不生、無因亦不生。這是第一種破生。

第二種：已生不生、未生不生、生時亦不生。

第三種：絕對實有的不生，絕對實無者亦不生。

庚二　破住

辛一　已未門破

不住法不住　住法亦不住　住時亦不住　無生云何住

於破「住」中，首先以「已未門破」。

所謂「住」者，竟是「已住法住」，還是「未住法住」，或「正住法住」呢？不住法——即未住法，當是不「住」的，這乃無可置疑！

然而「住法」就能住嗎？其實，住是觀待前後，才有「住」或「不住」的分別。單就一時、一法，即無「住」或「不住」的分別。

所以謂「住法亦不住，住時亦不住」。何以故？以單一的住法，超然的住時，皆不可得故！最後，「無生云何住？」要有單一的法，才能論它的動靜去來；現連單一的法都不可得，更何況去論它的動靜去來！

以住時不可得，故住時也是不住的，這不用再講。

現在主要講爲何「住法亦不住」呢？因爲住一定得觀待前、後，才能稱爲住。若單一的法，即無所謂「住」或「不住」。

「無生云何住？」：一般人講到「住」，乃爲有個體才能「住」。現在連個體都不可得，即談不上住也。

辛二　有無門破

若諸法滅時　是則不應住　法若不滅者　終無有是事

所有一切法　皆是老死相　終不見有法　離老死有住

在「諸行無常」下，一切法本不可能「住」的。

於是以「諸行無常」故，謂所有一切法皆是老死相，而既是老死相，當就不可能「住」也。

「法若不滅者，終無有是事」這段論證似太早了，因還未破「滅」哩！如果要破住，只要拿出「諸行無常」，就很容易確認了。

辛三　自他門破

住不自相住　亦不異相住　如生不自生　亦不異相生

最後，所謂「住」者，竟是「自相住」，還是「異相住」呢？

既已成異相，當然是不住的。

至於自相呢？既必觀待前後，才有「住」或「不住」的分別。所以單一的自相，也談不上「住」的！

其實，關於「住」者，各位只要確認：於「諸行無常」中，本不可能住的。然以變化量不夠顯著故，假名為「住」爾！

庚三　破滅

辛一　已未門破

法已滅不滅　未滅亦不滅　滅時亦不滅　無生何有滅

這跟前面的破法是一樣的，主要是講「滅時亦不滅」，因為滅時不可得。

最後「無生何有滅？」一般人認爲有生才有滅，既無生當然滅就不可得了。

辛二　有無門破

壬一　約相有無破

癸一　以住相破

**若法有住者　是則不應滅　法若不住者　是亦不應滅**

這裡是從住或不住去講滅。「若法有住者，是則不應滅。」這比較好理解。住的話就不會是滅，滅的話就不會是住。然前已破「住」了，再立此，又有什麼意思呢？

法若不住就不應滅，爲什麼呢？因爲「不住」而無常變化，但無常亦不斷，故不會滅的。

若現象還是不斷在變化，那就不能稱爲滅。若變化到最後，變成什麼都沒有，這反而變成「住」，住於無相也。故曰「若法不住者，是則不應滅。」

結論：從有住不應「滅」，從無住也不應「滅」。

癸二　以滅相破

**是法於是時　不於是時滅　是法於異時　不於異時滅**

「是法於是時，不於是時滅」：是時既還有法，當非「滅」也！

「是法於異時，不於異時滅」：滅者，是比較前後才有的假名。單從是時、異時，皆不成爲「滅」也！

### 癸三　以生相破

**如一切諸法　生相不可得　以無生相故　即亦無滅相**

有生，才有滅。前既破「生相」不可得，當即無「滅相」可得也！

### 壬二　約體有無破

**若法是有者　是即無有滅　不應於一法　而有有無相**

**若法是無者　是則無有滅　譬如第二頭　無故不可斷**

**法若是自性實有者，當不可能滅。不應於實有法中，兼有「有無」二相！**

這還是用實有或絕無來破。若實有的話，當一向有，故不會生；實有的話，當一直有，即不會滅。如果是絕無的話，當既不會生，也不會滅。滅要有法，才能滅，既什麼都無，云何能滅？

「譬如第二頭，無故不可斷。」譬如人本來就沒有第二個頭，如何可斷呢？因爲絕無，就無所謂生、滅。

辛三　自他門破

**法不自相滅　他相亦不滅　如自相不生　他相亦不生**

這也跟前面差不多。破「生」、破「住」、破「滅」，前在破「生」花的篇幅較多，至於破「住」、破「滅」，因爲思考模式差不多，都很快帶過去。

而我講這一品的重點，不是在講怎樣去破「生」、「住」。而是云何觀待前後相的變化，而立「生、住、滅」的假名。

戊二　結一切法不成

**生住滅不成　故無有有爲　有爲法無故　何得有無爲**

生、住、滅不成的話，就無「有爲法」，以無「有爲法」故，何得「無爲」呢？結論很快。

很多人搞不清楚，爲什麼要立「有爲法」、「無爲法」的名相呢？

從眾緣和合而示現的相法，必是隨緣而變化的，故稱爲「有爲法」。於是乎「有爲法」即必有「生、住、滅」三相嗎？不能說必有。因爲要觀待前後相，才能立「生、住、滅」的假名。故既不能說必有三相，也不能夠定無三相。「實有」、「兼有」、「絕無」都不可得也。

相的話，就是「有爲法」；性者，才是「無爲法」。因性是不會變的，所以說是「無爲」。如法性、空性、無常性等，都是不會變的，所以稱爲「無爲」。

**然而，性雖不是相，性也不離相：未有「相」的示現變化，何以凸顯出「性」的超然無爲？**這樣，才能把「有爲」跟「無爲」連結。要有相，才能凸顯性；要有性，才能變化相。故「無爲法」的性，還要從「有爲法」的相中，才能示現也。如要從無常相的變化裡，才能凸顯出無常性。於是以性不離相、相不離性故，說非實存「有爲法」，非單存「無爲法」！

至於觀待而有的「有爲法」和「無爲法」則不能全否定！否則，佛經中又何以經常引用呢？

### 丁二　顯三相之正義

如幻亦如夢　如乾闥婆城　所說生住滅　其相亦如是

所謂「生、住、滅」的相，都像作夢一般、像幻化一般。乾闥婆城即俗謂的「海市蜃樓」，也是指幻化的。但只是喻爲幻化，好像有「莫須有」的意思。

非「自性實有」，這是我們可接受的。但不能講唯「如幻、如夢」，爲什麼呢？你可以不作夢嗎？常謂「至人無夢」，但我們不是至人，故多少還有點夢。然我作我的夢，你作你的夢，我的夢跟你的夢未必有交集。

但世間的「生、住、滅」相是共業所呈現的假名，跟別業所作的夢幻，其實是不能一概而論。如果都只是別業的夢幻，那人跟人之間就無法溝通了。

**【附論】**

雖眾皆謂：人有「生、老、病、死」。然若以此，而比照於物有「生、住、異、滅」，卻有些不順當。何以故？住者，爲前後近於不變；而老、病者，皆爲變也。

於是乎，乃將改爲：人有「生、成熟、老病、死」。乃以成熟期，比照於「住」，因爲「住」者，是我們比較青春、健康、平穩時，故曰：是比較穩定成熟的時期；以老病期，比照於「異」也。否則，是「老」在前，還是「病」在前？便說不清楚矣！但用我的講法就沒問題，因爲老病是在一起的。

# 18 觀成壞品

## 【章節大意】

我們常常說諸法有「生、住、異、滅」或者說有「成、住、壞、空」。如拿來對比，可以發覺「生、住」跟「成、住」意思是差不多的。「異、滅」跟「壞、空」也差不多。所以「成」相當於「生」，「壞」相當於「異」。可是於名相上，又常把「生、住、異、滅」簡說為「生滅」；把「成、住、壞、空」簡化為「成壞」。因為「生滅」是第一和第四，「成壞」是第一和第三。故「壞」是只對應於「異」，還是也包括「空」呢？這就有一些不同的看法。

故雖說是「成、住、壞、空」，但「空」後卻不是什麼都沒有。「空」者，其實乃轉成另一種相也。這相我們可以名之爲「異異」——異後更異。

用一般人較熟悉的例子來說明。譬如花開：花還未開之前稱為「花苞」，從花苞破皮始稱為開，一直開到所有的花瓣全張開了。全開者，才稱為「成」，從完全開張之後，會有一段時間可繼續保持在全開的狀態中，有的花可能一、兩天，有的花可能一、兩個星期，這稱為「住」。

然後你會發覺有些花瓣開始變黃、枯萎了，這即是「壞」；然後花瓣開始掉落，直到全掉光光，這稱為「空」。

故「空」是對花相而言，因為這時往樹上看，一片花瓣也沒有。但「空」不是斷盡無餘，大家都很清楚。待花全部掉光後，即開始結果。結果是另一種相，這相跟花完全不同，故稱之為「異異」！

但就果實而言，卻是開始「成」哩！故「空」不是絕無，只是轉成另一個相罷了！

**其實，這〈觀成壞品〉於研習過〈觀三相品〉後，再來研討，就覺得沒什麼新鮮的。所以下面，只能簡要地再「溫故」而已！**

所以，下面是簡單的「溫故」，但不能講溫故知新。因溫故在我，是否知新卻在你們哩！首先把重點再複習一下：

一、**成壞乃相待存在的：既因成有壞，也因壞有成**。

故不可能有單獨的成、有單獨的壞。

二、**成壞間本無明確的界限：如從花開到花謝，乃是連續的過程**。

故很難確定什麼時候叫做「成」。雖以花瓣全都開了名之為「成」，但也很難確定是幾點幾分。又如以花瓣開始蔫了而稱為「壞」，但也難訂個精準的時間。所以從成到壞，本是連續的過程而無明確的界限。

於連續的過程中說有成壞，其實都是個人的定義。有的人定義得較寬，有的人定義得較窄。定義者，即是假名也。《中觀》再三破成壞，是破實有、固定的成壞，可是假名的成壞，在世間上還是少不了的。

**三、成乃非住：既諸行無常，云何能住呢？**

當然，在某種程度內，可說它有相對的穩定性，這是世間法公認的，但非絕對不變。以變得小，就稱它爲住。

**四、壞而非空：既不斷，即非絕無也**。

於花的比喻，壞到最後稱爲「空」，這「空」乃是對花相而言。若就果實而言，又是「成」也。

**五、成壞非一時：如從單點的時間去看，諸法即「如是」爾，那有成壞可言？**

在《中觀》上有很多論辯都是先把法單獨化，再說它不可能。這單獨化，即是自性見也。故把時間單獨化，乃既不能說成、也不能說壞！因爲成壞是比較前後相而有的。

**六、成壞乃假名：所以世間乃以「前相所無，現相所有」者，而名之爲「成」；以「前相所有，現相所無」者，而名之爲「壞」**。

就像我們剛才所講的，花本來沒有開，現在開了，這個稱爲「成」。本來有花，現在全部掉光了，就稱之爲「壞」。

譬如以前沒房子，現蓋成房子了，故稱房子爲「成」。同理，以前有空地，現不成空地矣！故謂空地爲「壞」。以此更能確認「既因成有壞，也因壞有成。」但世間人很少會說空地已壞。因爲空地不見了，才有辦法蓋房子。

**七、諸法「性空」故，即個體不可得；以個體不可得故，謂誰有成壞？**

《中觀》再三強調：諸法是無自性的。可是一般人在用語的習慣上，很少人會用「自性」這名詞。比較會用的是個體，認爲每個人都是單獨的個體，也以個體去看世間諸相。

以諸法都是緣起的，緣起必互相連結，故個體的界限本不存在。以無界限故，才能互相影響。而世間人講到成壞時，都是以個體的觀點，而謂有成壞。如果沒有個體，究竟是誰「成」？誰「壞」？

最後我們只能說是相，以前沒有的相，現在變成有了，就稱爲「成」。以前有的相，現在沒有了，就稱爲「壞」。

最後，再以「壞而非空」、「成乃非住」作補充說明。

**「壞而非空」**還以房子爲例，如將房子拆除了，很多人會誤以爲：已拆盡無餘了。事實上，卻有「空地」新成哩！

同理，**阿羅漢入涅槃，也只是「斷苦因、滅苦果」爾！而非一切「滅盡無餘」！所以我常說：以「不受後有」故，得成於「千百億化身」**。

從這個道理來講，所謂的出世法，眞出世間了嗎？出世間的苦爾。如四聖諦的滅，乃是滅苦果。云何能滅苦果，爲已斷集因故。

故滅是滅苦果，斷是斷集因，而非一切都斷滅了。諸法既不常、不斷，云何能滅盡無餘？

所以，我常說：以「不受後有」故，得成於「千百億化身」。爲什麼？一般人都以個體爲我，且認爲我是如何、如何。因爲執我爲實，即變得沒有彈性，或彈性太少。如斷除個體見、我見，則反而有更大的彈性。更大的彈性，才能隨眾生的緣而作不同的示現，而稱爲「千百億化身」。

大乘強調的是「千百億化身」，小乘證得的是「不受後有」。事實上，這兩個有相輔相成的關係。以我的看法「不受後有」反而是「千百億化身」的前提，不能先斷除我見、我愛，是不可能「千百億化身」的。

再就「成乃非住」作補充說明：大乘多以「成佛」爲修行最後的目標。然而「成佛」若眞是修行的終結，則不出「或常、或斷」兩種下場。

大乘都講成佛要經過三大阿僧祇劫的修行，最後才能成佛。若「成佛」是修行最後的終結，那不出「常見」跟「斷見」。「常」的話，就固定不動，云何能度眾生？反之，若謂是「斷」，則斷亦不能度眾生。

**所以不當以「終結」來看「成佛」，而當以「成而非住」來看「成佛」。雖圓滿本無止盡，卻不斷地去趨近也。**

如果從「不常、不斷」來看，則修行根本不可能有最後的終點。所以，我常說：修行是沒有最後的終點。沒有終點就不好嗎？不，更好！爲什麼？未來必比現在好，這不是更好嗎！

我們可以不斷地提升、不斷地趨近。所以「成」不是「住」、「壞」不是「空」，終究都是假名而已！

## 【偈頌解說】

丙四　觀成壞

丁一　破成壞

戊一　共有相離破

己一　總標

離成及共成　是中無有壞　離壞及共壞　是中亦無成

這是「觀成壞」的總標：

若謂有「壞」，則離「成」與「共成」，皆不能有「壞」。離「成」，即「己二別釋」中的「庚一離成之壞相不成」。「共成」，即「庚三共有之成壞不成」與「庚四合離之成壞不成」。

同理，若謂有「成」，亦離「壞」與「共壞」，皆不能有「成」。離「壞」，即「庚二離壞之成相不成」。「共壞」，即「庚三共有之成壞不成」與「庚四合離之成壞不成」。

於科判中，庚一至庚三的科判是印順法師所說的。印順法師只有列到庚三，庚四是我補上去的，因爲這都是講「成壞不成」。下面才較詳細解釋：

己二 別釋

庚一 離成之壞相不成

若離於成者　云何而有壞　如離生有死　是事則不然

一般人所謂的「壞」，乃是從某種形態裡產生變異。譬如花開始枯黃了，當然要先有花，才能枯黃。所以，一定要先有成，才能夠壞。就像有生，才能有死。這是非常明確的。所以，離於成相就不可能有壞相。就像離開生，即不可能有死！

庚二 離壞之成相不成

若離於壞者　云何當有成　無常未曾有　不在諸法時

**通常謂爲「成」者，是指已成爲某種固定的型態。然而既「諸行無常」，則哪可能安住於某種固定的型態呢？**

**因此謂爲「成」者，本質上即不離「壞」矣！**

「若離於壞者，云何當有成？」意思是：離開壞者之成相乃不成，爲什麼呢？主要是指「諸行無常」。故後偈即「無常未曾有，不在諸法時」。意思是說：諸法都是無常的，所以不可能有個住相固定下來，絕對會繼續變化下去。

所以，一般人所謂的「成」，其實還離不開無常的變化相。不是就不變了，只是在那段時間內，變化量相對地比較小，故以穩定而稱爲「成」也。

我們對照印順法師的原文，他先講庚一，再講庚三，後講庚二。但我覺得由「離成之壞相不成」、「離壞之成相不成」再講「共有之成壞不成」會比較順。

庚三　共有之成壞不成

**成壞共有者　云何有成壞　如世間生死　一時則不然**

「共有」是同時存在。然「成」與「壞」乃不可能同時存在。因爲兩者性質相反，既「成」就不是「壞」，若「壞」即不是「成」。

就像人在同一個時間中，生就是生，死就是死，不可能既生又死。

庚四　合離之成壞不成

**成壞共無成　離亦無有成　是二俱不可　云何當有成**

前面已說「共有」不可得。「共有」是謂：先個別獨有，然後再將之合在一起。

於是又有人曰：非「個別獨有」的「共」，而是「相待而有」的「共」，或曰：「相待而有」的

「合」。

故庚四的「共」跟庚三的「共」是不一樣的。庚三的「共」是兩個先各別獨有，然後再將之合在一起，而稱爲「共有」。至於庚四的「共」，乃認定成壞是相待而有。就像長、短一樣，因長有短，因短有長。

所以，我把相待而有的「共」改作「合」，因爲這樣比較好區分，尤其「合」跟下面的「離」更方便對照。

**然而就「成壞」而言，其乃既「合」不可得，亦「離」不可得。**

**或問：爲何不能「相待而有」呢？**

**答云：未有，云何待？既非先有，拿個什麼去相待呢？**

一定要先「有」才能去相待。現在連成、壞都不可得，你拿什麼去相待呢？「若法因待成，未成云何待？」這偈頌我覺得很有用，應牢牢記住。因此，「合」者，相待不成也。

**其次，「離」亦不可得。既因「成」有「壞」，亦因「壞」有「成」；怎可能「離」呢？**

**以上既合不成，又離不成；則還有什麼可成的呢？**

### 戊二　滅盡不盡破

盡則無有成　不盡亦無成　盡則無有壞　不盡亦無壞

「盡」、「不盡」在印順法師的科判中，本來是指戊三，現在因爲把「合離之成壞不成」調上去了，就變成戊二。

此是從「盡」跟「不盡」去看成壞。「盡」是指一切法的滅盡相，到最後乃滅盡無餘也，「不盡」是指一切法的相續相，不斷地流轉變化下去。

「盡」、「不盡」去思惟，必成壞都不可得。爲什麼呢？

如果說「盡」，盡滅無餘者，當不能說成。所以頌曰：「盡則無有成」這大家應很容易接受的。

至於「不盡」呢？一般人所說的「成」，一定是指成了什麼相。若不斷地變化下去，則每種相都是暫時地，暫時地相不能說「成」。所以曰：「不盡亦無成」這也是可理解的。

再看「壞」。如果「盡」滅無餘的話，也沒有「壞」，爲什麼呢？因爲，所謂的「壞」必比較前後相的差異，才能稱爲「壞」。

譬如有人從健康而生病，故稱健康爲「壞」。因爲本來是健康的，現在變得不健康了，所以稱健康爲「壞」；如果沒有人，即不能比較，乃無所謂「壞」也。故頌曰「盡則無有壞」。

最後，若「不盡」者，亦不能說壞矣！何以故？既未成定局，即不可判之爲壞也。

以上「戊二」乃謂：不管諸法「盡或不盡」，皆不能有「成壞」也！

皆不能有自性的成、自性的壞。但緣起所產生成壞的假名，是可以接受的。

## 戊三　法體法相破

**若離於成壞　是亦無有法　若當離於法　亦無有成壞**

**若謂有「成壞」，請問：是先有法體，才現「成壞」之相？還是因有「成壞」之相，才確認有法體呢？**

印順法師的科判是用法體來看「成壞」。什麼是法體呢？如每個人都自認有一個身體，且因爲有這個身體，你才看得見我。這體乃眾因緣生法，所現之總相也。

如果答：先有法體，才現成壞之相。那我問你：云何確認先有法體呢？因爲離於「成壞」之相，你即見不到法體的。

反過來說，因爲有「成壞」之相，所以才能確認有法體。那既未有法體，怎麼會有「成壞」之相呢？

因此，既先有法體不可得；亦先有成壞，不可能。

## 戊四　性空不空破

**若法性空者　誰當有成壞　若性不空者　亦無有成壞**

若執諸法爲「不空、實有」者，當無有「成壞」相可得！

「若性不空者」即表示諸法是「實有」者。實有者就不會變，不會變的話，就談不上成壞了。

反之，若謂諸法爲「性空、非實有」者，則說有成壞，究竟是指「哪個」有成壞呢？

「若法性空者，誰當有成壞？」印順法師的解釋把「若法性空」當作一切絕無。若絕無，當沒有

「成壞」，這是不用講的。但我解釋「性空」者，還是用《中觀》所講的「緣起性空」來解釋：

一般人都是從「個體」而說有成壞。以一切法性空，即否定有「個體」的存在，個體若不存在，再講成壞，到底是指「哪個」有成壞呢？

沒有「個體」，即談不上或成、或壞也。

戊五　一體別異破

成壞若一者　是事則不然　成壞若異者　是事亦不然

若謂：諸法有成壞。則請問：成壞是一？還是異？

一般人認爲：成就不是壞，壞就不是成。成與壞，既不相同，更不相融。當然不可能是一。

反之，若謂：成壞是異。則離成有壞，離壞有成。不因花開而有花謝，不因花謝而有果成。但現見世間，卻非如此也。

以上既一不成，異也不成。除此之外，還有什麼可成的呢？

丁二　破生滅

戊一　執生滅不成

己一　直責

若謂以現見　而有生滅者　則爲是癡妄　而見有生滅

**外人從世間相上見有生滅，便以「現見有生滅」，而謂有「成壞」。故論主得再從「破生滅」中，去破「成壞」。**

**於是乃先開宗明義，而直斥之曰：汝等但爲被「癡妄」所矇蔽故，才「現見有生滅」。**

有人說：破生滅這一段，最好也把它併在〈觀三相品〉裡。事實上，《中觀》從頭到尾講生滅的部分很多，若把它全部併在〈觀三相品〉裡，〈觀三相品〉就太大了。而且全都併上去，有的人還消化不良哩！所以生滅這一部分，於此可溫故而知新。

## 己二　別釋

### 庚一　法非法不生

**從法不生法　亦不生非法　從非法不生　法及於非法**

然後再解釋：爲何說被「癡妄」所矇蔽，才「現見有生滅」呢？

因爲如果我們把法當做「實有的」，「實有的」就不可能生。因爲生，就是變化；而「實有」就不能變化。所以「實有者」就不能生。

不能生故，既不生「是法」，也不生「非法」，反正什麼都不能生了。

「從非法不生，法及於非法。」：若法是「實有」，那「非法」就是「絕無」也。反之，若法是「絕無的」，也不能生矣！何以故？有變化，才得生；而「絕無者」，即不能變化也。既不能變化，云何能生呢？

不能生故，既不生「是法」，也不生「非法」。

總之，若謂法是「實有的」、「孤立的」、「常住的」，乃都不能生也。而「生」都不可得了，「滅」云何可得呢？

**「非法」，亦可說是「與此『隔異』之法」。然既「隔異」矣，即不能生也。何以故？扯不上關係，云何能生？**

印順法師把「非法」解釋作「純無」。但世間有時謂「非法」，卻不是純無。譬如：我跟非我。跟我不一樣的，就是非我；跟我有界限者，就稱爲非我。故「非我」不見得是完全沒有。

於是「非法」亦可說：與此「隔異」之法。既有界限亦不能生也！要有因緣關係才能生。現既扯不上關係，則不只不能生，也不能見也。

因爲要有緣的互動，才能確認它的存在。因此，如果眞爲「隔異」，也等於不存在了。

## 庚二　自他共不生

**法不從自生　亦不從他生　不從自他生　云何而有生**

其次，若姑且說是「可生」，那請問：法是從自生？從他生？還是從「自他共生」呢？在〈觀因緣品〉中，早開宗明義謂「諸法不自生，亦不從他生，不共不無因，是故知無生。」故說：「現見有生滅」者，但爲「癡妄」所矇蔽爾！

戊二　執生滅有過

己一　標斷常失

若有所受法　即墮於斷常　當知所受法　若常若無常

此是從生滅再講到常斷的問題。

若姑且承認有「已生的法」。既已生之法，即會被我們的感官所認知、所覺受。然以一般人的認知習慣，卻還脫離不了「或常、或斷」的兩種過失。

事實上，若有所受法，當知非常、亦非斷。

己二　顯斷常過

庚一　敘外人自是

所有受法者　不墮於斷常　因果相續故　不斷亦不常

**外人道：哪會脫離不了「或常、或斷」的兩種過失呢？因爲我們也認定諸法是「有因、有果」的，**

**故能從因到果，相續而不斷。**

外人就是指論主所破斥、所棒喝的人。雖他們也認爲：所有一切法，皆不離因果。因果相續故，不斷亦不常。

以因終將成果，故非常；果成已，即非斷。故哪脫離不了「或常、或斷」的兩種過失呢？

爲什麼不是常呢？因爲遲早會變成果，所以不是常。變成果了，以還有果，故不能說斷。

這是外人提出的辯解。不只是佛教人士，甚至印度的外道都承認有三世輪迴，而三世輪迴的背後乃爲因果相續也。既都認定因果是相續的，怎麼會有「或常、或斷」的過失呢？

庚二　出外人過失

辛一　斷滅過不離

壬一　因斷滅

若因果生滅　相續而不斷　滅更不生故　因即爲斷滅

好吧，仔細聽著：

**雖曰「因終將成果」，但在「因」未變成「果」之前，豈非都是「因」；於是「因」，就有「常住」的過失！**

此是論主的回答。

這偈頌印順法師科判是：「因斷滅」。但他沒有講到「因」常住的問題，所以我作了以上的補充。大家雖都認定因遲早會變成果，可是在未變成果之前還叫做「因」。所以很多人便錯以爲：未成果之前，「因」是不變的。這即有「常」的過失。

反之，變成果之後，因就斷滅沒有了。雖然果是不會斷的，可是因已經斷了。我們仔細想想這問題的癥結在哪？因爲一般人對於因果，根本犯了一個很大的錯誤——即直線式的思考。直線前面是因，後面是果。

因在什麼狀態下，突然變成果了呢？其實，因根本跳不過隔閡，哪能變成果呢？我們只能說：諸法既是緣起的，即本來就不是直線，它本來就跟很多的緣攪在一起。碰到比較殊勝的緣時，因變化量較大，而稱爲果。未碰到殊勝的緣之前，還是跟很多緣互動，只是變化量較小，故還稱爲因，但不是不變的。

從眾緣生法去看，即不會有或常、或斷的過失。如果以直線式的思考，必落於不是常、就是斷。甚至落於因根本跳不過隔閡，故不能變成果也。

前於〈觀業品〉時，不是已說過：眾生都惑以爲「業種子，未報之前爲常；已報之後爲斷」嗎？

**以上偈頌，可於中間，再加一句「因未受報前，因即爲常住。」意義會更完整。**

因爲，我覺得一般人犯「常住」的過失，比犯「斷滅」的過失還普遍一點。所以須再加提醒！

壬二　涅槃滅

法住於自性　不應有有無　涅槃滅相續　則墮於斷滅

一般人在出世間因果，也會有或常、或斷的過失。偈頌比較偏向講滅，所以我再把它補成有「常與斷」的兩種過失。

云何是常？常即自性見、實有見。一般人認爲未入涅槃前，都是「實有」的，有因有果，有作有受。有者，即實有、自性有。至於入涅槃後，就一切「無」也，既無因果的相續，也無作受的啓承。於是乎，涅槃不就成爲「斷滅」了嗎？前既執「諸法有自性」，則有自性者云何能「從有變無」，以至於「斷滅」呢？所以你們的見解，可眞是「剪不斷、理還亂」哩！

或問：出三界者，竟到哪裡去了？

答云：沒有去哪裡，只是破除了「我跟非我」的界限而已！有界者，方可謂三；無界者，連一也不可得！

辛二　相續有不成

若初有滅者　則無有後有　初有若不滅　亦無有後有

若初有滅時　而後有生者　滅時是一有　生時是一有

若言於生滅　而謂一時者　則於此陰死　即於此陰生

**三世中求有　相續不可得　若三世中無　何有有相續**

同理，若將法孤立，將因果視爲「直線式的變化方式」時，亦「相續」不可得矣！

你說有相續，其實相續也不成。下面是再詳細破爲何相續不成。

你說可以相續是因爲可以從「初有」變成「後有」。其實這跟從因到果的意思是一樣，故癥結亦類同。

你說可以相續，那我問你：是「初有」先滅，故有「後有」？還是「初有」不滅，即有「後有」？

如答：是「初有」先滅！然「初有」先滅，就不會有「後有」了。譬如種子先敗了，即不能發芽！

有人想：那不對！故當是「初有」不滅，即有「後有」。

答云：若「初有」不滅，「後有」即不得生。如蛋殼不破，能生小雞嗎？不可能的！也不可能發了芽，卻原種子仍在。

有人想：既不能說「先滅」，也不能說「不滅」。那就當是「於『初有』正滅時，即『後有』方生也」。譬如秤之兩頭，此低則彼高，乃同時也。如蹺蹺板等都一樣，這邊高即那邊低，高低是同時的。

慢著，秤是有兩頭，故可高低同時；而生命，能有兩頭嗎？

若也有兩頭，即是「二有」：一是正滅的「有」，一是方生的「有」。但一時是不可以有「二有」的。如一體，不可能有兩命。

**於是外人又急辯道：我哪說是「二有」呢？我乃說「正滅的『初有』，即是方生的『後有』」；方生**

的『後有』，即是正滅的『初有』」。

**既然都是同一個「有」，云何謂爲「生滅」與「相續」呢？**

**所以若以「直線式的思想方式」來看「三世」，必難免於「或常、或斷」的過失；也不得「前後相續」的可能。**

所以一般人認爲既有因果的相續，也有生命的相續。但是如先把此法「個體化」之後，即不能相續了。爲什麼呢？個體化之後就必變成直線式的思考，而直線式的思考，必落於不是常、就是斷，而不可能相續。

「三世中求有，相續不可得；若三世中無，何有有相續。」認定法是實有、孤立者，當就不能相續。反之，認爲法是絕無者，亦不能相續。

**總之，以「孤立」、「直線」的思想方式來看諸法，便一切成壞都不可能矣！**

以諸法本來就不可能孤立，故在世間上大家還認爲有「成壞」。云何爲「成壞」？以比較前相之所有，後相之所無而稱爲「壞」；前相之所無，後相之所有而稱爲「成」。故成或壞，看你要拿那個相來比？不同的相比出來的結果，即不一樣矣！

**結論：最後，有沒有「成壞」呢？隨比較的緣而有差別。**

# 19 觀去來品

## 【前言】

在「時空變幻」的主題中，我們前已先講〈觀本際品〉和〈觀時品〉，主要都是在講時間是無自性的，故不能單獨存在。然後再講〈觀三相品〉和〈觀成壞品〉，即物相於時間中的變幻。

至於此〈觀去來品〉，即要講空間的長短、遠近、動靜、去來等變幻。照理應該是講「觀空間」，再來講其動靜、去來等變幻。所以，我在章節大意即把「觀空間」的部分先附加進去。

## 【章節大意】

### 一、長度與距離

各位也許說：空間的部分我們已經說過了，於〈觀六種品〉中即是觀空。可是，那時觀的空是屬於太虛空。沒有質地、沒有形象，頂多是以「無礙相」而形成的虛空，故曰：虛空是不動、無爲的。跟現在要講的空間不一樣。

如前於〈觀時品〉中，已謂：很多人都把時間當作「獨自存在」、「獨自變化」的。所以現在的一秒，等於過去的一秒，也等於未來的一秒，但時間不可能是超然存在的。

同樣，很多人也把空間當作「獨自存在」、「獨自變化」的。所以此地的一吋等於彼地的一吋；現在的一吋也等於未來的一吋。然而就緣起而言，空間也是相待存在的。故甲物的一吋絕不等於乙物的一吋。

有些人會懷疑：哪會不一樣呢？一吋量起來不都是二點五四公分嗎？問題不在幾公分，而在意義是不一樣的。

如你的鼻子伸長了一吋，和身高又長高一吋，會是一樣的嗎？還有身高又長高一吋，跟大樹又長高一吋，會是一樣的嗎？當然大大的不同。

身高又長高一吋，有的人會覺得，眞不錯又高人一等了。但若鼻子，竟伸長了一吋，則怎麼見人呢？甚至爲何又伸長一吋，會是腫瘤嗎？這就事態嚴重、坐立不安了。至於大樹又長高一吋，乃事不關己，視若無睹而已。所以，雖都是一吋，其實意義是大不相同的。

我們身上有很多地標：如兩乳中間的膻中穴，肚臍、眉心等，都是常用的地標，要找身上的穴位，就由這幾個地標著手。「關元穴」在肚臍下三寸處。三寸，一般人的觀念就拿尺去量，可是中醫的寸是指「身寸」而非「尺寸」。

如果用標準的「尺寸」去量，再訂大人是幾公分、小孩是幾公分，這反而比較累贅。以中國人的智慧，而發明這種「身寸」，反較方便去衡量。但這「身寸」只能拿來量自己，而不能去量別人。所以，中國人倒蠻瞭解：這「寸」是緣起的，故每個人的寸其實都不一樣。

**一般人覺得「一公里的距離」應該是固定的。可是對步行者、騎馬者、開車者，坐高鐵、搭飛機的人，感受卻完全不一樣哩！**

像我腳程快，大概走十幾分鐘就到了；腿慢的人又碰到熱天氣，一公里大概要走二十多分鐘，且滿頭大汗，故覺得很遠；騎馬者跑一公里，就快很多了；如汽車開在高速公路上，約半分鐘就到了；高鐵時速三百公里，根本來不及警覺，就超過它了；至於飛機，又更快了。所以，因使用的交通工具不一樣，對一公里的感受是完全不同的。

**所以長度與距離，是不能獨立於所量物而存在的，也不能離於所量的工具而獨立存在也。**

因此，當「所量物」不同時，其長度的意義也必不同。如前所述：鼻子、身高、大樹的一吋，各不相同也。

其次，因「所量工具」的差異，意義也將差很多。如步行者、騎馬者、坐高鐵的、搭飛機的，對一公里的感受是完全不一樣的。

**如問：你家離上班地點有多遠？有人會回答：開車「五分鐘」。為何不說有五公里呢？因為「開車所費時間」對他們的感受還貼近些。**

有的人住家離上班地點同樣是五公里，卻得搭公車去上班，若班次又不是很密集，則等車的時間可能比坐車還長。有的人坐車後，得再步行十分鐘。故這樣的五公里對他而言，卻比別人的廿公里還遙遠。

因為距離，不只是長短，而是牽涉到怎麼到達。所以，很多人已經把「距離的長短」換算成「時間的長短」，甚至是「體力的消耗」。

## 二、動靜與去來

我覺得〈觀去來品〉有一個地方沒有處理得很好。因為，講到去來時，「去」跟「來」狀態是差不多的，只是方向不一樣爾。但更重要的不是觀去來，而是觀動靜，因為去來都是動，而非靜也。

現先定義：云何為「靜」？若兩個物相其距離皆不變時，假名為「靜」。但嚴格講，不能只看距離，還包括方位。像圓周運動，圓心到圓周雖距離不變，但方位卻一直在變，所以它是一直在動，也有所謂的速度。因此，距離跟方位都不變時，乃稱之為「靜」。反之，若其距離或方位有變化者，則稱之為「動」。

故所謂「動」者，是兩個物相互相成「動」，而不是一個「靜」、一個「動」。很多人卻以爲：只有一方即能動也。

既兩個距離有變化時，才稱爲動。距離從何而變呢？非誰在變，而是相對地有變化，所以運動皆稱爲「相對運動」。尤其在天文學上一定是謂「相對運動」，因爲沒有一個星球的位置是固定的，所以都只能說是「相對運動」。廣而言之，一切運動，也都是「相對運動」。

**於是對於「動靜與去來」，我們首先要說：**

一、**單個物相，是無所謂「動或靜」的。必有兩個物相，或兩個參考點時，才能量出其距離是否有變化？**

如果把一個物相孤立化，即無所謂動或靜。

二、**定點的時間，也是無所謂「動或靜」的。必有時間的差距，才能確認其距離是否有變化。**

因此必須有時間的間距，才能夠說有「動或靜」。若把時間孤立在一個點上，動既不可能，靜也不可能。

**故在古代希臘，即有「飛矢不動」的論述：**

芝諾問他的學生：「箭射出去的時候，是動的？還是靜的？」

大家都說：「當然是動的！」

可是芝諾說：「在射出後的瞬間，時間上既只有一個點，空間上也只是一個位置，你們爲何說它是動的呢？」

大家一想：「那不對，應該是不動的。」

芝諾問：「若這個瞬間是不動的，其他瞬間呢？」

學生最後說：「其他瞬間當也是不動的！」

所以芝諾結論：「所有射出去的箭，都是不動的！」

這「飛矢不動」的論述，有沒有道理呢？

我說：好呀，芝諾你有種就不要逃，等著我放箭吧？

你相信，芝諾眞的敢不逃嗎？必逃之夭夭！何以故？雖不動，卻也非靜止哩！

大家很清楚，現象上還是動的，箭還是朝你胸口射過來。照芝諾的論述，汽車當也是不會動的。然車子衝過來時，你跑不跑呢？還是要跑，爲什麼呢？

**事實上，這種論述，只能說是「戲論」，甚至「強詞奪理」而已！**

因爲時間本無定點，空間也非孤立。你強制將之分割後，飛矢當就不能動了。然所謂「不動」，只是不能確認其「動或靜」，而非言其已靜止矣！

在箭射出去的瞬間裡，你以爲箭已孤立了嗎？事實上，還有地心引力、空氣阻力及它帶出去的能量。在緣起的世界裡，本來就是不可能孤立的。

故「強制將時間切割爲定點」，就已讓人非常不服氣。由此，再論證「飛矢不動」更與現象不符。這有什麼意義呢？

因論述的「不能動」乃是不能確認其「動或靜」，而不是認定其就是靜止的。很多人會錯以爲：不動就是靜。事實上，不動並不等於靜止。

因此，我覺得很多人於〈觀去來品〉中，都容易陷入一種假象：因爲一直都在破「動」，會讓人錯以爲：它是靜止的。其實破「動」跟靜止是兩碼事。

**於是乎「強制將時間分割爲定點」已不能讓人心服了，再由之而證明「去時不能去」，也沒有現實的意義。**

因爲時間本是動態的，卻把時間先切割出一點，而稱爲「去時」。此「去時」當不能去矣！然後再以「去時不能去」，反證「觀發不成」與「觀住不成」，更叫人不能心服，因無法在現象上得到確認。從現象上看，萬物既有動的，也有靜的，怎麼都變成不能動了呢？

這裡面的關鍵就是：單就一個物相而言，無所謂動或靜；單就一個時間點來講，也無所謂動或靜。必須有前後物相、必須有兩個時間點，才能論動或靜。就像用照相機一樣，所拍攝的影像不管是動、是靜，都變成靜止了，因爲只有一瞬間，當不可能動也。

**以上，我只要申述：必有兩個物相，有時間的差距，才能確認其「動或靜」。**

**於是就距離的縮短，稱之爲「來」；距離的延長，名之爲「去」。**

簡單說，若距離沒變、包括方位亦不變，就稱之爲「靜」。距離有變化或方位有變化，則稱之爲「動」。

在動裡，再分作「去」跟「來」。「去」跟「來」，我的定義是：距離縮短就稱之爲「來」，距離延長就稱之爲「去」。

## 三、參考座標

以上所說「必有兩個物相」。其實法界中，林林總總，何止有百千萬個物相！所以每兩個物相之間的動靜，其實都不一樣。於是爲參照不同的物相，即有不同的「動靜與去來」。譬如：坐在火車上的人，就火車而言是靜止的；對地面而言，卻是行動的。居住在地球上的人類，對地球而言是靜止的；對其它星系而言，卻是動得一塌糊塗的！爲什麼？因爲地球有自轉、有公轉；同理，其他星球可能也有自轉、公轉。它在轉，你也在轉；它看你豈非動得一塌糊塗！

因此說到「某物的動或靜」，即得先確認其「參考座標爲何？」此是對什麼而言，說其動或靜。不過就居住在地球的人類而言，卻多以「地表」爲參考座標。用久了，心照不宣，便直說「某物爲動或爲靜」，似乎只一物相便可確認其動或靜，其實不然。

## 四、路徑與去法

一般人在想到兩個物相間的距離時，往往直想到「直線距離」。爲什麼呢？因爲數學上都說「兩點間，直線距離最短」。

但在現實上，卻未必是「兩點間，直線距離最短」；尤其是牽涉到行動去來時。何以故？因爲兩點間，或有高山阻隔，或有縱谷懸切，或有江河、大海等天險，或有人爲的界限等。所以要直行過去，或不容易，或不可能。

於是乎，兩點間的距離，就決定在「所往的路徑」上。當然路徑也非唯一的，如所謂「條條道路通羅馬」。

**而在現實中，所選擇的路徑又與「所用的交通工具」息息相關。所以步行者、騎馬者、開車者、坐高鐵、搭飛機的，所行路徑乃差很大哩！**

步行者的路徑，一般都是選擇最短的，但也不會短到變成直線距離。因爲若碰到高山、大河，即得繞道。汽車有汽車的專用道，高鐵有高鐵的專用道。至於飛機，飛行於空中，似都無阻礙。事實上，飛機的阻礙最多，因爲不是到處都有飛機場。其實，雖在空中，飛機仍有其航道。

我之前在報紙上看到，現在發明了一種旁邊有翅膀的汽車，可以飛得起來。但此有翅膀的汽車，碰到塞車時就飛得起來嗎？不！因爲還要有相當長的跑道讓它加速，才能飛起來；也不是什麼地方都可降落。故聽起來好像很愜意，有了翅膀碰到阻礙處，就趕快飛起來。其實大部分狀況時，它是飛不起來的。

**以上「所選擇的路徑」與「所用的交通工具」，乃依附在「去法」之下也！**

在〈觀去來品〉中，就去者、去時、去處、去法，逐一而破。其實「去法」還有很多變化，並不像古代人兩腳一蹬，就上路去也。在科技的時代，「去法」實在有太多的選擇。

這乃爲「緣起萬端」，故「去法」仍會有很多差異相，而非只是「因去者有去法，因去法有去者」這麼單純而已！

## 五、去者不能去，所去處皆無

**執著「有我」者，必以為：因為有「我」故，才能「去」也。**

**然而若眞有「不變」的我，反而不能去！何以故？未去和已去，是變？還是不變呢？**

因為去跟不去，本身就是變化。且就是為了有這樣的變化，你才願意去。譬如今天大家願意七早八早就出門到這邊聽課，不是希望觀念能有一些提升嗎？如果不能提升，你何需辛苦跑這一趟？

**故因為能「變」，所以能夠去，所以願意去。而能「變」者，即無「我」也。**

所以，這跟大家以往的觀念是完全不一樣的，一般人認為有我才能去，有我才能聽。但其實是因為無我才能夠去，因為無我才能夠聽。

或者就算沒有任何目的，平平白白地走過去，又返回來。你，還是原來的你嗎？已經不一樣了！因為緣又變了。

**因此對「去者不能去」這個偈頌，我們就可很容易理解：若執著「實有去者」，則反不能去也。**

**同理，就「所去處」而言亦然。若執著「實有所去處」，則反不能去也。**

因為去，就是代表已改變了。不要以為台北只是那個區域，眞正的台北還包括人、事、物等。所以你沒去跟去之後的台北，已經不是同一個台北了。

故如果「實有一個地方」，你反而不能去。這用《中觀》的思想去看，一點都不奇怪。因為不是不變的，所以你才有辦法去或來。

……部曲，完整呈現神祕的多瑪宇宙！

……星族姐妹在尋找「實相」的靈性道路上再次相遇開始，帶領讀者解開亞特蘭提斯的陸沉之謎、拯救瀕臨乾枯的死海、修復被破壞的金字塔能量圖，在書中探討宇宙法則、宗教起源、神祕主義、環境問題等和人類息息相關的主題，是一本和宇宙各星族彼此交流並被深深教導的冒險遊記！

## 出走，朝聖的最初

作者／阿光（游湧志）
定價／450元

**第一本「不同於以往、不複製前人經驗」的聖雅各朝聖書！**

作者曾說，走聖雅各之路如同走一回人生路，雖然有相同的終點，但每個人前往的過程卻可以不盡相同，他認為這才是朝聖之旅的意義，因此本書沒有叮囑事項和路線圖，而是看作者如何丟掉恐懼及理性，勇敢地面對前方的諸多未知，走出屬於自己獨一無二的朝聖之路。

## 狗狗想要說什麼
### ——超可愛！汪星人肢體語言超圖解

作者／程麗蓮（Lili Chin）　譯者／黃薇菁（Vicki Huang）
定價／400元

**全世界愛狗人士強推的超俏皮、超實用工具書**
**超可愛的動物插畫家——程麗蓮全新力作**

……單易懂的文字搭配生動活潑的狗狗插圖，透過狗狗……搖晃、姿勢等解讀，讓你能清楚了解愛犬……狗狗就是以這些訊號來表達自己的感受。……聽我們最好的朋友在告訴我們什麼，我們就……感到安全又開心。

# 開始學習禪修

作者／凱薩琳・麥唐諾（Kathleen McDonald）　譯者／別古
定價／320元

**西方世界長銷近40年，重刷17次，翻譯成9種語言**
**最實用、最親近禪修之門的第一本書！**

本書受歡迎的程度相當令人訝異：再版十七次，翻譯成九種外國語。一直以來，總有人提起本書對他們修行上及佛法與禪修的了解上所帶來的幫助。此版不改初衷，目的仍是想提供當今的世人一座橋，好進入這項由佛陀教導、並在過去兩千五百年發展益趨成熟的禪修之門。

# 遠離四種執著

作者／究給・企千仁波切　開示文本／至尊札巴・堅贊　譯者／周銘賢
定價／300元

**薩迦派心法基礎 證悟教法的最佳指引**

舉世公認「遠離四種執著」教法是藏傳佛教最可貴的珍寶之一。究給・企千仁波切在這部證道論頌中闡明了真實的佛法修行，同時指出行者必定會誤入的陷阱，並告訴我們這些過患可以透過增長正確的發心而予以改正。

# 寂靜之聲
## ——知念就是你的皈依

作者／阿姜蘇美多（Ajahn Sumedho）　譯者／牟志京
定價／500元

**寂靜之聲，意識的本相；**
**聆聽，將心放在一種接收的覺知狀態中……**

全書二十七篇文章緣於阿姜蘇美多在英國阿馬拉哇奇禪寺帶領禪十所做的開示。他的教誨總是嫻熟而幽默，不分國界。從希望理解佛法的一般人到佛教僧侶，都能體會他對諸如覺知、正念、意識、解脫痛苦等關鍵主題的靈動見解。

**因此對「所去處皆無」這個偈頌，我們也可很容易理解：若有「所去處」，則必歸緣起「無自性」爾！**

〈觀去來品〉主要在破去，而未破來。因爲，去跟來只是方向不一樣而已。破去之後，下面再破「發」跟「住」皆不成。

## 六、觀發與住，皆不成

「發」即是一般人講的「啓動」。本來是靜止的，因啓所以動了，而稱爲「發」。「住」呢？剛好相反，是使靜止，或者剎車，從本來動的狀態而變成靜的狀態，這稱爲「住」。

再用這個邏輯論證，因爲「動靜本觀待而成」，即皆無自性。故一個東西沒有所謂動或靜，定點的時間也無所謂動或靜，一定要有不同的參考座標，才有動或靜。既動靜本身不可得，故從靜變成動、從動變成靜，當然也就不可得了。

這雖言之有理，可是對很多人來講，明明就是有動，你看外面的汽車準備要發動，能不能發動？世間人都說可以發動，那爲什麼說「觀發不成」呢？

於是乎，下面且以電腦的開機和汽車的啓動，來說明「觀發不成」：

如我們於三點鐘時按下電腦的電源鍵，就啓動了嗎？未必，何以故？必待進入作業系統後，才能確認其已完成「啓動」也。而從按下電源鍵，到進入作業系統間，都得等一兩分鐘，或者更久。甚至有時開機不順，進行到一半就「當掉」了。於是雖「啓」，而未「動」也。

一定要等整個系統跑完了，才能確認其已開機完畢。那按下去是「因」，到整個開機完畢是「果」，所以從因到果，這大家都很清楚。

這就是：以「啓」——按下電源鍵，爲「因」；以「動」——進入作業系統，爲「果」。既從「因」而有果，也對果而稱爲「因」。「果」未完成之前，是不能單稱爲「因」的。因此就「按下電源鍵」而言，是不能獨稱爲「因」的。

**以上電腦開機如此，汽車啓動亦然。故曰「觀發不成」也。**

很多人都把時間孤立化了，於是因不成爲因，果不成爲果。意思不是說發不動，而是要等驅動了，才能證明已啓動了。故曰：觀發不成。

同理，從動到靜亦然。以按下關機鍵，爲「因」；待全離開作業系統，爲「果」。既從「因」而有果，也對果而稱爲「因」。因此就「按下關機鍵」而言，是不能獨稱爲「因」的。

以上電腦關機如此，汽車剎住亦然。從開始剎車，一直到停止下來，可能要有幾秒鐘的時間，至少要等車完全停下來，才能說煞住了。有時候，剎車失靈了一直往前衝；雖煞了車，但車沒有停。故曰「觀住不成」也。

## 七、小結

**衆所皆知：於「觀去來品」後的結論，一定是「諸法既不來不去，也不發不住。」然而對現象又何以皆「有來有去，能發能住」就很疑惑了！**

記得以前我在台大晨曦社研習《中觀》時，當時順著次第從〈觀因緣品〉研習到〈觀去來品〉。待〈觀去來品〉講完下課後，大家你看我、我看你。不是都不來不去了，還能回到哪裡去呢？爲什麼會有這樣的問題？乃爲邏輯思考跟現象世界，沒有結合得很好的緣故。

所以爲何把〈觀去來品〉延到現在才講，因爲現在講，還有許多人聽得霧煞煞的，更何況最初就講，一定更愣頭愣腦。以這品牽涉到去者、去時、去法、去處，不是單一因素而是較複雜的因緣果。單一的因素比較好講，綜合的因緣果不好解，所以我把它延到現在才講。

所以，爲去來不成、發住也不成，不是說都不能動了，而是說如果把時間單獨化，把元素單獨化，便都不能夠去、不能夠來、不能夠發、也不能夠住。

**有人問：「既諸法是不來也不去，那我們還能往生極樂世界嗎？」**

我答云：「既諸法是不來也不去，那你等一下還回家，星期一還去上班嗎？」

若等下了課還是回家，星期一還得上班；爲何就懷疑不能往生極樂世界呢？既能夠回家，就能夠往生極樂世界。這意思不是一樣嗎？

所以現象還是有去來的，還是要在現象裡建立不同的假名。故今天講的重點乃：如執「自性見」，而將「和合去相」的諸緣孤立化，則反不能「去來、發住」也。但眾生的自性見，其實是無所不在的，而且很細膩、難察覺到。

**如執「去者」爲實有不變者，則反不能去矣！**

雖一般人都認爲：因爲有我，才能走路；因爲有我才能吃飯、才能工作。但如把此我當作不變實有者，那反什麼都不能動了。故因爲無我、因爲非實有，我們才能動靜、去來，吃飯、工作。

**同理，如執「去處」爲實有不變者，亦不能去矣！甚至，如執「去時」爲孤立點，則一切不能動矣！**

**所以破去來，只是破自性、破實有、破孤立，而非破一切去來之相。**

**當然前所謂「和合去相」的諸緣：如「去者」、「去處」、「去時」等，既非「先有再合」——若先有何用合？亦非「合已才有」——未有云何合？**

在〈觀去來品〉中，主要在處理幾個緣：「去者」、「去處」、「去時」還有「去法」，這些是「和合去相」的諸緣。

對這幾個緣，一般人又很容易說：「當然是因爲眾緣和合，才能夠有去來。」那我再問：眾緣和合是「先有再合」？還是「和合才有」？

若答：「先有再合」。則既有了，就不用再合！

若答：「和合才有」呢？那未有前，你拿什麼去合呢？

**而是在「無自性」的前提下，得隨緣而建立不同的「假名」！譬如：既非先有父名，才有兒子。也非本無父名，就永不得爲父。**

一般人都認爲先有父親，才有兒子。可是兒子未生之前，云何稱爲父親呢？要兒子生了，才能夠稱爲父親。所以也非本來不是父親者，就永不能稱爲父。

兒子生了，因爲緣不一樣了，故「假名」也不同。本來不是父親的，現在變成父親了。

**同理，既非「去者」才能去，也非「未去者」便永不得去也。至於「去處」、「去時」、「去法」等皆然——能隨緣而建立不同的「假名」也。**

要從不斷變化中建立不同的假名，才能讓我們在現象界應用無礙。很多人學《中觀》沒學好，故從本來的著「有」，而變成落「空」！如：

**又有人問：「既觀發不成，那我們就不用發菩提心、不用發菩提願了嗎？」**

**法師答云：「既觀發不成，那你也從此不會發脾氣，老闆亦從此可不發薪水了嗎？」**

既觀發不成，以後回家也不可以發脾氣。都是「發」，只想到不要發菩提心，爲何就不會想到不能夠發脾氣？還有以後你的老闆也不用發薪水呢？事實上，發菩提心的「發」跟觀發不成的「發」，意思是不太一樣的。

眞空不礙幻有，幻有凸顯眞空；眞不即是俗，眞亦不離俗也。否則「不能正觀空，鈍根則自害。」變成神經病了，可不關我的錯！也不是《中觀》的錯，而是因爲你在「空」、「有」之間，沒有處理得很好的關係。

雖《中觀》的偈頌大部分都偏向於一切法是空、無自性的。可是，眞空還要能夠跟幻有的世界搭配，這樣才能眞空不礙幻有，從幻有裡凸顯眞空。

我這次講《中觀》的重點，不想花很多時間去處理邏輯上的論辯。倒是希望透過更生活化的例子，讓我們能夠在「空」跟「有」之間得到較好的連結。這樣，既能夠深入空義，又能夠在現實的世界裡應用得更恰當、更無礙。

下面看偈頌解說。

## 【偈頌解說】

丙五　觀去來

丁一　三時門

戊一　觀去不成

己一　觀三時無有去

庚一　總破三時去

已去無有去　未去亦無去　離已去未去　去時亦無去

首先講三時門，從已去、未去、去時裡觀去不成。

其次，於觀「去」不成中，先觀三時無有去：即已去中無有去，未去中無有去；甚至去時中亦無去。

這是總觀三時中無有去。未去中無有去，這很明確是，故不必再破。已去是已到了那邊，就不再動了，所以已去中也是沒有去的。

故一般人都認爲：是正在去的時候，有去。所以，下面才別破「去時去」。

庚二 別破去時去

辛一 立去時去

動處則有去　此中有去時　非已去未去　是故去時去

**外人曰：你說未去中無有去，已去中也無去。這我們都可接受。但是正往目的地前進「時」，應當是有「去」的。是故非已去、未去，而是「去時去」也。**

「動處則有去」：正行動者，就有去。即正往目的地前進時，就有去。是以當「去時」有去。很多人大都這麼想。

辛二 破去時去

云何於去時　而當有去法　若離於去法　去時不可得

若言去時去　是人則有咎　離去有去時　去時獨去故

若去時有去　則有二種去　一謂為去時　二謂去時去

若有二去法　則有二去者　以離於去者　去法不可得

你說「去時」可去，首先問：云何有「去時」呢？如果沒有「去法」，怎麼成立「去時」？我問：云何能去？這表示有沒有「去法」都未確認，故哪可以「去法」而成立「去時」呢？

「若言去時去，是人則有咎：離去有去時，去時獨去故」。如果認定「去時去」，就會有兩種過失：第一、認爲「去時」可單獨存在。可離於「去法」而單獨有「去時」，故言「去時」有去。但若離於「去法」，何能有「去時」呢？所以「去時獨去」是什麼意思？乃越說越離譜而已！一般人最後只能承認：非有單獨的「去時」，而是因爲有「去法」才能成立「去時」。故若言「去時」能去，這就變成有兩個「去法」：一、爲有「去法甲」，所以能成立「去時」；二、待確認「去時」後，才有的「去法乙」。

若承認有兩種「去法」，就得也承認有兩位「去者」。事實上大家很清楚不可能有兩位「去者」的。所以講去時去，是不合情理的。

以上是總觀去時，別破「去時去」。

## 己二　觀去者不能去

若離於去者　去法不可得　以無去法故　何得有去者
去者則不去　不去者不去　離去不去者　無第三去者
若言去者去　云何有此義　若離於去法　去者不可得
若去者有去　則有二種去　一謂去者去　二謂去法去
若謂去者去　是人則有咎　離去有去者　説去者有去

**前已破「去時去」，此再破「去者去」：**

這跟前面的破法類同。

「已去者無去，未去者無去，正去者亦無去。」也是用三時門破。

我們皆知：若離開「去者」便無「去法」可得。而既無「去法」則哪能稱之為「去者」呢？

因此，就「去者」而言，亦可說是：已去者不去，未去者不去。且離已去、未去，不可能有第三種「去者」。

外人曰：我說有「去者去」，是指正在去的「去者」，是可以「去」的。

論主駁道：若言「去者去」，云何有此義？因為離開了「去法」，哪有「去者」可得呢？

因為何能稱為「去者」呢？因為有「去法」才能稱為「去者」。於是乎，若執言「去者去」便得有二種「去法」：一為「去法甲」，用以確認其乃去者；二待確認去者後，再往別處去的「去法乙」。

但事實上，一個「去者」不可能有兩種「去法」，所以，不能言「去者去」。

**或謂：「去者」與「去法」，乃相待而成。譬如長與短，非一前一後，而是同時相待而成。**

**於是乎，這不免又陷入「若法因待成，是法還成待？今則無因待，亦無所成法。」的困境中。**

這〈觀去來品〉，首先破「去不成」。「去不成」有兩種破法：第一、「觀三時不能去」；第二、「觀去者不能去」。結論很明確是：觀去不成。

## 戊二　觀發不成

已去中無發　未去中無發　去時中無發　何處當有發
未發無去時　亦無有已去　是二應有發　未去何有發
無去無未去　亦復無去時　一切無有發　何故而分別

一般人不只覺得有「去來」，甚至也必然有「發與住」。「發」是初啓動之時，「住」是行動終結時。

**以上既破「去來」不成，於此順議「發住」亦不成。**

「發」的話，從靜到動乃稱爲「發」，用現代的說法，即啓動了。

你所謂「發」者：是已去中有「發」？未去中有「發」？還是去時中有「發」呢？已去了，當不再「發」，故「已去中無發」；未去者，還未啓「發」；故「未去中無發」。正去時，已形成動矣，也非初動之時，故「去時中亦無發」。何處當有發？既把時間軸都孤立了，即一切時都不「發」也。

一般人多以爲於「已去」與「去時」中當有「發」。然而我們再仔細想想：究竟是因「發」才有「去」？還是因「去」而有「發」呢？表面看，好像是因「發」才有「去」，但若不去，何以謂爲「發」呢？

很多人看到這裡，會覺得很迷惘，就世間來看，明明有動，既有從靜到動，也有從動到靜，何以

「發、住」皆不成呢？

這就像似因父才有子，但若不生子，何以稱爲父？似從因才有果，然若不對果，何以稱爲因呢？

其實，不管動與靜，發與住，都不能從「單一的時間」來確認，也不能離於「參考座標」而得確認，一般都以「地球的表面」爲參考座標。

動者，於不同的時間中，見物於「參考座標」而有位移。

靜者，於不同的時間中，見物於「參考座標」而無位移。

然後再從動靜的變化解析而有「發與住」。因此要從「自性」、「實有」的觀點，來看「去來」、「發住」，皆不成矣！其實到最後，只是破自性不成、破實有不成、破孤立不成而已！

### 戊三　觀住不成

去者則不住　不去者不住　離去不去者　何有第三住
去者若當住　云何有此義　若當離於去　去者不可得
去未去無住　去時亦無住　所有行止法　皆同於去義

「發」是從靜到動，「住」是從動到靜。

以上既「發」不成，當「住」亦不成。何以故？

請問：若有「住」者，是「去者」住呢？還是「不去者」住呢？

去者則不住：正在「去者」，當是不住的；不去者不住：至於「不去者」，當也是不住的；離「去者」、「不去者」，亦無第三種住的可能。

或言：「不去者」，因爲根本都未啓動，說他「不住」，這我們是可以接受的；至於「去者」，到達目的地就停下來，因此當是有住的。

**「去者若當住，云何有此義？若當離於去，去者不可得。」**

**論主曰：你說「去者當有住」，這怎麼可能？要知道：既離於去法，怎還能稱之爲「去者」呢？所以「已去、未去、去時」，皆無有「住」！廣義言之，所有的「動、靜、發、住」等，皆同此義。**

「去者爲何不能住？」既名爲「去者」，就得繼續去，而不能住。同理，若是「住」者，即不能去也。

這是什麼問題呢？乃把名字單一化，以爲「去者」就得永遠要去。其實，「去者」若緣變了，是可以變成「不去者」而住的。至於住後，名稱是否得改變，唯不一亦不異爾！

如果把名字單獨化，那就不能變、也就不能住了。所以，這不是從時間上說不能夠住。

所以如果把時間、對象、稱呼皆孤立化，即一切都不能動矣！也不能靜，更不能從動到靜、從靜到動。反正都不可得矣！

**以上論議，各位且先掌握一個重點：不管動與靜，發與住，都不能從「單一的時間」來確認，也不能離於「參考座標」而得確認。甚至未動前、正動時、已動後的人，也非同一個人哩！何以故？若同爲**

**一人，豈能有這些變化？**

**或言：其實還有第四種可能，一向靜止，都不動也。**

**答云：所謂一向靜止，也得從：一、時間的前後；二、所對照的參考座標；三、心念的覺知，才能建立起「靜」的假名。**

**故純粹的「靜」，亦了不可得矣！**

很多人以爲「觀動不成」就是靜止的，其實這跟「靜止」沒有必然關係。就像雖論述「飛矢不動」，箭就不會射到你嗎？其實照樣射到你。所以觀動既不成，觀靜也不成。才能不落兩邊！

### 丁二　一異門

#### 戊一　觀體不成

去法即去者　是事則不然　去法異去者　是事亦不然
若謂於去法　即爲是去者　作者及作業　是事則爲一
若謂於去法　有異於去者　離去者有去　離去有去者
去去者是二　若一異法成　二門俱不成　云何當有成

**在「去者」與「去法」中，說一說異，皆不成也。何以故？**

若謂：「去者」與「去法」是一，則會有「作者」與「作業」是一體的過失！譬如人吃飯，人與吃飯不能稱爲一！何以故？人除了吃飯，還會有很多其它的行爲。

若謂：「去者」與「去法」是異，則會有離「去者」有「去法」，離「去法」有「去者」的過失！

以上，既一不成，也異不成，那還有什麼可成的呢？

**觀體不成，即觀「去者」不成也！**

最後，我們只能說「去者」本不是固定的。已去的、未去的與正去的，本質上不能說是同一個人。如果是同一個人，就什麼都不能變了。事實上，還是可以變的，甚至還不能不跟著緣而變。以無我、無自性故；有去、有來。

戊二　觀用不成

**因去知去者　不能用是去　先無有去法　故無去者去**

**因去知去者　不能用異去　於一去者中　不得二去故**

「觀用不成」與「觀去者不能去」的破法，大致相類似。

若謂「去者能去」。然其何以名「去者」呢？爲有「去法」，才得名爲「去者」。於是在先確認其爲「去者」的「去法甲」，便非「去者去」的「去法乙」也！何以故？一在「去者」成立前，一在「去者」確認後。

本非先有「去法甲」，故「去者」不成。「去者」不成，則「去法乙」亦不成矣！

**或說：就何妨有「去法甲」和「去法乙」的差異呢？**

**答云：既同一「去者」，豈能有兩種「去法」呢？**

**觀用不成，即觀「去法」不成也！**

我覺得〈觀去來品〉的破法，看來都一樣。不管是時間、作者、所作業，若將之孤立化、自性化之後，即一切都不成。

## 丁三 有無門

決定有去者　不能用三去　不決定去者　亦不用三去
去法定不定　去者不用三　是故去去者　所去處皆無

此中「決定有」是指實有；「不決定」是指絕無。

若實有去者，當不必用三去。因爲實有者，當一向如此；故不必用三去，即可確認有「去者」也。

這「三去」，或說是：已去、正去、未去；或說是：去時、去處、去法。

但事實上，離開三去即無所謂「去者」，故「去者」乃非實有。

「不決定去者，亦不用三去」：若是絕無、斷滅的話，當更不用三去。

印順法師把「三去」解釋爲：「已去、正去、未去」，比較是就「時間」而言。我的看法是包括「去時、去處、去法、去者」。故「三去」就「去者」而言，即是餘三的「去時、去處、去法」。如果就

「去時」而言，「三去」就變成：「去者、去處、去法」。

**然而，若無「三去」，去者亦不可得矣！**

**事實上，若實有「去者」，反不能去矣！何以故？實有者，則不能變化；而不能變化，云何得去來呢？**

**至於去時、去處、去法等，皆然。**

最後把「去法」、「去者」、「所去處」都說是無自性的，而不是什麼都無。

前已表明：就「時間先後」和「參考座標」而言，還是可以建立「動靜、去來、發住」等假名，且假名還不是固定不變的，可隨緣而作善巧的調適。

## 【附論】

**在有關於「去」的衆緣中，去者、去時、去處、去法。我們再作綜合地解析：**

我們都認爲有一個人才能夠有去來，這是眾生無始以來的觀念。但我們要反問：去來之間，還是同一個人嗎？如果是同一個人，那他反不能夠去來了。

當然也不能說是不同的人；既不能說一，也不能說異。

我們在河邊，把腳放到水裡面，當舉起來再放下去時，已經不是原來的水。因爲水已繼續向前流，故不是原來的水了。其實，也不是原來的腳，這才更重要。故舉足復入，已非前足；去來之間，已非前人矣！

到最後破的是可孤立的人、實有的人。以實有、孤立本不可得，所以我們還是可以有去來，不是破了就不能夠去來。

**去時，單點的時間本不可得，更何況有「去時」！就算有單點的時間，也不可能看到物相的變化或位移，必比較前後的時間，才能見到物相的變化，或空間的位移，故非實有「去時」。**

**去處，單點的空間本不可得，更何況有「去處」！就算有單點的空間，也不可能看到物相的位移，必比較參考座標，才能見到物相的位移，故非實有「去處」。**

於開宗明義我就講，空間不是獨自存在的，它跟很多物相、所量的工具是有關係的。既單獨點的空間本不可得，更何況有「去處」！一定要有兩個參考座標，才能夠量出物的動靜、去來。所以「去處」也不是實有的，如果是實有的，你反而不能去了。

譬如像「三義」這個地方，我去之前、去之後，還是同一個處所嗎？當非同一個處所！因爲它不只是一個點，還包括很多人、物、事等。既因緣不斷在變化，云何是同一處呢？

**去法，若離於去者、去時、去處，去法更不可得矣！**

**如前所謂：「所選擇的路徑」與「所用的交通工具」乃依附在「去法」之下，故「去法」仍會有很多的差異相。**

**以上「去者、去時、去處、去法」乃如蘆相倚，觀待而成。**

**故非自性實有，亦非憑空瞎想的；而是於觀待諸因緣中建立不同的假名也。**

到最後大家會說：總而言之，爲眾緣和合而有去來。眾緣者，有去者、去時、去處、去法等。

然和合，既非先有再合，也不是合了才有。而是能在不同的緣裡建立不同的假名。故既不是自性實有，也不是憑空瞎想的，而是隨緣善巧以建立假名，並作爲溝通的媒介。

相信，各位聽到這裡，對假名應該會有更深的認識。雖名去者，卻不是不能住。雖同名台中，也非不變；若眞不變，你即不能去了。

故不管名稱有沒有變，它的緣乃不斷在變化。故不能用「自性、實有」的觀念去看這些假名。這樣才能對世間所有的去來、動靜、發住等名相深入、透出，應用無礙。

**這〈觀去來品〉與「法法不相及」的結論，有些相近。但〈觀去來品〉所破的卻包括：去者、去時、去處、去法等，所以內容乃較廣泛，論證的過程也較嚴謹吧！**

一般人認爲：此法與彼法是可以相及的。比如我的手去拿滑鼠，一伸手就拿到了，怎麼會拿不到呢？但拿到時，卻已不是原來的手。這如前面所云「舉足復入，已非前足」。同理，當滑鼠被拿到時，也已經不是原來的滑鼠了。

但一般人思考還沒有這麼周密，總認爲都一樣。事實上，所有的緣都是不斷在變化的。於〈觀去來品〉中，論證比「法法不相及」還廣，因爲它牽涉到：去者、去時、去處、去法，不只範圍較廣，論證也較嚴謹些。

# 20 觀有無品

## 【前言】

在講章節大意之前，大家先看科判的部分。諸位有沒有看到乙六：「開示性空」這個標題。這意思是從〈觀有無品〉後，是《中觀》的第六個單元。我把《中觀》二十七品分作七個單元，此是第六個單元。這單元主要是直接開示「諸法性空」義。所以，這算是《中觀》最重要的單元。尤其後面的〈觀四諦品〉，大家都公認這是《中觀》最核心之要義。

## 【章節大意】

〈觀有無品〉主要是觀「性」之有無。大家從開始閱讀至現在，應該很熟悉這句話：「緣起無自性」。因爲「眾緣所生」，所以就一定是「無自性」的，這應早已就確認的。

**於是為「無自性」故，即必亦無「他性」。**

何以故？若甲有甲的自性，乙有乙的自性，甲性才能相對於乙，而稱為「他性」。現既自性不成，即他性亦不成矣！

在「實有性」中，除「自性」、「他性」外，又不可能有「第三性」。於是以「自性」、「他性」皆不得成故，「有性」亦不得成矣！

**或以為：既「有性」不成，必屬「無性」！**

**其實，既「有性」不成，「無性」也不得成矣！何以故？「有、無」本是相待的；故「有性」若不成，即「無性」亦不得成也。**

或者說：以有「有法」故，「有」壞名為「無」。現既「有性」不得成，即不可壞之，而使變成「無性」也。

**結論呢？諸法「非有性」亦「非無性」，「非自性」亦「非他性」。**

**最後，再以「著有」則成「常」過，「著無」即成「斷」過而收尾。**

以上主要是破「有性」、「無性」，「自性」和「他性」，應該不會太難。在最後的【附論】我會再補充一些，是從「性與相」的角度來看諸法。

## 【偈頌解說】

### 乙六　開示性空

丙一 觀有無
丁一 別觀
戊一 非有
己一 觀自性

眾緣中有性　是事則不然　性從眾緣出　即名爲作法
性若是作者　云何有此義　性名爲無作　不待異法成

〈觀有無品〉首先是「觀有」，後再「觀無」。「觀有」中又先「觀自性」不成：**有的人雖也承認「諸法是從衆緣中所生」，卻又執著「諸法各有其性」，這不是互相矛盾嗎？**爲什麼呢？因爲既稱爲「性」，必具「普遍性和永恆性」。永恆性即過去如此、現在如此、未來都必如此。普遍性呢？此地如此、他方如此，到處都必如此。時間上是永恆不變的，空間上亦普遍無限，這才稱爲「性」。

**其次，若是「性」者，當「一向如此」，不待他法的裏助、推促，即如此也。**

「性從眾緣出，即名爲作法」：如果需要他法的裏助、促成，這就不是「性」，而是「作法」也。故如果是「性」，就不可能是「作法」；是「作法」，就不可能是「性」。

「眾緣中有性，是事則不然」：如果從眾緣中所生，那就是「作法」，而不可能是「性」了。

「性名爲無作，不待異法成」：這是對「性」的定義。還是要回歸這句話：「一向如此、本來如此」，不待異法的襄助、推促，即如此也。

至於「從眾緣中所生」的法，就不可能「一向如此」；何以故？必隨緣的和合、分散，配比多少，而不斷改變也。

「從眾緣中所生」的法，更不可能「本來如此」；因爲有緣才現，哪可能「本來如此」呢？因此既承認「諸法是從眾緣中所生」，就得放下「諸法各有自性」的執著！

## 己二　觀他性

**法若無自性　云何有他性　自性於他性　亦名爲他性**

若法的「自性」已不可得了，則「他性」亦不可得矣！何以故？若甲法有甲的自性，乙法有乙的自性，則甲的自性相對於乙而言，才得名爲「他性」。同理，乙的自性相對於甲而言，亦得名爲「他性」。

現既「自性」已不可得，故「他性」亦不成矣！

## 己三　觀第三性

**離自性他性　何得更有法　若有自他性　諸法則得成**

一般人認定有「自性」、「他性」，除此之外，即想不出有「第三種性」的可能。現既「自性」、「他性」皆不得成，即「諸法的一切別異性，皆不可得。」

下面是較詳細的解說：

比如我們爲什麼會知道這是牛呢？因爲牛有牛的樣子，才有辦法被認識。還有因牛跟馬不一樣，所以被凸顯出來。

如果全世界都是牛的話，你就不知道甚麼是牛，什麼不是牛。因爲還有跟牠不一樣屬性的動物，才被凸顯、對照出來。有牠的屬性就是自性，和牠不同者，即是「他性」。

就《中觀》的宗旨乃：既「自性」不可得，「他性」亦不可得。所以牛是無自性、非實有。於是很多人會有很大的矛盾，因爲在現象上明明是有牛的，你爲什麼說無呢？

如果非實有，怎能既看得到又吃得到呢？這是一般人所認知的「有」！

學過《中觀》的當很清楚：牛因不是實有的才會被宰。如果是實有的就不能變化，當刀槍不入而不能被宰，更不可能被吃。現既被宰了，肉被吃光了，怎可能是實有的呢？

**再問：雖被吃光了，是非實有，但還活著時，當是「實有」的。**

**答云：既有時「有」、有時「非有」，故只是「暫有、幻有」，而非「實有」也！以若「實有」者，當過去、現在、未來，皆如此也。**

對於「有」的定義，其實是不一樣的。《中觀》所謂的「實有」，即不能變。而一般人所謂的「有」，主要是指「相有」而非「自性有」。看得到牛、吃得到牛肉，這都是「相」而非「性」也。

下面我們會再花一點時間講這個問題，否則很多人學《中觀》之後，就變成空空道人，會跟現象界完全搭不上線，那就很麻煩了。

戊二　非無

有若不成者　無云何可成　因有有法故　有壞名爲無

以上既論證「有性」的不能成，有人就惑以爲：既非「有性」，即是「無性」。以諸法「有性」不成故，即必諸法爲「無性」也。

然而「有」若不成者，「無」亦不成矣！爲什麼呢？「有無」本是相待者，現既「有」不得成，即「無」亦不得成矣！其次，得先有「有法」，後待此「有法」壞滅了，才得名之爲「無」。

譬如因有花開，才有花謝；因有人生，才有人死。若本無花開，云何有花謝？本不存活的人，云何會死呢？相信這大家都很清楚。

或問：雖本不存活的人，當不會死，然就以「本不存活」故，才謂之爲「無」嘛？

答云：既「本不存活」，又關你何事？你哪閒著去分別它呢？就像無處貼標籤，卻又胡亂作標籤般地無聊！

這就如同以前有人問我，一個很好笑的問題：「法師！如果哪一天發生第三次世界大戰了，若所有的人都死光了，那怎麼辦？」

我回答：「既死光了，那要誰去辦呢？」怎還問我怎麼辦！如果一切是「絕無」，那還有什麼好說的。連說的人都不存在了，怎可能說呢！

丁二　總觀

戊一　開示真實義

己一　遮妄執

**若人見有無　見自性他性　如是則不見　佛法眞實義**

**有些人雖也研讀佛書，甚至深入經藏，卻還執著於「諸法各有其性」、「諸法本無其性」、「有性者，不是自性便是他性」等。以上種種執著，皆可說是「不見」——還未悟得「佛法的眞實義」。**

**不相信嗎？且看這部經：**

這部經引自《雜阿含經》卷十，其中除《化迦旃延經》外，都沒有經名。這《化迦旃延經》本來也沒有經名，因爲裡面有個名字稱「迦旃延」，所以這部經就被稱爲《化迦旃延經》。

我查過這部經其實是阿難講的，阿難對著另個比丘說：「我當時聽佛對迦旃延這麼說……」是阿難引佛當時對迦旃延說的法，故稱爲《化迦旃延經》。

## 己二　證佛說　佛能滅有無　於化迦旃延　經中之所說　離有亦離無

於《化迦旃延經》中，有以下的經文：

**所以者何？迦旃延！如實正觀世間集者，則不生世間無見。如實正觀世間滅（者），則不生世間有見。**

後面「如實正觀世間滅者，則不生世間有見」的「者」，是我把它補上去的，因爲這樣看起來比較對應。

比較重要的經文爲下面這部分：

**迦旃延！如來離於二邊，說於中道。所謂「此有故彼有，此生故彼生。」謂緣無明有行，乃至生、老、病、死、憂、悲、惱苦集。所謂「此無故彼無，此滅故彼滅。」謂無明滅則行滅，乃至生、老、病、死、憂、悲、惱苦滅。**

爲何說「如實正觀世間集者，則不生世間無見」呢？此乃爲「此有故彼有，此生故彼生」有因有緣，則世間集——以「無明」爲因，「愛欲」爲緣，而有「生、老、病死、憂、悲、惱苦」等之集也。「有因有緣則世間現」，現什麼？現苦的現象，故從世間的現象來看，不能說是「無」也！

爲何說「如實正觀世間滅（者），則不生世間有見」呢？此乃爲「此無故彼無，此滅故彼滅」無因無緣，則世間滅——破除了「無明」的因，消盡了「愛欲」的緣，即成「生、老、病死、憂、悲、惱苦」等之滅也。

故從諸法的本質來說，不能說是「有」也！因爲能滅，就非實有；若實有者，就不應該滅。

**其實，「如實正觀世間集者，亦不生世間有見」**。

爲什麼呢？因爲既是有因有緣才現，即表示那不會是實有的。故一個有智慧者，乃不必等到滅了，才知道它不是實有的。既是因緣所生，即非實有也。

同理，反過來說「如實正觀世間滅者，亦不生無見」。爲什麼呢？諸法是不常、不斷的，滅只是滅苦果、滅苦因，而非全斷滅。

**所以就「性」而言，既不可說是實「有」性，也不可說是絕「無」性。**以若實「有」性，則不可能變化、不可能示現，苦便不能集、也不能滅也。若絕「無」性，則苦亦不能集矣！更何況去滅呢？

同理，就「相」而言，既不可說是實「有」相，也不可說是絕「無」相。以若實「有」相，則相便不能變也。若絕「無」相，連相亦不能現矣！

故能深入緣起法者，便能離「有、無」之二邊也！

## 戊二　遮破有無見

### 己一　無異失

若法實有性　後則不應無　性若有異相　是事終不然

若法實有性　云何而可異　若法實無性　云何而可異

**若執諸法有實性，於是既有實性，即得一直「有」下去，而不可以後變成「無」。然而若不能變無的話，則云何能滅苦？能斷煩惱、了生死呢？**

如果苦不能變無，則修學佛法便失卻意義矣！現既能從苦集而修道滅，那就表示是可變化的。既可變化，即非實「有」性也。

**其次，若諸法有實性，不只不能「從有變無」，甚至不能「從此變彼」。**

於是乎，若肚子餓，便得繼續餓下去，而不能變成飽；若身體冷，便得一直冷著，而不能變成暖。還好，諸法非有實性：故餓了能使之飽，冷了能使之暖；無知的能使他博通，執迷的能使他覺悟；故人生才有奮發向上的可能。

當然能變也不是想變就變，要有相近的緣才能變！這樣看修行，才有意義呀！

然而謂「諸法非有實性」者，也不可又執爲「諸法爲實無性」。因爲若是「實無性」者，既一切不存在，一切的變化也都不可能矣！連講話的你都不存在了，根本不用再講什麼了。

以上非「實有」跟非「絕無」，相信大家必很清楚了。

## 己二 斷常失

定有則著常　定無則著斷　是故有智者　不應著有無
若法有定性　非無則是常　先有而今無　是則爲斷滅

**而衆生若不從「緣起法」中認識諸相，就必落入「有、無」二邊中。**

一般人皆是著「有」或著「無」。著「有」的話，就容易落入常見；著「無」的話，容易變成斷見。

**且若著「有」者，也都跟著會有「常」的過失：既實有者，必過去、現在、未來皆如此也，故有「常」過！**

**若著「無」者，也都免不了會有「斷」的過失：無者，即一切烏有，故一切現象、作用，皆斷滅無餘矣！**

偈頌「定有則著常，定無則著斷；是故有智者，不應著有無。」這是指一般人，不是著「常」、就是著「斷」，是以有智慧的人，皆不應著「有、無」，而能免於「常、斷」的過失！

**以上是謂衆生中，有的偏執「常有」，有的偏著「斷無」。其實更有衆生是先執「實有」，後著「絕無」。**

「若法有定性，非無則是常；先有而今無，是則爲斷滅」：因爲「常」和「斷」是一體的兩邊，故執「常」的，必定執「斷」，而不可能只執「常」而不執「斷」。這怎麼證明呢？

譬如人活著時，就以爲「實有這個人」、「實有這個我」，且一直期待著能夠延壽永生。這便是先執「實有」和「常有」也。

然而若不免一死時，卻又以爲：人死如燈滅，什麼也不留了。這又成「斷滅」與「絕無」矣！

是以有智慧者，不當落入「有、無」二邊中；尤其是已修學佛法，得出世智慧者，更不可落於「有、無」二邊中。

〈觀有無品〉內容其實沒有什麼特殊。只是反覆重申自性不可得、他性不可得，然後再有性不可得、無性不可得爾！

下面爲什麼得再講【附論】呢？主要是爲能與世間法連結。

## 【附論一】

**世間法其實是偏尚於「諸法各有其性」的。**

比如，我們查《本草新編》上有：人參——味甘，氣溫、微寒、氣味俱輕，可升可降，陽中有陰，無毒；乃補氣之聖藥，活人之靈苗也。能入五臟六腑，無經不到也。以上所敘，乃是指「人參的性」也！

就因各種藥物都有它的性，才能夠拿來治病。至於此病當用什麼性的藥，那就是專門的學問。

或問：爲何不說其「相」，而說其「性」呢？

答云：性是指「共通的特質」，殆人參都有此特質，故稱之爲「性」。

人參不是今天才有這種特性，明天就沒有了，而是一般的人參都有這種特性。所以「性」，是指共同的特質。

然而就算是世間學，也不會稱此爲「人參的自性」。何以故？若是「自性」者，當一切時、一切處，皆如此也。你不用吃，也當有這種特質！因爲必一向如此，才能稱爲「自性」。

但是「人參的性」至少得等將之吃下肚裡，才能有這些作用。而不是把人參放在一邊涼快，就能顯現出這些特質。且不同體質的人吃了，還會有不同的反應。此即表示還得透過緣起，才有這個功效。甚至不同地區、不同土壤所栽培出來的人參，其特質也必會有多少的差異。雖然我們不是這一行的專家，但也知道多少會有差別的。所以大家心知肚明：「人參的性」還是脫不了「緣起的總則」。

既不同的緣，即有不同的「相」。那爲什麼還稱之爲「性」呢？因爲雖變化，大致維持在某個範圍裡。世間上或視小變化爲不變，或因雖變來變去，卻都在某個範圍裡，而有其「穩定性」。萬物就以它的穩定性，而呈現出功能與相用。世間種種學問，大都是從這前提去研究的。

**所以世間法，雖偏說爲「諸法各有其性」與《中觀》的「緣起無自性」，不僅沒有衝突，而且是相輔相成的。**

**然以「諸法各有其性」適用的範圍較狹隘故，乃成爲各行各業的專家。以「緣起無自性」適用的範圍無止盡故，終成就爲出世的解脫道！**

如果你是一個很專業的藥物學家、很專業的物理學家，當也知道在不同的條件下，所示現出來的特質是絕對不一樣的。故能深入其中者，才可能變成各行各業的專家。但「諸法各有其性」卻只能適用在某個範圍裡，而不可能適用到一切處。

「緣起無自性」即能適用到一切處，所以才能到處無礙；以到處無礙故，終能成就解脫道。

這是第一點：諸法雖各有其性，卻非自性也。

**【附論二】**

甚至不只世間法偏向於「諸法各有其性」的說法，就大部分的佛法而言，也是偏向於「諸法各有其性」的教化方式。譬如有些眾生，以貪習較重，則稱之爲「貪性眾生」，有些眾生，瞋習較重故，稱之爲「瞋性眾生」。

或問：爲何說是「貪性」，而不說是「貪相」？說是「瞋性」，而不說是「瞋相」呢？

答云：因其貪習或瞋習，非只今天如此，明天即不然。而是從小到大，從幼到老，皆帶有此特質。以「穩定」故，稱之爲「性」也。

就如男性、女性亦然，也因爲彼此不同的特質，有其相對的穩定性。如果是一時現的，即稱爲「貪相」；經常如此者，即稱爲「貪性」。故因爲穩定，而稱之爲「性」。

然而雖「穩定」，卻非永恆不變。因如果是完全不變的話，貪性的眾生就永遠貪，也不用修行了。至於怎麼變化呢？透過對應的緣還是可以變化的。故還非「實有性」或「自性」也。

於是甲和乙即在穩定性中，顯現不同的差別性。如貪性與瞋性不同，即是差別性也。就像當歸跟人參，乃有其差別性。

**以上，是就「穩定性」中的「差別性」而言。差別性者，於世間法或稱爲「他性」。**

**其次，於「差別性」中，還別有「共通性」可得。**

譬如前所謂「貪性眾生」和「瞋性眾生」，乃有皆屬於「煩惱」和「無明」的「共通性」。或者牛和馬，乃皆爲「草食性動物」也。

你當可以說：「煩惱」和「無明」只是凡夫眾生的「共通性」，至於聖者則不然。所以說到「共通性」，當先界定其範疇大小：小範疇有小的「共通性」，大範疇有大的「共通性」；至於無限的範疇裡，亦有其既普遍又永恆的「共通性」。

**或問：在無限的範疇裡，其既普遍又永恆的「共通性」，是什麼呢？**

**答云：無常、無我、緣起、性空也。**

**這也就是說到「性」，絕不能以「非有、非無」和「非自、非他」作結，即一切解了。還得摻入「虛幻性」、「穩定性」、「差別性」和「共通性」去參究，才能眞俗無礙、性相圓融也。**

你們有沒有注意到：不只世間法都是講「諸法各有其性」，連參禪者也一天到晚說要見性。既「諸法無自性」，你爲什麼還天天想見性呢？

其實，這兩者的定義是不一樣。學禪者能見什麼性呢？見「共通性」也。

前已講過三種性：第一是世間法說的「諸法各有其性」；第二是《中觀》的「緣起無自性」；第三是「共通性」與「差別性」。

最後再說有第四種性：非「穩定性」，而是「虛幻性」也。虛幻性者，如電光石火，乃一下子就消失了。就像彩虹一般，既不是每天都看得到，想拿相機去照時，又已消失，或因變化速度太快已非所想要的景象。

雖世間法比較偏向「穩定性」，但「虛幻性」有時卻更深奪人心——驚鴻只一瞥，到死難罷休！

事實上「緣起無自性」跟「虛幻性」、「穩定性」、「差別性」、「共通性」，絕對不會有任何的衝突，因「虛幻性」、「穩定性」、「差別性」、「共通性」還是從緣起的大原則所示現出來的。

這樣世間法、佛法跟《中觀》的道理才能互相連結。有些人學《中觀》，只會說「諸法無自性」，就以爲什麼事情都解決了，其實問題還多著呢！還要再去深入了解諸法種種的差別相。

【附論三】

以上「非有、非無」的結論，不只適用於「性」法，也適用於「相」法。故一切相，亦「非有、非無」也！如我以前曾說過：「不是有無，而是多少？」這怎麼說呢？

既緣起無限，則有何法，不是甲法的緣呢？有何法，不是乙法的緣呢？於是就甲乙二法來比較，其相關的緣者，非「有無」的不同，但有「主從、遠近」的差異爾！

如中國華嚴宗所謂「一即一切，一切即一」。既一切緣都是甲法的緣，也都是乙法的緣。所以，沒有是緣跟非緣的差別，但有「主從、遠近」的差異爾！有的緣是比較重要的緣，有的緣是不重要的緣。

這也就說，對甲而言，爲重要的緣者，對乙而言，非無此緣，只是相對爲次要或疏遠的緣而已！所以，不是有無緣！而是多少關係。

下面我用一個大家比較熟悉的例子，譬如：「我的親戚」與「你的親戚」，眞完全不同嗎？非完全不同，只是近親、遠親和遠遠親的差別爾！如對我而言，是至親、近親者；對你而言，卻是遠親或遠遠親也。有全搭不上關係的嗎？就緣起來看，是絕不可能！

故俗話雖說：「佛法不渡無緣人！」但眞有無緣人嗎？不，都是有緣人！只是緣有深淺、遠近的差別而已。

所以雖中國話有曰「四海之內皆兄弟也」，說皆兄弟，是太誇張了，但若改爲「四海之內皆親戚也」，則不爲過。

同理，一切相法皆相關互動，因此非「有無的差異」，而是「主從、多少、遠近」等的差異爾！這從理論上去思惟，應該是很容易確認的。

**既不是「有錢」或「沒錢」，而是「錢多」和「錢少」；也不是「有智慧」和「無智慧」，而是「博通」和「簡陋」之不同爾！**

就世間法來講，我們常講這個是「有錢人」，有多少錢才叫做「有錢人」呢？或連一毛錢也沒有，才叫做「沒錢人」嗎？其實皆不是，故不是「有錢人」與「沒錢人」，而是「多錢人」與「少錢人」。故不是「有無」，而是「多少」也！

我們也常說：甲物導電，乙物不導電。其實都導電，只是導得多少而已！或者說：電壓太小，似不導電；但電壓很大時，就又導電了。所以從「多少」的角度去看世間，便可不落「有無」兩邊。

又如我們習說這個人「有智慧」，那個人「沒智慧」。其實智慧，也不是「有無」，而是「深淺」。

云何爲深？能「博通」者——既廣博又通貫，便稱爲智慧深也；至於「簡隔」者——既簡陋又封閉，便被稱爲智慧淺也。

以通者，到處無礙；隔者，隨便一晃就撞牆了。爲什麼呢？因爲對緣起不夠深入，就很容易劃地自限。路，其實都可以通的，只是未找到更好的路而已！

以上是說明「性的有無」和「相的有無」。以此再去看世界，竟發現這世界跟原來的有極大的不同。既已從「簡隔」變成「博通」，也已從「黑白兩色」變成「新奇豔麗」也。

# 21 觀四諦品

【章節大意】

這品雖名為〈觀四諦品〉，主要內容卻不在說明四諦的修行方式或修行次第。而是藉著四諦的修證，以凸顯「一切法性空」的道理。

〈觀四諦品〉是公認《中觀論頌》廿七品中最重要的一品。歷史上很多人在解說中觀思想時，引用最多的偈頌都出於這品，像：「諸佛依二諦，爲眾生說法」、「以有空義故，一切法得成」，還有大家最熟悉的「眾因緣生法，我說即是空」等。總之，大家最常引用的偈頌，大部分都出自這一品。

爲什麼這一品這麼重要？雖和前面一樣，都是在講「緣起性空」，可是前面所用的方式，比較像是旁敲側擊，故感覺像霧裡看花，似懂又不懂；而這品就開門見山，直接講「緣起性空」的道理，故懂不懂，就很容易確認。

然我個人覺得，如果眞要彰顯「一切法性空」的道理，其實用不著引用四聖諦。因爲既「一切法皆性空」，即表示我們周遭所看到的任何事項，也必都是空的。

所以，用四聖諦的例子來說明，對我們反而隔了一層；因爲一般人對四聖諦的道理未必能了解得那麼深切，倒不如用我們生活中最常碰到的實例來作說明，則不只理論清楚，且在現實的生活上很快就能用得上。

如有些事例講起來很順，有些事例講起來就卡卡的，即表示你還非眞正的通。

## 一、衣食

大家都知道，人活著就得有衣食。諸法若有定性，飽了就不會再餓，因爲定性嘛！飽就應該繼續飽下去。如果會變餓，即表示飽沒有定性。反過來如果餓有定性，餓則永遠不會再飽。故因爲諸法無定性，所以餓了可能變飽——當然要吃飯才能變飽。所以，能夠從飽變餓、從餓變飽，這都是因爲諸法是空的、是沒有定性的。

如諸法是實有的，那我們就不用飲食了，因爲吃了沒有用。如果有定性，飽了就不會餓，餓了就不能飽，那你怎麼吃都沒有用。甚至是因爲諸法沒有定性，我們才能飲食，不然連嘴巴都張不開，更甭想進食。故能從飽變餓、從餓變飽，及能受用飲食，都是因爲諸法沒有定性。

飲食如進一步分析，如吃進去是這樣子，拉出來也是這樣子，那吃也沒有意義了！受用飲食者，是因爲它能在我們身上產生分解、化合的作用，以變成我們所需要的營養，這樣吃才有意義。因爲諸法沒有定性，所以食物能夠被分解、能夠再化合成我們所需要的營養成分。故爲無定性，所以飲食才有意義。

這即是我再三強調的觀念：為無自性，所以能分解、化合。如果有自性，即吃進去是什麼樣子，必拉出來也是那樣子，這對我們身體即無任何幫助。所以，因無自性，才能受用飲食；因無自性，才能轉成我們所需要的營養。

食物既如此，衣服當亦然。能從冷變暖、從暖變冷，這都是因無自性爾！更進一步論：因為「五蘊無我」，才能受用飲食，才須穿衣保暖。

一般人都認為：因為「有我」，所以才能吃飯、穿衣；否則若無我，沒有嘴巴，誰來吃飯呢？《中觀》基本上是承認有「五蘊和合」的生命現象。可是這個有，不會是實有、不會是自性有；如果是實有、是自性有，就不可能有什麼變化了；如果不可能變化，飲食、衣服就沒有意義了。所以，了解《中觀》的人都可確認：因為諸法無我、諸法無自性，所以能夠受用飲食。

這個「無」，不是什麼都沒有的「無」。如果什麼都沒有，就不用吃飯了，也不用修行了。諸法雖無我，人還是有嘴巴可吃飯，還是有手腳可工作。但是，卻因無自性，所以可吃飯、工作。

當然，我們也可以講：因為無自性，小孩子才能長大；因為無自性，所以不得不衰老。這是第一部分講到衣食，應該是蠻清楚的。

## 二、健康

很多人都把四聖諦「苦集滅道」稱為出世法，如果就「苦集滅道」的次第而言，不一定是出世法，因為適用的範圍其實是非常廣。就健康而言，苦即是生病——苦果嘛！集呢？就是去診斷出生病的原因。然後道就是醫療。最後滅呢？病好，恢復健康了，就稱爲「滅」——滅病苦也。

或者，公司出現了危機，這是苦。然後去探究形成危機的原因，就是集。把原因找到了，再去處理、對治，就是道。如果對治得好，危機消除了，即是滅也。所以，用理性去處理問題的次第，都可稱爲「苦集滅道」哩！

現在，就以健康的四諦來說明「一切法性空」的道理。苦是有病，本來沒有病，爲什麼後來會有病呢？那表示健康沒有定性。如果有定性，那健康就應該永遠健康；因爲沒有定性，所以會變出我們所不願接受的狀況，就稱爲病。因爲諸法沒有定性，所以才會生病。

生病了，再去檢查有什麼病因。病因可能是內因、外因、內外因等。爲什麼有這些因就會有病呢？諸法沒有定性，所以一定會隨著緣而改變。本來是健康的狀態，既加上這些病因，健康的情況就會變。變到我們所不能接受的狀態，就稱爲病了。

爲什麼生了病還能夠治療呢？也因爲病沒有定性。故只要再給它一些新的緣，它又改變了。如果希望它往健康的方向去改變，當然要針對跟健康相應的緣去調適，這些調適緣加起來就是所有的醫療。故因爲病沒有定性，所以只要加入一些正確的緣，就能恢復成健康。

所以，從生病至痊癒的過程中，對明眼人來講，乃處處都在昭顯「一切法空」的道理。

## 三、醫療

大家都知道，有些病古來被稱爲絕症，意思是惹上這種病一定是治不好的。然今天，因爲醫學的發達，這些病卻不再是什麼絕症了，甚至只是芝麻綠豆事而已。所以所謂「絕症」者，即非「絕症」，是名「絕症」。

當年被認定爲絕症的病，不是本質上就是絕症，而是因爲還找不到更好的治療方法、對症的藥物，所以才被稱爲絕症。如果找到更好的醫療方法，就不是絕症了。相信這些，大家都非常清楚！

同理，某類事情對有些人來說是沒有辦法的。沒有辦法是因爲無能，故找不到好辦法！但聰明的人、厲害的人卻很快就解決了。因此所謂絕症，即非絕症。所謂「沒辦法」，也非絕對沒辦法的。

## 四、科技

過去認爲飛行上天、登陸月球，甚至坐高鐵時速到達三百、四百公里，都是不可能的事，但今天卻都已被實現了。所以，這句話當謹記在心：「以有空義故，一切法得成。」很多人引述《中觀論頌》時，最常引用的是「眾因緣生法，我說即是空。」從緣起了解性空，這倒是比較簡單的推論，至於性空，所以得成一切緣起，這反而才是更高明的智慧。何以故？眞空即妙有也。

因爲性空，所以一切的轉換都有可能——這可能要找到對應的緣。就像剛才所講：要使絕症治好，不是你想變好就可以變好的，而是要找到精準、對應的緣。有些病雖治了三年、五年，仍沒有起色；但碰到一個高明的醫生，卻可一針見效。爲什麼？加入精準、對應的緣也。

所以，「一切法空」反而造成無限的可能。你加進不同的緣，就有不同的改變；不斷加入新的緣，就可以一直變化下去。

知識不斷開發，故終有一天我們可以逼近知識的極限嗎？我告訴你，根本不可能！爲什麼？因爲一切法空，即表示它沒有極限。很多物品不斷再和合，既越變越多、也越變越快，所以我們現在離知識的極限反越來越遠！你相信嗎？過去有學問的人可以掌握至當代知識學問的百分之十、廿，現在一個博士能掌握到的可能連千分之一、萬分之一都不及。爲什麼？因爲「一切法空」，所以即有無限的可能。

如果用數學的排列組合去思惟就知道：不斷交錯組合以產生新的，新的又再跟舊的交錯組合，這種變化眞是無窮無盡、越來越快。不只不可能窮盡知識的底限，且還越離越遠！

## 五、教育

我們從小接受教育，不管是世間的教育或佛法的教育，都是因諸法沒有定性。如果諸法有定性，那笨的便永遠是笨，無知者也必永遠無知，則受教育還有什麼意義呢？就因爲諸法無有定性，故給他好的緣，他就會往好的方向去提升。所以因一切法空，我們才可能受教育，受教育也才有意義。

有些人看起來就是很笨，一教再教，也沒什麼改善。這就如剛才所講的絕症，不是他本質上笨，而是因爲沒有找到更好的方法去教育他。有時候，切對了方向，他聽進去了，從此就步步高升。如果老是用不相應的方法去教育，則所改善者就很有限了。其實，世間都在尋求精準對應的緣，所有的科技、所有的善巧，都是從這去開發、去彰顯，而成爲世間種種的學問。

## 六、修行

最後，我們能夠在三寶座下聽經、聞法、修行，也都是因「一切法空」故。如果諸法不空，無明的繼續無明、煩惱的繼續煩惱，那聽經、聞法也就沒什麼意義了。因爲「一切法空」，所以可以受教育、可以聞法修行，可以往解脫的方向慢慢趨近。

雖在在處處都昭示著「一切法空」，但各位聽到這裡也知道，「一切法空」不只是消極的否定，更有非常積極的肯定，肯定了一切的可能。

「以有空義故，一切法得成。」這偈頌對我們的生命而言，可說是「火焰化紅蓮」。最初是否定諸法的實有，否定諸法的自性，否定諸法是能孤立、常住的；但否定到最後，卻變成無限的可能。因爲只要加入不同的緣，它就又改變了，因此，否定到最後反而變成無限的可能。

這就像世間人所講的，要有非常的破壞，才能夠有非常的建設。一般人執著世間是有，反而產生很多矛盾和衝突，而且問題似乎還越來越大。但是，因爲緣起故空，空，讓我們不再執著。通過緣起法，能夠把一切法串連起來。串連之後，不只生命是無限的，而且不會互相衝突、矛盾。這樣，我們整個生命觀就完全不一樣矣：從有到空、從有限到無限、從互相衝突、矛盾到銷融無礙。

最後我講一個比喻：著有的眾生，我們從小就是著有，我們認爲不只這個「我」是眞實存在的，連外界也是客觀存在的。著有的眾生，就像一個從小就在「碉堡」裡長大的孩子，這碉堡其實就是「我見」。

這碉堡內是他最熟悉的景象，至於碉堡之外對他而言卻是很陌生的。以他從小就在碉堡裡長大，故不覺得碉堡裡很狹隘，也不覺得碉堡裡昏黑、孤陋，至少每天得過且過。

這個碉堡在禪宗裡，另有個形容詞——黑漆桶。黑漆桶應比碉堡還要昏暗，碉堡裡至少還有個窗口可以向外看看，黑漆桶則什麼也看不見。

如果有一天，有人要來拆他的碉堡，你想他會有什麼反應？第一是緊張、害怕；第二是拼命抗拒。他想這個碉堡如被拆了，我就一無所有，甚至沒辦法活下去了。

就像大部分的眾生，跟他講「無我」，一定不接受。他想：從來就是以有我而活到現在的，若無我，當怎麼活呢？難道是整天躺在床上，不知道要做什麼嗎？無我，好像一切都完蛋了。他最初一定抗拒，抗拒別人來拆他的碉堡，但抗拒到最後還是被拆盡了。

被拆盡之後，他才發覺外面的世界是非常寬廣，春光明媚、鳥語花香。然後，他才覺得冤枉，以前是怎麼活的？以前種種，譬如昨日死；未來種種，當如今日生。

這其實也是我的心路歷程。最初，我們都覺得有我，才活得下去。如果無我，好像什麼事情都沒意義了，故大部分人都會抗拒「無我」的論調。

等到有一天以理性的思考而接受了「緣起」思想、《中觀》思想，竟把這個碉堡給拆了！拆後才發覺這個世界竟非常寬廣，因爲緣起是無限的。

透過《中觀》思想，竟很快就把這個碉堡拆散了，發覺不只寬廣而且明亮。了解空義對我們的生命，其實是個非常大的轉機，大死才能大活，性空才能圓滿。「自性見」本質上就把很多事相切割了，切割後稜角都很利；故若用「自性見」去求圓滿，不只兜不起來，甚至必刺得你鮮血淋漓。

然而，對學《中觀》的人來講，要兜很簡單啊！先用一種溶劑把它們先泡軟，故一兜就兜起來了。泡軟是什麼意思呢？諸法沒有定性，它就被泡軟了。剩下的都是「假名」而已，如果真能意會到諸法沒有定性，諸法都是假名，然後再來瀏覽世間種種的思想觀念，那就非常順心愉快。

透過《中觀》的思想，去看佛教裡不同部派的說法，和世間種種不同的學說，皆是非常順遂，因爲我們有一個非常好的架構——緣起觀。緣起觀謂一切法都是相輔相成的；故透過緣起觀，即能很快把不同說法整合起來，而且次第非常清楚。

〈觀四諦品〉的章節大意就講到這個地方，其實還是一句話：諸法沒有定性；因爲沒有定性，才有無限的可能。

## 【偈頌解說】

丙二　觀四諦

丁一　外人難空以立有

戊一　過論主無四諦三寶

若一切皆空　無生亦無滅　如是則無有　四聖諦之法

以無四諦故　見苦與斷集　證滅及修道　如是事皆無

以是事無故　則無有四果　無有四果故　得向者亦無

若無八賢聖　則無有僧寶　以無四諦故　亦無有法寶

以無法僧寶　亦無有佛寶　如是說空者　是則破三寶

一般人不能深入空理，故只能望文生義：便錯以爲「空，便是一切烏有，一切絕無。」他們當然不能接受，於是提出反駁曰：

若一切皆空，既無生也無滅，如是云何能有「四聖諦」之法？

而既無「四聖諦」之法，當也就不能有「四聖諦」的修習。

於是，見苦、斷集、證滅及修道，也就跟著不可能了。

首先，「外人難空以立有」之一是：過論主無四諦三寶。很多人對佛教眞正的空，尤其是《中觀》所講的空不了解，以爲空是什麼都沒有，一切烏有、一切絕無。他們當然不能接受，於是提出反駁：這反駁還文謅謅地提四諦、三寶。

如果是我很簡單：如果一切都無，怎麼會有你在此胡說八道？這表示至少不是什麼都無！以三寶、四諦來講，如果一切皆空，無生也無滅，既什麼都無，豈有四聖諦的法？

四聖諦之法，分作兩層次：一是理法；一是事修。如果理法都沒有，當然更無事修！所以「如是則無有，四聖諦之法。」這是指沒有理法。

「以無四諦故，見苦與斷集，證滅及修道，如是事皆無。」這是指事修。既無理法，當然就沒辦法修了，沒辦法修故，就不能見苦、斷集，不能修道、證滅，如是事皆不可得矣！

再其次，以不能修習「四聖諦」故，就不能成就「得四果」和「向四果」。「得四果」者和「向四果」者，合稱爲「八賢聖」，亦即是「僧寶」也！

如一切皆空，則必無「僧寶」。以不能有「四聖諦」故，亦無「法寶」！

最後，佛乃以覺悟法而成佛，故無法即無佛也。還有「佛亦在僧中」，故無僧亦無佛矣！以上乃三

**寶皆不可得矣！**

**故謂一切法皆空，即必毀壞三寶，而成「五逆」之重罪也！**

既事修不成，當然不能證得初果、二果、三果、四果。因爲要修四諦才能證果，現既四諦不能修，當然就不能證果；不能證四果者，也就不能向四果。

最初只是講初果、二果、三果、四果，後來又加上向一果、向二果、向三果、向四果。向是還沒到也，比如要去台北，如果只到一半，即只是向台北，而未到台北也。

故先有「向初果」，才有「得初果」；再來是「向二果」和「得二果」。以此「四向」、「四得」加起來就稱爲「八賢聖」。其實，眞正賢的只有「向初果」爾！至於初果以上者，就稱爲聖了。

如果沒有八賢聖，就沒有僧寶。若四諦的理法不成，就沒有法寶。如果沒有法寶，就沒有佛寶。佛以覺悟法而稱爲佛，所以沒有法，也就沒有佛了。

「如是說空者，是則破三寶。」所以，你們一天到晚講一切法皆空，乃成破三寶的重罪，破三寶是五逆的重罪啊！

這是不了解眞正空義的人，對一切法皆空提出的反駁。反駁到最後，再判它一個很重的罪名：破壞三寶也。

## 戊二　過論主無因果罪福

空法壞因果　亦壞於罪福　亦復悉毀壞　一切世俗法

「空法壞因果，亦壞於罪福，亦復悉毀壞，一切世俗法。」接下來，不只有破壞三寶的罪過，而且有破壞一切世間的罪過。印度的宗教，包括其餘外道，基本上都是相信三世因果、三世輪迴的。三世因果就是修福有福報、作惡有惡報。

如果謂一切法皆空，那也把罪福、因果全破壞掉了。所以空法，亦復悉毀壞，一切世俗法。因爲「罪福因果」公認是世間最普遍的法則。

故謂一切法皆空，即是「大邪知、大邪見」的「魔子魔孫」也。

爲什麼會這麼講呢？因爲他們對於眞正的空尚不了解，所以才錯以爲：空會破壞三寶，空會破壞世俗的常軌。

以上是外人講的。

## 丁二　論主反責以顯空

## 戊一　顯示空義

## 己一　直責

汝今實不能　知空空因緣　及知於空義　是故自生惱

聽了外人嚴厲的指責後，論主毫不動容，並且憐憫地說：「汝只爲不能深入空的道理，不能明達空

**的涵意；是以自生苦惱。**

丁二「論主反責以顯空」對一個眞正了解空義的人，聽到別人這麼嚴厲的指責，他會難過嗎？不會！因爲這種指責，和他一點都不相關。是你不了解空義，而非空眞的有這些問題。所以，聽了外人這麼嚴厲的指責後，論主不只不會動容，並且還憐憫地跟他說：「你這樣指責是不成立的啦！只因你不了解空的道理、未深入空的意境，所以自生苦惱而已！

比如唾天，你仰面對著天吐口水，天豈受你唾呢？吐上去又掉下來，反而掉到自己頭上去爾！又如蚊子咬鐵牛，結果卻把自己嘴巴咬斷了，而鐵牛毫不受影響。

空的道理就像鐵牛一樣，根本不會被破壞的；空的道理又像天一樣，高高在上，豈受你誣衊、誹謗？實在是因爲你不了解空的道理，才會產生這樣的誤會與煩惱！對眞了解空理者，即無此責也。

己二　別顯

庚一　顯佛法甚深鈍根不及

辛一　示佛法宗要

諸佛依二諦　爲衆生說法　一以世俗諦　二第一義諦
若人不能知　分別於二諦　則於深佛法　不知眞實義
若不依俗諦　不得第一義　不得第一義　則不得涅槃

諸佛爲衆生說法乃用二諦：一是世俗諦；二是第一義諦。第一義諦，又稱爲「勝義諦」。

我們先講世俗諦。世俗諦就是名相，要爲眾生說法一定離不開名相，且還要用他們熟悉的名相，才能去闡釋他們原不知道的道理。所以，世俗諦就是一般人本來熟悉的觀念與名相。然後，再去闡釋、推尋出比較高的道理來，比較高的道理就稱爲第一義諦。

這用中國禪宗的比喻：世俗諦即似指頭，勝義諦才是月亮。用指頭就是爲了尋得月亮；「若不依俗諦，不得第一義」，對一般人而言，不由指頭是尋不到月亮的。

可是也不能只是在指頭裡下功夫，而不去尋月亮。「若人不能知，分別於二諦，則於深佛法，不知眞實義。」如果只是在世俗諦裡下功夫，其實是不能了解眞正的佛法。「不得第一義，則不得涅槃。」若不得勝義諦，則不能更深入修行以證得涅槃。

因爲世俗裡，就是從相用上去建立名號。因爲名號，所以感覺是偏向「有」：比如眾生有五蘊，生死流轉有十二因緣等，講來講去都「有」很多名相。但是這個「有」不是「實有」而是「緣起故有」的，當因緣不同時，即無常變異也。所以既非實有、也非有自性、非有定性。

勝義諦，以內證「寂滅」故，似偏指於「空」，然「空」者，卻非烏有，非絕無也。

所以學佛、聞法，若不能於二諦皆深究明瞭，便不得深入佛法的眞實義。

第一、是有些人單執「世俗諦」，而不知有「勝義諦」，信行人大概都是這樣子的。不只相信有西方極樂世界，並且把它當作眞實存在的。事實上，就緣起而言，哪有眞實的外境呢？

或者發願要修菩薩道，難行能行，難忍能忍；既誓願度一切眾生，又誓願修一切法門。這還是偏向「有」，單執「世俗諦」，而不知有「勝義諦」。

第二、單執「勝義諦」，而輕忽「世俗諦」。有些人不是不知道有世俗諦，他不可能不知道，但是輕忽了，看不上眼，他認為開悟最重要，關起門來一心禪坐。獨覺根性者、偏向自了的，大概都是這個樣子。

第三、或者各執「世俗諦」與「勝義諦」——權教者多如此。云何是各執呢？世俗是世俗，勝義是勝義，這兩個是分家的。既不能從世俗諦裡去凸顯勝義諦，更不能從勝義諦裡倒駕慈航而落實世俗諦。就像很多人講「福慧雙修」，其實雙修的觀念是錯的，因為福與慧乃相輔相成者。如果把它們分開來修，當還是可以修，只是效果天淵之別爾！故權，只是方便，而未臻勝義、究竟也。

**故深入佛法眞實義者，當知：既有「世俗諦」與「勝義諦」的差別，也有「世俗諦」與「勝義諦」的相輔相成。**

**性雖不是相，性也不離相：得有相的存在、變化，才能襯托出性的超然不動。**

對於「性相」兩者之間的關係，我常用下面這句話去說明：「性雖不是相，性也不離相」。在世俗諦與勝義諦裡，世俗諦比較偏於相；勝義諦則偏於性——空性。

性為什麼不是相呢？性是超然不動的，相則是無常變化的。然「性也不離相」，因為要有相的存在、變化，才能凸顯出性的超然不動。我們簡單講「無常性」好了，沒有花開花落，沒有生老病死這些現象，你怎麼去肯定諸法是無常性的呢？所以，要有相的存在、變化，才能凸顯出性是超然不動的。這是講「性雖不是相，性也不離相」。如下之偈頌裡所謂「眾緣所生法，我說即是空」的意思也。

下面一句剛好倒過來：相雖不是性，相也不離性。為什麼相也不離性呢？一切相的變化，就是因為有無常性、無我性，才能夠示現變化。就是「以有空義故，一切法得成」的意思。

以一般人必須藉著相的存在、相的變化，才能覺悟出性的超然不動。藉相顯性故，說「若不依俗諦，不得第一義」。

**「不得第一義，則不得涅槃」：得第一義者，乃為證得「空性」故。以初證得「空性」故，得成於「初果」。**

然後再從「初果」，晉升為「二果、三果、四果」，以至於入「涅槃」。簡言之，眾生雖不妨從「世俗諦」入門，卻必由「勝義諦」才能證得解脫。

這個偈頌主要講，在名相裡面很容易就變成「著有」，其實，佛法的名相本來是為了「顯空」。可是久了，很多人又執其為實有。

比如很多人都知道：因為從色受想行識和合，而有眾生的存在，所以本是無我的。可是，很多人又容易誤認為雖和合的我是假的，可是五蘊還是眞的，這又變成「著有」了。其實，五蘊也是從緣起而有，哪可能眞實呢？

辛二　顯空法難解

不能正觀空　鈍根則自害　如不善咒術　不善捉毒蛇

世尊知是法　甚深微妙相　非鈍根所及　是故不欲說

前面講從指見月，從世俗諦悟勝義諦，主要爲昭示空的道理。可是，若根器不利，不能眞正了解空的道理，則不只得不到好處，還可能受其害；因爲很容易變成「斷滅空」。

這就像不善捉毒蛇的人卻去捉毒蛇，結果反被毒蛇咬傷了；或不善使用咒術的人，本來是要去咒害別人的，結果竟反而傷到自己。

世尊知道：空法，甚深微妙，非初機、鈍根者所能知解，所以不欲廣說。故不是不欲說，而是不欲廣說。要看對象、看根器，可以說的才說，不能說的就不勉強說。如果勉強說，聽不懂反而會受害。

庚二 顯明空善巧見有多失

辛一 明空善巧

汝謂我著空　而爲我生過　汝今所説過　於空則無有
以有空義故　一切法得成　若無空義者　一切則不成

你之前所指責我的：因著空，而不免有「破壞三寶、違背世俗」等過錯。其實，這些過錯，對眞深入空理，悟得空義的利根者，是絕對不會犯的。爲什麼呢？

因爲對眞深入空理，悟得空義的利根者而言：空不只不會有「破壞三寶、違背世俗」等過錯，甚至一切世間、出世間法，乃因爲「空」才能示現、才能變化，才能造化出「萬紫千紅」的大千世界來，才能修證得「福慧雙全」的無上佛果來。

尤其在這個科技時代，乃充滿無限的可能性。爲什麼呢？因爲空，所以才能不斷地加入新的緣，以產生無盡的變化。故在這個時代要了解空義，講白一點比過去還要輕鬆，因爲空要「藉相顯性」，而這個時代的相就太豐富了，只要有人來指點，就能很快看出它背後的空理！故因爲空，才能示現出萬紫千紅的科技世界；也因爲是空，才能證得福慧雙全的無上佛果。

反之，若無空義者，則一切不能成。一切法，既不能示現，更不能變化。不只花不能開，也不能謝；不只雲不能起，也不能散！一切的一切，都僵了；一切的一切，都癱了。則還會有你我，在此爭辯不休嗎？

## 辛二　執有成失

汝今自有過　而以回向我　如人乘馬者　自忘於所乘
若汝見諸法　決定有性者　即爲見諸法　無因亦無緣
即爲破因果　作作者作法　亦復壞一切　萬物之生滅

**所以如說有過，卻是你有過，而非我有過。汝今自有過，卻以迴向我，謂我有過錯。**

前面認爲「空」會破壞三寶、破壞四諦、破壞世間法，事實上剛好相反；諸法不空，才有你剛才所指責的種種過失。因爲，若諸法不空，就不能夠示現、不能夠變化，那一切世間法、因果法也不能成了，連出世間法的修行也不能成了，一切都不能夠成。故反而是你有過，而不是我有過。

就像有些人乘了馬，卻忘了自己騎在馬上。又像有些人明明眼鏡已戴在自己頭上，卻覺得眼鏡不見了，到處找不到，然後卻指責別人：「某某，你把我的眼鏡拿到哪裡去了？」有些人明明自己犯了錯，卻還大言不慚地指責別人有錯。

事實上，反而是諸法有定性，才是眞正破壞三寶、違背世俗。因爲，諸法若有定性，就一切都不可能了。這反而破壞了世間的因緣、果報、作受等，一切世間、出世間法都變成不可得了。

## 己三　證成

**眾因緣生法　我說即是空　亦爲是假名　亦是中道義**
**未曾有一法　不從因緣生　是故一切法　無不是空者**

**以下引證佛所說的偈頌：「衆因緣生法，我說即是空。」**目前不太確認引證佛所說的偈頌，是指前兩句，還是其餘者也包括在內。印順法師的長行也未講得很清楚。我去查，可能因爲翻譯的不一樣，所以也查不到。不過，到目前爲止，這個偈頌「眾因緣生法，我說即是空，亦爲是假名，亦是中道義。」算是《中論》裡最常被引用的偈頌。

**既一切法乃從因緣所生，其必空、無自性也。「空」是遮止、否定之義。遮止什麼？否定什麼呢？**一切法都是從眾因緣所生，故我說它本性是空。在佛法上有兩種句法：一稱爲表詮；一稱爲遮詮。表詮是肯定句，遮詮是否定句。否定句不等於落一邊。

如人家問我：你快不快樂？我答：不快樂！然不快樂，只是說沒有什麼快樂，因每天都平淡無奇。但不快樂卻不等於痛苦，若言痛苦，即墮於另一邊矣！

空，是遮詮；故空，並非絕無。不可將遮詮當作表詮，它只是否定一般人的邪知、執著。否定哪些邪知與執著呢？

第一、諸法非本存：如果是本來就有的，當就不用待因緣才生。反過來說，既待因緣而生的，當就不是本來就存在的。如我們都是父母所生，有誰是自己本來就存在的呢？沒有！

第二、諸法非孤立：現在很多人的思想都很偏激，錯認自己是個獨立的個體。如果是獨立的個體，云何還要吃飯呢？如果是獨立的個體，等一下用車子撞，看會不會受傷？若受傷或死亡，哪裡是獨立的個體呢？

諸法既從眾因緣生，眾緣又從餘眾緣生，這緣不斷推展開來，其實是無限的。所以沒有一個法是可以孤立的。

我們常講眾生是由五蘊——色受想行識所和合的；而色蘊又從四大——地水火風和合的，或者說色蘊要由飲食、穿衣、睡眠等種種條件來維持。所以，人每天忙著吃飯、穿衣、睡眠等，因爲人是沒辦法孤立在飲食、睡眠之外的。

諸法不是孤立的，我覺得這個思想對現代人來說非常重要。民主政治的盲點常變成分贓政治，大家眼光都很小，看不到這無限的大網。

諸法不是孤立的，我們每天都要跟很多緣應對，不是你要不要的問題，而是諸法本來就是不能孤立的。

第三、諸法非常住：諸法既從因緣所生，緣又不斷變化；緣變，法不能不跟著變，所以不是常住的。一般人常講「近朱者赤，近墨者黑」，這是正常的，因爲緣不一樣了！我們都知道孟母三遷的故事，孟子是聖人，孟母都必須三遷，更何況這些凡夫俗子，哪能八風吹不動呢？

事實上，諸法都是隨因緣而改變，只是變多或變少而已！

以上否定了「自存、孤立、常住」的執著，就稱爲「空」，或者稱爲「性空」，或者稱爲「無自性」、「無我」，我比較常說的是「無個體」。這些名相似有點差異，但從「眾緣所生法」去看，意思都是一樣的。唯「殊名同歸」爾！

一切法都是因緣所生的，你看不到有一個法不是從因緣生的。是故一切法，無不是性空者也。

有人質疑：「你說一切法都是因緣所生，意思是你已經涉獵過一切法，不然怎麼可以講這種話？」

答云：「我們不可能涉獵過一切法，因爲一切法本來就沒有底限！」

復問：「既未曾涉獵過一切法，怎麼敢說一切法都是因緣所生的呢？」

**有緣才會碰頭；沒有緣是永遠不會碰頭的。既不會碰頭，那存在等於不存在啊！所以，我們能涉獵到的法，保證是因緣所生的；既是因緣所生的，那本質上一定是性空的。**

下面再講「亦爲是假名」。雖一切法是空的，甚至一切法都是沒有個體、沒有自性的，但是人跟人之間還是需要溝通；要溝通，就得「建立名號」。這「名號」乃指「相用」也：相是現象，用是作用。

**所以在世間中，已爲千千萬萬不同的「相用」而建立「不同的名號」！譬如天地日月，山川河海，花草樹木等。**

假名當然是佛法說的，因爲「名不符實」故；也只有佛法才能認定這些名號，乃跟實相是不相應的，所以才稱之爲「假名」。

**或問：何以「名不符實」呢？**

**答云：實際的相用，乃既不常又不斷，既非一又非異。但立爲「名號」時，卻是非常即斷，非一即異也。**

舉個大家較熟悉的例子，譬如說從種子發芽，大家很清楚，種子發芽是個連續的過程，可是我們用「語言文字」去形容時，只能說：前面是種子，後面爲發芽。用語言文字時，沒辦法形容出連續變化的過程，只能劃分成幾個階段。如果你覺得不夠仔細，再分成三個階段、六個階段，結果都一樣，反正形容時，皆不是常、就是斷。

於是以前階段，皆稱爲「種子」故，即有「常」的過失，其實還是有微細的變化；以後階段，皆稱爲「芽」故，亦有「常」的過失。

至於從種子，突變爲芽者，即有「斷」的過失——斷非滅絕，而是謂「突兀而不連續」也。以實際的相用，乃既不常又不斷，但立爲「名號」時，卻是非常即斷也。

或者我昨天叫果煜，今天也叫果煜，有沒有變化呢？當然有變化，可是不可能每天取個不同的名字！所以人變了，名字卻未跟著變，這就是常。如果把名字改了，又變成斷矣！

又如人都有左右兩眼，請問：左右兩眼，是一？還是異呢？就結婚的人而言，夫妻是一？還是異呢？就勞資雙方而言，勞資是一？還是異呢？

其實，既非一，也非異。但一般人的思考方式，都是二分法：故不是一，就是異。所以怎麼說，都不跟實際吻合。

對已熟悉《中觀》的宗旨者，當可輕鬆答覆：既非一，也非異。或如我說的：乃大同小異爾！但世間人卻不接受這種答案。因爲他們認爲：非一即異，非異即一。或不是同志，便是敵人；或不是敵人，便是同志。不可含糊不清，混水摸魚！不知道誰才含糊不清哩！

還有，從因緣法去分析，其實是沒有個體的，可是我們用語言文字去形容時，卻都變成「有個體」了：這個人、那棵樹、有塊石頭。都孤立化、個體化了。所以一切的一切，都「名不符實」也。

在世間只要一落入語言文字，就一定是這個樣子。但世間人卻從不懷疑：這只是「假名」爾！卻都把「名號」當作眞實。此乃爲「如入鮑魚之肆，久而不覺其臭」，既大家都這麼說，還有什麼可懷疑的呢？

以從不懷疑故，當只能繼續輪迴生死囉！因爲，「假名」造成錯誤的觀念，錯誤的觀念導致不斷地矛盾與衝突。因而煩惱與生死，永糾結不清。

「緣起」跟「性空」是一體的兩面：因爲緣起，所以性空；因爲性空，所以緣起。一個眞正了解者，既不著相有、亦不窒頑空，這就接近「中道」了。

接著講「性空」跟「假名」。一切法雖是「性空」，但我們還得爲它「建立假名」。才能跟大家溝通，也才能爲眾生說法，所以「性空不礙假名，假名凸顯性空」。

如前所云：要從世俗諦入第一義諦，世俗諦其實就是假名。從假名裡去凸顯性空，即是第一義諦。

故性空跟假名，也是一體的兩面，這即稱爲「中道」。

還有，《中論》開始即標宗的「不生不滅，不一不異，不常不斷，不去不來」即被通稱爲「八不中道」。其實，要講「中道」何止「八不」呢？世間人都偏用二分法，故只要在二分法裡，知道其不即不離、相輔相成，亦稱爲「中道」。

如我以前講過：男女是互補的，教學是相長的，買賣是互惠的。

從《中觀》的角度去看「中道」，眞是浩瀚無窮。都可從相輔相成裡去看相對的關係。如「福慧雙修」，如果把雙修當作各修各的，這就不叫中道。而是福中有慧、慧中有福，這才是中道。甚至「止觀雙運」、「悲智圓融」等都一樣。都是相輔相成，這樣加起來就是中道。

或如經濟發展跟環保，也是互補的；因爲是互補的，路才能走得更長遠，才能永續經營。

有人問我：佛法最後的宗旨是什麼？我答：乃中道不二也。

戊二　遮破妄有

己一　破壞四諦三寶

庚一　破壞四諦理

辛一　總標

若一切不空　則無有生滅　如是則無有　四聖諦之法

前面是外人認爲空會破壞一切法。現在論主反過來斥喝：如果不空，才是破壞一切法。因爲不空，就無任何變化的可能：不只不能示現、也不能變化。以不能示現、不能變化故，就無有四聖諦之修習。

這是總標，下面才會有更詳細的解釋。

辛二 別釋

苦不從緣生　云何當有苦　無常是苦義　定性無無常
若苦有定性　何故從集生　是故無有集　以破空義故
苦若有定性　則不應有滅　汝著定性故　即破於滅諦
苦若有定性　則無有修道　若道可修習　即無有定性

因爲所謂「苦諦」者，是指感受煩惱、生死等苦果。而「果」從那兒來呢？當是從「因和緣」裡來。於是能從「因和緣」而招致苦「果」者，即是爲有「無常」故；故曰「無常故苦」。反之，若謂諸法有「定性」——有定性者，即非「無常」，即不能感苦也。以此即壞於「苦諦」。「苦不從緣生，云何當有苦？無常是苦義，定性無無常。」云何有苦諦、苦果呢？苦果是從苦因生的。那能從苦因到苦果，就表示諸法是無常的。如果諸法有定性，就不會是無常的，就不會有從因到果的變化。而無從因到果的變化，當然就不會招致苦果。

所以，諸法若有定性，就壞了苦諦。集是講苦因。若諸法有定性，即不能有從因到果的變化，如此又壞了集諦。

「以破空義故」，空義本質上是不可能破的！那是因有些人的思想跟空義相違背，就說是他已「破空義」。故破空義者，就是「邪知邪見」爾！不只跟佛法不相應，也跟一切世間法不相應。

再其次，苦若有「定性」，則連變化都不可能了，更何況能滅之呢？所以若諸法有「定性」，又壞了「滅諦」。

最後，「道諦」者，以能對治苦因故，稱爲道。然而若諸法有「定性」，即不可對治矣！於是以不可對治故，又壞了「道諦」。

反之，若肯定「道」是可修習的，即得放下「諸法有定性」的「邪知邪見」！

這一路講下來，應該是蠻清楚的。如果諸法有定性，就不可能有「苦、集、滅、道」的修習。

辛三　結成

若無有苦諦　及無集滅諦　所可滅苦道　竟爲何所至

如果沒有「苦、集、滅」諦，那佛弟子修習佛法究竟是爲了什麼？難道不是爲了滅苦和證得解脫嗎？如果因諸法有定性故，以至苦是不能滅、道是不能修的，那學佛、修行必變得沒什麼意義。

庚二　破壞四諦事

若苦定有性　先來所不見　於今云何見　其性不異故

如見苦不然　斷集及證滅　修道及四果　是亦皆不然
是四道果性　先來不可得　諸法性若定　今云何可得

前曰：四諦分成兩部分：一是四諦的理法；一是四諦的事修。理既不成，事修也一定無效。所以前面先講：如果諸法有定性，四諦的理就不能成了。再來才說，四諦也不能修了。

「若苦定有性，先來所不見，於今云何見？其性不異故。」眾生本來是不見苦諦的，後來能夠見苦諦，即表示沒有定性。如果有定性，本來不見者，現在也是不見的！故能見苦，即表示諸法無自性。

其次，如果諸法有定性，就不可能斷集、修道及證滅。所以，如果諸法有定性，那就「見苦、斷集、修道、證滅」四聖諦的事修都不可能了。

事修既不可能，當然就沒有四果。

庚三　破壞三寶

辛一　正明三寶無有

若無有四果　則無得向者　以無八聖故　則無有僧寶
無四聖諦故　亦無有法寶　無法寶僧寶　云何有佛寶

以上若無「得四果」者，也就沒有「向四果」者。四得、四向，合稱爲「八賢聖」，以「八賢聖」

而稱爲「僧寶」。既「八賢聖」不可得，即不成「僧寶」矣！

「以無八聖故」因爲偈頌只有五個字，所以應是「以無八賢聖故」的簡寫。向初果是賢，得初果後才是聖；沒有八賢聖就沒有僧寶。

同理，若「四聖諦」的理不得成，即不成「法寶」矣！

如「僧寶」、「法寶」都不得成，「佛寶」還能單獨成嗎？當也不能成了！

故若謂「諸法有定性」，即破壞「三寶」矣！

前面是外人說：如執一切法空，即會破壞四諦、三寶。現在是論主反過來棒喝：如說一切法不空，才眞會破壞四諦、三寶。

辛二　別顯佛道無成

汝說則不因　菩提而有佛　亦復不因佛　而有於菩提
雖復勤精進　修行菩提道　若先非佛性　不應得成佛

一般人雖講三寶，但對佛寶還是比較尊重的。我們都知道，世尊因在菩提樹下覺悟了法，所以才成佛的。故能成佛者，乃爲諸法無定性故。

「汝說則不因，菩提而有佛」若如你所說，諸法有定性，那不是佛者，就永遠不會因覺悟而成佛。

「亦復不因佛，而有於菩提」法雖存在，若無人去覺悟，也不能流傳在這個世間上。因爲佛覺悟了，所以法能夠流傳在這個世間上，而變成法寶。如果諸法有定性，不覺悟者繼續不覺悟，法就沒辦法流傳在世間上。

**於是乎，衆生除非先已具足了「佛性」，否則再怎麼精進修行菩提道，都不可能成佛的。**

大乘佛法都肯定，我們只要不斷去修行，遲早有一天終能證得佛道。然如果諸法有定性，那眾生就恆爲眾生，再怎麼修行也不可能成佛的。

「若先非佛性，不應得成佛」如果諸法有定性，應該是本來就有佛性的，後來才能修行成佛。其實，若是定性的佛，應當下就成佛了，也不用再修行才能成佛！若眾生本來不是佛，後來經過修行猶可成佛，即表示佛不是定性的。

另一種講法：就是因爲有佛性的因，然後才有成佛的果。如果先有佛的因，才有佛的果，就變成「因中有果」論。這是《中觀》所不能認同的。

但事實呢？不必修行，云何能成佛呢？這就已證明：眾生非先具足「佛性」也！

最後，非先具足「佛性」的眾生，如精進修行菩提道，終得成佛者，乃爲「諸法無定性」也！

以《中觀》的角度，是不承認先有佛性的，這點跟後來大乘如來藏系講「眾生皆有佛性」，有沒有衝突呢？其實沒有衝突。因爲《中觀》所講的佛性是個別性，我有我的佛性、你有你的佛性；而眾生皆有佛性的性，是共通性。就像無常性、無我性，那是共通性而非個別性，《中觀》否定的是個別的佛性。

很多不了解《中觀》的人解釋眾生皆有佛性時，一定會把佛性解釋成個別性，而變成：因爲我有我的佛性，所以我遲早會成佛的。這種講法，就犯了自性見、犯了因中有果論。是《中觀》所不認同的。

總之，爲什麼眾生修行，最後能夠成佛呢？因爲諸法沒有定性也。

## 己二 破壞因果罪福

若諸法不空　無作罪福者　不空何所作　以其性定故

汝於罪福中　不生果報者　是則離罪福　而有諸果報

若謂從罪福　而生果報者　果從罪福生　云何言不空

上面講如果諸法不空，則會破壞四諦、三寶；下面再說如果諸法不空，更會破壞一切世間法。因爲若諸法不空，就沒有罪福、沒有因果。「不空何所作？以其性定故」如果一切法不空，就不能造業、也不能受報。因爲不空，就表示定相而沒有任何變化；不能修福、不能造罪，什麼都不能作了。

這樣就壞了世間上大家共同肯定的原則——三世因果。尤其「善有善報、惡有惡報」，這是世間共同承認的軌則。

若答曰：其必從「罪福」而感善惡的果報！則能從「罪福」而感善惡之果報者，乃爲「諸法『非』不空」，才能感果。故云何能言諸法「不空」呢？

己三 破壞一切世俗

汝破一切法　諸因緣空義　則破於世俗　諸餘所有法
若破於空義　即應無所作　無作而有作　不作名作者
若有決定性　世間種種相　則不生不滅　常住而不壞

**所以若不承認「一切法從因緣所生故，本來性空」，便必得違背世俗所見到的一切事相和軌則。於是一切，既不能有所作，也不能有任何變化。一切都僵住了，一切都癱瘓了。哪有作不作、報未報等這麼多差別呢？**

不空，其實不只是破壞，根本是常住而不能動！

若諸法是不空的，就不能有任何變化，一切因果的關係都將消失。到最後世間種種的相，既不能示現，也不能變化：花不能開、也不能謝；雲不能聚、也不能散，一切都僵住了、一切都癱瘓了。甚至你也不能張口說話，我也不得動唇反駁；一切都休止矣！

**但事實上，你卻猶在張口說瞎話，我也忙著破斥顯正義，此不是正彰顯著「諸法空故，本無定性」的道理嗎？**

因爲諸法本無定性，才有種種互動的可能；如果諸法不空，一切都變成不可能了。

戊三　結成

若無有空者　未得不應得　亦無斷煩惱　亦無苦盡事
是故經中說　若見因緣法　則爲能見佛　見苦集滅道

**最後，作個總結：若諸法不空而有定性，則前所未得者，必永不可得矣！於是乎，未見苦諦者，永不得見苦；未斷集諦者，永不得斷集；未證滅諦者，永不得證滅；未修道諦者，永不得修道。若此，其云何能斷煩惱，而盡苦果呢？**

所以，但爲諸法是空的、是可以變化的，我們才能受教育、才能修行。因爲受教育，才能使無知的變成廣知、使無明的變成有智慧、使有煩惱的變成沒煩惱。所以，也爲諸法是空，我們才有修行的必要。

**所以經中說：若能確認「因緣法」的道理，即能確認「四聖諦」的修行次第。而確認了「四聖諦」的修行次第，你才能見到眞正的佛陀——以法爲身的佛陀。**

故了解到一切法是空，反而才有眞正的信心。有些人常會懷疑：像我這種人根器淺薄，若參禪未必能開悟，若修行未必能成就。這是因爲你相信諸法有定性，故笨的就得笨到底。

相反地，如我們肯定：諸法是沒有定性的，我們不會永遠這麼笨。有此信心後，才能慢慢去努力。先以勤補拙，再從熟中生巧。

故我常說：善根是修來的。爲什麼有些人生下來善根就比我們利呢？因爲他們前輩子有修嘛！我們以前可能未好好修，所以這輩子根器不利。然如因根器不利而不肯修，未來一定更鈍的。若這輩子雖根器不利，但能以勤補拙，至少下輩子會比這輩子好。爲諸法無定性故，一切都是有可能的；但是，也得配上精準對應的緣才行。

從另個角度看：修行是減法，而不是加法。減法即要把已有的煩惱、已有的邪知邪見，慢慢削減，削減到最後一無所有，你就成就了。如果是加法，要加到什麼時候，才能成就呢？以減法，必越減越少；就算沒有減光，也會越來越輕鬆的。

所以，從一切法空，從修行是減法，才能對修行有眞正的信心。「是故經中說，若見因緣法，則爲能見佛。」見什麼佛呢？見法身佛。眞正的佛，不是相好莊嚴的佛，而是能夠覺悟到法的本質，能證得一切法空的法身佛！

見法身佛者，必也見到「苦集滅道」的道理，而對修行能不退轉。所以經典上，稱此爲「入流」——即已入「法流」，必趨「解脫之大海」也。

因此，我個人對《中觀》的道理比較了解之後，就非常肯定：由此修行，即可確認不會再退轉。爲什麼呢？看來看去、轉來轉去，都在「一切法性空」的範疇裡。不斷在裡面磨，磨到最後，就能把我們習氣、邪見全部磨光了。

由是，其必能於菩提道中，具足眞信心，切實發淨願，而成「不退轉」之行也！

## 【附論】

「諸佛依二諦，爲眾生說法：一以世俗諦，二第一義諦。」其實，單以二諦，還不能將「世俗」與「勝義」的連結關係剖析得很清楚。因此，下面更以四類作分析說明：

**第一、「世俗中的世俗」：這是未學佛眾生，一向最熟悉者，也是一向依之而來安身立命者。此中又可分：1.虛幻性；2.穩定性；3.主觀性；4.客觀性。**

虛幻性就是變化很快的；穩定性則雖也有變，但變得不是很快，或者在某個範圍裡變來變去，而不會變出此範圍外。然後主觀性和客觀性乃是相對的。

因此，比較客觀、穩定的，就成爲世間的學問。世間中種種的學問、技術，即以此而發揚光大；世間人也都認爲這是眞實的，甚至稱之爲「定則」。

然而雖許爲世間中的「實相」或「定則」，猶不能稱爲「世俗諦」。何以故？**似「實相」，卻還非「眞存、實有」，只是相對地穩定些而已！名「定則」，也非「應用無窮」，只是在某範圍內適用而已！尤其，還夾雜著許多「邊見」與「自性見」，云何能稱爲「諦」呢？**

事實上，如果以佛法來看，這根本不是眞實的，因爲它還是會變化，只是變化量沒有那麼大。以變化量不大，所以視爲不變。說它是定則，也只是在某個範圍內適用，超過範圍外就不適用了。

世間的學說不能稱爲「世俗諦」，因爲諦是眞理。這些僅是世間公認的技術學問而已！

第二、「世俗中的勝義」：勝義是指佛法。為什麼稱為世俗呢？因為才啓修者，還未證得勝義。初學佛者，因聽經、聞法、修行，才能從世俗而漸漸趨向勝義。勝義，是指「空性」。而「空性」者，又有「解、證」的不同。

像我們現在對空義比較能了解後，稱為「解」；然後在修行上才能有所「證」。就初學者的勝義，乃以解得「性空」的道理為主，這稱為從世俗向勝義。

第三、「勝義中的勝義」：這是指已證得「無我」、證得「空性」。若證得「空性」，至少是「初果」以上的證量。然後，再從初果，向二果，得二果，一直到最後得四果，證得「解脫、涅槃」。我想這部分大家都已蠻清楚的。

第四、「勝義中的世俗」：這是聖者或諸佛菩薩於證得勝義後，倒駕慈航，用世間人熟悉的語言、名相說明佛法的道理。所以，表面上與「世俗中的世俗」頗類似，因為都是用名相，所以看起來與「世俗中的世俗」有點類同。但其實大不相同，為什麼呢？

a.**不會再夾雜著許多的「邊見」與「自性見」**。

雖然還是得用語言文字去表達，但他很清楚：那只是「假名」，而不會有「邊見」、「自性見」的問題。

b.**架構嚴整，次第分明，而不會有前後矛盾、彼此混淆的情況發生**。

世間很多學問，看得少還好，看多了頭殼很大，為什麼呢？因為都是互相矛盾的。然能透過緣起觀、透過假名的分析，再去看世間種種學問，即能把這些思想全部整合，架構非常清楚分明，而不會前後矛盾或含糊不清。用這種整理過的架構來說法，才能稱爲「世俗諦」。諦是眞理，用佛法比較專有的名詞，稱此爲「後得智」。

證得勝義、空者，稱爲「根本智」，故「根本智」傾向於見性。然後，再從空性裡分別出種種不同的相用，就變成「後得智」。所以，菩薩有「後得智」，菩薩要度眾生必須要有後得智。

後得智跟世俗智是不一樣的。「世俗智」只是世間種種的技術學問，其中有很多邊見與執著；而「後得智」已經過「空」的消化、圓融，才能稱爲「世俗諦」。

諸佛以二諦爲眾生說法，此「世俗諦」一定是指「後得智」，而不可能用「世俗中的世俗」去說法。

因此，如果不把它分做四種，很多人就會以爲「世俗中的世俗」就是世俗諦。其實必從勝義中再倒駕慈航爲眾生說法，才能稱爲「世俗諦」。

# 22 觀法品

## 【章節大意】

這〈觀法品〉的觀，與之前〈觀時品〉、〈觀四諦品〉等的觀，在定義上是不同的。

前幾品的「觀」，乃在破邪顯正、澄清觀念也。而這品的「觀」，卻是從聞思後，再修觀；以修觀故，而能證果。

這〈觀法品〉的「觀」，和其它品的「觀」在定義上是不同的。像〈觀因果品〉、〈觀時品〉或〈觀四諦品〉的「觀」，大致都是在處理一些觀念上的問題。尤其是對某些外道或教中「不了義」學者所倡的說法，予以明確地破斥。經破斥之後，才能呈現出較正確的觀念。所以，都是在觀念裡作申述、分析和破斥。

而這一品的「觀」，主要是和實修、實證有關的。乃從聞思之後，再修「觀」法，以修觀故而能證果。否則若廣義的「觀法」，則哪一品不是在「觀法」呢？每一品都是在「觀法」，只是觀不同的法爾！

故這一品我覺得應該是「證法品」，從信解到有所證。要有所證就得事修，修者，修觀也。然而，雖意在「修觀」，卻在事修上說得很含糊，因未把事修的方法、過程講得很清楚，甚至到最後的「證」也講得不清楚。所以，最後還是回歸到觀念的申述，故如果前面的已很熟悉，就會覺得這一品沒什麼新鮮的，只溫故而不能「知新」。

在本品的偈頌上，又不見慣用的模式。我想大家讀《中論》都很熟悉《中論》的模式是什麼？「先立再破」。「立」是什麼？立別人所說的。立然後再破，一破再破。你有沒有發現這一章〈觀法品〉裡沒有立、也沒有破，只是平鋪直敘的往下敘述而已。

再者，它的整個章節、架構上的處理沒有前面幾品那麼嚴整。我們學論的人習慣看思想架構，一步推一步，非常嚴整的。我覺得它的架構不是非常地嚴謹，所以我覺得這一品未必是龍樹菩薩的原作。當然，到目前爲止歷史上好像還沒有人提出這樣的看法。一般人覺得鳩摩羅什翻譯的，沒有人會懷疑裡面有幾品會有問題的。當然這個問題我只是提出來，以後會有更多的人對這個方面做探討、考究。

尤其是「一切實非實，亦實亦非實，非實非非實，是名諸佛法。」各位有沒有注意到《中論》的一向處理方式是什麼？破而不立。它很少立的，一直都是破。立到最後也只講說「眾因緣生法，我說即是空」，只是點到爲止，沒有像這種「一切實非實，亦實亦非實，非實非非實……」這種包容並蓄、並駕齊驅的說法，這是不符合龍樹菩薩的風格，好像什麼都是對的。

在我看來，龍樹菩薩什麼都是錯的，都是破，沒有立。而且「一切實非實，亦實亦非實……」的解釋，每個人都有不同的切入點，後面並沒有任何的偈頌句說明到底是什麼意思。所以，這種看起來好像很圓融，其實又很含糊的說法，我覺得不像龍樹菩薩的風格。龍樹菩薩的講法一定是非常犀利、非常明白，不可能用這種含糊帶過，然後又包容並蓄的處理方式。所以，我看到這種句子時就覺得很納悶、很怪異，不像一向《中論》所看到的風格。

還有「諸辟支佛智，從於遠離生。」對辟支佛的智慧，就這樣一句話帶過去，讓我覺得有「草草了事」的感覺。本來不講也沒關係，既講又講不清楚。對這樣的處理方式，讓我又懷疑：它非龍樹菩薩的原作。

然而我不是作學術研究的，故只能提出問題，願未來有興趣者，能去深入探討。

【偈頌解說】

丙三　觀法

丁一　入法之門

戊一　修如實觀

若我是五陰　我即爲生滅　若我異五陰　則非五陰相
若無有我者　何得有我所　滅我我所故　名得無我智
得無我智者　是則名實觀　得無我智者　是人爲希有

**觀法的內容，雖可有千千萬萬，然扼要而言，卻不出「觀五蘊無我」也！**

「若我是五陰，我即爲生滅，若我異五陰，則非五陰相。」各位有沒有注意到：「法」雖無量無邊，云何〈觀法品〉卻是從「觀無我」開始的？這是因爲「觀無我」才是解脫道的核心！觀跟我們生命沒有直接相關的旁枝末節，有何對治之效？故眞正的觀法，還是以「觀五蘊無我」最直接。所以「觀五蘊無我」乃是從原始佛法到大乘佛教最根本的心要。

「觀五蘊無我」主要有兩種觀法：一是「即蘊」觀；一是「離蘊」觀。現先說「即蘊觀」：

「若我是五陰」，若我跟五蘊是一體的，則我們都知道五蘊——色受想行識是有無常變化的。這色身當然是有變化，從小出生，慢慢長大，這是大的變化；每天有冷暖、餓飽、苦樂等細微的變化。其次，受想行識也都有變化，這大家都很清楚。五蘊既是變化的，如果我是五蘊，當然我也就是無常變化的。

但是，一般人所認定的「我」卻非如此。一般人都認定內在有一個不變的我。所以，從「即蘊觀」裡，得到的卻是「無我」的結論——找不到一個不變的我。

「若我異五陰，則非五陰相」，如果離開五蘊，另有個不變的我，那麼「我」就跟這個五蘊完全不相干也。這個身體跟我沒有關係，受想行識的變化也都跟我沒有關係。所以能感覺、能思惟的，都不是我。

那請問你：什麼才跟你有關係呢？講不出在五蘊之外還能跟我有切要關係的。故在五蘊之外，云何能有單獨存在的我呢？

尤其我們每天都在忙些什麼？忙跟五蘊有關的事！吃飯、睡覺、沐浴、更衣，乃跟色蘊有關；爭名邀利，乃跟受想行識有關！人一切所爲，不都是爲了五蘊嗎？

所以，在「離蘊觀」裡，也沒有所謂的我。這也就說，在「即蘊觀」與「離蘊觀」裡去觀我，結論都是：無我也。

再來，除「即蘊」、「離蘊」外，還有什麼可謂爲「我」的嗎？也沒有！

小結：「有我」根本是虛妄、無明的，諸法的本質乃「無我」也！

「若無有我者，何得有我所？」因爲惑以爲「有我」，才有「我所」——與我相關的一切。今既悟「無我」，即亦無「我所」矣！

以我爲中心，跟我相關的一切，即稱爲「我所」。現在既確認是「無我」，那也就沒有「我所」了。

前面所講大概都是從聞法與思惟去確認的，確認什麼？諸法本是「無我」、無我所的。「滅我我所故，名得無我智。」滅我我所故，怎麼滅的？卻沒有講得很清楚。事實上，得從修到證才能滅，而非聞思後即能滅也。

就修行而言，「滅」大致要經過幾個步驟：第一、就是確定正見，確立無我、無我所；第二、要返照，返照我們每個念頭的起落。我們每天都在打妄想，但自己曾打什麼妄想，大部分人是不太清楚的。現在，要對每個念頭的起落都非常清楚。所以得返照，返照你當下起的是什麼念頭。然後，再把所有的念頭歸爲兩大類：第一是跟「無我」相應的，這是智慧；第二是跟過去的習性——「我」跟「我所」相應的。

當然，在返照之前，一定要有修定的基礎。定修不好的人要對念頭的起落看得很清楚是不可能的。所以，得先修止，再來修觀。先修止，才有能力對自己的念頭看得很清楚。

念起跟「無我」相應的，不要管它，因爲它沒有問題。若跟「我」、「我所」相應的：第一、馬上把它截斷，就像打坐修定一樣，遇到妄想就馬上把它截斷，而回到方法；第二、就是迴向：迴「有我」向「無我」也。

有些跟我們生活中直接相關的事務，不可能只截斷就了事，因還是得去面對處理。可是如能用「無我」的觀念去面對處理，就能滅卻煩惱與束縛。經不斷地努力後，就能使與「無我」相應的念頭比例越來越多，跟「我」「我所」相應者越來越少。

這種情況就像打坐修定，最初妄想和數息此起彼落。每次覺照到妄想一出現，就把妄想截斷，而回到方法。最後，如練得好，妄想一定是越來越少，數息則越來越綿密，到最後就只剩下方法，而沒有妄想雜念。

「觀無我」到最後剩下的應該都是與「無我」相應的念頭。這在「八正道」中就稱爲「正念」。「正念」能持續不斷，即是「正定」也。

故要從「正見」，才有「正念」、「正定」，正見即是爲緣起，故無我。正見確認後，還要透過不斷的返照、迴向，才能契入「正定」。

「正定」者，必能「滅我我所」，故「名得無我智」。無我智是已證果，而非知解而已。故正定才能解脫！

若用數息法，修到心入定，還只是世間的定，而不能解脫的。一般人在數息入定時，雖也不會出現我，但那只是「忘我」，而不是「無我」。忘我只是壓抑不現，待等一下冒出來還是「有我」爾！

所以，云何滅我、我所呢？

第一要有正見。

第二要有修定返照的能力。

第三不斷地過濾、迴向；到最後，剩下的都跟「無我」相應也。

不只在座上修觀時相應；練得好者，下了座之後，還是跟「無我」相應。如果能一切都跟「無我」

相應，本質上就不會再有任何的煩惱。

所以，得無我智者，才稱為實觀。這實觀不是還有能觀的我，而是已超越能所的隔閡。如果還有能所，即非實觀。故不偏執，才稱為實。

簡單講，不管抓到什麼，都是不實的；不抓，甚至連能抓者都不在，反而才是眞實的。

如《圓覺經》上有句話「知幻即離，離幻即覺」！很多人都喜歡問：見性見什麼呢？有見，即非實也。無見，亦非實也。不落兩邊而已！

戊二　得解脫果

內外我我所　盡滅無有故　諸受即為滅　受滅則身滅
業煩惱滅故　名之為解脫　業煩惱非實　入空戲論滅

「內外我我所，盡滅無有故。諸受即為滅，受滅則身滅。」如果能證得「無我」，即內的我、外的我所，都滅盡無餘了。所謂「滅盡無餘」，是都不起這樣的念頭！既念頭都不起，諸受即為滅。為什麼呢？因為有內外，才有觸；有觸才有受——從觸受而愛取有。現既無內、無外，當就沒有觸受了。

在《阿含經》講到，如當生即證得涅槃，這稱為「有餘涅槃」。而要證有餘涅槃，必入「滅受想定」。受不起、想不起，即無內、外、我跟我所。所以它跟「無想定」是不一樣的。

無想定雖不起念頭，但那只是「忘我」而非「無我」。雖在定中，能以專注於方法而把這個我給忘掉了；但其我見、我執其實還在，只是暫時不起現行而已。待不用方法時，就又原形畢露了。

而佛法以無我的正見啓修，才能夠根本斷除我見，而證得滅受想定。入「滅受想定」者在這一生，稱爲「有餘涅槃」；圓寂後，就稱爲「無餘涅槃」。云何是無餘涅槃呢？以「不受後有」故，稱爲無餘涅槃。

所以，「諸受即爲滅」是指滅受想定；「受滅則身滅」不是指這一生就滅了，而是指下一生不再來。所以，身滅是指「不受後有」的意思，下輩子不會再輪迴生死了。這是說從修到證，但它是怎麼修、怎麼證的？都沒有講得很清楚。若只提這些名相，則以前早都知道了，何必再贅言呢？

「業煩惱滅故，名之爲解脫」。證得滅受想定時，所有的念頭都不再起現行，當然就不會再有什麼煩惱了。到最後，不只不起現行，而是根本已斷除了。把根斷盡，才稱之爲「解脫」。這解脫即是證得「有餘涅槃」。

最後我們要再補充，此滅，只是滅煩惱的業，而非所有的業都滅了。《中觀》再三強調：諸法是不常不斷的，故不是所有的業都滅了。因我們的業，其實包括善業、惡業、不動業、有漏業，也包括福業、慧業和無漏業。無漏業是不會斷的，不然很容易又變成「斷滅見」了。跟煩惱有關的業都已滅盡無餘了，當然必得解脫。

最後爲什麼能滅掉煩惱的業呢？因爲煩惱的業本質上都是空的。一切緣起故性空。空，所以能滅；如果是實有的，就不能夠滅了。

其實，最好是講已淨化，而非滅盡無餘也。

如果能夠證得一切法空，一切戲論當然就不會再產生了。戲論，是指我見、自性見、邊見、常見、斷見等，這都稱爲戲論。因此，怎樣才能滅呢？也是先入得空理，然後才以返照、內銷，而把這些戲論，慢慢銷盡無餘。故我常講：了解修行的方法，就會確認我常常說的一句話：「眞正的修行是減法，而非加法。」

丁二　入法之相

戊一　眞實不思議

諸佛或說我　　或說於無我　　諸法實相中　　無我無非我
諸法實相者　　心行言語斷　　無生亦無滅　　寂滅如涅槃

「諸佛或說我，或說於無我。」佛在說法時，有時還常講：「我曾如何？我已如何？」似乎還有我在。

有的時候又直接開宗明義：諸法是無我的。

我覺得有些人把這個偈頌解釋錯了，解釋成諸佛或說有我，或說無我。諸佛從來沒有說「有我」的。既無我，云何「或說我」呢？

我們不要講有我、沒我，只就三世輪迴、因果業報而言，這是佛法再三強調的。雖一般人很容易以爲三世輪迴、因果業報裡，還有一個我。但如你眞了解的話，於三世輪迴、因果業報的當下，還是「無我」的；也是因爲「無我」，才能夠輪迴和因果業報。

佛不強調無我，爲什麼呢？因爲某些人的智慧還不能了解無我、不能相應無我；所以只能強調因果業報。但是，諸佛也不會因此就說諸法是「有我」的。因爲，這與佛法的根本教義是相違的！你可以不強調「無我」，但絕不允許說「有我」，這一點大家要非常清楚。

所以佛講：「我過去曾如何、如何？」非他還有我見、我執！但這也是沒有辦法的啦！因爲於世間就不得不用「假名」。不說我，那又要怎麼去形容呢？說那個人如何如何嗎！講了老半天，人家都不知道那個人是誰？

所以雖云「我曾如何、如何？」這只能說是「勝義中的世俗諦」，用的是世間的假名。然雖用假名，但欲昭示的卻是勝義諦。

**同理，雖直截了當，明示「諸法無我」的空義；卻未否定有隨緣示現的生命存在。否則，云何能聞法、修行和證果呢？**

**因此，就中道而言，當不落「有、無」才是！**

「諸法實相中，無我無非我。」事實上，講「有我」是一邊，倡「無我」是另一邊。因爲「無我」的無，卻非什麼都沒有了。所以，我們再三強調，「無我」的「無」是遮詮，而非表詮。遮詮只是否定有我，表詮即是肯定什麼都沒有的「無」。

故既不存在一個不變的我、一個能作主的我，也不是什麼都沒有。如果什麼都沒有，那現在於這裡聽經聞法的又是什麼呢？如果什麼都沒有，那云何能修行、證果呢？當然還是有由五蘊和合，所產生的生命現象！也有從聞思修而證的果位。

所以既不是實有我，也不是絕無我。到最後還只能歸究於「眾因緣生法，我說即是空」啊！

**但不落「有、無」的中道義，非只聞、思，即能究竟明了；唯藉修行，才能體證。唯當體證，才能究竟明了。**

**至於體證者，乃當下即是，而非「語言、思議」之所能及也。故曰「心行言語斷」。**

「諸法實相中，心行言語斷。」就修證者而言，其所證到的境界，只是如人飲水，冷暖自知啊！所證的境界當下即是，而沒辦法用語言文字去形容！

當然，也不能說：完全不能用語言文字去形容。否則釋迦牟尼佛云何講經說法呢？還是要勉強說啊！

所以，以前有人問我：「佛法眞的都是『不可說』的嗎？」我說那才怪呢！否則釋迦牟尼佛說法四十九年，都說些什麼呢？故不是不可說，只是聽了你未必懂而已！

講給別人聽的，跟自己證得的，其實還是差大一截。於世間，我看到某個人了，但要形容他長得怎麼樣，形容了半天，別人還不知道他長得怎麼樣——除非也已見過者，才能明了。

至於所證者，更是出世間的境界。世間人云何能明了呢？以不能明了故，曰「心行言語斷」。故不是不可說，只是說了聽者還不懂也！

**至於「無生亦無滅，寂滅如涅槃」者，則唯「畫蛇添足」爾！何以故？已「心行言語斷」了，還聒噪什麼呢？**

所以，我一直覺得這〈觀法品〉，該講的都沒辦法講得很清楚、很俐落；該斷的還拖泥帶水、尾大不掉。

## 戊二 方便假名說

### 己一 趣入有多門

**一切實非實 亦實亦非實 非實非非實 是名諸佛法**

「一切實非實，亦實亦非實，非實非非實，是名諸佛法。」下面就是「方便假名說」。剛才講到章節大意時，就很懷疑這句話應該不是龍樹菩薩說的，因爲這種包容並蓄、並駕齊驅的說法，並非龍樹菩薩的風格！不過，既然講了，我還是要解釋一下。

「一切實非實」：一切別人以爲實的，本質上卻都是不實的。凡夫眾生以何爲實？第一、以爲外在境界都是客觀實在的。但以佛法來看，只是從眾緣中示現爾；故緣變則境遷，哪會是客觀存在的呢？第二、一般人認爲有個不變的我、實在的我。其實，這我也是不實在的。第三、很多人認爲生命的本質是「常樂我淨」，這當然也是不實在的。所以透過緣起無自性，去觀上述所講的一切皆非實也。

但在不實的當下，還是有些不變的理則，此即是「性」也。性是普遍性、是永恆性。從原始佛法就一直強調：無常、苦、空、無我。不管外物怎麼變化，無常、苦、空、無我，這種特質是永遠不會變的。過去、現在、未來一定都如此，東方、西方、南方、北方，到處皆然。相是虛幻不實的，而性是永恆不變的。所以，「亦實亦非實」「亦實」是指性是實的，「亦非實」是指相都是不實的。

「非實非非實」，下面是我習慣的解釋。剛才講「性」是實、是永恆不變的，現在爲何又說它是「非實」的呢？因爲，性不能單獨顯了，要有相的存在、相的變化，才能凸顯出性的超然不動，以此稱爲「非實」也。

云何相又是「非非實」的呢？因爲相雖虛幻，但這虛幻不是莫名其妙地來而沒有原因，它是有因有緣，隨不同的因緣而有不同的示現。所以，到最後乃有如是因、有如是緣，就會如是示現。所以從因緣果來看，相還是法爾如是也。雖變化，仍有它的軌則，軌則就是因緣果法。

所以，於《法華經》就講得更細膩一點：「所謂諸法如是相，如是性，如果體，如是力，如是作，如是因，如是緣，如是果，如是報，如是本末究竟也。」共十如者，反正你要怎麼分析都可以！

所以，第一、一切相不實；第二、有性有相；第三、性相是圓融的，既不是離性有相，也不是離相有性。這說法，才能跟《中論》一貫的主旨大義相通。

有人把這個偈頌解釋爲從四門而入佛法：第一、一切實；第二、一切非實；第三、亦實亦非實；第四、非實非非實。並且說一切實者即是藏教。其實，這是天台——藏通別圓的講法。

把一切實稱爲藏教，藏教即指《阿含經》。但《阿含經》從來沒有講過一切是實啊！如果你眞的看過《阿含經》，《阿含經》反而是講一切都是不實的！

所以，不要爲了符合自己的架構，硬把佛法拗成這個樣子。因爲在《阿含經》裡，從來沒有講過一切現象是實的。所以我們還是把它當成三觀：一切實非實、亦實亦非實、非實非非實。

己二　證入無二途

庚一　約勝義說

自知不隨他　寂滅無戲論　無異無分別　是則名實相

「自知不隨他，寂滅無戲論。」自己證得之後當然自知，且這「知」不只是意識上的知，而是親身證得的知。自己證得的，當然就不用管別人怎麼說，都一樣肯定。既已見月，何在乎別人手指怎麼指！

我們把「知」分做三等：一、聞的知；第二、思的知；第三、證的知。聞的知是聖言量，因為是聖人所說的，所以稱為聖言量。對我個人而言，聖言量並沒有那麼偉大。為什麼呢？很多都是狐假虎威，假佛所說的而已！

故我比較相信的是比量；比量就是去檢討它是否符合我們的生活經驗，是否符合我們的邏輯思考，故對理性者而言，比量反而還較可靠。故聖言量，是不是眞是佛說的，還要用理智去篩選；理智怎麼篩選呢？主要是透過比量！

第三是現量，現量即是親身證得的。如果是親身證得的，不管別人怎麼講，都不會再懷疑的。既已清楚，當然就不會再戲論了。

「無異無分別，是則名實相。」這已不用再解釋，因為再解釋下去，又是「畫蛇添足」了。

## 庚二　約世俗說

若法從緣生　不即不異因　是故名實相　不斷亦不常

這品已講到證量了，卻又再嘮叨著「若法從緣生，不即不異因」。這不是在〈觀因果品〉就已確認的嗎？云何到這個時候還在講呢？故我覺得：還不只是「畫蛇添足」而已，根本就是「狗尾續貂」啊！

這一品的邏輯思考，我一直覺得有點錯亂，前面的觀法跟後面的證量，都夾雜在一起了。從聞而思、從思而觀，這是觀法的階段。現已是證得的境界，卻又扯著「若法從緣生，不即不異因」，豈不是錯亂嗎？

## 丁三　入法之益

不一亦不異　不常亦不斷　是名諸世尊　教化甘露味

若佛不出世　佛法已滅盡　諸辟支佛智　從於遠離生

最後，這個偈頌「不一亦不異，不常亦不斷，是名諸世尊，教化甘露味。」如果講證量，當不會是「不一亦不異，不常亦不斷」而已。把最後的證量回歸到最初的知見，總讓人有「雞鶴同槽」的感覺！

「諸辟支佛智，從於遠離生。」最後這句話，我也覺得很奇怪：到底遠離了什麼？沒有講清楚。當然要遠離者，只有兩個：一是苦果；一是苦因。如果是遠離苦果，就得問：那苦因是什麼？云何修，才能遠離苦果？它也沒有講。如果說是遠離苦因，那苦因又是什麼？也都沒有講！

所以這樣子的講法，根本就是含糊不清！且我認爲有關「辟支佛」的說法，根本就是信口雌黃，純瞎說的。何以故？

就「辟支佛」而言，有兩種說法：一是無師自覺，則在歷史上無師自覺的，就只有釋迦牟尼佛；二是辟支佛只有自覺而不覺他，就是辟支佛覺悟之後，不說法，也不度眾生。

我想請問：一、釋迦牟尼佛有說法度眾嗎？二、若辟支佛覺悟之後既不說法也不度眾生，那怎麼會有人知道他已覺悟了呢？凡夫又沒有他心通，怎麼知道他已覺悟了？可能在山上入滅了還沒有人知道，故在歷史上也不可能留下任何蛛絲馬跡！所以一直講辟支佛如何如何，不是純瞎說的嗎？

有一次我去馬來西亞講經說法，有人竟當面說：「我覺得果煜法師你比較像小乘的。」我答云：「像小乘的，還會跑到馬來西亞來讓你苛責，那才是怪事！如果我是小乘的，就直接躲起來，你還會知道有我這個人嗎？」

所以，把辟支佛講成純粹不講經說法的，不是很奇怪嗎？所以有關「辟支佛」的事相，當然是講不清楚的，所以只能馬虎地道「從於遠離生」。不講還好，一講就露出馬腳了。

講白一點，我認爲三乘的講法都是有問題的。聲聞乘，從聽佛說法而入道者；但從聽佛說法而入道者，就一定是小乘嗎？大乘就不必聽佛說法嗎？辟支佛乘的問題如上述。

至於云何又有「緣覺乘」呢？有人謂：「不必親聞佛陀之教說，係獨自觀察十二因緣之理而獲得覺悟者，稱緣覺乘。」這不也是「辟支佛」嗎？有人謂：「因聽十二因緣之理而獲得覺悟者，稱緣覺乘。」既聽法入道，即是聲聞乘也。所以不管怎麼說，都無別立「緣覺乘」的必要。

其實，《中論》從頭到尾都不講辟支佛如何如何，也不刻意去分大小乘，只是純粹論法。結果，這個偈頌就夾雜了辟支佛如何如何，這感覺像一顆老鼠屎壞了一鍋粥！總之，我覺得這一品來路不明、問題重重。

**【附論】**

大乘儘管標示「一切法空」，但是如果眞要修行，還是得從「觀五蘊無我」去啓修，否則一切法太多了，如天大的饅頭是沒辦法入口的。最好的入口處，還是從「觀五蘊無我」著手，因爲這跟解脫道是最直接相應的。

所以，理雖可「廣大包容」，講理宜講得透徹，非講到「一切法空」不可。可是修行貴在「一門深入」，一門深入才能有眞正的體證；要一門深入，從哪門深入呢？從「觀五蘊無我」去深入。

那麼，證呢？從觀無我去啓修，最後是否只能證得「我空」，而不能證得「一切法空」？因爲，大乘常說：小乘只能證得「我空」，而不能證得「一切法空」。是否眞如此呢？

我們用這個偈頌來解釋：「如無有我者，何得有我所？」對於「我所」有兩種不同層次的解釋：第一、「我所」是跟我直接相關的一切，比如說我的身體、我的想法，我認識的朋友、親戚，我的財產、田園等。就世間人的用法，跟我名義相關的，都稱爲「我所」。意思是：還有很多不是我所，如馬路上那麼多的車子，那不是我的，是別人的，彼非「我所」也。

故「非我所」在比例上乃大很多，這是第一種解釋。以自我為中心的小範圍裡稱為「我所」，出了「我所」之外就是「非我所」。「我所」跟「非我所」，界限似乎很清楚。其實，在緣起法裡，是不會很清楚的，可是一般人都會劃分得很清楚，是我的、不是我的，這是第一種「我所」。

第二、就「能所」的關係而言。我者，能知能覺；我所，所知所覺，類似於六根對六塵。六根是能見，六塵是所見，就是所知所覺，尤其是第六的意根對法塵！

所以，第一層次講的「非我所」也算在「我所」裡——算在我的對象裡。故第二層次的「我所」範圍非常廣，即所有的法，都包括在「我所」裡。而能所相待，要嘛兩個具存，或者兩個雙亡。

「若無有我者，何得有我所？」如果已經滅除了我執，那「我所」就跟著消失。因為「我所」不可能單獨存在，既然滅我，當然就滅我所。所以，這個偈頌我們也可以把它直接改為「若無有我者，何得有法耶？」因為「我所」其實就是所有的法。同樣這一偈「滅我我所故，名為無我智。」也可改為「滅我我所故，名得法空智」。

所以，從「無我」啓修，不只能證得「我空」，而且能證得「一切法空」。從能所相待的角度來看，不可能我空了，法還不空。所以從「我空」入手，猶能證得「一切法空」，而且更直接、更有效。

最後，我們再倒過來講，大乘把理論講得很圓滿，最後講到一切法空；而小乘是從「我空」啓修，很精進、很嚴謹地修行。到最後，崇尚理論的，未必證得一切法空，甚至未必證得我空。為什麼？因為大乘常講「知空而不證空」空知道就好，而不用證！因為怕證了，就變成小乘！其實，證空跟變成小乘，沒有必然的關係。

其實不只未證得我空，甚至自我中心還老是存在，才會經常地褒大貶小、自讚毀他。這也就是，如以大小對立，就已經不是「中道不二」了；不能證得中道不二，根本就不配稱大乘！真正的大乘，當不會自讚毀他、不會褒大貶小。

所以，嚴謹修行，雖不言一切法空，卻能證得一切法空。口稱一切法空者，可能連我空都未證得。所以到最後，到底是誰較究竟呢？

其實是證得才算究竟。只理論講得圓滿還非最究竟、了義也。

# 23 觀邪見品

## 【章節大意】

〈觀邪見品〉其實是在處理佛教中所謂「十四種無記」的問題：（一）世界及我常？（二）世界及我無常？（三）世界及我亦有常、亦無常？（四）世界及我亦非有常、亦非無常？（五）世界及我有邊？（六）世界及我無邊？（七）世界及我亦有邊、亦無邊？（八）世界及我亦非有邊、亦非無邊？（九）如來滅後有？（十）如來滅後無？（十一）如來滅後亦有、亦無？（十二）如來滅後亦非有、亦非無？（十三）命與身一？（十四）命與身異？

有人以此問佛，佛置而不答。佛爲何置而不答呢？在《中阿含經》裡有〈箭喻經〉，我節錄其中一小部分：

如是我聞，一時佛遊舍衛國，在勝林給孤獨園。爾時尊者鬘童子獨安靖處，燕坐思惟，心作是念：「所謂此見，世尊捨置除卻，不盡通說，謂世有常？世無有常？世有底？世無底？命即是身？爲命異身？如來終？如來不終？如來終不終？如來亦非終亦非不終耶？」我不欲此，我不忍此，我不可此。若世尊爲我一向說此是眞諦，餘皆虛妄言者，我從彼學梵行；若世尊不爲我一向說此是眞諦，餘皆虛妄言者，我當難詰彼，捨之而去。

……

於是世尊告諸比丘：「猶如有人身被毒箭，因毒箭故，受極重苦。彼見親族憐念愍傷，爲求利義饒益安隱，便求箭醫。然彼人者方作是念：未可拔箭！我應先知彼人如是姓、如是名、如是生，爲長、短、麤、細？爲黑、白、不黑不白？爲剎利族，梵志、居士、工師族？爲東方、南方、西方、比方耶？未可拔箭！我應先知彼弓爲柘、爲桑、爲槻、爲角耶？……彼人竟不得知，於其中間而命終也。」

「如是我聞，一時佛遊舍衛國，在勝林給孤獨園。爾時尊者鬘童子獨安靖處，燕坐思惟，心作是念」：意思是說，在勝林給孤獨園，有一位尊者鬘童子，在那裡禪坐，但他禪坐時並沒有在數息，而是在想某些問題。

他想「所謂此見，世尊捨置除卻，不盡通說。」意思是說，有些問題釋迦牟尼佛並沒有說清楚、講明白。什麼問題呢？「謂世有常？世無常？世有底？世無底？命即是身？爲命異身？如來終？如來不終？如來終不終？如來亦非終亦非不終耶？」反正就是這十四個問題，跟前述的大同小異。

「我不欲此，我不忍此，我不可此。」佛對這幾個問題總講不清楚、說不明白啊，這不是我期待的，我心裡難過，我不能忍受。「若世尊為我說一向此是真諦，餘皆虛妄者，我從彼學梵行；若世尊不為我說一向此是真諦，餘皆虛妄者，我當難詰彼，捨之而去。」對這些問題，心裡很急想去問佛。如果佛講清楚、說明白了，我就繼續跟祂修行；如果祂不跟我講清楚、說明白，我就另請高明。

（刪節號處）——於是，他就真的去問佛了。因為問題還是一樣，所以就略過去。「於是世尊告諸比丘」，因為他是在大眾面前問的，所以佛就在大眾面前回答：「猶如有人身被毒箭，因毒箭故，受極重苦。彼見親族憐念愍傷，為求利義饒益安隱，便求箭醫。」就像有人被毒箭射中，身體受傷，非常難過。他的親屬好友看他受傷這麼嚴重，很同情他，替他找了一個箭醫，希望幫他治療。

然而，雖請到醫生，那個人卻說：「不可拔箭！」為什麼呢？「我應先知彼人如是姓、如是名、如是生，為長、短、麤、細？為黑、白、不黑不白？為剎利族、梵志、居士、工師族？為東方、南方、西方、北方耶？」他說，要先確定射我箭者到底是誰？他是長得高還是矮？長得胖還是瘦？他到底姓什麼？名什麼？屬哪個家族？這是第一，他想知道射箭者到底是誰。

其次，「我應先知彼弓為柘、為桑、為槻、為角耶？」也得知道這個弓到底是什麼材質做的。弓箭，其實分做三部分：一是弦、一是弓，還有箭。也得清楚知道：弦是什麼材料、箭是什麼材料做的，搞清楚才可以拔箭。

「彼人竟不得知，於其中間而命終也。」結果，還沒搞清楚就死掉了。

佛為什麼不回答呢？因為「生死事大，無常迅速」哩！欲求解脫者，每天拼命用功、禪坐還不一定來得及，哪還有時間去搞這些有的沒有的問題，時間太多了嗎？

尤其對某些人來講，這些問題不鑽還好，一鑽進去，就入牛角尖，有進無出。如台語曰：「老鼠入牛角」，進得去，出不來。所以，對某些人來說，這些問題最好是不要碰，好好去禪修就對了。所以，佛對這些人只能置而不答。

但於《大智度論》卻說：因這些問題，要非常有智慧的人才能理解，所以佛不答。因爲答了你也聽不懂啊！這意思是：若是較有智慧者，則佛肯爲之答也。

於是乎，這〈邪見品〉即是論主所代回答的。然而需要多深的智慧嗎？能深入緣起而不落兩邊即可也。因爲這些問題一言以蔽之，就是落一邊爾：不是落於常、就是落於斷；不是偏一、就是偏異！

但對一向在「二分法」作思議、過活計的眾生而言，卻也是「一言難盡」啊！你要跟他講清楚，不是那麼簡單的。如台諺曰：「講到你懂，嘴鬚打結！」

講白一點，《中觀》講到現在爲止，到底有幾個人眞聽懂，我也滿懷疑的。因爲眞要把二分法的癥結弄清楚，而不再落一邊，這不只是觀念的問題，而且要練習到很純熟才能應用自如。所以，如果是我，我也是選擇置答——不回答。不過，現有一個更好的回答方式：「你自個去看《中觀》吧！」

**在此品中，乃就（一）至（八），及（十三）、（十四）的問題而作回應。至於（九）至（十二）如來滅後等問題，則要待〈觀如來品〉中，再作分解。**

其實，再分解，也不可能有什麼新滋味吧？所以〈觀邪見品〉略看看就可以了。對了解「八不中道」的人來講，的確是沒有什麼新鮮的。

## 【偈頌解說】

丙四　觀邪見

丁一　敘見

我於過去世　爲有爲是無　世間常等見　皆依過去世

我於未來世　爲作爲無作　有邊等諸見　皆依未來世

這兩個偈頌，是對「十四種無記」中（一）世界及我常？（二）世界及我無常？（三）世界及我亦有常、亦無常？（四）世界及我，亦非有常、亦非無常？（五）世界及我有邊？（六）世界及我無邊？（七）世界及我亦有邊、亦無邊？（八）世界及我，亦非有邊、亦非無邊？

先作簡單的陳述，但詳細內容，則待後之「破斥」中，才會更完整地顯示出來。

科判的「敘見」，就是把所有的問題先簡單帶過。從偈頌看來，不是很清楚，但等以下一個一個拿出來破斥時，就會講得更清楚。所以，這裡我也不用詳細解釋了。

丁二　破斥

戊一　廣破

己一　破顯我空

庚一　破過去我有無等四句

辛一　破我於過去有

過去世有我　是事不可得　過去世中我　不作今日我
若謂我即是　而身有異相　若當離於身　何處別有我
離身無有我　是事爲已成

首先，破我空，就是破過去有無等四句。先破過去世有我：

「過去世有我，是事不可得。過去世中我，不作今日我。」若以爲，從過去到現在，都是同一個我。但事實上，過去世中的我，跟今日的我，不可能是完全相同的。過去世的我，可能在天上；而現在世的我，卻在人間。過去世可能未學佛；這輩子至少是已學佛了。故過去的我跟今世的我，云何是一呢？

「若謂我即是，而身有異相。」有些人說：不一樣只是外相不一樣而已，但內在還是一樣的，是「同質」而「身相有異」也。

這就表示：離開身相，別有個同質的我。這就像「離蘊觀」一樣，認爲離開五蘊，別有個不變的我。

「若當離於身，何處別有我？離身無有我，是事爲已成！」但離開身相之外，云何還有個不變的我呢？

離身即無我，這應是早成定論了，所以就不用再胡說八道。

這部分是破「過去中有我」，下面再破「過去中無我」：

辛二　破我於過去無

過去我不作　是事則不然　過去世中我　異今亦不然
若謂有異者　離彼應有今　我住過去世　而今我自生
如是則斷滅　失於業果報　彼作而此受　有如是等過
先無而今有　此中亦有過　我則是作法　亦爲是無因

「過去我不作，是事則不然；過去世中我，異今亦不然。」有人就想：過去既不是有我，就應該是無我。說過去世中根本就沒有我，那也是不可能的。

或者說，過去世的我跟今世的我是相異的，也都是不合情理的。

「若謂有異者，離彼應有今；我住過去世，而今我自生。」若兩者相異，就是離此有彼、離彼有此。過去世中的我恆住於過去，而今天的我便應是從「無中生有」的。然無中云何能生有呢？

「如是則斷滅，失於業果報；彼作而此受，有如是等過。」如果過去世的我恆住於過去，那就有雖作業而不受報的情況——既恆住於過去，即不能受報也；因此，也會有「斷滅」的過失。因爲過去者，什麼也不曾留到現在。

「先無而今有，此中亦有過：我則是作法，亦爲是無因。」如果今日的我，異於過去的我，就會有二種過失：一、「未作而受報」，這個色身是報身，若無過去的業，就有今世的身，即有「未作而受報」的過失；或「彼作而此受」的過失。二、我若從「無中生有」，即有「無因生」的過失。

還有我若是「先無而今有」者，即是「被創作」的，若是「被創作」的，又怎麼能夠主宰呢？

## 辛三　破我於過去俱非

如過去世中　有我無我見　若共若不共　是事皆不然

上述，已論定：過去世中「有我」、「無我」皆不成。廣而言之，若謂：過去世中「亦有我」、「亦無我」，也不得成。

甚至，若謂：過去世中「亦非有我」、「亦非無我」，也必不得成。

## 庚二　破未來作不作等四句

我於未來世　爲作爲不作　如是之見者　皆同過去世

以上從現在的我，去觀待「過去世」；既如此，同理，從現在的我，再觀待「未來世」，又何其不然？

己二　破顯法空

庚一　破常無常見

辛一　破常見

若天即是人　則墮於常邊　天則爲無生　常法不生故

然後再顯法空：

「若天即是人，即墮於常邊；天則爲無生，常法不生故。」在三世輪迴中，如果過去世是天身，這輩子是人身。若謂：過去的天身就是現在的人身，這就墮於常邊。而既墮於「常」邊，即不能「生」矣！既天身不能生，人身也不能生！於是既都不能生，云何還有「從天身至人身」的變化呢？

辛二　破無常見

若天異於人　是即爲無常　若天異人者　是則無相續

「若天異於人，是即爲無常；若天異人者，是則無相續。」反之，若謂「過去天身」的我與「現世人身」的我是彼此「隔異」的，於是既「隔異」，即墮於「斷」邊。

若墮於「斷」邊，則其因果、業報等，就不得相續矣！但現實，卻非如此也。

辛三　破亦常無常見

**若半天半人　則墮於二邊　常及於無常　是事則不然**

下面這個偈頌很怪異：「若半天半人，則墮於兩邊：常及於無常，是事則不然。」有人想，常不得成立、無常也不得成立，那麼我就把它分成兩半：在五蘊身中既有天身，又有人身。這是什麼意思呢？是兩個身同時存在嗎？卻非現有二身，何以故？

若其天的業果成熟，則天身現起，人身潛隱；反之，待人的業果成熟時，人身才現起，天身則潛隱。如此，就能解決困難嗎？

未必也！因爲「潛隱」者，還不出「有、無」二邊：謂「有」，仍墮於「常」邊；謂「無」，且墮於「斷」邊。

下面還有更細微的：若天身現起，那有史以來，天身都是同一個樣子嗎？或有史以來，不斷變現出來的人身，也是同一個樣子嗎？不可能都是同個樣子。還有現身時，能不能造業呢？當然是能造業。既能造業，就不可能是原來的樣子。若天身造的業，竟由天身去受報？還是由人身去受報呢？

所以，講來講去，還是不出「常」跟「斷」的兩邊啊！常既不能造業，斷也不能受報。但事實上，生命還是有因果業報的。

## 辛四　破非常非無常見

若常及無常　是二俱成者　如是則應成　非常非無常
法若定有來　及定有去者　生死則無始　而實無此事
今若無有常　云何有無常　亦常亦無常　非常非無常

「若常及無常，是二俱成者；如是則應成，非常非無常。」這是破「亦常亦無常，非常非無常」。主張雙非的——非常非無常，不是渾渾噩噩地不知所云，就是還不出「常和無常」等癥結。於是乎，論主再破之云：得先有「常和無常」，才能相待而有「非常、非無常」。既前「常和無常」不得成立，故「非常、非無常」亦隨之煙消矣！

很多人因覺得「常」不對，也覺得「無常」不對，因此就主張「亦常亦無常」。事實上，講的是什麼？自己也搞不清楚。同理主張「非常、非無常」者亦然。

「法若定有來，及定有去者；生死則無始，而實無此事。」如謂：法定有來處，也定有去處，生死就必無始無終，而實無此事。

對這點，很多人會覺得詫異，佛教不都說生死是無始的，尤其無明是無始的。爲什麼這裡卻說「實無此事」呢？

如果諸法是實有的，那生死便不可能了的，煩惱也是不可能斷的。但佛法認定：煩惱是可以斷的，生死是可以了的。何以故？諸法非實有故。

或問：佛教不是都講無始、無終嗎？然一般人所認爲的無始無終，是把時間孤立後，再向兩端無限延伸，而稱爲無始無終。但各位聽過〈觀時品〉了，就可以知道，時間是不可能單獨存在的。因時間的存在，即對應於一切法的變化也。

所以，破無始主要是破時間的單獨存在，破時間可以似一條直線而無限延伸的觀念，而非承認有始也。

因爲時間是無自性的，所以一切法才無始、也無終。這問題我們已說過：比如一個小孩子是從父母所生，然後往上延伸，是祖父母、外祖父母，故越向上延伸，卻是越複雜，而非越單純。從緣起法來看，過去未必會比現在單純！因爲都在無限的因緣網裡合離變化。

庚二　破邊無邊見

辛一　破有邊無邊見

若世間有邊　云何有後世　若世間無邊　云何有後世
五陰常相續　猶如燈火燄　以是故世間　不應邊無邊
若先五陰壞　不因是五陰　更生後五陰　世間則有邊
若先陰不壞　亦不因是陰　而生後五陰　世間則無邊

下面再解析「邊與無邊」。各位有沒有注意到：這裡的邊，不是指空間的邊，而是指時間的邊。所以，我們先看第三個偈頌，定義何謂「有邊、無邊」？

「若先五陰壞，不因是五陰，更生後五陰，世間則有邊。」如果前一世的生命體壞了、死了，不會因爲這生命體而生來世的身命，這即稱爲「有邊」。故有邊，就是「有期限」哩！用一般人常用的用語，有邊即是「有量壽」。生命是有期限的，且期限到後，就斷絕了。

「若先陰不壞，亦不因是陰，而生後五陰，世間則無邊。」如果生命體不會壞，當然不會因爲這生命體而更生來世的身命，這世間則爲「無邊」。故無邊即是「無期限」、「無量壽」。

「若世間有邊，云何有後世？」已定義了「有邊」和「無邊」後，再回頭看第一個偈頌：如果世間是有邊的，怎麼可能有後世呢？有邊，乃結束時就斷滅了，當然不會有來世。

「若世間無邊，云何有後世？」反之，若「世間爲無邊」，云何會有後世呢？因爲「無邊」即「無量壽」，既壽命無限，云何會有後世呢？

「五陰常相續，猶如燈火燄；以是故世間，不應邊無邊。」五陰和合的生命現象，恰如燈火一般，於前後既相續又變化中，而得向前推移。以是故，不應說「世間爲有邊」或「世間爲無邊」。

如果以燈火燄作比喻來說明生命，我覺得還有問題，因爲世間的燈火，最後總不出兩種結局：第一，燈火燒到最後熄滅了，熄滅了，豈非有邊？第二，如果不斷加柴，火就不會熄滅，豈非無邊？

所以，用燈火的比喻去破有邊、無邊，還是不太行的。

事實上，我們都知道眾生的生命是有「分段生死」。故這一生看起來好像有期限，可是期限到後，還有下一生。故似有邊，但不是有邊，因爲還有下一生！

同理，不斷生死輪迴似無邊，但於證得解脫後即不再有生死，故也非「無邊」哩！能對佛法中的三世因果和解脫生死清楚者，就不會有「邊或無邊」的執著了。

## 辛二　破亦有邊亦無邊見

若世半有邊　世間半無邊　是則亦有邊　亦無邊不然
彼受五陰者　云何一分破　一分而不破　是事則不然
受亦復如是　云何一分破　一分而不破　是事亦不然

有人想：既有邊不成，無邊亦不成，那就半有邊、半無邊吧！其實在說這話的當下，到底何者爲有邊？何者爲無邊？他也搞不清楚！反正有些人看起來腦筋似很靈光，其實什麼也不清楚。這種人你不理他也就得了，何必跟他窮磨、沒完沒了的！

就我的看法而言，從五陰所和合的生命體，雖在差別相中，仍有統一協調的功能。因此，不可能分一半是有邊，另一半爲無邊！

「彼受五陰者」，就是指「受者」。受者，比較強調的是統一協調的功能。一般人爲什麼會認定「有我」呢？因爲內在似有統一協調的功能。云何能統一協調呢？因爲諸法緣起，故必相關互動也！故似有統一協調者，乃「法爾如是」也，而不是另有人作主去統一協調。

「受亦復如是」，受報則偏向於差別相。在差別相中也不能分二：一分受，另分未受。

或問：如謂色身生命為有邊，精神生命為無邊；有何不可呢？

答云：色身與精神乃相輔相成，故不可二分也。此世色身雖亡，來世色身再生；且依因果、業報而得相續也。

辛三　破非有無邊見

若亦有無邊　是二得成者　非有非無邊　是則亦應成

這如前「辛四破非常非無常見」所述，故不再贅言。

庚三　破身與命

辛一　破身與命一

若謂身即我　若都無有我　但身不為我　身相生滅故

云何當以受　而作於受者

「若謂身即我，若都無有我，但身不為我，身相生滅故，云何當以受，而作於受者。」在印順法師的《中觀論頌講記》中，這偈頌是在「過去中有我」的部分。我覺得這乃是在回答「十四種無記」裡最後的兩個問題：命與身一？還是命與身異？所以才把這偈頌往後挪。然後，再標科判爲：庚三破身與命。

首先是破身與命一，這對我們來講也是很簡單的。

因爲，前面所講的即蘊無我、離蘊無我，與此意思皆類同。「若謂身即我，若都無有我，但身不爲我，身相生滅故。」這是從「即蘊裡」說我。若謂色身即是我，故離於身相，即沒有我；但身相有生滅故，身必不是我。因爲，一般人所認定的我，是不會有生滅變化的，所以我不可能在色身當中。

「云何當以受，而做爲受者？」受是指五蘊的差別相，受者是指俗謂的我。我是一，差別相是異，云何能將差別受報的相當作我呢？這是破命與身一。

辛二　破身與命異

若離身有我　是事則不然　無受而有我　而實不可得

再來破命與身異。「若離身有我，是事則不然。」這是「離蘊求我」乃再回答命與身異的不可能。因爲離開了這色身，其實也找不到俗謂的我、或常謂的命。故「離身別有我」，也是不可得的。

「無受而有我，而實不可得。」因爲，離卻五蘊的我，實不可得也。

辛三　小結

## 今我不離受　亦不但是受　非無受非無　此即決定義

「今我不離受，亦不但是受；非無受非無，此即決定義。」第三句「非無受」的意思是「非無受者」，因爲主要是用兩者：一是受、一是受者。受者就是俗謂的我，而受就是指五蘊。我當然是不即受，也不離受。

「不但是受」是什麼意思呢？五蘊加起來不等於我。我的生命是從五蘊和合而有的，云何謂五蘊加起來不等於我呢？我們已經再三說到一個觀念：是化合，而非混合。如果是混合，即等於五蘊相加。如果是化合，一加一，卻不等於二。

有些人老是跟我講，再怎麼搞：一加一還是等於二。有自性者，當然是一加一等於二。若以無自性而化合，一加一即非二也。學過化學的人都知道：氫加氧變成水，水哪是原來的氫和氧呢？

所以，五蘊——色受想行識化合之後，絕對不是原來的五蘊相加而已！所以，我既不離五蘊，也不即五蘊。爲什麼不即五蘊呢？因爲已經產生無自性的化合了！

那「非無受非無，此即決定義。」這才是最了義的。唉！學《中觀》的人只破二而不著一，哪可開口說「此即決定義」呢？

## 戊二　結呵

**一切法空故　世間常等見　何處於何時　誰起是諸見**

最後一個偈頌：「一切法空故，世間常等見，何處於何時，誰起是諸見？」各位學《中觀》到現在，再看這幾個問題或論述，實在沒有什麼新鮮的，對不對？但是，不了解法空的人就會經常在「二分法」裡轉，再怎麼轉也轉不出來。「一切法空故，誰起如是見？」，如果覺悟一切法空，就不會起如是見。但不覺悟者呢？

眾生有如此等邪見，也是事實！所以不是一切法空，就不會起如是邪見的！

但既已了悟一切法空，就當捨離掉這些邪見，也是理所當然的。故如還捨不掉，唯表示你：未得「正見」爾！

如果這些問題到現在還是看得霧煞煞的，即表示你《中觀》學到現在，根本還未入心。

眞正了解《中觀》的人來看這些問題，不一定能夠回答得很好。但是，問題的癥結在哪裡？應該是非常清楚的。

# 24 觀縛解品

## 【章節大意】

斷煩惱，了生死；由繫縛，而解脫。這應是每位學佛、修行者所誓願的目標。然而若不識繫縛之所在，欲求解脫，斯不可得也。如《楞嚴經》云「譬如國王，為賊所侵；發兵討除，是兵要當知賊所在。」

斷煩惱、了生死，也就是希望從繫縛裡而得到解脫；這應該是每位學佛人、尤其是修行者所誓願達到的目標。可是，一般人對云何被束縛，其實感受卻沒那麼深切。反正，大家都這麼講，就跟著去求解脫。

如果哪裡被束縛了都不甚清楚，那麼欲求解脫就不是那麼容易了。因為，一方面願心沒有那麼迫切，二方面不知道束縛之所在。所以，如《楞嚴經》所云：「譬如國王，為賊所侵；發兵討除，是兵要當知賊所在。」就像國王要去討伐賊黨，官兵當要先知道賊之所在，才有辦法去降伏他們。如果連被什麼繫縛都不清楚，要求解脫就很難了。

繫縛到底何所在呢？我們把繫縛分做兩部分：一是能繫；一是所繫。所繫就是被綁住的那個；能繫就是綁住它的。很多人都以為：能繫是外在的，就像身體、手腳被繩子綁住了，故能繫者，是外在的繩子。而身體、手腳就是所繫，被綁住的。

就解脫道而言，何者才是綁住我們的繩子呢？如果用佛學的名相，很多人會脫口講出是無明、業障、愛欲、貪瞋癡等。但是，你有沒有注意到：雖繩子明確是外在的，但非在我之外，先有個無明、業障、愛欲等，再由它們來綑住我。

事實上，它們跟你已交織成一體，而分不出哪個是無明業障、哪個是你！所以，非在我之外另有無明業障來綑住我。能縛的到底是什麼？竟非原來所以為的那麼單純。

現在再來看「所縛」是什麼？有的人率爾認定：因為有我，才會被綁住。可是，佛法很明確地說：諸法是無我的，沒有一個不變的我可以被綁住。如果本來就沒有一個不變的我可以被綁住，又到底是誰被綁住了呢？

一般人又說：被縛的，就是這個身體吧！有身才會被縛，就像被繩子綑住了。但是如果只有身體，如刀不自割，指不自指，不可能以自身又來束縛自身吧！

如果以這個身體必在三界六道中輪迴，來來去去，為什麼就稱為束縛呢？經這麼一分析，竟本來的「所縛」不曾被縛、本來的「能縛」也不能縛矣！

於是，如禪宗就認爲：本來即無束縛。那你當下就得到解脫嗎？也不盡然，至少我們還未得到解脫。

同理，看《中觀》，偈頌裡斷然結論：根本就沒有能縛和所縛。但現實上，我們卻未得解脫。因此，偈頌所言跟現實的世界要怎麼去連結，才是我們當用心去思惟、參究的地方！

依我個人的了解，繫縛來自「自我矛盾」。所謂的自我並不是一個單純的個體，而是包括很多不同的想法；若這些想法是互相矛盾的，就卡住而動彈不得也。

自我矛盾中，最典型的就是「心有所求而不得」。心有所求，但是求不得，所以就被困住了。如果心無所求，就沒有不得的束縛。如果心有所求而都能順遂，也沒有束縛的問題。

故佛法所謂的八苦，分析到最後乃只有一種「求不得苦」。爲什麼？如愛別離、怨憎會，其實就是「求不得」苦。求所愛者能不別離，而偏得別離；求所怨憎者能不交會，而偏又交會。

生老病死呢？如果你很喜歡生老病死，生老病死就不是苦也。就是不想生老病死而偏又免不了，才是苦。所以分析到最後乃只有一種苦，就是求不得苦。以求不得，而有自我矛盾，故變成繫縛之所在。

以一般人來講，所求順遂就沒有「繫縛」了嗎？如果所求順遂就不再求，大概就沒有繫縛了。但很多人於所求順遂之後，往往會求一個更大的，就像俗謂的「加碼」。故順遂一次、二次之後，再順遂的困難度就越來越大。因此，到最後不是得解脫，反而是繫縛變更大爾！

到最後，云何才能解脫呢？其實只是心無所求，隨緣安適。下面我們用一個較鮮明的例子來作說明：

譬如有人因罪被判坐牢。這被判坐牢，即是最典型的繫縛嗎？其實也未必！爲什麼呢？如果這個人既承認自己作錯、有罪，也覺得被法律制裁而坐牢是應該的。因此除在心理上沒有怨尤外，又能在牢獄中跟上下和樂相處，上就是管理者，下是相伴的受刑人。於是這牢獄對他而言，就不是那麼苦切、那麼逼迫了。

反之，若此人既不承認有罪，又覺得受法律的制裁而坐牢是冤枉的。所以除了極力抗爭外，又與獄中上下反目成仇。於是乎，這牢獄對他而言，就苦上加苦、更繫縛逼迫也！

所以不是因「坐牢」而成「繫縛」的，而是心想免卻免不了，心想逃卻逃不了，「心有所求而皆不得」才成爲「繫縛、苦迫」的。

同樣地，人間其實也有很多繫縛，比如說每天都得去上班，有些人快快樂樂去上班，有些人心裡非常無奈，想不去又不得不去；雖都是上班，感覺就完全不一樣。或者說，在家裡不管是當爸爸的、或作兒子的，也各有各的義務，雖還是必須去承擔，但感受卻人人不同。

還有，社會上也有很多不同的名分與責任；如果能安心去面對、調適，雖多少還是會有負擔，但不會那麼沉重。反之，若心理一直不能接受，逃又逃不了，那就更苦了。

講到這裡，似可得到這個結論：能安心去面對、承擔，便不是苦也。於是有的人又偏到另一邊：既安心面對、承擔，好！通通給我。但你眞的有這樣的能耐嗎？人的時間是有限的、人的能力也是有限的，若一切都去承擔，也是徒增束縛爾！

究竟該如何呢？隨緣消舊業，切莫造新殃。已經有的，我們就不要想再逃避了。譬如說，生下來就是某某人的兒子，這是一輩子逃不了的名分。脫離父子關係，這在法律和人情上都是不承認的。既然如此，你只能去接受；當然每一對父子關係也不會是完全一樣的。

雖同樣的名分下，可有很多不同的應對關係，故可以調適出一個較好的應對關係。但血源的關係，卻不是你想逃就逃得了的；已經有的，就得去面對調適，至於新的關係，就有較大的調整空間。所以要不要進這公司，你可決定；甚至進去後，不滿意也可再跳槽。至於師徒關係、夫妻關係等亦然。

世間事相，很多人往往只看到好處而沒看到壞處，等到接受之後，才發覺壞處一個個湧出來，那時候想逃，卻已被套牢了，於是就有「求不得苦」也。

被套住後怎麼辦？只好去承擔了。雖委曲、無奈，也怨不得人！誰叫你被「自己」套牢了？已經有的，就得去接受，然後再慢慢去調適。新的，就要比較小心在意，所以「切莫造新殃」。什麼是新殃？承擔不了的，就是新殃。承擔不了的，就不必急著當英雄或炮灰、替死鬼。

這也就是說，既非一切不受，能得解脫。我們不可能一切都不受，因為我們的生命乃跟所有的緣連結在一起，故不可能一切不受。也非一切都接受，因緣有善緣、有惡緣，如果能力不夠，就不要勉強接受。甚至有很多緣是同時來的，比如今天你既想到這邊聽課，同時也有人邀你去爬山，兩個緣同時來，那你就要抉擇。

故所謂的隨緣，乃包括抉擇，而不是隨緣就不要抉擇；因而隨緣，還是離不開戒定慧的大原則。很多大乘佛法都強調「無分別心」，其實無分別心在我們現實的世間是用不上的。這句話我們要慢慢去思考：隨緣調適而沒有罣礙。

怎麼調適呢？我的看法：上合佛道。第一當然要合乎佛法，尤其合乎解脫道，如果你的抉擇離開了這個大原則，煩惱會越來越多。其次，下應眾生。眾生，狹義是指我們周邊的人；廣義的是指目前這個社會所需要的。

上合佛道、下化眾生，那中間呢？中間要與自己的根性相應。有的人會說，若跟自己的根性相應，那還是有我了。但因爲每個人的根器不同，所以不可能什麼都相應、接受，還是要在某個範圍裡才接受。如果相差太遠而勉強接受，必會造成我們新的困擾。

以此，慢慢去調適。到最後，既選擇了，就要去接受它、承擔它。爲自己的選擇而作承擔，心理上就沒有無奈、抗爭的負面感受。這樣心理上就沒有求不得的苦；若去選擇一個自己達不到的目標，那就很苦。所以，在當下的緣裡去做睿智、精準的抉擇，以期減少罣礙，遠離束縛。

〈觀縛解品〉最後得到的結論是「隨緣抉擇，而沒有罣礙」才稱爲解脫。故「出三界」者，云何能出三界呢？其實還是不出緣起的梵網裡，只是身心沒有罣礙爾。因爲三界者：欲界、色界、無色界；欲界，即以心有欲而求不得，而成爲束縛；色界、無色界，乃因身心有罣礙，而成爲束縛。

故能身無罣礙、心無所求，就是「出三界」也。

## 【偈頌解說】

乙七　所證得者

丙一　觀縛解

丁一 遮妄執

戊一 觀束縛與還滅

己一 觀束縛

諸行往來者　常不應往來　無常亦不應　眾生亦復然
若眾生往來　陰界諸入中　五種求盡無　誰有往來者
若從身至身　往來即無身　若其無有身　則無有往來

印順法師把這個偈頌標成「觀流轉」。其實，它主要是講束縛的問題，所以，我把它改作「觀束縛」與「觀還滅」。

「諸行往來者，常不應往來，無常亦不應，眾生亦復然。」說到「束縛」，其實是相對於「意志」而言的。因爲有選擇，才有求不得苦，才有束縛。如果沒有「意志」，即無所謂「束縛」。樹長在地上，就我們來看，它是被束縛的，因爲它不能跑。可是，樹沒有被束縛的感覺——因爲它沒有想走的念頭。如果你把滑鼠用膠布貼在桌子上，它也不會抗議，因爲它沒有「意志」。

所以「諸行往來者」的「行」，不是有一個人在那邊走來走去。如果只是身體的走來走去，哪有所謂的束縛，「束縛」一定是相對於「意志」——心有所求，才有束縛。

而世間所謂的「意志」，在佛法上稱爲「行蘊」，這行蘊用唯識學去看，則相當於「末那識」。我把「末那識」比喻爲「作業系統」，因一般人的思考判斷都是以「自我爲中心」而作抉擇，自我中心即是末那識也。因爲有自我中心的思考，才會感覺到受束縛。

但各位要注意，我只有稱之爲「意志」，而不用「自由意志」。佛法上不承認有自由意志的，既從「眾緣所生」，即不可能有自由意志。只能說有意志，且這意志是通過眾緣而來作抉擇的，故也不是有一個自我在作抉擇。

因此，三世輪迴，其實是以「末那識」爲主導，帶著「業識」去投胎的。末那識才有主導權，第八識是沒有主導權的。因爲第八識，只是一些種子而已，只是一些檔案資料而已，故沒有主導的功能。

所以，以第七識爲主導帶著去投胎的，乃包括兩部分：一是第八識、一是細身。細身即包括一般人講的中陰身。像電腦硬體和軟體是相輔相成的，不可能只有軟體而沒有硬體；不可能只有資料而沒有儲存的工具。儲存的工具就是細身，而資料就是阿賴耶識。通過第七識的主導，才可能去投胎。

現在來看，以「末那識」爲主導的三世輪迴是怎麼回事？一般人的思考方式都以爲有我，甚至有個不變的我才能輪迴。因此，「諸行往來者」就是指在三世中輪迴的眾生。「常不應往來」，如果眞有個不變的我，就不能往來。因爲，往來就是變；不變，即不能往來。

「無常亦不應」：是指「無常亦不應往來」的意思。這裡的「無常」是指「斷滅」的意思，常跟斷各是一邊，不是常、就是斷。如果是斷，當然就不會有輪迴了。若謂生命是斷滅的，便不可能在三世中輪迴，因爲已經斷了，就沒有下一步。這「行」，是狹指「行蘊」。

「眾生亦復然」：眾生是指較廣義的生命體——「五蘊和合的生命體」。亦復然即謂：如果眾生是常，常不應往來；是無常，也不應往來。這表示在三世的輪迴中，其實是沒有一個不變的我。

「若眾生往來，陰界諸入中，五種求盡無，誰有往來者？」可是，一般人的觀念還是傾向認定：以「實有」眾生故，才能於三世中輪迴。

你既認定「實有眾生」，那我們就來探究其在那裡呢？於「五陰」、「六界」、「六入」中，用五門去找，卻都找不到。既都找不到，云何能謂其有呢？

「五種求」就是以前所講的：即蘊中無我、離蘊中也無我，這裡只是講得較爲細膩而已。如以蘊爲例，大致是：第一、即蘊不是我；第二、離蘊沒有我；第三、不離蘊也沒有我；第四、我中沒有蘊；第五、蘊中也沒有我。詳細我不解釋，就是不出「即蘊與離蘊」的大原則爾！

既在即蘊與離蘊裡，都找不到一個不變的我、找不到實有的眾生。那你認定有在三界中往來者，到底是什麼呢？這要證明：諸法是無我的。然無我，那又什麼在輪迴呢？

以上即是說：眾以爲「有『意志』不得伸張故，被束縛了！」但「意志」，卻非「實有」者。

「若從身至身，往來即無身，若其無有身，則無有往來。」這是對另一種人講的。有人認爲在三世中輪迴者，至少是因有一個身體，所以才能去彼來此。從上輩子的身到下輩子的身。

從上輩子的死到下輩子的生，這即「無身」也。爲什麼呢？

各位知道，從上輩子斷氣後，到下輩子的出生，中間必有一段時間，通謂有四十九天，甚至可能更久。反正，這中間既有時間的距離，也有空間的距離，未必在原地受生，中間是空白的而沒有身！

問題：佛教中另有謂中間不是空白的，而是有「中陰身」。如果有中陰身，即非「往來即無身」嗎？

答云：雖有中陰身，但至少也知道它不是原來的身。既不是同一個身，那往來者到底是哪一個呢？沒有一個不變的「往來者」。

至少它不是一個固定的身在往來。既不是固定者，即非實有。事實上，實有的眾生是不可得的，至少不變的眾生是不可得的。如果講得狹一點，因為有行蘊、末那識，所以有輪迴。末那識不是固定的，如果是固定的，就不叫做輪迴了。

很多人認為：實有者才會被束縛。像一個石頭，所以可以綁住它；如果是水，就綁不住了。但從來就沒有一個實有者存在，不管實有者是指自我的意志、色身、還是五蘊和合的生命體，它從來都是不固定的、從來都是變化不拘的。變化不拘的，能被束縛嗎？

既非實有者，可是為什麼又被束縛了呢？這就要慢慢去思惟、參究。所以，究竟是什麼被束縛呢？在偈頌裡沒有回答！徒留下更多的疑情與禪機！

己二　觀還滅

諸行若滅者　是事終不然　眾生若滅者　是事亦不然

前既錯以為：有「意志」不得伸張故，被束縛了！於是為得解脫，即得滅絕此「意志」。同理，前既錯以為：實有「眾生」故，才能被束縛！於是為得解脫，即得滅絕此「眾生」。然而諸法，雖不常亦不斷，云何能從「斷滅」而得解脫呢？

「諸行若滅者，是事終不然，眾生若滅者，是事亦不然。」有的人認爲，因實有故被束縛了，故怎麼得到解脫呢？就得把這個實有者還滅了，就綁不住了。可是，以諸法是不常、不斷故，不可能用斷盡、還滅的方式而得到解脫。同樣，眾生也是不可能斷滅的，亦不可能用斷滅的方式而得到解脫。

戊二 觀繫縛與解脫

己一 總觀

**諸行生滅相　不縛亦不解　眾生如先說　不縛亦不解**

**所以期求解脫，即得先知繫縛之所在：**

**若謂「意志」被繫縛了。然而意志卻非實有者，云何能繫縛它呢？**

**於是既不曾縛，哪又能求解呢？同理，衆生等亦然，不縛亦不解。**

印順法師的科判標其爲「總觀」，它先把結論說了：「不縛亦不解」。諸行既是不縛亦不解，眾生也是不縛亦不解。因爲，非以實有眾生故被縛；既然非被縛，當然就解不得了。諸行也是一樣，意志本來就不是自由、實有的；既不曾被縛；當然也就不用再求解脫了。

## 己二　別觀

### 庚一　觀繫縛

若身名爲縛　有身則不縛　無身亦不縛　於何而有縛
若可縛先縛　則應縛可縛　而先實無縛　餘如去來答

「別觀」是對剛才的結論提出解釋。「若身名爲縛，有身則不縛。」這是很多人的直覺。因爲有身體，才會被綑住；被綑住故而不得解脫。但如果只是身體，即無被綑住的可能，因爲身體不會自己綑住自己啊！

「無身亦不縛，於何而有縛?」既有身是不可能縛的，那無身更不可能被縛。除有身、無身之外，也不可能有第三種縛法，所以曰「於何而有縛?」

但這樣的講法一般人是不會服氣的，有人說：非徒有身而已！譬如前所謂：以有繩子等，才能來束縛身也。

「若可縛先縛，則應縛可縛。」這意思是：如果先存在一個能縛者，你才有可能被縛。但是，事實上，能縛者不可能先存在，所以你是不可能被縛的。

一般人會說，無明、愛欲、業障等，即是如「繩子等」的可縛法。但是卻非先有無明、愛欲、業障等，再有眾生哩！

在「章節大意」裡即已說到：並非在身體之外另有無明、業障，而是因無明、業障才示現成我們的身體。故不可以說因爲先有無明業障，才有我生命的存在，所以一出生就被套住了。

總之，並非先有無明業障，也非在身體之外另有無明、業障。

有人又會說：我是被過去的無明業障所束縛。將所有的問題都怪罪於過去的無明業障，故今天的我是無辜的。

如果是過去的無明業障，怎麼能束縛到今天的你呢？如過去的繩子怎麼可能綁住今天的你呢？那麼，一定是今天的無明業障綁住了我。今天的無明業障跟你又是兩個嗎？其實不可能是兩個。既不可能是兩個，云何有能縛與所縛呢？

這是用〈去來品〉的結論而衍生的：「已縛無有縛，未縛亦無縛；離已縛未縛，縛時亦無縛。」事實上，我對於〈觀去來品〉一直不太以爲然。因爲，它把時間單獨化了而謂不可能，但時間本就不應單獨化。

## 庚二　觀解脫

縛者無有解　不縛亦無解　縛時有解者　縛解則一時
若不受諸法　我當得涅槃　若人如是者　還爲受所縛

**以修行而來解脫煩惱和生死，大家都這麼期待著！然而云何能從繫縛而得解脫呢？**

「縛者無有解」，若是被縛者是有自性而永恆不變的，當不得解，這是我的解釋。它的原意是：如果已被縛，當就不得解。不縛也不得解。如果已被縛，還能夠解，「則縛解為一時」，不可能同存被縛又被解。

**這樣說來：竟是本來就不縛？還是永不得解脫呢？**

**答云：不得以「二邊」來看縛解。就如不得以「二邊」來看饑飽一般，若以「二邊」來看饑飽，則或既饑，則不飽；或饑飽則同時。**

**但於世間的「假名法」中，還公認「可從饑而飽」。故從世間的「假名法」中，也得承認可從束縛而證解脫也。**

這麼一想，到底能不能解呢？答有兩種：一種是本來就不縛；一種是永不得解。可是在我們的觀念裡，都認為縛者是可解的；至少，如果一個人被繩子綁住，總有方法可以解脫的。故「縛者無有解，不縛亦無解，縛時有解者，縛解則一時」的講法，乃犯了兩極化的錯誤，就是把縛跟解完全兩極化。

事實上，我們的生命、既存的現實都不可能是兩極化的。以前於光明與黑暗的比喻時就講到，若把光明與黑暗兩極化。則「既光明永不黑暗，既黑暗永不光明；如謂黑暗能變光明，乃明暗則一時！」但現實的世間，乃光明可變黑暗，黑暗亦可變光明；更有半黑暗、半光明之時也！

如果真「縛者即無解」，那如果是饑餓，就不能飽嗎？若「饑者能飽，饑飽則一時」。其實，飽是慢慢飽的，並沒有說什麼時間才飽，哪有「饑飽則一時」的顧忌？所以，這種解法其實是故意把你逼到死角的。

同理，說到生死，「生者無有死，不生亦無死，生者若會死，生死則一時」所以，也不能把生死兩極化。

貧跟富也是一樣，「貧者若變富，貧富則一時」，那貧者就永不得變富嗎？其實是慢慢變有錢的，而不是哪一天就突然變成有錢的。所以，應該好好去思考，而不要被騙了。

**「若不受諸法，我當得涅槃」：有人期待著「若能不受諸法，我便能證得涅槃」**。

「若不受諸法」依我個人的了解，有兩種諸法：

第一、是束縛我的諸法，譬如工作、責任、病苦等，把這些束縛我的，全部拿掉就得到解脫。事實上，你拿不掉的。剛才講到工作、責任、名分，這些在你一生之中是根本拿不掉的。所以，不是有另外的法來束縛我，而是爲「自我矛盾」故，才變成束縛。

第二、更廣義的不受，乃一切法都不受也。如果一切法不受，那你到底是什麼東西呢？就是受了五蘊法，才有這個生命。如果不受一切法，那什麼也沒有了。

我們的生命從過去到現在、未來，皆不斷地在流轉變化，永遠不會變成無的。因爲不常不斷故，雖可以轉變，但必不至變無。既不會變無，就一定會跟其他緣互相連結。所以，想不受諸法是永遠不可能的，且會變得更痛苦。

**「若人如是者，還爲受所縛」：若人期於不受諸法，才能證得涅槃。則這人便不免更被自己錯誤的觀念、莫名的期許而受苦也**。

所以，我們下面舉一個《五燈會元》上的公案，以作說明：

唐貞元初謁石頭，乃問：「不與萬法爲侶者，是甚麼人？」頭以手掩其口，豁然有省。後參馬祖，問曰：「不與萬法爲侶者，是甚麼人？」祖曰：「待汝一口吸盡西江水，即向汝道。」士於言下頓領玄旨。

## 龐蘊居士

**以手掩其口：不要胡言亂語。**

**一口吸盡西江水：哪有這回事？**

龐蘊居士，於唐朝貞元年間，第一次去參訪石頭。各位如果對禪宗比較了解，就知道石頭是指石頭希遷，他是六祖座下最代表性的禪將。龐蘊就問：「不跟萬法爲侶者，已修證到什麼境界？」石頭一聽，馬上用手堵住他的嘴。意思是：不許再亂亂問。於是龐蘊當下豁然有省；得到某些的省悟與受用。

後來，又去參馬祖，祖曰：「等到你有能力——將西江水一口吸盡時，再跟你說吧！」你想這傢伙有哪天能一口吸盡西江水嗎？不可能！意思是不可能的，哪可能不與萬法爲侶？龐蘊於當下頓悟了懸疑。

以《中觀》的思想而言，諸法既眾緣所生，乃必跟萬法爲侶，哪可能不與萬法爲侶呢？所以，這一問乃開口即錯。

因此，石頭就把他的嘴巴堵住，不許他繼續胡言亂語；馬祖說：等到太陽西邊升起時，再跟你回答吧！

## 丁二 顯正義

### 不離於生死 而別有涅槃 實相義如是 云何有分別

**既不能離於受諸法，而別有涅槃。此即亦謂「不離於生死，而別有涅槃。」此中的「生死」，卻非指「分段生死」也，而是指「一切相法的流轉與變化。」**

最後結論是：「不離於生死，而別有涅槃；實相義如是，云何有分別？」其實這句話是有問題的。首先，「不離於生死，而別有涅槃。」諸法一向是不斷流轉變化的。故所謂的生死，卻非只是有情生命的生死。廣義的生死是指一切相法的流轉與變化，這個變化是不常也不斷地變化下去。所以，乃不離於變化中，而能證得涅槃。

一般講生死有兩種：分段生死跟變異生死。其實分段生死，也是變異生死，因為都在變異啊！這也就說：於三法印中，乃不離於「諸行無常」，而別有「寂靜涅槃」。

很多人在解釋「諸行無常」時，都能解釋得很好，但講到最後的「寂靜涅槃」就講不清楚。寂靜涅槃不是指相上的寂靜不動，而是指心境上的寂靜、能容。

**「實相義如是，云何有分別？」：其實「生死」與「涅槃」，既不能說異，也不能說一。既是「不離」，也是「不即」**。

生死跟涅槃其實是不即也不離。既不離生死，別有涅槃；但也不能說生死就是涅槃。你可以講不離、不異，但不能講是一！故大乘常謂「生死即涅槃」，這就犯了「一和即」的過失。若「生死即涅槃」，那你我和一切凡夫，豈非都已證得涅槃？但事實不然，因此涅槃還非生死爾！

云何爲生死：凡夫於「一切相法的流轉與變化」中，而見衝突、矛盾，而現有貪瞋、慢疑、得失、毀譽等諸多煩惱；云何爲涅槃：聖者於「一切相法的流轉與變化」中，而見相待、圓融，故不現貪瞋、慢疑、得失、毀譽等煩惱。

**生死，如水流中卻有漣漪、浪濤、漩渦、洄流等；涅槃，如水流無紋。水非不流，故對一切境界，既非不知不覺，也非不反應處理。無紋者，不見衝突、矛盾，不現貪瞋、慢疑、得失、毀譽等諸多煩惱。**

大家很清楚，釋迦牟尼成佛之後，不只得講經說法，還要處理很多僧團中的大小事件。祂既非不知道、也必須去處理。可是，心理上一直都保持非常的鎮定、安詳，包括提婆達多破和合僧的事件，也包括釋迦族被滅的事件。在處理的過程中，絕看不出祂有任何情緒的變化。

所以，涅槃雖一樣得面對世間的境界，但沒有衝突矛盾，也沒有貪瞋慢疑等煩惱。眞正的涅槃是屬於內證的寂靜，跟外境的變化沒有必然的關係。

如果能從諸法緣起、相依相待中去看諸事相，則衝突矛盾就可以減少到最低限度。

**【附論】**

很多人都說要「求解脫」，但仔細去想，這是有矛盾的。因爲既有所求，即有負擔。故於原始佛教有所謂三解脫門：就是空、無相、無願。故無願、無求，才能得到解脫。既有所求，就不能得到解脫；

但如果不求解脫，就解脫了嗎？也不能得到解脫！

那該怎麼辦呢？唯求「無所求」也。很多人都會說：當一切「無所求」；然既無所求，就不用學佛了嗎？非也。那爲什麼還要學呢？乃爲了求「無所求」也。有人就會再問：「爲什麼無所求，還要求呢？」

因爲，我們的想法、慣性都是跟「無所求」不相應的。所以要改變成「無所求」，還是得費一番功夫。要從聞、思的基礎修，再經精進的禪修，才有辦法把「有所求」的慣性慢慢調整成「無所求」的心態。所以，雖目標是「無所求」，但還是要努力求的，透過聞思修的過程，才能漸漸相應。

所謂相應，就是把有所求的習氣慢慢「內銷」。所以這「求」不是向外求要去證得什麼境界，而是要把原來不好的慣性慢慢消除，這才能隨緣調適而沒有罣礙。所以結論很簡單：修行是「內銷」，而非「外爍」。我以前講《阿含經》時，從頭到尾，重點只有兩個字：內銷。以內銷後，必自相應於「無所求」也；而既無所求，即得解脫矣！

# 25 觀顛倒品

**【章節大意】**

這品為「觀顛倒品」，首先說到「顛倒」的定義：「顛倒」與「無明」，在定義上是有些差異：如天未亮，見物不清楚故，為無明；或將繩子誤認為蛇，也是無明。故無明者，乃見不到「本來的相」也。

這品爲〈觀顛倒品〉。首先講到「顛倒」跟「無明」。佛經上很多時候「顛倒」跟「無明」是一起講的。但是，我覺得「顛倒」跟「無明」在定義上，其實是有些差異。

「無明」就像天還未亮，所以很多的相是看不清楚的，這就稱爲「無明」。同樣，有些小孩子還未長大成熟，所以有些事情懵懵懂懂，這也是「無明」。故「無明」就是看不清楚而已，還談不上執著。

第二種是看錯了。如將繩子看作蛇，這也是「無明」。總之，所謂「無明」就是見不到本來的相。

至於「顛倒」，不只見不到本來的相，而且執為完全相反的性質：如把小的當作大的、把假的當作眞的、把無當成有。要性質完全相反，才能稱為「顛倒」，如把繩子看作蛇，繩子跟蛇不能說是完全相反，所以還不算顛倒。

所以，「顛倒」是屬於「無明」，因為沒有看到本來的樣子。但「無明」不必是「顛倒」。因「無明」的範圍比較廣，故可包括「顛倒」。而「顛倒」的範圍比較窄，故「無明」者不一定是「顛倒」。

在原始佛教中，常說眾生有四種顛倒：常、樂、我、淨。意思是：把無常當作常、把苦當作樂、把無我當成有我、把不淨當作淨，這已完全相反故稱為顛倒。所以，當以觀四念處去對治：就是用觀身不淨、觀受是苦、觀心無常、觀法無我去對治四種顛倒。然於對治道中，似已又偏另一邊矣！

因如用《中觀》的思想去看，偏這邊是顛倒，偏那邊難道就不是顛倒嗎？雖執「常、樂、我、淨」是偏落於「有」邊。但如果倒過來，變成執「無常、苦、無我、不淨」而偏於「無」邊，難道就不算顛倒嗎？其實也是顛倒。

但佛教為何再三強調「四念處」呢？我的看法是：原始佛教雖倡言「無常、苦、空、無我、不淨」，但這是「遮詮」，而非「表詮」。遮詮就是否定，否定你認定的事相，但不說「無常」就是對的，更沒有講「斷滅」才是對的。很多人沒辦法把「遮詮」和「表詮」釐清楚，就很容易把否定句當作肯定句。

所以，雖強調無常，但不會變成斷滅，因為因果、業報還是相續不斷的；雖說苦諦，但肯定能證得解脫；雖「無我」，還是有生死輪迴、修道證滅的；所以，雖修「四念處」，卻不會落於偏「無」的那邊。這是就理論而言，它是遮詮，而非表詮。

其次，就修行而言，若偏這邊，則用另一邊去對治，到最後才能達到「中道不二」。所以，偏那邊是過程，是「矯枉過正」的過程。現在偏這一邊，不是直接拉到中間，而是要把它拉過去一點，讓它再彈回來，才會安於中間的。「矯枉過正」對某些人來講，是必須經歷的過程，而非最後的結果。最後的結果必跟「中道不二」相應也。

所以，原始佛教雖修「四念處」，其實是不會有問題的。

可是，一般眾生的習性，不是抓這邊，就是抓那邊。說常、樂、我、淨不對，他馬上又去抓另一邊，所以變成「灰身滅智、焦芽敗種」。

所以，論主得再苦口婆心地申述：不管落哪一邊，都是顛倒的。落「有」邊是顛倒，落「無」邊也是顛倒。自己已「倒」這邊，再菲薄他人「倒」那邊，也不過是「五十步笑百步」爾！

因此到最後，唯有證得「中道不二」，才能眞滅「顛倒」也！

如果能以「中道不二」而滅「顛倒」，則「根本無明」已破。無明有三：第一、根本無明；第二、枝末無明；第三、隨眠無明。

「根本無明」就是我見、自性見；「枝末無明」是由我見、自性見所產生的貪瞋慢疑等；「隨眠無明」就是第八識裡的種子，因還未現行，故稱之爲「隨眠」也，等到現起了，就變成第六識。

破「根本無明」後，則「枝末無明」、「隨眠無明」跟著就頹萎了。「根本無明」是根，根斷，枝末、花葉就跟著頹萎矣！於是，就算不求解脫，也必「法爾」趨向於解脫也。

從偈頌看，〈顛倒品〉的內容還蠻長的，但最後的宗旨：唯有證得「中道不二」，才是不顛倒。

## 【偈頌解說】

丙二　觀顛倒

丁一　遮破顛倒之生

戊一　觀煩惱不生

己一　敘執

**從憶想分別　生於貪恚癡　淨不淨顛倒　皆從衆緣生**

「從憶想分別」：「憶想分別」其實就是原始佛教所謂的「不正思惟」。以不正思惟故，就會產生很多的執著。這「憶」字，以我的看法若改作飄逸的「逸」，可能還貼切一點。這「逸」字，就是指兔子離開正道，而跑到邪路去了。離開正道後，要牠回到正軌，此即稱爲「迴向」也——回到正法的方向裡。

以憶想分別，就會產生貪恚癡。「淨不淨」主要是指境界的好壞、美醜。把好的、美的稱爲淨；把不好的、壞的、醜的稱爲不淨。因此，對美好的境界時，會起「貪愛」的念；在不好的、壞的、醜的境界，會起「瞋恨」之念；於不好不壞的境界，會起「無記」的念。這即是「生於貪恚癡」。

雖很多人還是習慣用貪瞋癡。用貪瞋癡配好、壞、不好不壞者。但我卻不用貪瞋癡去配對，因爲貪瞋其實也是癡，並不是在貪瞋之外另有癡也。事實上，是從癡裡，再起貪跟瞋的。故不好不壞的境界，用「無記」去配對是比較恰當的，以「無記」就是沒有什麼鮮明的感受。

「生於貪恚癡，淨不淨顚倒」偈頌裡並未明顯地說「顚倒」是什麼意思？大致來講，主要有兩種顚倒：第一、把外境當作眞實存在的。其實外境，本非客觀實有也；第二、若心隨著境界而產生貪瞋癡等，「心隨境轉」也是理所當然的。其實境界的美醜，跟貪瞋沒有必然的關係。

因好吃，不必得貪吃。有些人不敢說好不好吃，好像說了就不正思惟。其實好吃與否？是屬於境界上的判定，至於貪不貪吃才是個人的煩惱。故可以好吃，但不一定得貪吃；可知道境界是美妙，但不一定得貪愛。不把「心隨境轉」當作是理所當然的。

「皆從眾緣生」：其實單從這偈頌裡，還不能確認其所指的「眾緣」為何？

以上是論主，敘外人所說。這個偈頌不是龍樹菩薩說的，而是論主引用其他人的想法而說的。

己二　破執

庚一　無性門

若因淨不淨　顚倒生三毒　三毒即無性　故煩惱無實

「若因淨不淨，顚倒生三毒；三毒即無性，故煩惱無實。」論主首先破除前說的第二種顚倒——「心隨境轉」的顚倒。

一般人以為「心隨境轉」是理所當然的。但事實上，若因「心隨境轉」而起貪瞋癡，這貪瞋癡即為「無自性」。

以無自性故，一切煩惱皆是非實有的，這是破「枝末無明」。

庚二　無主門

辛一　無自我即無所屬

我法有與無　是事終不成　無我諸煩惱　有無亦不成
誰有此煩惱　是即為不成　若離是而有　煩惱則無屬

接下來的「無主門」，即為破「根本無明」，乃講貪瞋癡是沒有所屬的。

「我法有與無，是事終不成，無我諸煩惱，有無亦不成；誰有此煩惱，是即為不成，若離是而有，煩惱則無屬。」這個偈頌蠻長的，但意思沒有那麼複雜。

一般人都把煩惱當做「我所」，有「我」才有「我所」。但在諸法實相中，「我」其實是不可得的。

既「我」不可得，當然「我所」也就不可得了。以煩惱是繫屬於我，既然沒有我，這煩惱則為無屬——沒有主了，不屬於誰的煩惱。

**於是就算有「煩惱」相，以無繫屬故；何必急著去斷除它呢？**

這一段話是我補上去的。很多人都認爲煩惱是我的，所以對煩惱就很緊張、很排斥。現若煩惱不是我的，就讓它去煩惱，也無所謂啊！

**「雲飛山恆靜，鳥鳴谷更幽」，不隨雲飛鳥鳴而躁動，即自寂靜涅槃矣！**

這句子也是我補的。雲在飛，可是山不會動的，鳥雖在叫，但在叫的當下，反可襯托出我心的幽寂。爲什麼呢？叫的是所聽到的，不叫的是能聽到的；能聽到者是不會動的，故所聽者有變化，反而才能襯托出這不變的心性。

這是講得較遠。其實，在聽的當下，如果不被境轉，是可以感覺到更幽寂的心。

## 辛二　無垢心即無所屬

**如身見五種　求之不可得　煩惱於垢心　五求亦不得**

「如身見五種，求之不可得；煩惱於垢心，五求亦不得。」有的人又把煩惱當作「心所」。有「心所」，就必須有「心王」。在唯識學上就名爲「心王」與「心所」。

而這邊不講「心王」而是用「垢心」。因爲《中觀》在前，唯識在後，所以，不會用「心王」的名相。要先有「垢心」，才有「心所」。

但「垢心」者，就如「身見」也是用「五求」而不可得。既五求也得不到「垢心」的實有性，則「垢心」乃非實有也。「垢心」既非實有，煩惱也就沒有所屬了。

庚三　無因門

淨不淨顛倒　是則無自性　云何因此二　而生諸煩惱

「淨不淨顛倒，是則無自性；云何因此二，而生諸煩惱？」其意乃是：云何而生「實有」的煩惱？諸法沒有自性，這從《中觀》來講是非常明確的。故不管「境相」還是「顛倒」，都是沒有自性的。雖不可能因爲沒有自性就不生煩惱——眾生還是有煩惱的。但至少是不可能生「實有」的煩惱，是不可能生「自性」的煩惱，這是非常明確的。**非不能生煩惱，而是不能生「實有」的煩惱。也還好，不能生「實有」的煩惱，否則，就不能斷除矣！**

從前面講到這裡，結論是：煩惱與顛倒皆是無自性、非實有的。

己三　轉救

色聲香味觸　及法爲六種　如是之六種　是三毒根本

科判的「轉救」，是指外人被論主拆破了，故重新申論。「色、聲、香、味、觸、法」這六種是三毒的根本。

他把六種境界當作是眞實存在的，因此從這所產生的三毒，也就跟著眞實存在了。

己四　破救

庚一　正破

辛一　境空門

色聲香味觸　及法體六種　皆空如燄夢　如乾闥婆城
如是六種中　何有淨不淨　猶如幻化人　亦如鏡中像

再來，就是要破第一種顛倒——見外界實有的顛倒。但論主並不是用論破的方式，而是直接道「色聲香味觸，及法體六種，皆空如燄夢，如乾闥婆城。」

這六種境界本質上就是緣起、空無自性的，故如「夢」、如「幻化人」、如「陽燄」、如「乾闥婆城」、亦如「鏡中像」。反正不管用什麼比喻，結論都一樣——它唯幻相爾，哪是眞實存有的呢？「如是六種中，何有淨不淨？」既都是幻相，哪可能從幻相裡產生實有的美醜、顛倒和煩惱呢？

辛二　相待門

不因於淨相　則無有不淨　因淨有不淨　是故無不淨
不因於不淨　則亦無有淨　因不淨有淨　是故無有淨

**甚至你所謂的「淨不淨相」，也是相待而有的。**

若非相待於淨相，則無有「不淨相」。因此這「不淨相」，哪可能是「本有、眞實」的呢？同理，若非相待於不淨相，則無有「淨相」。因此這「淨相」，也非「本有、眞實」的！

所以，不管淨與不淨，都是相待而有而無自性的。無自性，即非眞實不變者；這是破外境有眞實不變的淨跟不淨。

### 庚二 結成

若無有淨者　由何而有貪　若無有不淨　何由而有恚

既外界本來就是虛幻的，緣外界而產生的貪瞋，當然也是虛幻的。如果是虛幻的，就不用跟著它跑、不用被它套牢。

「由何而有貪？何由而有恚？」並非永遠都不會產生貪瞋，而是不能夠產生「眞實」的貪瞋。既知道它是虛幻的，那貪瞋也就斷根而慢慢淡化掉了，以上是觀「煩惱非實」。

## 戊二 觀顛倒不成

### 己一 空寂門

於無常著常　是則名顛倒　空中無有常　何處有常倒
若於無常中　著無常非倒　空中無無常　何有非顛倒
可著著者著　及所用著法　是皆寂滅相　云何而有著
若無有著法　言邪是顛倒　言正不顛倒　誰有如是事

在解說「觀顛倒不成」前，得再重述「顛倒」的定義：如於晚間，將繩子誤認爲蛇，這僅能說是「錯認」，還不算「顛倒」。何以故？繩子與蛇，性質非「全相反」故。其次，若將小當作大，將假當作眞，將無當作有，則爲「顛倒」矣！何以故？大小、眞假、有無，性質「全相反」也。

「於無常著常，是則名顛倒。」因此若於「諸行無常」中，卻執著「常」見，這便屬「顛倒」矣！在原始佛教中，都這麼說！

「空中無有常，何處有常倒？」然既一切法性空，則何能有眞實的「常」法可執著，而成爲「倒」呢？

**「執不實的常，以爲實」，這才稱爲「倒」嘛！**

「若於無常中，著無常非倒。」一般人皆以爲：執「常」爲倒，觀「無常」則屬「正觀」。

「空中無無常，何有非顛倒？」：既諸法性空，不常亦不斷。因此，執「常」是落一邊，執「無常」

也落另一邊；故「著無常」，云何能為「正觀」呢？

在偈頌裡，已把「無常」跟「斷滅」當作是同義的。於原始佛教中講「諸行無常」時，是將「無常」當遮詮而非表詮。若變成肯定句的表詮，即謂諸法是斷滅的，故又已落於另一邊也。

在「常、樂、我、淨」中，先以「常」作例子說明，「樂、我、淨」也是一樣，不管偏哪一邊，其實都是顛倒。

**「可著著者著」：以上所說「顛倒」，乃從「著」而有也！故再觀「著」者為何？「著」者，亦「三輪體空」也。即「能著的我」、「所著的對象」和「染著其間，交織不斷」的識，皆緣起無自性爾！**

「可著著者著，及所用著法，是皆寂滅相，云何而有著？」若顛倒是因為「執著」而有，我們進一步看「執著」從何而有？

執著可分作三輪：可著、著者、著。能著的即「著者」，被著的稱「可著」，兩輪結合而有識為「著」也。以《中觀》而言，當然是三輪體空也。

**「及所用著法」：一般皆謂為「三輪」，或再加上六根。故此「所用著法」，殆指六根也。這也就說：由末那識推動，而有六根執取六塵，故產生六識之染著。**

但為何偈頌後，再補上「及所用著法」呢？印順法師的解釋：「所用著法」乃再加上六根也。那原來的「著者」，就不是根而是「我」也。這也就說，由末那識推動而有六根去執取六塵，故產生六識之執著。末那識是「著者」，六根是「所用著法」，六塵是「可著」，故產生六識之執「著」。

「是皆寂滅相」：以上四者，乃皆「寂滅性和幻化相」也。相者，只可說幻化，而不能說「寂滅」！

何以故？云何謂爲「寂滅」呢？乃爲緣起「無自性」故，謂爲「寂滅」；故「寂滅」者，當是「性」而非「相」也。

這四者「是皆寂滅相」。各位要注意，我不是說「寂滅相」，因爲寂滅是性而不是相。過去的書裡，對性跟相未曾作明確、精準的定位，故有時候把相說成性，有時候把性說成相。但我的講法，相就是相，性就是性，不能混淆。

如果說到「寂滅」一定是性，因爲性空，所以寂滅。而相本身一定是不斷流轉變化的；流轉變化的只能說是幻化相。而在流轉變化的當下，即是空寂性也。

因爲空寂性，所以說爲寂滅性。不能說是寂滅相，寂滅相就不動了！於寂滅性中，隨緣示現有幻化相。

「云何而有著？」既是幻化相，則何曾有「眞實的著」可得呢？

「若無有著法，言邪是顚倒，言正不顚倒；誰有如是事？」：既「著」是如幻、如化的；故隨之而有的「執一邊」，也都是如幻、如化的！

己二　已末門

有倒不生倒　無倒不生倒　倒者不生倒　不倒亦不倒

若於顛倒時　亦不生顛倒　汝可自觀察　誰生於顛倒
諸顛倒不生　云何有此義　無有顛倒故　何有顛倒者

這印順法師把它判成「已未門」，意思如〈觀去來品〉的「已未門」裡所講，「已去者不去，未去者不去，正去者不去。」乃都不去也。

「有倒不生倒，無倒不生倒」：已經倒的法，就不會再生倒。沒有倒的法，當也不會再生倒。這如「已去者不去，未去者不去」一般。

但我覺得這兩個的意思不一樣。「已去者不去」，「去」是動作，「去」是動詞；而顛倒的「倒」其實是形容詞。如本來就是笨的人，還會繼續笨的。所以「已倒者不生倒」，雖可不再生倒，但仍繼續倒也。

如謂「倒」法爲動詞，則顛倒爲有始而非無始也。

「倒者不生倒，不倒亦不倒。」：同理，已倒者雖不再生倒，卻已是「倒者」矣！

「汝可自觀察，誰生於顛倒？」汝可仔細審思：到底是誰？或竟於何時？而起顛倒的。

前面雖說：不會再生顛倒，即已承認本來就是顛倒的。這本來就是顛倒，不是我說的而是佛教一向都這麼說：「眾生乃無始無明」。無始無明故從來就是顛倒的，而非什麼時候才開始起顛倒的。

下面有人就回答，「諸顛倒不生」。

「諸顛倒不生，云何有此義？」這有兩種解釋，而我的解釋比較傾向於「諸顛倒不生」是外人的回答。意思是：因爲本來就顛倒，故不用問「何時生？云何生？」的問題。

以下解析一般人講的生跟滅：不生就是不滅。不生是否就不滅了呢？如果不生就不滅，那顛倒就永遠不能去除，這對我們來講是蠻嚴重的問題。

事實上，世間的假名對於生滅，乃有不同的定義。於世間的假名可以說滅：眾生的「無明」雖是無始的，但可以聞、思、修而去滅除眾生的無明。同理，顛倒也是可以通過聞、思、修而去滅除的。所以，不至因不生就永不滅的。

於後面也是講「如是顛倒滅，無明則亦滅。」顛倒是可以滅的。

故雖非「前無今有」的生，也非「前後一相」的「常」。如果把不生當作常見，就不能變了；如果是常，顛倒就不可能消了。還好它不是常，故可以消除。

「無有顛倒故，何有顛倒者？」∴從以上顛倒，非「常、一」相故；知顛倒必屬「非實有」、「無自性」者也！

於是乎，既所執的顛倒，爲「非實有」者。當能執顛倒者，亦非「實有」也。

己三　有無門

若我常樂淨　而是實有者　是常樂我淨　則非是顛倒
若我常樂淨　而實無有者　無常苦不淨　是則亦應無

若「常、樂、我、淨」是實有者，則執「常、樂、我、淨」即非顛倒也。當然一般人認為「常、樂、我、淨」不是實有的，這就不用講了。

若「常、樂、我、淨」是實無的，則「無常、苦、無我、不淨」亦應無。意思是：有正才有倒，有倒才有正。如果把「常、樂、我、淨」當作倒，那正的乃「無常、苦、無我、不淨」。

於是如果倒邊的「常、樂、我、淨」是實無的，這正邊也應變成實無。有的話，兩邊都有；無的話，兩邊都無。

這是破，某些人執那邊為倒，執這邊為正。其實，若無，即兩邊都無；要有，即兩邊都有。其實這個問題，我還是要說：於原始佛教裡所講的「無常、苦、無我、不淨」，是表詮而非遮詮。不能把否定句當作肯定句來解碼，否則就會產生另一邊的執著。又如前言所說：就算它本質上也是偏一邊，而偏一邊是為了得到「矯枉過正」的效果。所以，只算是過程，而非究竟的結論。

丁二 結成煩惱之滅

戊一 正顯

如是顛倒滅　無明則亦滅　以無明滅故　諸行等亦滅

「如是顛倒滅，無明則亦滅，以無明滅故，諸行等亦滅。」〈觀顛倒品〉寫到這個地方其實有點奇怪。因為，前面一直再三的論述顛倒不成，到最後卻突然有「如是顛倒滅，無明則亦滅。」的結論！怎麼來滅顛倒？卻沒有講得很清楚。

依我個人來看，顛倒其實有幾個層次：第一、即原始佛教講的，眾生執「常、樂、我、淨」，這很明確是屬於顛倒，而且是偏於「有」邊的顛倒。第二、有的人不執「有」邊，卻執「無」邊——執生命的本質爲「無常、苦、無我、不淨」這其實也是顛倒。第三、把顛倒當作實有自性者，這是更嚴重的顛倒。

因此，要如何才能滅除顛倒呢？首先要滅除「自性、實有」的顛倒。要從緣起裡，觀一切法都是空、無自性的；然後能破第一、第二之顛倒。

所以，不是用「無常、苦、無我、不淨」取代「常、樂、我、淨」就是不顛倒，因爲這還落入另一邊去了。故到最後，用「中道不二」才能眞正滅除一切顛倒——既滅除實有、絕無的顛倒，也滅除掉落任一邊的顛倒。

「以無明滅故，諸行等亦滅。」若得滅除「顛倒」，即得析破「根本無明」。前面說到：「根本無明」主要是我見跟自性見。「枝末無明」是因我見跟自性見而產生的貪瞋慢疑。以此而熏習到第八識的種子，就是「隨眠無明」。

因爲「根本無明」破了，那「枝末無明」和「隨眠無明」也就慢慢枯萎，到最後能掃盡一切無明，無明盡則不再「行」。如原始佛教裡都講無明緣行、行緣識；故無明滅，當然行也滅。

但事實上，行是不能滅的。因爲對境，其實還是要作抉擇的，所以到最後是「非行、非不行」，這在大乘佛法上乃稱爲「無功用行」。無功用行雖不用意識去分別、抉擇，但還必往自覺覺他、理事無礙的方向去前行。

戊二 遮成

若煩惱性實　而有所屬者　云何當可斷　誰能斷其性
若煩惱虛妄　無性無屬者　云何當可斷　誰能斷無性

最後，如果煩惱是實在的，而且又有所屬，當然就不能斷了；還好它不是實在的、也不是有所屬的，所以我們還能去斷它。

若煩惱是純虛妄的，純虛妄就是絕無的，那就沒有斷、不斷的問題。

最後，很多人不知道它的重點是什麼？難道就不用學佛修行了嗎？

【附論】

最後的結論：煩惱既非實有，亦非絕無，對我們修行有何意義呢？我覺得這才是重點：要如何用在我們的修行上？

首先，煩惱既非實有，則不必與之「對抗」，也不必「壓抑」。很多人把煩惱當作敵人，便跟它對抗。你越跟它對抗，煩惱也就越大。想對抗又對抗不了時，煩惱就更大了。有的人用壓抑，將煩惱壓抑在心頭裡，過一段時間壓抑不了，就爆發矣！既然煩惱不是實有的，即不用「對抗」、也不用「壓抑」！

**或問：既不與之「對抗」，也不「壓抑」，那就任其擺佈了嗎？**

**答云：既從緣起，悟一切性空；則了知一切境界，不過如夢、如幻爾。既如夢、如幻，則誰還肯爲之起「貪、瞋」呢？**

我們的處理方式是直接對治根本。如果了解一切法是緣起、是性空、是如夢、如幻的，那誰還會對如夢如幻的境界起煩惱呢？

因爲我們把它當作眞實的：不只境界是眞實的、我也是眞實的，才會起貪跟瞋。如果悟得我本身也是虛幻的，今天愛他愛得要死，你想三年之後，還會愛他愛得要死嗎？才怪呢！十年後，可能看都看不上眼了！

如果了解到「我」本身也是無常變化的，對境界的反應就不會這麼強烈：想到三年、五年之後，我也可能不存在了，則現在就沒什麼好執著的。這樣，貪瞋的境界對我們的逼迫性就越來越低。這才是從根下手，不要把它當作實有的，貪瞋自然就會淡化掉。

所以，雖不與之對抗，也必不壓抑。因爲，對抗和壓抑乃爲把它當作實有的。若把它當假的，你就不會再執著。這是從根內銷，雖不求離，其自漸離；雖不急斷，其會漸斷。

事實上，漸斷，才能斷得徹底；如果急斷，常春風吹又生，過一段時間又冒出來了。

最後，我再補上這句話：大乘所謂的「不斷煩惱」意在此也。既非跟煩惱對抗，也不要壓抑，而是從根去斷。悟「一切法空」就能從根去斷。

很多人把「不斷煩惱」解釋成：爲了「留惑潤生」，爲了渡眾生故，不要把煩惱斷盡。如果已經悟到一切法是空，則還有什麼惑可留的呢？那才怪哩！

恐怕想留也留不住吧！所以，「不斷煩惱」意思是要從根本去著手，悟一切法空，就能斷根；根斷，一切惑自然就慢慢內銷了，不可能留惑的。

但是雖不留惑，還是可以潤生的。何以故？諸法本來就是不常不斷的，生命也必無始無終也。

〈觀顛倒品〉最後的結論其實是蠻單純的：第一、從了解一切法空去斷煩惱、顛倒；第二、落入任何一邊，都是顛倒。

# 26 觀如來品

何謂「如來」？這可從兩方面來說：一就「法」而言，一就「人」而言。

【章節大意】

從「縛解品」、「顚倒品」到「如來品」和「涅槃品」都是講最後所證的境界。不過，《中論》還是偏講觀念，奢言證量。

一般人講「如來」時，多是就人而言：有一位證道者，被稱爲如來。事實上，眞正的如來乃是就所證的境界而言，因爲證得如來境界，所以被稱爲如來。這情況就像因在那棵樹下頓悟成佛的，所以那棵樹就被稱爲菩提樹。

因此，要講「如來」，首要從法上去講。首先，我們把「如」跟「來」分開。如者，就是眞，所以說是「眞如」；或如者，就是實，所以說爲「如實」。

其次，如者，又是不動義，所以說成「如如不動」。因此，再把「不動」和「眞實」加起來，就是指「不動」的「實性」。爲什麼是「性」呢？

因能爲實者，一定是「性」而非「相」，相必都是流轉、幻化的。尤其能不動的，一定是性而非相也。因此，如來的「如」，解釋到最後乃就是「性」爾！

再來講「來」就很清楚。有來，一定有去。去來本就是相待的，故去來其實是指變化的相，一定是指相，因爲相才會有變化。以一直在變化故，稱爲幻相也。因此「來」，解釋到最後乃就是「相」爾！

於是，把「如、來」兩個字統合起來，即是指性相也。性相不二、性相圓融，即稱爲如來。再講清楚一點，於如如不動的「法性」中，而能示現有一切去來變化的幻相，這是從法性講到法相。反過來說，必在一切去來變化的幻相中，才能凸顯、襯托出這如如不動的法性。

事實上，眾生必由相裡才能去覺悟到法性的。這如如不動的法性，當然可有很多的詮釋。但就《中觀》而言，這如如不動的「法性」，很明確是指「空性」，因爲諸法都是從因緣所生，既從眾緣生，就一定是「無自性」的。

至於相者，乃指一切變化的幻相。可包括兩種：第一是「眾緣所生的相用」，因爲有不同的相，所以得成不同的用；第二，在不同的相用中，建立其「假名」。世間法是離不開假名的，因此假名和相用，就稱之爲「來」。

因此，以法來論「如來」，就是指「性相不二」、「性相圓融」。事實上，一切法本來就是性相不二、性相圓融的。既諸法皆不離「性相」兩門，故都是「如來」所示現的。一切法都是如來，這從法的性相而言，應該是很明確的，以上乃就「法」而論。

其次，再就「人」而論。就「人」而言，卻不能說：一切眾生皆是「如來」。為什麼？云何在佛法上常說眾生顛倒？而不說一切法顛倒？法本身沒有顛倒或不顛倒的差別，但有些眾生卻跟剛才所講的「如來」是不相應的。雖性相不二、性相圓融，乃法爾如是，不管有佛、無佛皆然。

但眾生之中，大部分人都是「日用而不知」，不是不用，而是不能不用；因我們每天所面對的境界，哪出「性相」之外呢？雖每天都在用，但都不能覺悟到性相的道理。甚至不只是不知不覺，根本就是惑亂、顛倒。

云何惑亂顛倒呢？剛才講「如」者，就是「性空」。但眾生剛好相反，常把外在的幻相，當做實有的，以空為實，這是第一種顛倒。

諸法在緣起之中，本來就是不可能有我的。可是，眾生卻在無我之中，橫生我見、增長我愛、我慢，這是第二種顛倒。

在湛然法界中，本來都是清淨、無限的，但眾生卻從無始以來，即糾纏著貪瞋慢疑等，這是第三種顛倒。

所以，眾生就是眾生，而不會是如來。因為不只不知不覺，甚至是惑亂顛倒！於是枉自委曲、徒困愁城；一向在三界中流轉、生死，甚至想要出離、想要解脫而不可得。

在眾生之中能夠無師自覺者，能夠自行覺悟到如來之理者，其實比鳳毛麟角還稀罕。在人類的歷史上，公認只有釋迦牟尼佛是無師自覺的。能無師自覺者，即被稱為「辟支佛」，「辟支佛」就是獨覺的意思。

但後期的佛法，對辟支佛的描述是偏差、錯誤的，說辟支佛只能獨覺，而不曾說法、度眾生。如釋迦牟尼佛眞不說法、眞不度眾生，佛法哪可能流傳到現在呢？所以，無師自覺跟不弘法、不度眾生是沒有必然的關係！至少，釋迦牟尼佛是因爲對眾生的生老病死產生悲憫，發願出離而去求覺。覺悟之後，即開始弘法度眾，故佛法才能流傳到今天；這是第一種，稱爲「辟支佛」。

第二種，雖不能自覺，猶能追隨善知識，從聞思修而得覺者，即被稱爲「聲聞眾」。追隨善知識，善知識就是指辟支佛或已經覺悟的人。後知後覺一定要追隨先知先覺，才有機會覺悟！這種跟隨善知識而修學的，就被稱爲「聲聞眾」。

故「聲聞眾」本質上並非「小乘」的意思。講白一點，菩薩眾也是從跟隨佛而聽聞佛法才去行菩薩道的。所以，菩薩道也應包含在「聲聞乘」裡，因爲，若非無師自覺，便是聲聞眾也！

辟支佛雖是無師自覺，聲聞眾得從聞法而慢慢覺悟。但其所覺悟到的道理卻都是一樣——「如來之理」。這「如來之理」本法爾如是，無所不在。

以上是第一種如來——「如來之理」！其次，才是「如來之心」。

從覺悟後而能內銷「惑亂顚倒」，所以能成就「如來之心」。一切法本因緣起故空；諸法本來就是無我的，所以得回歸到本來無我——無我見、我慢。因此能內銷貪瞋慢疑等，以此而能跟「如來之心」相應。

如者，不動，即不起情緒；來者，對境能夠覺知並作反應。所以，秉不動的心而能對外界作覺知跟反應，就稱爲如來的心。所以，於覺知、反應的當下，其心恆寂，三輪體空。

其心恆寂，既非作意，也非無記。能所雙泯、前後際斷，這就稱爲「如來之心」。

從眞如系統講「如」，乃是「心性」；「來」則是「心相」，這是講到心性與心相的問題。但《中觀》的系統還是偏向於空性與緣起，故能從覺悟如來之理，以修證得如來之心，「如來的心」或被稱爲「寂靜涅槃」。

然「寂靜涅槃」還是偏從「如」字而講的；因爲於如如不動心的當下，卻又是「妙用無窮」的，妙用是指相用。

云何原始佛教偏講「寂靜涅槃」？因爲這乃跟解脫相應。至於大乘佛教則偏強調「妙用無窮」，因爲跟弘法、度眾是有相關的；在大乘裡的「妙用無窮」，或名之爲「無功用行」，或稱之爲「千百億化身」。其實，都是在同種證量裡，而顯現出不同的相用爾！

因此，我常說：「寂靜涅槃」和「無功用行」是一體的兩面，還有「不受後有」與「千百億化身」也是一體的兩面。

因爲，只是隨著眾生的緣而示現，示現當下亦三輪體空也。這也就是從「如來之心」而示現有「無功用行」與「千百億化身」也。

最後，「如來之心」以本無自性故，至小無內。如果眞了解緣起法，剝捨到最內，一定是空的。我過去常用一種比喻：修行就像剝芭蕉一樣，剝到最後就什麼都不存在了。外國人亦謂：如剝洋蔥一樣，至內無核也。

但向內剝捨是一面，向外延展即成無限。既一切法都是相關互動的，乃本無界限也。故向外延展，即成無限的法身！

我們有沒有法身呢？其實每個人都有其法身，因爲緣起本來就是無限的。但是，一般眾生因我見而自我設限，故橫生隔絕。但是，你的法身跟我的法身是一樣的嗎？既不能說一，也不能說異。

這是從如來之理，到如來之心，到如來之身行。如來之身，就是法身；如來之行，就是無功用行。**以上，乃就「人」而論：如來之心，即無功用心；如來之行，即無功用行；如來之身，即光明遍照的法身。**

最後，我們從法再說到「人」。能夠證得如來之理，就被稱爲如來。所以，不是只有釋迦牟尼佛才是如來。能證得涅槃境界，即跟如來相應也。所以，在原始佛教中，認爲阿羅漢所證得的境界跟佛陀所證的境界是類同的。只是釋迦牟尼佛是先知先覺，而聲聞眾是後知後覺爾！所以釋迦牟尼獨被稱爲佛，而其他則稱爲羅漢而已。

然就「相用」而言，還是會有差別的。大家都知道，釋迦牟尼佛有十大弟子，雖都證得阿羅漢果，可是有的是神通第一、有的是天眼第一、有的是智慧第一。爲什麼有差別呢？緣不一樣嘛！從過去無始劫以來，因緣就是不一樣。不一樣的因緣，即示現出不同的相用也。

其實，這幾個層次的講法，在我已出版的《中觀論頌直了》裡已說明得很清楚了。大家如果有興趣，回去看一看就可以了。

如果以論頌來講，這一品的論頌其實很簡單。因爲，在偈頌裡還是再論如來是無自性、非實有的。所以，方式和〈觀本住品〉、〈觀法品〉乃很相似。因此，研習偈頌還不如看這章節大意還明瞭些。

## 【偈頌解說】

丙三　觀如來
丁一　破有性妄執
戊一　別觀受者空
己一　五求破

非陰非離陰　此彼不相在　如來不有陰　何處有如來

**很多人用外道「神我」的觀念，來比擬「如來」。現在且來考察，是否如此？**

首先，我們看印順法師的科判。第一是：「破有性妄執」，有性妄執的「有」乃執其爲「實有」的妄執，即把如來當作是實有的。很多人都是用「神我」的觀念來看如來。「神我」就是過去、現在、未來內在有個不變的主宰。若外道的「神我」代換爲「如來」，只是換個名字，仍不離神我的觀念，乃必與《中觀》的主旨大意相違背，因爲它還是從自性見、從實有的觀念來看如來的。

因此，龍樹菩薩用「五求門」來破。「五求門」前面已講過很多次了，最典型的是：「即陰」與「離陰」。

### 一、非陰：

不能說「五陰」就是「如來」。我們知道，五陰是有生滅變化的。但一般人所認定的如來，是不可以有生滅變化的。所以，如來當不在五陰之中。

**二、非離陰：**

也不能說離開了五陰，另外有如來。如果離開五陰，另外有如來的話，那從何去找如來呢？因一般人所看到的，還只是五陰相啊！如果離開五陰，別有如來，那如來就成爲懸空的妄想，甚至就只有一個名字，而不知道如來是什麼東西。所以，也不能說如來是離陰存在的。

**三、如來不在五陰中：**

偈頌爲「此彼不相在」。意思是：如來既不在五陰中，五陰也不在如來中，這稱爲「不相在」。故第三是「如來不在五陰中」，若認爲如來是實有的，而五陰是幻化相，則實有者哪可能寄存在幻化相裡呢？故如來不在五陰中。

**四、五陰不在如來中：**

反過來，五陰不在如來中也是一樣。將虛幻的寄託在實有中，這也是不可能的。

**五、五陰也不附屬於如來：**

云何非附屬？相屬者有兩個別體；就像主人與僕人，雖僕人必追隨著主人，而稱爲附屬。但至少他們是兩個別體，而云何可謂：如來跟五陰是兩個別體？

以上「五求門」，亦可說是：非即陰，非離陰，不相屬，不相在。

因此，從「五求門」去考察，自性實有的如來皆不可得也。

己二　一異破

庚一　破陰合有如來

陰合有如來　則無有自性　若無有自性　云何因他有
法若因他生　是即非有我　若法非我者　云何是如來
若無有自性　云何有他性　離自性他性　何名爲如來

再從「自性」來論如來：

「陰合有如來，則無有自性」其次，再以「一」跟「異」破。「破陰合有如來」，陰就是五陰——色受想行識，若在色受想行識「和合」的當下而有如來，則既從眾緣和合所生之法，當是無有自性的。

「若無有自性，云何因他有？」既是眾緣和合的無自性，即不可能因他而變成實有。因爲，既無自性，即不可能變成實有的。

「法若因他生，是即非有我，若法非我者，云何是如來？」若法乃從他所生，一定是無主宰性的。因爲，既是被動的，云何能有主宰性呢？

傳統上，所謂「我」是指既孤立、又能主宰也！而既從他所生，即一定不能主宰啊！既不能主宰，所以當是「無我」；既「無我」，何得成「如來」呢？

一般人都是把「我」跟「如來」當作不變的實有。既從因緣所生，就無我、無如來也。

「若無有自性，云何有他性？離自性他性，何名爲如來？」這種論證到此大家都已很熟悉了。有自性，才有他性！以甲有自性，乙有自性，乙的自性才能對甲稱爲他性。現既甲跟乙都沒有自性，那也就沒有他性了。

於自性中沒有如來，於他性中也不可能有如來，於是，除離自性、他性外更可能有如來嗎？也不可能！

總之，在五陰之中再怎麼計算都不可能有眞實、自性的如來，也就是不可能有神我的如來。

這科判我已改成「陰合有如來」，讓一般人比較容易了解。

庚二　破先有如來者

若不因五陰　先有如來者　以今受陰故　則說爲如來
今實不受陰　更無如來法　若以不受無　今當云何受
若其未有受　所受不名受　無有無受法　而名爲如來

再來是「破先有如來者」。有的人就說：我的看法，乃非於五陰和合的當下才有如來，而是如來本就先存在的。

「若不因五陰，先有如來者」：先有如來，然後再受五陰；這就像很多世間人的觀念，認爲先有靈魂再去投胎。靈魂是不變的，投胎入生死則是變化相也。先有如來，才去受陰；受陰之後，才示現成眞正的如來。

「以今受陰故，則說爲如來」：受陰，受什麼陰呢？受「色受想行識」之五陰。受陰之後，才能顯現出如來的眞實相。然既先有如來，再加上受陰，爲什麼還是如來呢？

這就如把如來稱爲A，受陰稱爲B，則A＋B還等於A嗎？不可能仍等於A！這種加法就算是小學生也知道是有問題的。可是，很多人卻仍執迷不悟哩！

「今實不受陰，更無如來法」：你說先有如來，這要怎麼證明呢？其實是沒辦法證明的。這就像〈觀本住品〉所言，未有六根之前，憑何去了別有本住的存在呢？既無六根，即不可了別矣！

同理，若陰合之前就有如來，也是沒辦法證明其有的。因此，這便是無稽之言。

若把如來當作是實有的，但五陰是虛妄的，云何實能受虛呢？因爲實跟虛的界限是沒辦法打通的。姑且說能受，也只是混合，而不會是化合！

「若以不受無，今當云何受？」如果未受陰前，即非有如來。則今又憑什麼去受五陰呢？

「若其未有受，所受不名受。」若把五陰當所受，則如來是能受。能受與所受乃相待而成。既先前無所受，亦即無能受。

既先無能受，云何還能受「所受」。如無身者，憑何穿衣呢？

「無有無受法，而名為如來」，結論：既非先有如來，更非再受五陰。「陰合前即有如來」的邪見，至此可以休矣！

己三　結

**若於一異中　如來不可得　五種求亦無　云何受中有**

前面用「五求門」去看如來，已了不可得。然後再用「一與異」去看如來，亦不可得。在陰合當下，如來既不可得；在陰合之前，如來亦不可得。怎麼看、怎麼算，都是不可得。云何還說「受中」有如來的實性呢？

戊二　別觀所受空

**又所受五陰　不從自性有　若無自性者　云何有他性**

**甚至所受的五陰，也是從衆緣和合而有的，故非「自性有」。既「自性有」不可得，又云何觀待另者，而稱為「他性」呢？**

「又所受五陰，不從自性有，若無自性者，云何有他性？」這種講法跟前面也差不多，就是既無自性，當然也就沒有他性了。五陰是眾緣所生法，所以當非有自性。於是因「自性有」不可得，就不可能觀待另者而成為「他性」。自性不可得，他性不可得，能受、所受皆是空也。

戊三　結觀如來空

以如是義故　受空受者空　云何當以空　而說空如來

「以如是義故，受空受者空」從學《中觀》到現在，都很明確地說：一切法以緣起故，都是性空的——不管是能受、還是所受，也都是空。受空是指所受的五陰是性空的；受者空是指能受的如來也是空無自性的。

雖一般人的觀念還將偏說：如來是實有的。然既一切都是緣起的，當然就「能所皆空」了，哪還「實有如來」呢？

這是要破「實有見」的執著。從學《中觀》到現在，這應已非常明確了，何需要再用這麼多偈頌，才能表明呢？

丁二　顯性空真義

戊一　世諦假名

空則不可說　非空不可說　共不共叵說　但以假名說

「空則不可說，非空不可說，共不共叵說，但以假名說。」講到究竟處，很多人都強調佛法是不可說的。我倒不認爲佛法是不可說的，如果不可說，那釋迦牟尼佛四十九年來，到底在說什麼呢？難道不是在說佛法嗎？

「空則不可說」：「相」是不可說的，但「性」則可以說也——既緣起，就必性空！這用邏輯思考是很容易確認的。

然空相是不可說的，以無定相故，再怎麼說總是說不盡的。不是什麼都不能說，而是說也說不盡啊！

「非空不可說」：非空，即實有的意思。爲何又不可說呢？以世間本非實有故，云何可說？譬如本無第二頭，如何說其長短、黑白呢？

「共不共叵說」：亦空、亦不空、非空、非不空，更沒什麼可說的！

「但以假名說」我覺得這句話才是最重要的。依我們看來，釋迦牟尼有沒有說法呢？說了四十幾年、三藏十二部經共那麼多，難道不是在說嗎？但是，卻以「假名」而說，佛不得不利用世間的假名來說。假名是爲了顯示諸法的眞實義、爲了覺悟諸法的性空，所以還是要說。藉假襯實、藉相顯性，所以還是要說。

這就像《楞嚴經》講的比喻：以指見月。雖再怎麼講都是指頭，但若無指頭云何見到月亮呢？且這月亮還不只是道理而已，而是指所證的境界。若只是講道理，我們猶可去揣摩。但如果自己沒有體證，就很難揣摩了。所以，月乃唯證相應，但至少指頭是可以說的。

那指頭要怎麼說呢？以「假名」說啊！世間法離不開語言、文字、思議等，從這去凸顯「緣起性空」的道理。

戊二　勝義叵思

己一　離戲論

庚一　離常等八句

寂滅相中無　常無常等四　寂滅相中無　邊無邊等四

這問題前已說過了，我認為應該是「寂滅性中無」。因為，相一定是流轉變化的，所以於幻化相中，云何會有「常、無常；邊、無邊；亦常、亦無常；亦邊、亦無邊」等葛藤呢？這很明顯都已落一邊去了。

甚至已證得涅槃的「寂滅相」者，哪更會去鑽這些「牛角尖」呢？

庚二　離有無諸句

邪見深厚者　則說無如來　如來寂滅相　分別有亦非

如是性空中　思惟亦不可　如來滅度後　分別於有無

如來過戲論　而人生戲論　戲論破慧眼　是皆不見佛

邪見比較深厚者會說「無如來」。這不是於如來生前，謂無如來，而是謂待如來滅度之後，就沒有如來了。此乃以「斷滅見」來看如來的「入無餘涅槃」。

事實上，如來既是寂滅性、也是幻化相；故既不能說有，也不能謂無。諸法不常不斷，既不能以常見來看如來，也不能以斷見來看如來。既生前如是，滅後也如是。所以不能用「有、無」、「常、斷」來分別如來。

「如是性空者，思惟亦不可。」若一切法性空，就不可思惟嗎？我認爲，不是不可思惟，而是不可用「二分法」思惟。學佛常謂得「聞思修」，如果不能思惟，要怎麼去建立正知見和修行呢？

但思惟到最後就知道，眞正的佛法是不落兩邊的。所以，不可以用落兩邊的方式去思惟，而不是不可思惟。至少，我們學《中觀》到現在，大部分都是用思惟方法去理解《中觀》的。

「如來滅度後，分別於有無」：故於如來滅度後，再用「實有」或「絕無」的邊見去憶想、揣摩如來，當與實相不相應。

如果一個人眞能從緣起意解到性空、假名和中道，就能超越一切戲論。故不只如來能過戲論，阿羅漢也能過戲論，而我們當也能過戲論。

云何爲戲論？以二分法所作的一切思惟，都稱爲戲論。如常見、斷見，有見、無見，亦有、亦無，非有、非無等，只要落入任何一邊，便都是戲論。

能證得中道不二者，才能眞過戲論。

如果用二分法的思惟方式，其實是見不到眞正的佛。這佛是指佛的心，而不是佛的相，不是指三十二相、八十種好的報身佛。當時印度很多外道、凡夫都見過佛的身相，但他們還是未見到眞正的佛，因爲眞正的佛，是指佛的心。要證得涅槃，才能夠跟佛心相應。

如果已證得初果，至少已跟如來的理相應；但唯有證得涅槃，才能跟如來的心相應。故見法，才能見佛！見什麼法？見緣起法、見中道不二法。

## 己二　顯眞實

如來所有性　即是世間性　如來無有性　世間亦無性

**就「性」而言，才可說「如來所有性，即是世間性」。反之，若就「相」而言，即不可也。「如來所有性」，即是緣起、性空也。而世間，亦不外乎緣起、性空。故曰「如來所有性，即是世間性」。**

最後的「顯眞實」。各位要注意這個「性」字。因爲性本來就是普遍性、本永恆性的。故如來性，即是世間性。但不能說「如來所有相，即是世間相」。因爲相是有差別的。不可只強調性的相同，而忘了相的差別。

就像前所說，你可謂「不離生死，而別有涅槃」；但不能講「生死即涅槃」。因爲性雖當是一樣，但相仍有差，故不能說「如來所有，即是世間所有」。因爲，所有乃包括性和相，而相還是有差別的。

「如來無有性，世間亦無性」：無有性就是空性。如來是空性的，世間當也是空性的。因爲都是從眾緣所生，當都是空性的。但相還是有差別的，否則釋迦牟尼佛云何被稱為「世尊」呢？

學《中觀》除了深入了解緣起性空外，還要掌握性相兩大門。因為，性相常被很多人混淆：把性平等當作相平等，或把相差別當作是性差別。譬如說：心、佛、眾生，三無差別。這無差別乃指性平等而非相平等。或說眾生有五種性：一、聲聞乘性，二、獨覺性，三、菩薩性，四、不定性，五、闡提性。其實是五種相，而非五種性。何以故？性即定也，云何有「不定性」呢？

## 【附論】

在大乘佛教中都認為修菩薩道是能夠成佛、成為如來的。且從發心修菩薩道，到究竟成佛，得經過三大阿僧祇劫。這三大阿僧祇劫解釋起來是非常繁長的，似乎是遙不可期。一般人只看到三大阿僧祇劫的時間很長、很長，卻未省思到：時間是沒有自性的。因不能離開相法的變化，不能離開心念的覺知而有單獨的時間。

在講三大阿僧祇劫時，其已把時間客觀化了，這就已不符《中觀》的見地。且人間的時間跟天上的時間是完全不一樣的，尤其是色界以上的天，一晃念就已好幾劫過去了。所以，不能用人間的感覺去揣摩天上的時間、去認知云何為三大阿僧祇劫。

其次，就修行法門而言也是不一樣的。許多眾生修的是信願法門，信願法門基本上是著相修的；跟見性人所修，效果乃天淵之別。

就度眾生來講，有些眾生好度，有些眾生卻很難度。如果以度眾生的績效而言，那也是差很大哩！

因此，云何可不問過程、不問績效，而單等時間到了就能成佛嗎？這就好像去上班，時間到了就下班，時間到了就領錢；什麼事都不用做，就能領錢嗎？

最後，你或我，從發心修行至今，已經過多少時劫呢？還剩多少時劫呢？乃皆不可知。既皆不可知，則言「得經過三大阿僧祇劫」，就現實的修行而言，眞是沒有意義啊！因爲對我們的修行，沒有任何啓發的作用。

還有就算經過三大阿僧祇劫終於成佛了，然成佛後又怎麼樣呢？這是把成佛當成終結。於是終結者，便不是落於常、就是落於斷。

但諸法是不常不斷的，既不常不斷，即不可能有終結。所以，我再三強調：修行是沒有終點的。可是很多人還是惦念著：三大阿僧祇劫後要成佛。其實，三大阿僧祇劫是什麼意思也不知道，成佛是什麼境界也不知道！

因此，上之所說，也不過是「戲論」爾！奇怪的是，卻無人來勘破它！彷彿掛上了大乘的招牌，就什麼都是對的。

我們從《中觀》的見地來看這個說法，一看就知道是有問題的。問題在哪？第一、乃把時間客觀化；第二、不論修行方法與度眾的效果；第三、把成佛當做終點。

我爲什麼要提出這些質疑呢？學過《中觀》後，很多的說法都得去重新思考，不能像以前只人云亦云，對錯都分不清楚。一般人都是用二分法去說的，故都免不了開口即錯。

我們不一定要直指別人的錯，但至少心裡要明白：究竟義是什麼？

# 27 觀涅槃品

## 【章節大意】

關於「涅槃」，其實在〈觀縛解品〉裡已謂「不離於生死，而別有涅槃」。在〈觀如來品〉所謂「如來之心」、「如來之行」，也都與「涅槃」的證量有關。尤其我在《中觀論頌直了》中，又將「涅槃」解說得頗詳盡了。因此，現在能再補充者就不多矣！故以下，只就「不受諸因緣，是名為涅槃。」這偈頌作申論。

關於「涅槃」前面已講很多了，比如於〈觀縛解品〉裡講到「不離於生死，而別有涅槃。」那時以水為喻，如水雖長流，但沒有波紋。一般的水，都有波浪、漩渦。云何「涅槃」的水能無波紋呢？沒有情緒的激盪故。

又於〈觀如來品〉中講到「如來之心」是從不動的心而產生度眾的相用，「如來的行」就是「無功用行」，這都跟涅槃的證量有關。

在講這〈觀涅槃品〉之前，我又把《中觀論頌直了》裡有關〈涅槃品〉的部分再重看一下。覺得以前已講得夠詳盡了，所以這一次就不需要補充太多。因此，這次只就這偈頌「不受諸因緣，是名為涅槃。」再作解釋。

為什麼不受呢？大家都知道，於十二因緣法裡講到「觸、受、愛、取、有」：「因觸有受，因受有愛，因愛有取」等。因此，是從觸而有受；觸是六根對六塵而有觸，因觸才有受。

我們的六根因為經常對著六塵，故感覺到種種境界的存在與變化，所以，一般人都是在「有受」的狀態中。

而凡夫眾生為什麼能「不受」呢？第一、就是昏沉、睡著了，因他的根不在作用中！第二、是根不對塵，或因眼睛閉著，眼根就不對色塵；或因耳朵不好、重聽，所以聽不到；還有一種情況，就是心不在焉，看了，不去作分別，所以等於不受。

一般人講到「受」，一定有「能受」與「所受」。「能受」是指我們的根，或者是我們的心，有根、有心，所以才「能受」。「所受」是指外塵的色、聲、香、味、觸、法。有內有外，心與物是相隔的，所以才有「受」。

如果以佛法的「無我觀」修行，不斷地把內在的「我見」慢慢剝除之後，能夠全除「我慢之心」，那麼內在就不會再覺得有一個能受的「我」。不管把它稱作我或稱為心都一樣，至少內在的「能受者」已不在了。內在的「能受」既不存，相對的「所受」亦必亡。然不在，不是無作用了，而是它們不再對立、隔閡，這種境界當然是很多人無法想像的。

如果一個人修定修得很好，也會有類似的經驗。比如數息數到：雖用方法而不覺得自己在用方法。這時即亡能所，而稱爲「能所雙泯」，用佛法較熟悉的名相，亦即是「三輪體空」。因爲根塵不在，識當然也就跟著空了。當然，修定時只能對方法統一，對其它境界還是根不對境。但是，用「無我觀」所修者，卻能對一切境界都無隔閡。

所以，修定只是小統一，修慧才能大統一。小統一只能跟方法統一，大統一則跟所有境界都是統一的。雖沒有心、也沒有境，但功能相用還在，所以，修六波羅蜜者，雖修到三輪體空，還是會繼續布施，繼續守戒，只是不覺得我在布施、我在守戒而已。所以，雖證得「能所雙泯」，但對境界的覺知，不只是有，而且會更敏銳，而有所謂「六神通」。

這種「大統一」、「大圓滿」反不會有「一」的概念。就像一個入定的人，根本不知道其已入定了。如果知道，乃表示還未入定爾！有人開口閉口都說：我已入統一境界。其實，就是未得統一者，才會這麼亂講。眞正已證得的人，反而是言語道斷矣！以此「大統一」、「大圓滿」而稱爲「不受」。

故在原始佛教乃把這種「不受」稱爲「滅受想定」，因爲既無受，當然也就沒有想了。故「滅受想定」雖稱爲「定」，但跟用修定方法而得到的「小統一」是不一樣的。它是從修「無我觀」而得到的大統一。

所以，以修慧所成就的定，既非「守一」的定，也非必「跏趺坐」才能得定。眞正的定是不管上座、下座，都能維持原來的定境。

故曰「那伽常在定，無有不定時」。釋迦牟尼佛其實是常在定中，然雖在定中，卻一樣可以說法、度眾生。因為沒有情緒、沒有預設，所以能觀照的範圍反而比較寬廣。甚至在反應時，也比一般人睿智、精準，比一般人善巧、圓滿。所以，雖入「滅受想定」，猶能待人接物、弘法利生也。

以此，大乘稱之為「無功用心」。順從此心而能弘法利生者，乃稱為「無功用行」。行就表示還有相用啊！以諸行不常不斷故，稱之為「無住大涅槃」。事實上，這幾個名相：「寂靜涅槃」、「無功用心」、「無功用行」、「無住大涅槃」，從證量來講，都是一樣的。

最後，能證得「涅槃」者，當能「不受後有」！其實，何止於「不受後有」，其必也「不受於現有」！為什麼呢？既「不受」，云何有「現有」與「後有」？

但原始佛教還是強調「不受後有」，因為這和「無餘涅槃」是有關係的。如果就《中觀》的宗旨而言，受與不受，其實都還落於一邊。如果單講不受，便很容易跟凡夫的不受混淆。因為還能覺知、反應，所以不能說不受；因為心境雙泯，也不能說有受。故既不能說受，也不能說不受。

從這個角度去看涅槃、去看「無功用心」、「無功用行」、「千百億化身」等，大概就會比較明瞭。總之，既「非受」、亦非「不受」；非「功用」，也非「全無功用」。這才相應於「中道不二」法門。

## 【偈頌解說】

### 丙四 觀涅槃

#### 丁一 略觀

戊一 敘外難

**若一切法空 無生無滅者 何斷何所滅 而稱為涅槃**

「若一切法空，無生無滅者；何斷何所滅？而稱爲涅槃。」這是外人所提的問題，外人還是認定諸法是實有的。

既「涅槃」乃是「證滅」，那一定是有所斷、有所滅，才能稱爲涅槃。如果一切法空，則無所斷、無所滅，云何能證得涅槃呢？

一般人對空不了解，很容易把「空」當成什麼都沒有！

戊二 申正宗

己一 遮

**若諸法不空 則無生無滅 何斷何所滅 而稱為涅槃**

於是，論主以子之矛，攻子之盾，乃回應說：如果諸法非性空、而是實有的；則既實有，就不可斷；既實有，就不可滅。那云何能斷、滅，而證得涅槃呢？

所以，反而是不空，問題才大呢！不空，即一切都不可能，既無生也無滅；以前有的無明、煩惱，即不可斷；以前未證的涅槃，現也不可能證。故如諸法是不空的，就完全沒有希望了。

故得諸法本來是空，才有變化的可能、才有修證的可能。「以有空義故，一切法得成」這前面都已交代得很清楚了。

## 己二　顯

**無得亦無至　不斷亦不常　不生亦不滅　是說名涅槃**

**所以云何稱爲「涅槃」呢？既不生、不滅，亦不常、不斷。既無所得，也無所證，而能稱爲「涅槃」。**

**這「既不生、不滅，亦不常、不斷」，不只是從「緣起性空的理」去解析而已！更從證得「一切法不受」而得確認也！**

然後，「顯」正義。「無得亦無至，不斷亦不常，不生亦不滅，是說名涅槃。」就「不斷亦不常，不生亦不滅」而言，我們早就很熟悉。這可從兩方面去解釋：第一、從性空的理，因爲一切法是性空，當然就不生不滅、不常不斷啊！第二、從「不受」而言。生、滅、常、斷都是從「受」裡再去分別的，如果不受，當然就沒有這些分別了。所以，在原始佛教裡常謂「證得一切法不受」。

**何以故？若能證得「一切法不受」，則何所生？何所滅？何爲常？何爲斷？何所得？何所證呢？一切戲論、分別，皆息止矣！**

至於「無得亦無至」，「無得」就是「無所得」，「無至」就是「無所證」。爲什麼說「無」呢？因爲「不受」，因爲能所雙泯了，所以是「無得亦無至」。

眞正有修行的人，不會說自己有修行；眞正入定的人，不會說自己已入定。既內無能證的我，外無所證的境界，當就是「無得亦無至」。因爲「不受」，所以這些戲論、差別都不復存在矣！

丁二　廣觀

戊一　別遮以四句為涅槃

己一　遮有無是涅槃

庚一　遮

辛一　遮有

涅槃不名有　有則老死相　終無有有法　離於老死相

若涅槃是有　涅槃即有爲　終無有一法　而是無爲者

若涅槃是有　云何名無受　無有不從受　而名爲法者

現說明涅槃乃既非有、亦非無。首先講「非有」，「涅槃不名有，有則老死相」，這個「有」不是實有的意思，以若實有，就不會有老死相了。故「有」是存有，示現於世間的相都有無常變化，所以皆不離老死相。終無有任何相法能離於老死相。但不能說：涅槃還有老死相！所以，涅槃不能說有。若有，即不離老死相。

「若涅槃是有，涅槃即有爲」：涅槃若是「有」，即是有爲法。是有爲法者，終不能離於老死相。「終無有一法，而是無爲者。」在原始佛教裡常說涅槃是無爲。如果是「有」，就是「有爲」。既「有爲」，云何稱涅槃爲「無爲」呢？

爲什麼涅槃是無爲呢？乃因爲「無受」，所以是「無爲」。要從「無受」的觀點去看「無爲」的體證。

否則無爲，就會被誤認爲：什麼都不動，都沒變化了。其實還是能弘法度生，只是不受爾。所以，下面更反問「若涅槃是有，云何名無受？」如果涅槃是有，怎麼可能「無受」呢？「無有不從受，而名爲法者」：世上任何存在之法，都是從「受」而有的。像六根對六塵，尤其是最後的意根對法塵，有受才有法。一定是因意根應對了法塵，才有受與法也。然涅槃是無受，所以不能說涅槃是有；如果是有，就必「有受」而非「無受」了。

## 辛二　遮無

有尚非涅槃　何況於無耶　涅槃無有有　何處當有無
若無是涅槃　云何名不受　未曾有不受　而名爲無法

於是有人想：涅槃既非有，那就應該是無。其實，有既不可得，無也不可得。以有無是相待的，因爲「有有」，所以「有無」。既已無「有」，就不可能有「無」。

「涅槃無有有，何處當有無？」我們當知，所謂「無」者乃因「有」消失了才呈現出「無」。若本來非有，就不可能單獨出現「無」啊！譬如有花開，才有花謝；有人生，才有人死。前既論定涅槃非有，亦即可知「涅槃亦非無」也！

**「未曾有不受，而名爲無法」：前既曰「涅槃爲無受」。而「若有，若無」者，卻皆是受也。云何能以「涅槃的無受」而受於無呢？**

前面既講「有」是從「受」而有，那「無」也必從受而能確認。譬如聽了，才能確定有聲音或沒聲音。

如果都不聽，怎確認其沒有聲音呢？故有受，才確認它是無！以涅槃是不受，云何謂其爲「無法」呢？

庚二　顯

受諸因緣故　　輪轉生死中　　不受諸因緣　　是名爲涅槃
如佛經中說　　斷有斷非有　　是故知涅槃　　非有亦非無

**因此，世間與涅槃最大的區別，就在於「受」與「不受」。**

世間凡夫以從「觸、受」的因緣，而有「愛、取」，故隨造業而輪轉生死中。而聖人以證得「不受」，故不隨「愛取」而有生死等，故名之爲「涅槃」。

**既「不受」者，則斷「有」，亦斷「無」。故知涅槃者，既非「有」，亦非「無」。**

以上，重點只有一句話：涅槃是不受。前於「章節大意」中已講得很清楚：因爲證得「能所雙泯」、「三輪體空」，所以不受也。

而既已「能所雙泯」、「三輪體空」，哪還會有這些分別、戲論呢？

己二　遮雙亦雙非是涅槃

庚一　遮

辛一　遮亦有亦無

若謂於有無　合爲涅槃者　有無即解脱　是事則不然

若謂於有無　合爲涅槃者　涅槃非無受　是二從受生

有無共合成　云何名涅槃　涅槃名無爲　有無是有爲

有無二事共　云何是涅槃　是二不同處　如明闇不俱

有人想：既「有」不得成，「無」亦不得成，就合之爲「亦有亦無」吧！事實上，「亦有亦無」也是從有無而來的。既「有無」是受，故「亦有亦無」也是受。而涅槃是「不受」，所以涅槃非亦有亦無也！

其次，因「有」是有爲，「無」也是有爲，而「涅槃」是「無爲」。所以涅槃既「非有、非無」，也非「亦有亦無」。

最後，一般人的觀念，要嘛就是有，要嘛就是無，哪可能亦有亦無呢？就像人，若非生，即已死；哪可能又生又死呢？

爲什麼我不說「明闇不俱」呢？因爲本無純粹的明或闇，於陰天時，即似既明又闇！但世間人絕不可能既死又生的！所以我把它改成「如生死不俱」。

辛二 遮非有非無

若非有非無　名之爲涅槃　此非有非無　以何而分別

分別非有無　如是名涅槃　若有無成者　非有非無成

有人想：既「亦有亦無」亦不得成。那就改「非有、非無」吧！

其實，「非有、非無」到底什麼意思？他自己也搞不清楚哩！反正被逼急了，就亂抓一通。就相待的理則而言，若「有、無」得成，「亦有、亦無」才可能得成。更待「亦有、亦無」得成後，「非有、非無」才能相待而有。前既否定了「有、無」，即謂「非有、非無」亦不得成矣！

或問：《中觀》不是也謂「非有、非無」嗎？

答云：《中觀》是從「緣起、性空、假名、中道」的前提，而說「非有、非無」，是不落兩邊的。與世間、外道的先執爲「實有」，再落入「兩邊」的「非有、非無」，乃天淵之別。

## 庚二　顯

### 辛一　如來離四句

如來滅度後　不言有與無　亦不言有無　非有及非無
如來現在時　不言有與無　亦不言有無　非有及非無

「如來度滅後，不言有與無，亦不言有無，非有及非無；如來現在時，不言有與無，亦不言有無，非有及非無。」其實，這都差不多！不管如來與涅槃，甚至世間一切法都一樣，既不是「有」，也不是「無」，亦非「亦有、亦無」，更非「非有、非無」，這是所謂的「離四句」。

### 辛二　涅槃即世間

涅槃與世間　無有少分別　世間與涅槃　亦無少分別
涅槃之實際　及與世間際　如是二際者　無毫釐差別

**因此就「涅槃與世間」而言，既不可言一，也不可謂其異。**

「涅槃與世間，無有少分別；世間與涅槃，亦無少分別。」其實，這種說法是有問題的，爲什麼呢？因爲性相兩者要分別說。「涅槃即世間」，一定是就「性」而言。至於相者，必有差別也，差別何在？

爲何不可言其一？因爲，世間就是有「受」，而涅槃是「不受」的。有受，就有生死輪轉！故以「受諸因緣故，輪轉生死中」！而涅槃是以「不受」才證得的，怎麼又回頭說：世間跟涅槃無少有分別呢？

但也不可謂其異，爲什麼呢？不能在相法的流轉變化外別有涅槃。其實，不管世間、出世間，一切都不出相法的流轉和變化。證得涅槃或不證得涅槃都一樣。只是有的人從「受」而有煩惱，有的以「不受」而證得圓寂爾！

故不異的前提是：諸法本來就是緣起、性空的。既世間是性空，涅槃也是性空。我們學《中觀》者，要時時刻刻掌握「性」、「相」兩個大原則！有時候偏說無分別，但無分別乃是偏就「性」而說的。事實上，「相」還是有差別的，故不可只執「性平等」，而否認了「相差異」。

就像我常說於《維摩詰經》裡，在「性平等」上發揮得淋漓盡致，但於「相差別」處就混淆不清了，故才有「維摩詰乃受瓔珞，分作二分：持一分施此會中一最下乞人，持一分奉彼難勝如來。」的處理方式。

戊二　總遮以諸見為涅槃

己一　遮

庚一　敘見

**滅後有無等　有邊等常等　諸見依涅槃　未來過去世**

「滅後有無等，有邊等常等，諸見依涅槃，未來過去世。」這一部分我們於〈觀邪見品〉時，已說過總共有「十四種無記」的問題：（一）世界及我常？（二）世界及我無常？（三）世界及我亦有常、亦無常？（四）世界及我亦非有常、亦非無常？（五）世界及我有邊？（六）世界及我無邊？（七）世界及我亦有邊、亦無邊？（八）世界及我亦非有邊、亦非無邊？（九）如來滅後有？（十）如來滅後無？（十一）如來滅後亦有、亦無？（十二）如來滅後亦非有、亦非無？（十三）命與身一？（十四）命與身異？。在〈觀邪見品〉裡已處理前面八個還有最後兩個的問題。

至於（九）如來滅後有？（十）如來滅後無？（十一）如來滅後亦有、亦無？（十二）如來滅後亦非有、亦非無？我說待等到〈觀如來品〉、〈觀涅槃品〉時才會再處理。

但其實也沒什麼新鮮的，就是不落兩邊而已！

庚二　遮破

**一切法空故　何有邊無邊　亦邊亦無邊　非有非無邊**

何者爲一異　何有常無常　亦常亦無常　非常非無常

**其實，既一切法從緣起，故本來性空。哪還有閒情去分別這些有的、沒的戲論呢？**

如只強調一切法空，我覺得是不夠的，因爲一切法空的前提是「相輔相成」。如果不把相輔相成的關係看清楚，一定會落一邊的。

就如世間的男女好了，不管是講男女有別，或強調男女平等，其實還是各落一邊；而我乃主張：男女是互補的。云何是互補呢？這要從很多的互動關係裡去確認；如已確認是互補關係，便絕對不會偏任何一邊。

故我再三說道：《中觀》只是一個總則，一定要再深入了解世間種種的差別相用，才能把《中觀》的理則用得淋漓盡致。否則，徒知道這個觀念，卻用不上去，因爲若資料是有限的、觀念是封閉的，還是很容易又偏一邊去了。

已了解《中觀》的人要深入緣起諸相，要比別人方便多了。因爲我們已有一個很好的架構，可去整合諸法的同、異。從諸法緣起，故都是相輔相成的視野去看，那就很容易整合。否則，若從支離破碎的角度去看，則唯衝突、矛盾爾！

己二 顯

諸法不可得 滅一切戲論 無人亦無處 佛亦無所說

最後，若就理論而言，諸法既以本來「性空」故，即滅一切戲論。如果講到最後的證量，以一切法都是「無受」的，那當也「滅一切戲論」。

「佛亦無所說」：這是對修證已達究竟者而言，但對一般眾生而言，不妨說是「諸法隨緣現」。譬如我們今天中午吃什麼，晚上作什麼，這種種的境界乃都是隨緣示現的。

故「滅一切戲論」，就不用說法了嗎？還是要說，怎麼說？「隨順一切假名」，因爲這個世界上不只人跟人的溝通要用假名，講經說法也是要用假名啊！不用假名怎麼講呢？

故「佛亦無所說」嗎？我倒強調：佛是「方便說」；若有人請法，佛則方便說。雖大乘佛教常強調要廣度眾生，但在原始佛教裡，卻要有人「請」法才能爲說。爲什麼？一是爲尊重法故；二乃比較精準，問什麼答什麼，能恰到好處也。

但「方便說」者，說來說去，都是指頭而不是月亮；月亮唯從修行去證得也。

甲三 歸宗

瞿曇大聖主 憐愍說是法 悉斷一切見 我今稽首禮

最後，「歸宗」。這「歸宗」的偈頌，本不是放在〈涅槃品〉的，而是放在原最後一品的〈觀邪見品〉裡，待二十七品全部觀破之後，再來歸宗。

因為我們已將二十七品的次第重新整過。故還是待最後一品的〈觀涅槃品〉破顯之後，才再歸宗。在印順法師的科判裡，**有甲一：標宗；甲二：顯義；甲三：歸宗**。

甲一的標宗，即是「不生亦不滅，不常亦不斷，不一亦不異，不來亦不出；能說是因緣，善滅諸戲論，我稽首禮佛，諸說中第一。」至於其後的二十七品，就是「顯義」，藉著這二十七品，把它所標示的宗旨顯示出來。顯義之後，再回頭歸宗。

歸到什麼？這一切的講經說法，都是源於佛的智慧、佛的恩德。過去的人不管再怎麼講經說法、著書立論，最後還是要回歸到三寶，而不會聲明：這都是我說的，我很了不起。唯三寶了不起，故最後還是得回歸到三寶裡。

## 【附論】

這個【附論】前面已經提過了，這裡再補充一下：就涅槃而言，原始佛教乃偏說是「寂靜涅槃」，而大乘佛教則說為「無住大涅槃」。其實，就「無住」而言，各位學《中觀》到現在為止，知道諸法既「不常亦不斷」，乃就是「無住」的。已證得涅槃是無住的，未證得涅槃也是無住的，諸法本來就是如此。

但大乘佛教為什麼還得強調是「無住大涅槃」呢？主要是就「相用」而言：能於無受的涅槃裡，示現說法和度眾生。以大乘強調的是能夠說法度眾生，所以美其名爲「大涅槃」也。

爲何在原始佛教裡卻偏說是「寂靜涅槃」呢？寂靜有兩個意思：一是諸法本來就是性空的；以性空，故寂靜。第二是指證得「不受」；不受，既非靜也非不靜，因爲已經「不受」了。事實上，用語言文字去形容，即難免會落一邊，而變成「寂靜涅槃」。事實上，連「寂靜」也不受啦！

但是，雖不受還是可以隨緣「示現」很多不同的「相用」。所以「寂靜涅槃」與「無住大涅槃」其實是一體的兩面，而不是「無住大涅槃」的證量、功德就比較高。以原始佛教偏重求解脫，所以說是「寂靜涅槃」；而大乘佛教則強調度眾，所以稱其爲「無住大涅槃」。

我們學《中觀》者，要明確掌握一個大原則：云何爲大乘？我在開宗明義時，就昭示了「中道不二，才是大」。因爲能夠中道不二，才能眞正超越對立、矛盾，而成其大。

至於不能超越對立，於是不管抓哪一邊，都不可能是眞正的大。但是能眞正從中道不二講大乘的，乃少之又少。故一般人所講的「大乘」，大概都是「方便大乘」，都是偏於一邊。而且依我的看法，都是偏向於「有」：有佛、有菩薩、有眾生、有淨土等。這種偏「有」的說法，只能說是「方便大乘」。

至於何者是「假大乘」呢？褒大貶小的就是假大乘。說自己好，嫌別人不好的，都是假大乘。這也就是：若有「自讚毀他」的嫌疑者，即是假大乘。然哪一部大乘經典沒有自讚毀他的嫌疑呢？

從這角度去看，今天很多自以爲是的大乘，其實都是「方便大乘」與「假大乘」爾！我以前常說：大乘是山頭主義的搖籃。台灣佛教常被人說是「山頭主義」，爲什麼呢？因爲只有此山爲眞，其餘皆妄。

要坐大，就要講大乘。云何爲大呢？就是要廣開門庭，吸收信徒。至於信徒得度與否？就管不了那麼多了。講白一點，連小乘的解脫道都還差很遠，哪可能是眞大乘呢？講難聽一點，唯鷹犬、砲灰爾！但既套上了大乘的外衣，便無人敢懷疑、無人敢批判。如果你已掌握了《中觀》的主旨大意，再回頭聽聽那些「山頭主義」所吐說的大乘，即免不了要深嘆：這是末法時代。

但正法其實離我們不遠，只要有機會再研討《中觀》，即近正法矣！

大家都應該感謝有這研習《中觀》的因緣。雖然，有些人不是聽一次就能懂的。我也是看了又看，想了又想，最後才能確認其宗旨大意！但這絕對是値得的：因爲只要觀念一改變，命格與世界就大大不一樣了。

有人說果煜法師講經，三句不離本行，萬法不離其「中」，「中」就是不離《中觀》的主旨大意。不只講《中觀》、般若如此，講唯識、眞如，亦到處都是《中觀》的痕跡，到處都是《中觀》的指法。最後，我還是衷心感謝《中觀》給我的啓發和改造。我出家的因緣和願意弘揚《中觀》思想是有很大的關係。我已再三說過：用世間的伎倆要度我出家，哪是那麼容易。唯有在《中觀》思想的洗禮下，我俯首發願：

既願《中觀》的思想能繼續流傳下去，也願《中觀》的思想能廣傳開來。如中國古哲的誓願：「爲天地立心，爲生民立命，爲往聖繼絕學，爲萬世開太平。」

以上論頌，雖然我講的速度好像很快，但該交代，其實已交代清楚了。指已不缺，至於月者，唯各位用心去探究爾！

## 橡樹林文化 ❖❖ 善知識系列 ❖❖ 書目

| | | | |
|---|---|---|---|
| JB0001 | 狂喜之後 | 傑克・康菲爾德◎著 | 380 元 |
| JB0002 | 抉擇未來 | 達賴喇嘛◎著 | 250 元 |
| JB0003 | 佛性的遊戲 | 舒亞・達斯喇嘛◎著 | 300 元 |
| JB0004 | 東方大日 | 邱陽・創巴仁波切◎著 | 300 元 |
| JB0005 | 幸福的修煉 | 達賴喇嘛◎著 | 230 元 |
| JB0006 | 與生命相約 | 一行禪師◎著 | 240 元 |
| JB0007 | 森林中的法語 | 阿姜查◎著 | 320 元 |
| JB0008 | 重讀釋迦牟尼 | 陳兵◎著 | 320 元 |
| JB0009 | 你可以不生氣 | 一行禪師◎著 | 230 元 |
| JB0010 | 禪修地圖 | 達賴喇嘛◎著 | 280 元 |
| JB0011 | 你可以不怕死 | 一行禪師◎著 | 250 元 |
| JB0012 | 平靜的第一堂課——觀呼吸 | 德寶法師 ◎著 | 260 元 |
| JB0013X | 正念的奇蹟 | 一行禪師◎著 | 220 元 |
| JB0014X | 觀照的奇蹟 | 一行禪師◎著 | 220 元 |
| JB0015 | 阿姜查的禪修世界——戒 | 阿姜查◎著 | 220 元 |
| JB0016 | 阿姜查的禪修世界——定 | 阿姜查◎著 | 250 元 |
| JB0017 | 阿姜查的禪修世界——慧 | 阿姜查◎著 | 230 元 |
| JB0018X | 遠離四種執著 | 究給・企千仁波切◎著 | 280 元 |
| JB0019X | 禪者的初心 | 鈴木俊隆◎著 | 220 元 |
| JB0020X | 心的導引 | 薩姜・米龐仁波切◎著 | 240 元 |
| JB0021X | 佛陀的聖弟子傳 1 | 向智長老◎著 | 240 元 |
| JB0022 | 佛陀的聖弟子傳 2 | 向智長老◎著 | 200 元 |
| JB0023 | 佛陀的聖弟子傳 3 | 向智長老◎著 | 200 元 |
| JB0024 | 佛陀的聖弟子傳 4 | 向智長老◎著 | 260 元 |
| JB0025 | 正念的四個練習 | 喜戒禪師◎著 | 260 元 |
| JB0026 | 遇見藥師佛 | 堪千創古仁波切◎著 | 270 元 |
| JB0027 | 見佛殺佛 | 一行禪師◎著 | 220 元 |
| JB0028 | 無常 | 阿姜查◎著 | 220 元 |
| JB0029 | 覺悟勇士 | 邱陽・創巴仁波切◎著 | 230 元 |
| JB0030 | 正念之道 | 向智長老◎著 | 280 元 |

| | | | |
|---|---|---|---|
| JB0031 | 師父——與阿姜查共處的歲月 | 保羅·布里特◎著 | 260元 |
| JB0032 | 統御你的世界 | 薩姜·米龐仁波切◎著 | 240元 |
| JB0033 | 親近釋迦牟尼佛 | 髻智比丘◎著 | 430元 |
| JB0034 | 藏傳佛教的第一堂課 | 卡盧仁波切◎著 | 300元 |
| JB0035 | 拙火之樂 | 圖敦·耶喜喇嘛◎著 | 280元 |
| JB0036 | 心與科學的交會 | 亞瑟·札炯克◎著 | 330元 |
| JB0037 | 你可以，愛 | 一行禪師◎著 | 220元 |
| JB0038 | 專注力 | B·艾倫·華勒士◎著 | 250元 |
| JB0039X | 輪迴的故事 | 堪欽慈誠羅珠◎著 | 270元 |
| JB0040 | 成佛的藍圖 | 堪千創古仁波切◎著 | 270元 |
| JB0041 | 事情並非總是如此 | 鈴木俊隆禪師◎著 | 240元 |
| JB0042 | 祈禱的力量 | 一行禪師◎著 | 250元 |
| JB0043 | 培養慈悲心 | 圖丹·卻准◎著 | 320元 |
| JB0044 | 當光亮照破黑暗 | 達賴喇嘛◎著 | 300元 |
| JB0045 | 覺照在當下 | 優婆夷　紀·那那蓉◎著 | 300元 |
| JB0046 | 大手印暨觀音儀軌修法 | 卡盧仁波切◎著 | 340元 |
| JB0047X | 蔣貢康楚閉關手冊 | 蔣貢康楚羅卓泰耶◎著 | 260元 |
| JB0048 | 開始學習禪修 | 凱薩琳·麥唐諾◎著 | 300元 |
| JB0049 | 我可以這樣改變人生 | 堪布慈囊仁波切◎著 | 250元 |
| JB0050 | 不生氣的生活 | W. 伐札梅諦◎著 | 250元 |
| JB0051 | 智慧明光：《心經》 | 堪布慈囊仁波切◎著 | 250元 |
| JB0052 | 一心走路 | 一行禪師◎著 | 280元 |
| JB0054 | 觀世音菩薩妙明教示 | 堪布慈囊仁波切◎著 | 350元 |
| JB0055 | 世界心精華寶 | 貝瑪仁增仁波切◎著 | 280元 |
| JB0056 | 到達心靈的彼岸 | 堪千·阿貝仁波切◎著 | 220元 |
| JB0057 | 慈心禪 | 慈濟瓦法師◎著 | 230元 |
| JB0058 | 慈悲與智見 | 達賴喇嘛◎著 | 320元 |
| JB0059 | 親愛的喇嘛梭巴 | 喇嘛梭巴仁波切◎著 | 320元 |
| JB0060 | 轉心 | 蔣康祖古仁波切◎著 | 260元 |
| JB0061 | 遇見上師之後 | 詹杜固仁波切◎著 | 320元 |
| JB0062 | 白話《菩提道次第廣論》 | 宗喀巴大師◎著 | 500元 |
| JB0063 | 離死之心 | 竹慶本樂仁波切◎著 | 400元 |
| JB0064 | 生命真正的力量 | 一行禪師◎著 | 280元 |

| | | | |
|---|---|---|---|
| JB0065 | 夢瑜伽與自然光的修習 | 南開諾布仁波切◎著 | 280元 |
| JB0066 | 實證佛教導論 | 呂真觀◎著 | 500元 |
| JB0067 | 最勇敢的女性菩薩——綠度母 | 堪布慈囊仁波切◎著 | 350元 |
| JB0068 | 建設淨土——《阿彌陀經》禪解 | 一行禪師◎著 | 240元 |
| JB0069 | 接觸大地一與佛陀的親密對話 | 一行禪師◎著 | 220元 |
| JB0070 | 安住於清淨自性中 | 達賴喇嘛◎著 | 480元 |
| JB0071/72 | 菩薩行的祕密【上下冊】 | 佛子希瓦拉◎著 | 799元 |
| JB0073 | 穿越六道輪迴之旅 | 德洛達娃多瑪◎著 | 280元 |
| JB0074 | 突破修道上的唯物 | 邱陽·創巴仁波切◎著 | 320元 |
| JB0075 | 生死的幻覺 | 白瑪格桑仁波切◎著 | 380元 |
| JB0076 | 如何修觀音 | 堪布慈囊仁波切◎著 | 260元 |
| JB0077 | 死亡的藝術 | 波卡仁波切◎著 | 250元 |
| JB0078 | 見之道 | 根松仁波切◎著 | 330元 |
| JB0079 | 彩虹丹青 | 祖古·烏金仁波切◎著 | 340元 |
| JB0080 | 我的極樂大願 | 卓千拉貢仁波切◎著 | 260元 |
| JB0081 | 再捻佛語妙花 | 祖古·烏金仁波切◎著 | 250元 |
| JB0082 | 進入禪定的第一堂課 | 德寶法師◎著 | 300元 |
| JB0083 | 藏傳密續的真相 | 圖敦·耶喜喇嘛◎著 | 300元 |
| JB0084 | 鮮活的覺性 | 堪千創古仁波切◎著 | 350元 |
| JB0085 | 本智光照 | 遍智 吉美林巴◎著 | 380元 |
| JB0086 | 普賢王如來祈願文 | 竹慶本樂仁波切◎著 | 320元 |
| JB0087 | 禪林風雨 | 果煜法師◎著 | 360元 |
| JB0088 | 不依執修之佛果 | 敦珠林巴◎著 | 320元 |
| JB0089 | 本智光照一功德寶藏論 密宗分講記 | 遍智 吉美林巴◎著 | 340元 |
| JB0090 | 三主要道論 | 堪布慈囊仁波切◎講解 | 280元 |
| JB0091 | 千手千眼觀音齋戒一紐涅的修持法 | 汪遷仁波切◎著 | 400元 |
| JB0092 | 回到家，我看見真心 | 一行禪師◎著 | 220元 |
| JB0093 | 愛對了 | 一行禪師◎著 | 260元 |
| JB0094 | 追求幸福的開始：薩迦法王教你如何修行 | 尊勝的薩迦法王◎著 | 300元 |
| JB0095 | 次第花開 | 希阿榮博堪布◎著 | 350元 |
| JB0096 | 楞嚴貫心 | 果煜法師◎著 | 380元 |
| JB0097 | 心安了，路就開了：<br>讓《佛說四十二章經》成為你人生的指引 | 釋悟因◎著 | 320元 |

| | | | |
|---|---|---|---|
| JB0098 | 修行不入迷宮 | 札丘傑仁波切◎著 | 320 元 |
| JB0099 | 看自己的心，比看電影精彩 | 圖敦．耶喜喇嘛◎著 | 280 元 |
| JB0100 | 自性光明——法界寶庫論 | 大遍智　龍欽巴尊者◎著 | 480 元 |
| JB0101 | 穿透《心經》：原來，你以為的只是假象 | 柳道成法師◎著 | 380 元 |
| JB0102 | 直顯心之奧秘：大圓滿無二性的殊勝口訣 | 祖古貝瑪．里沙仁波切◎著 | 500 元 |
| JB0103 | 一行禪師講《金剛經》 | 一行禪師◎著 | 320 元 |
| JB0104 | 金錢與權力能帶給你甚麼？<br>一行禪師談生命真正的快樂 | 一行禪師◎著 | 300 元 |
| JB0105 | 一行禪師談正念工作的奇蹟 | 一行禪師◎著 | 280 元 |
| JB0106 | 大圓滿如幻休息論 | 大遍智　龍欽巴尊者◎著 | 320 元 |
| JB0107 | 覺悟者的臨終贈言：《定日百法》 | 帕當巴桑傑大師◎著<br>堪布慈囊仁波切◎講述 | 300 元 |
| JB0108 | 放過自己：揭開我執的騙局，找回心的自在 | 圖敦．耶喜喇嘛◎著 | 280 元 |
| JB0109 | 快樂來自心 | 喇嘛梭巴仁波切◎著 | 280 元 |
| JB0110 | 正覺之道．佛子行廣釋 | 根讓仁波切◎著 | 550 元 |
| JB0111 | 中觀勝義諦 | 果煜法師◎著 | 500 元 |

## 橡樹林文化 ❖❖ 成就者傳紀系列 ❖❖ 書目

| | | | |
|---|---|---|---|
| JS0001 | 惹瓊巴傳 | 堪千創古仁波切◎著 | 260 元 |
| JS0002 | 曼達拉娃佛母傳 | 喇嘛卻南、桑傑．康卓◎英譯 | 350 元 |
| JS0003 | 伊喜．措嘉佛母傳 | 嘉華．蔣秋、南開．寧波◎伏藏書錄 | 400 元 |
| JS0004 | 無畏金剛智光：怙主敦珠仁波切的生平與傳奇 | 堪布才旺．董嘉仁波切◎著 | 400 元 |
| JS0005 | 珍稀寶庫——薩迦總巴創派宗師貢嘎南嘉傳 | 嘉敦．強秋旺嘉◎著 | 350 元 |
| JS0006 | 帝洛巴傳 | 堪千創古仁波切◎著 | 260 元 |
| JS0007 | 南懷瑾的最後 100 天 | 王國平◎著 | 380 元 |
| JS0008 | 偉大的不丹傳奇．五大伏藏王之一<br>貝瑪林巴之生平與伏藏教法 | 貝瑪林巴◎取藏 | 450 元 |
| JS0009 | 噶舉三祖師：馬爾巴傳 | 堪千創古仁波切◎著 | 300 元 |
| JS0011 | 噶舉三祖師：岡波巴傳 | 堪千創古仁波切◎著 | 280 元 |

# 橡樹林文化 ❖❖ 衆生系列 ❖❖ 書目

| | | | |
|---|---|---|---|
| JP0001 | 大寶法王傳奇 | 何謹◎著 | 200元 |
| JP0002X | 當和尚遇到鑽石（增訂版） | 麥可・羅區格西◎著 | 360元 |
| JP0003X | 尋找上師 | 陳念萱◎著 | 200元 |
| JP0004 | 祈福 DIY | 蔡春娉◎著 | 250元 |
| JP0006 | 遇見巴伽活佛 | 溫普林◎著 | 280元 |
| JP0009 | 當吉他手遇見禪 | 菲利浦・利夫・須藤◎著 | 220元 |
| JP0010 | 當牛仔褲遇見佛陀 | 蘇密・隆敦◎著 | 250元 |
| JP0011 | 心念的賽局 | 約瑟夫・帕蘭特◎著 | 250元 |
| JP0012 | 佛陀的女兒 | 艾美・史密特◎著 | 220元 |
| JP0013 | 師父笑呵呵 | 麻生佳花◎著 | 220元 |
| JP0014 | 菜鳥沙彌變高僧 | 盛宗永興◎著 | 220元 |
| JP0015 | 不要綁架自己 | 雪倫・薩爾茲堡◎著 | 240元 |
| JP0016 | 佛法帶著走 | 佛朗茲・梅蓋弗◎著 | 220元 |
| JP0018C | 西藏心瑜伽 | 麥可・羅區格西◎著 | 250元 |
| JP0019 | 五智喇嘛彌伴傳奇 | 亞歷珊卓・大衛一尼爾◎著 | 280元 |
| JP0020 | 禪　兩刃相交 | 林谷芳◎著 | 260元 |
| JP0021 | 正念瑜伽 | 法蘭克・裘德・巴奇歐◎著 | 399元 |
| JP0022 | 原諒的禪修 | 傑克・康菲爾德◎著 | 250元 |
| JP0023 | 佛經語言初探 | 竺家寧◎著 | 280元 |
| JP0024 | 達賴喇嘛禪思 365 | 達賴喇嘛◎著 | 330元 |
| JP0025 | 佛教一本通 | 蓋瑞・賈許◎著 | 499元 |
| JP0026 | 星際大戰・佛部曲 | 馬修・波特林◎著 | 250元 |
| JP0027 | 全然接受這樣的我 | 塔拉・布萊克◎著 | 330元 |
| JP0028 | 寫給媽媽的佛法書 | 莎拉・娜塔莉◎著 | 300元 |
| JP0029 | 史上最大佛教護法一阿育王傳 | 德干汪莫◎著 | 230元 |
| JP0030 | 我想知道什麼是佛法 | 圖丹・卻淮◎著 | 280元 |
| JP0031 | 優雅的離去 | 蘇希拉・布萊克曼◎著 | 240元 |
| JP0032 | 另一種關係 | 滿亞法師◎著 | 250元 |
| JP0033 | 當禪師變成企業主 | 馬可・雷瑟◎著 | 320元 |
| JP0034 | 智慧 81 | 偉恩・戴爾博士◎著 | 380元 |

| | | | |
|---|---|---|---|
| JP0035 | 覺悟之眼看起落人生 | 金菩提禪師◎著 | 260 元 |
| JP0036 | 貓咪塔羅算自己 | 陳念萱◎著 | 520 元 |
| JP0037 | 聲音的治療力量 | 詹姆斯．唐傑婁◎著 | 280 元 |
| JP0038 | 手術刀與靈魂 | 艾倫．翰彌頓◎著 | 320 元 |
| JP0039 | 作為上師的妻子 | 黛安娜．J．木克坡◎著 | 450 元 |
| JP0040 | 狐狸與白兔道晚安之處 | 庫特．約斯特勒◎著 | 280 元 |
| JP0041 | 從心靈到細胞的療癒 | 喬思．慧麗．赫克◎著 | 260 元 |
| JP0042 | 27% 的獲利奇蹟 | 蓋瑞．賀許伯格◎著 | 320 元 |
| JP0043 | 你用對專注力了嗎？ | 萊斯．斐米博士◎著 | 280 元 |
| JP0044 | 我心是金佛 | 大行大禪師◎著 | 280 元 |
| JP0045 | 當和尚遇到鑽石 2 | 麥可．羅區格西◎等著 | 280 元 |
| JP0046 | 雪域求法記 | 邢肅芝（洛桑珍珠）◎口述 | 420 元 |
| JP0047 | 你的心是否也住著一隻黑狗？ | 馬修．約翰史東◎著 | 260 元 |
| JP0048 | 西藏禪修書 | 克莉絲蒂．麥娜麗喇嘛◎著 | 300 元 |
| JP0049 | 西藏心瑜伽 2 | 克莉絲蒂．麥娜麗喇嘛◎等著 | 300 元 |
| JP0050 | 創作，是心靈療癒的旅程 | 茱莉亞．卡麥隆◎著 | 350 元 |
| JP0051 | 擁抱黑狗 | 馬修．約翰史東◎著 | 280 元 |
| JP0052 | 還在找藉口嗎？ | 偉恩．戴爾博士◎著 | 320 元 |
| JP0053 | 愛情的吸引力法則 | 艾莉兒．福特◎著 | 280 元 |
| JP0054 | 幸福的雪域宅男 | 原人◎著 | 350 元 |
| JP0055 | 貓馬麻 | 阿義◎著 | 350 元 |
| JP0056 | 看不見的人 | 中沢新一◎著 | 300 元 |
| JP0057 | 內觀瑜伽 | 莎拉．鮑爾斯◎著 | 380 元 |
| JP0058 | 29 個禮物 | 卡蜜．沃克◎著 | 300 元 |
| JP0059 | 花仙療癒占卜卡 | 張元貞◎著 | 799 元 |
| JP0060 | 與靈共存 | 詹姆斯．范普拉◎著 | 300 元 |
| JP0061 | 我的巧克力人生 | 吳佩容◎著 | 300 元 |
| JP0062 | 這樣玩，讓孩子更專注、更靈性 | 蘇珊．凱瑟．葛凌蘭◎著 | 350 元 |
| JP0063 | 達賴喇嘛送給父母的幸福教養書 | 安娜．芭蓓蔻爾．史蒂文．李斯◎著 | 280 元 |
| JP0064 | 我還沒準備說再見 | 布蕾克．諾爾＆帕蜜拉．D．布萊爾◎著 | 380 元 |
| JP0065 | 記憶人人 hold 得住 | 喬許．佛爾◎著 | 360 元 |
| JP0066 | 菩曼仁波切 | 林建成◎著 | 320 元 |
| JP0067 | 下面那裡怎麼了？ | 莉莎．瑞金◎著 | 400 元 |

| | | | |
|---|---|---|---|
| JP0068 | 極密聖境・仰桑貝瑪貴 | 邱常梵◎著 | 450 元 |
| JP0069 | 停心 | 釋心道◎著 | 380 元 |
| JP0070 | 聞盡 | 釋心道◎著 | 380 元 |
| JP0071 | 如果你對現況感到倦怠…… | 威廉・懷克羅◎著 | 300 元 |
| JP0072 | 希望之翼：倖存的奇蹟，以及雨林與我的故事 | 茱莉安・柯普科◎著 | 380 元 |
| JP0073 | 我的人生療癒旅程 | 鄧嚴◎著 | 260 元 |
| JP0074 | 因果，怎麼一回事？ | 釋見介◎著 | 240 元 |
| JP0075 | 皮克斯動畫師之紙上動畫《羅摩衍那》 | 桑傑・帕特爾◎著 | 720 元 |
| JP0076 | 寫，就對了！ | 茱莉亞・卡麥隆◎著 | 380 元 |
| JP0077 | 願力的財富 | 釋心道◎著 | 380 元 |
| JP0078 | 當佛陀走進酒吧 | 羅卓・林茲勒◎著 | 350 元 |
| JP0079 | 人聲，奇蹟的治癒力 | 伊凡・德・布奧恩◎著 | 380 元 |
| JP0080 | 當和尚遇到鑽石 3 | 麥可・羅區格西◎著 | 400 元 |
| JP0081 | AKASH 阿喀許靜心 100 | AKASH 阿喀許◎著 | 400 元 |
| JP0082 | 世上是不是有神仙：生命與疾病的真相 | 樊馨蔓◎著 | 300 元 |
| JP0083 | 生命不僅僅如此—辟穀記（上） | 樊馨蔓◎著 | 320 元 |
| JP0084 | 生命可以如此—辟穀記（下） | 樊馨蔓◎著 | 420 元 |
| JP0085 | 讓情緒自由 | 茱迪斯・歐洛芙◎著 | 420 元 |
| JP0086 | 別癌無恙 | 李九如◎著 | 360 元 |
| JP0087 | 甚麼樣的業力輪迴，造就現在的你 | 芭芭拉・馬丁＆狄米崔・莫瑞提斯◎著 | 420 元 |
| JP0088 | 我也有聰明數學腦：15 堂課激發被隱藏的競爭力 | 盧采嫻◎著 | 280 元 |
| JP0089 | 與動物朋友心傳心 | 羅西娜・瑪利亞・阿爾克蒂◎著 | 320 元 |
| JP0090 | 法國清新舒壓著色畫 50：繽紛花園 | 伊莎貝爾・熱志－梅納＆紀絲蘭・史朵哈＆克萊兒・摩荷爾－法帝歐◎著 | 350 元 |
| JP0091 | 法國清新舒壓著色畫 50：療癒曼陀羅 | 伊莎貝爾・熱志－梅納＆紀絲蘭・史朵哈＆克萊兒・摩荷爾－法帝歐◎著 | 350 元 |
| JP0092 | 風是我的母親 | 熊心、茱莉・拉肯◎著 | 350 元 |
| JP0093 | 法國清新舒壓著色畫 50：幸福懷舊 | 伊莎貝爾・熱志－梅納＆紀絲蘭・史朵哈＆克萊兒・摩荷爾－法帝歐◎著 | 350 元 |
| JP0094 | 走過倉央嘉措的傳奇：尋訪六世達賴喇嘛的童年和晚年，解開情詩活佛的生死之謎 | 邱常梵◎著 | 450 元 |
| JP0095 | 【當和尚遇到鑽石 4】愛的業力法則：西藏的古老智慧，讓愛情心想事成 | 麥可・羅區格西◎著 | 450 元 |

| | | | |
|---|---|---|---|
| JP0096 | 媽媽的公主病：<br>活在母親陰影中的女兒，如何走出自我？ | 凱莉爾・麥克布萊德博士◎著 | 380 元 |
| JP0097 | 法國清新舒壓著色畫 50：璀璨伊斯蘭 | 伊莎貝爾・熱志－梅納＆紀絲蘭・史朵哈＆克萊兒・摩荷爾－法帝歐◎著 | 350 元 |
| JP0098 | 最美好的都在此刻：53 個創意、幽默、找回微笑生活的正念練習 | 珍・邱禪・貝斯醫生◎著 | 350 元 |
| JP0099 | 愛，從呼吸開始吧！<br>回到當下、讓心輕安的禪修之道 | 釋果峻◎著 | 300 元 |
| JP0100 | 能量曼陀羅：彩繪內在寧靜小宇宙 | 保羅・霍伊斯坦、狄蒂・羅恩◎著 | 380 元 |
| JP0101 | 爸媽何必太正經！<br>幽默溝通，讓孩子正向、積極、有力量 | 南琦◎著 | 300 元 |
| JP0102 | 舍利子，是甚麼？ | 洪宏◎著 | 320 元 |
| JP0103 | 我隨上師轉山：蓮師聖地溯源朝聖 | 邱常梵◎著 | 460 元 |
| JP0104 | 光之手：人體能量場療癒全書 | 芭芭拉・安・布藍能◎著 | 899 元 |
| JP0105 | 在悲傷中還有光：<br>失去珍愛的人事物，找回重新聯結的希望 | 尾角光美◎著 | 300 元 |
| JP0106 | 法國清新舒壓著色畫 45：海底嘉年華 | 小姐們◎著 | 360 元 |
| JP0108 | 用「自主學習」來翻轉教育！<br>沒有課表、沒有分數的瑟谷學校 | 丹尼爾・格林伯格◎著 | 300 元 |
| JP0109 | Soppy 愛賴在一起 | 菲莉帕・賴斯◎著 | 300 元 |
| JP0110 | 我嫁到不丹的幸福生活：一段愛與冒險的故事 | 琳達・黎明◎著 | 350 元 |
| JP0111 | TTouch® 神奇的毛小孩按摩術——狗狗篇 | 琳達・泰林頓瓊斯博士◎著 | 320 元 |
| JP0112 | 戀瑜伽・愛素食：覺醒，從愛與不傷害開始 | 莎朗・嘉儂◎著 | 320 元 |
| JP0113 | TTouch® 神奇的毛小孩按摩術——貓貓篇 | 琳達・泰林頓瓊斯博士◎著 | 320 元 |
| JP0114 | 給禪修者與久坐者的痠痛舒緩瑜伽 | 琴恩・厄爾邦◎著 | 380 元 |
| JP0115 | 純植物・全食物：超過百道零壓力蔬食食譜，<br>找回美好食物真滋味，心情、氣色閃亮亮 | 安潔拉・立頓◎著 | 680 元 |
| JP0116 | 一碗粥的修行：<br>從禪宗的飲食精神，體悟生命智慧的豐盛美好 | 吉村昇洋◎著 | 300 元 |
| JP0117 | 綻放如花——巴哈花精靈性成長的教導 | 史岱方・波爾◎著 | 380 元 |
| JP0118 | 貓星人的華麗狂想 | 馬喬・莎娜◎著 | 350 元 |

善知識系列 JB0111

# 中觀勝義諦

作　　者／果煜法師
編　　輯／廖于瑄
業　　務／顏宏紋

總 編 輯／張嘉芳
出　　版／橡樹林文化
城邦文化事業股份有限公司
104 台北市民生東路二段 141 號 5 樓
電話：(02)2500-7696　傳真：(02)2500-1951
發　　行／英屬蓋曼群島商家庭傳媒股份有限公司城邦分公司
104 台北市中山區民生東路二段 141 號 2 樓
客服服務專線：(02)25007718；25001991
24 小時傳眞專線：(02)25001990；25001991
服務時間：週一至週五上午 09:30 ～ 12:00；下午 13:30 ～ 17:00
劃撥帳號：19863813　戶名：書虫股份有限公司
讀者服務信箱：service@readingclub.com.tw
香港發行所／城邦（香港）出版集團有限公司
香港灣仔駱克道 193 號東超商業中心 1 樓
電話：(852)25086231　傳眞：(852)25789337
Email: hkcite@biznetvigator.com
馬新發行所／城邦（馬新）出版集團【Cité (M) Sdn.Bhd. (458372 U)】
41, Jalan Radin Anum, Bandar Baru Sri Petaling,
57000 Kuala Lumpur, Malaysia.
電話：(603)90578822　傳眞：(603)90576622
Email：cite@cite.com.my

封面設計／黃健民 w110.w110@msa.hinet.net
內文排版／歐陽碧智
印　　刷／章懋實業有限公司

初版一刷／ 2016 年 10 月
初版四刷／ 2022 年 07 月
ISBN ／ 978-986-5613-28-0
定價／ 500 元

城邦讀書花園
www.cite.com.tw



國家圖書館出版品預行編目（CIP）資料

中觀勝義諦／果煜法師著．-- 初版．-- 臺北市：
橡樹林文化，城邦文化出版：家庭傳媒城邦分
公司發行，2016.10
面；　公分．--（善知識；JB0111）

ISBN 978-986-5613-28-0（平裝）

1. 中觀部

222.12　　105017260

橡樹林文化

# 讀者回函卡

感謝您對橡樹林出版社之支持，請將您的建議提供給我們參考與改進；請別忘了給我們一些鼓勵，我們會更加努力，出版好書與您結緣。

姓名：____________________　□女　□男　　生日：西元__________年

Email：________________________________________

● 您從何處知道此書？

□書店　□書訊　□書評　□報紙　□廣播　□網路　□廣告 DM　□親友介紹

□橡樹林電子報　□其他______________

● 您以何種方式購買本書？

□誠品書店　□誠品網路書店　□金石堂書店　□金石堂網路書店

□博客來網路書店　□其他______________

● 您希望我們未來出版哪一種主題的書？（可複選）

□佛法生活應用　□教理　□實修法門介紹　□大師開示　□大師傳紀

□佛教圖解百科　□其他______________

● 您對本書的建議：

________________________________________

________________________________________

________________________________________

________________________________________

________________________________________

非常感謝您提供基本資料，基於行銷及客戶管理或其他合於營業登記項目或章程所定業務需要之目的，家庭傳媒集團（即英屬蓋曼群商家庭傳媒股分有限公司城邦分公司、城邦文化事業股分有限公司、書虫股分有限公司、墨刻出版股分有限公司、城邦原創股分有限公司）於本集團之營運期間及地區內，將不定期以 MAIL 訊息發送方式，利用您的個人資料於提供讀者產品相關之消費與活動訊息，如您有依照個資法第三條或其他需服務之務，得致電本公司客服。

我已經完全瞭解左述內容，並同意本人資料依上述範圍內使用。

____________________（簽名）

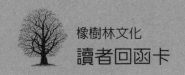